KB107005

꿈과 폭탄

YUME TO BAKUDAN: SUBALTERN NO HYOUGEN TO TOUSOU



First published in Japan in 2019 by Koshisha Co., Ltd.

Korean translation rights arranged with Koshisha Co., Ltd. through Shinwon Agency Co.

한국외국어대학교 일본연구소
일본사회의 서벌턴 연구 번역총서 **03**

# 꿈과 폭탄

## 서벌턴의 표현과 투쟁


도모쓰네 쓰토무(友常勉) 저

이권희 · 김미진 · 노병호 · 김경희 · 오성숙 ·
김영주 · 금영진 · 김경옥 · 강소영 · 양익모 옮김

# 목차

# 들어가는 말

# 이질적인 공간을 만들어라
## — 전후 도시개발과 언더클래스의 프롤레타리아화

### 들어가는 말

이 글은 메가이벤트이자 국가적인 개발 프로젝트인 올림픽과 도시 언더클래스의 '프롤레타리아화'의 관계에 대해서, 특히 건설산업에 종사하는 요세바 노동자의 대항적인 실천을 묘사하면서 논하는 것을 목적으로 한다. 도시개발 프로젝트는 이에 대항하는 실천과 함께 역사적으로 성격이 부여된 도쿄라는 장소에서의 도시 개발 및 자본 동향에 의해 규정지어지고 있다.

마치무라 다카시町村敬志는 현대 올림픽을 '글로벌 시티 콘테스트의 장' '경쟁력의 축제'로 규정짓고 있다.(町村, 2007, p.12) 마치무라에 의하면 장소의 세일즈화는 1980년대에 내수 확대를 목적으로 한 도시 개발 정책에 의해 시작되었다.(町村, 1989) 마을의 논의는 '개발을 위한 개발'을 거듭하는 자기당착적인 도시개발의 성격을 정확하게 파악하고 있다.

올림픽과 그것과 관련된 거대 프로젝트에 수반되는 문제는 리우나 런던에서 일어났던 일이며 2020년 도쿄올림픽에서도 같은 일이 일어날 것이라 예상된다. 그러나 각각은 역사적인 백그라운드를 가지고 있다. 이 글은 그 역사적 조건의 차이를 의식하면서 두 가지 접근법으로 올림픽과 도시개발을 검토한다. 첫 번째 어프로치는 미쓰이부동산그룹(이하 MFG라고 칭한다)에 초점을 맞추어 메이지 신궁과 그 주변의 도시 개발을 다룰 것이다. 메이지明治 천황의 이름을 붙이고 있는 일련의 장소와 시설인 신국립경기장, 메이지공원, 메이지신궁의 개발은 도쿄 2020의 '레거시'를 잘 표현하고 있다. 그런 관점에서 MFG는 천황과 제국의 유산을 재개발=재영유하는 것과, 천황과 스포츠 성지로서의 그것을 유지한다는 두 가지 다른 과제를 수행하지 않으면 안 된다.

일반적으로 도시개발은 젠트리피케이션을 통해 그곳에 사는 주민, 언더클래스의 배제를 동반한다. 게다가 근대 일본의 역사적 맥락에서 보자면 일본의 건설산업은, 요세바[1]의 노동력과 중층적 하청 구조를 그 본체로 하여 형성되어 왔다. 이는 MFG와 같은 대표적인 도시 개발자도 바꿀 수 없는 구조적 조건이다. 이 조건을 규명하는 것이 제2의 어프로치이다. 물론 MFG는 도시 개발자로 건설사 자체와는 구별된다. 건설산업 자체를 구성하고 있다는 점에서는 양자의 이해가 일치한다고 해도 말이다. 다만 하도급 일용직 근로자의 입장에서 도시개발업자는 젠트리피케이션이나 재개발을 통해 노동자로부터 삶의 조건을 수탈하고 건설사는 노동자 착취를 통해 노동자의 생존을 지배하고 있다.

1 역자 주 – 요세바란 일본에서 일용직 노동의 구인 업자와 구직자가 다수 모이는 장소를 말한다. 요리바라고도 한다. 오사카시 가마가사키 아이린지구, 도쿄도 다이토구 산야지구, 가나가와현 요코하마시 중구 고토부키초를 일본 3대 요세바로 꼽는다.

두 세계대전 동안 현업 노동력은 식민지 대만, 조선, 그리고 중국 북동부로부터 공급받았다. 이에 비해 전후에는 국내 요세바를 구성하고 있는 언더클래스, 구 식민지 출신의 에스닉 마이너리티로부터 노동자를 공급받아왔다.

전후 건설산업은 고도 경제성장기에 해당하는 1950년대 중반부터 1970년대 초까지의 기간 산업이며, 오늘날에도 GDP의 10%를 차지한다. 그리고 그것은 중층적 하도급 구조가 이를 지탱하고 있다. 일본건설업연합회에 따르면 2008년에는 건설노동자의 10%가 비정규직 혹은 일용노동자이다.(일본건설업연합회, 2016). 건설산업의 현업 노동은 고도의 기술을 필요로 함에도 불구하고 종종 그것은 건설산업 내에서 단순한 비숙련 노동으로 간주되어 노동자 중에서  하위에 자리매김되어왔다. 그래서 고용자는 현업 근로자에 대해 저열한 고용보험으로 해결해 왔다. 3차하청 노동자의 경우에는 일용직 노동자에 대한 고용보험은 전체 평균의 50%의 노동자밖에 이를 커버하고 있지 않고(도쿄에서는 약 30%이다), 다른 도시에서는 더 낮은 퍼센티지이다.[2] 일본 건설산업의 특이성으로 인해—그것은 도시 개발을 담당하는 하청업체들에 의해 지탱되어왔지만—오늘날까지 일용직 근로자의 처우는 전혀 개선되지 않고 있다. 그런데 비정규직 혹은 일용직 노동자의 불안정한 상황은 1960년대부터 산업구조의 다이나믹한 변화의 결과로 볼 수도 있

2 또한 일용직 노동자의 고용보험으로는 '하얀 수첩' = 고용보험일용노동피보험자 수첩이 있으며, 일용직노동자는 이 수첩을 가지고 고용보험 적용 사무소에서 2개월에 26일 이상 일하고 인지를 붙이면 최고 하루 7,500엔의 실업급여를 수급할 수 있다. 다만 이 수첩을 소지하고 있는 것은 전국 14만 명 일용직 노동자 중 불과 24,000명에 불과하다.(2009년도 조사. 原口・白波瀬, p.217)

다. 예를 들어 어떤 노동자는 원래 농민이었는데, 1961년 농업기본법에 따라 토지를 잃음으로써 일용직 노동자가 되었다. 혹은 오키나와나 아마미奄美의 남서 제도 출신의 노동자도 있다.(요슈오쿠쓰키회与州 奥津城會, 1966) 그들 중 대부분은 먼저 광부나 건설노동자가 되었고, 이윽고 일용직 노동 시장에 투입되었다. 다시 말해, 도시 개발의 전후사는 배제와 수탈의 레짐의 누적을 수반해 온 것이다. 이 글이 바탕으로 삼고 있는 시점인 '프롤레타리아화proletarianization'는—이 텀은 폴 비릴리오에 유래하는 것이지만—이 레짐과 호응하는 것이다.[3] 이 글에서는 그러한 프롤레타리아화된 일용직 노동자에 의해 수행되는 대항적 실천으로서의 폭동 혹은 모럴 이코노미의 창출에 대해 기술하고자 한다.

다음과 같이 1960년대 이후 일용직 노동시장—요세바—에서 여러 번 일용직 노동자의 폭동이, 도쿄의 산야山谷나 오사카의 가마가사키釜ヶ崎에서 반복되어왔다. 요세바는 또한 야쿠자들이 지배하는 데하이시手配師, 이른바 무허가 노무자 알선업자와의 투쟁의 장이었다. 그것은 이 노동시장에서의 패트론—클라이언트 관계(은뢰恩頼관계)의 결과이기도 하다. 건설산업에서의 이 구조는 또한 동일본대지진 후 후쿠시마 제1원전 사고에 따른 제염·처리 노동에서도 중대한 문제가 되었다. 정부도 도쿄전력과 같은 책임기업도 산업의 역사적 구조를 이해하고 있다고는 도저히 말하기 어렵다. 그래서 대규모 국가 프로젝트가 늘어난다는 것은 이 산업 구조가 내포

3 폴 비릴리오에 의한 '프롤레타리아화(proletarianization)'란 근대 유럽의 군사화와 자본주의에서의 전쟁, 교역, 토지 개발 등의 활동을 통한 산업 프롤레타리아화와 군사적 프로레탈리아화의 일련의 프로세스를 가리킨다.

하고 있는 대립의 증대와 심각화를 의미하는 것이다.

이러한 산업구조 속의 이해, 교섭, 투쟁, 강제, 그리고 다양한 실천이 이종혼합적인 공간을 만들어내는 것이다. 그것은 올림픽과 같은 국가 프로젝트가 만들어내는 시간과 공간에 의해 규정되고 있다. 이 글은 이러한 이질적인 공간을 설명하고자 하는 것이다.

### 도시개발, 올림픽, 미쓰이부동산그룹

일본은 물론 많은 국가가 어떤 전략적 특구를 설정하고 있다. 관할 행정부는 자본과 인간을 전 세계로부터 불러모으기 위해 국제적인 비즈니스 기반을 형성하고, 그 지역의 이노베이션과 개발을 촉진하고 있다. 이 국가전략에 있어 결절점結節點으로서의 2020년 도쿄올림픽을 향한 대규모 프로젝트를 자리매김하면서 오사카 등 대도시와 함께 도쿄에도 10개의 전략 특구가 설정되어 있다. 이 전략 특구에서는 황궁과 인접한 지역 또한 예외가 아니다. 세계의 부동산 정보를 제공하고 있는 존스 랭 라살(JLL)의 2015년 보고서에 따르면 일본의 투자가치는 2014년과 비교하여 23%의 상승을 기록하고 있다. 여러 도시 프로젝트 중 MFG는 도쿄역 앞 지요다구千代田區 안에 초등학교, 사무실, 국제호텔을 병합한 245미터 높이의 다목적빌딩 건설을 계획하고 있다.(동양경제신보사, 2015) 황궁 서쪽의 오테마치大手町에서는 도쿄역과 마루노우치丸の内 사이의 지요다구 비즈니스 거리에, MFG와 함께 대표적인 도시 개발업자인 미쓰비시지소三菱地所는 서비스 부문을 위한 빌딩 건설과 황궁 해자의 정화장치 설치를 계획하고 있다. 질퍽하게 오물이 퇴적되어 있는 해자의 정화는 26년 만의 일인데 이것도 2020년 올림픽을 위해 특별히 벌이는 공사다. 고급리조트 개발회사로 알려진 호시노星野 리조트는 오테마치 금융가에 인접한 곳에 전통적인 일본 양식의 호텔 건설을 계획하고 있다. 이처럼 도시 개발업자들은 올림픽 붐이 끝난 후 빈집이 될 것으로 예상되는 이 빌딩들을 금융·증권 등 기업을 위해 공여하려는 의도를 가지고 있다. 즉, 예상되는 손실을 보전하기 위해 많은 해외 기업을 이 지역에 끌어들이려는 것이다. 글로벌시티로서의 도시 도쿄는 이렇게 세일즈의 대상이 되고 있다.

여기서 도시 재개발의 대표적인 에이전트로서의 MFG의 역사적 성격에 대해 이야기해보자. MFG는 미쓰이재벌 계열사로서 1941년 독립 이후 그룹 토지와 빌딩 자산의 관리를 주된 업무로 하였고, 전후에는 부동산 리스회사로 이행했다. 1950년대 중반부터 60년대에 걸친 고도경제성장기에 MFG의 주요 비즈니스는 ① 경제성장을 예상한 토지확장에 따른 준설사업, ② 택지 이용을 위한 토지 개발과 매매, ③ 그룹이 보유한 빌딩 관리였다.(木竹·坂口) MFG는 이렇게 전후 부동산 비즈니스 업자로서의 성격을 구축해 갔다. 1970년대 이후에는 토지 재개발 사업의 축소와 도쿄 해안, 지바현千葉県, 가나가와현神奈川県 등의 산업 목적의 부동산 수요 감소로 준설 사업은 폐쇄되었다. 한편 MFG는 도쿄 디즈니랜드(TDL)의 산파로서 레저 개발에 나섰다 . TDL은 오리엔탈랜드가 경영하고 있지만 그것은 MFG의 지주회사로서 출발했다. TDL의 개발 프로세스는 계열사 이외의 참가를 배제한 전형적인 대형 부동산업의 업태를 보여주고 있다.

MFG는 1969년부터 70년에 걸쳐 준설과 레저시설 건설이라는 두 가지 목적에서 지바현의 우라야스시浦安市의 토지를 게이세이전철京成電鉄과 오리엔탈랜드와 함께 구입했다(MFG와 게이세이 전철은 오리엔탈랜드의 모기업이다). 그 개발과정에서 오리엔탈랜드는 먼저 토지를 조성하고 개발・건축 비용의 대체로서 그 토지를 취득했다. 건설비용의 대체로서 토지를 취득하는 것은 당연히 낮은 가격으로 취득을 가능하게 한다. TDL을 위한 용지와는 별도로 그 이외의 토지를 MFG와 게이세이전철, 오리엔탈랜드는 미쓰이파크시티라는 택지로 개발했다. 지바현은 이 택지를 묶어서 판매했다. 이렇게 해서 세 회사에 의한, 즉 모회사 자회사, 그리고 계열사와 지바현은 이 프로젝트의 이익을 서로 분배하고 공유한 것이다. 지바현이 주도한 이 방식은 지바방식千葉方式이라고 불리며, 매스미디어에 의한 비판의 대상이 되었다. 실제로 건설사와 행정은 이러한 방식을 통해 자본순환율을 낮춤으로써 생산비용을 줄이게끔 조작하고 있으며 그것 자체는 지극히 합리적인 수법이라고 할 수 있다. 하지만 그 합법성은 지극히 의심스럽다.

행정부에 의해 운영된 MFG의 이 프로젝트는 도쿄 시부야구渋谷区의 미야시타공원宮下公園의 재개발 프로젝트로 다시 반복되었다. 시부야구는 2020년 도쿄올림픽을 특정 대상으로 정해 입찰에 의해 이 프로젝트를 개시하여 2014년에 MFG가 선정되었다. 이것은 미야시타 공원을 243대 수용 규모의 주차장, 상업시설, 200실 규모의 호텔을 갖춘 다목적빌딩을 포함하는 입체공원화하는 계획이다.

행정 재산의 유연한 활용이라는 명목으로 시부야구는 MFG와

30년간 미야시타 공원을 사용할 수 있는 리스계약을 체결했다. 구는 이를 통해 새로운 미야시타공원 건설 비용이 줄어들 것으로 기대하고 있다. 다만 이 방식은 시부야구의회에서 큰 쟁점이 되었다. 왜냐하면 행정 재산을 MFG에 임대함으로써 설령 그것이 한시적 리스라 하더라도 행정이 사기업의 이익 취득에 협력하고 있기 때문이다. 시부야구 행정은 이 신新 미야시타공원 계획에 앞서 공원을 스포츠용품의 국제적 제조업체인 나이키에 명명권협약(네이밍 라이트)에 의한 '미야시타 NIKE 파크'로서의 공원 이용을 허가했었다. 악명 높은 이 나이키와 시부야구의 재개발 계획은 공원 노숙자들의 배제를 가져왔다. 실제로 성급한 노숙자 배제는 이 공원 개발의 진짜 목적이 거기에 있었던 것은 아니었는지 하는 의심을 들게 만들 정도였다.

이러한 사례가 보여주듯이 MFG와 같은 대형 부동산 개발업자는 행정부와의 강한 연결고리에 의해 보호받고 있다. 이에 더해서 주의 환기를 해두고 싶은 것은 토지 소유권의 이동이 아니라 장기 대출에 의한 토지 개발이라는 수법이다. 그것은 국제적인 경향이다. 그건 존 로크가 정의한 근대적 소유권 개념의 중대한 변경이기도 하다(존 로크). 이와 관련된 가장 유명한 사례의 하나는 2009년 마다가스카르의 정치적 위기일 것이다. 이 사건은 한국의 옛 재벌 계열사였던 대우로지스틱스가 마다가스카르 정부와 토지 리스계약을 맺은 데서 비롯되었다. 이 용익권用益權 합의에 따르면 대우는 마다가스카르 국토의 절반을 99년간 바이오연료 제조에 사용하는 옥수수 생산을 위해 사용할 수 있다는 것이었다. 국가 자원의 대부분을 해외 사기업이 취득한다는 이 불합리한 계약은 즉시 쿠데타를 일으켰디(Randriana). 이주 흥미로운 우연은 같은 2009년에 일본에서 농지법 개정이 이루어진 것이다. 그것에 의하면 농지를 사기업에 최장 50년 동안 임대를 할 수 있게 되는데, 이것은 토지 소유자와 토지 이용자의 분리를 의미한다(石原). 이러한 최근 토지 개발 경향은 토지의 자연적 역사적 조건이나 그 토지 주민의 생존권의 파괴로 이어진다. 2018년 한국 평창 동계올림픽 당시 가리왕산의 파괴 또한 이러한 경향과 맥락을 같이 하는 것으로서 덧붙일 수 있을 것이다. 가리왕산은 일본 식민통치 시기와 한국전쟁을 거치면서 기적적으로 살아남은 500년의 역사를 가진 원시림이다(McCurry).

다시 일본의 건설산업 이야기로 돌아가보자. 그것은 대외적으로는 폐쇄적인 구조하에서 형성되었으며 해외 전개보다는 국내 수요에 힘입어 성장해 왔다. 2010년 ENR(엔지니어링 뉴스 레코드) 보고서에 따르면 세계 탑 225개 기업 중 일본 건설회사는 4.1%를 차지하고 있음에  지나지 않는다(ENR.COM). 게다가 일본 기업 매출의 절반은 아시아 여러 나라에 집중되어 있다(大竹). 한편 건설부문의 투자총액은 51조엔으로 2015년 GDP의 10.1%를 차지하고 있다.

일본 건설산업의 두드러진 특징은 중층적 하청구조에 있다. 건설산업에서 노동력 혹은 원재료 부분은 일의 발주나 분류에 근거해 항상 변동한다. 그래서 건설회사는 노동력과 원재료의 배치를 항상 아웃소싱화하고 있다. 이에 따라 대형 제네콘 등 본체에는 경영 안정이라는 효과가 나타나지만, 다른 한편으로 숙련된 기술이 없는 중소 하청업자는 계약을 맺지 않는 한 아무런 보증도 없는 불안정한 경영・대우 상태에 놓이게 된다. 중층적 하도급 구조에 의해 지탱되고 있는 건설산업은 일용직 노동력 자원을 확보해두어야 하는데, 그것은 비용절감을 가능하게 하는 한편으로 노동자의 폭력적인 지배나 비합법적 수단을 통한 노무관리가 필수적이다. 이러한 사정에 따라 이 구조는 역사적으로 일용직 노동자와 그 노동시장에 대한 야쿠자의 지배에 의해 사업의 성패가 좌지우지되어왔다.

2011년 3월 동일본 대지진과 후쿠시마 제1원전 사고 후 사고 처리를 위한 제염·수습 노동에 거액의 예산이 투하되고 수만 명의 노동력이 동원되었다. 그 노동에는 특별한 기술이 필요하지 않다고 여겨져 일반적인 노동시장에서 사람들을 모았다. 그 주요 공급원은 가마가사키釜ヶ崎의 일용직 노동시장이었다. 부당노동행위와 폭력적 노무관리를 수반하는 노동시장에서 제염노동에 종사하는 노동자들이 방사능에 노출된 것으로 보고되고 있다(피폭 노동을 생각하는 네트워크, 2012). 이것은 건설산업의 하청구조가 초래한 필연적인 결과이다. 제염에 종사할 노동자를 모집하여 동북지역으로 보내고 있는 것은 특히 '인부 파견업자'이며, 그들이야말로 요세바의 노동시장을 장기간에 걸쳐 지배해왔다(피폭 노동을 생각하는 네트워크, 2014). 동시에 하청업자와 노동자 사이의 은뢰(恩賴)적인 패트론—클라이언트 관계에 대해서도 고려해야 한다. 그것은 또한 전쟁 전 일본 제국주의의 식민주의의 귀결로서 언더클래스 노동시장의 관습이기도 하다(外村).

1970년대 요세바의 노동쟁의를 조직한 것은 신좌익 그룹이나 노동조합인데 그것은 종종 노동자 자신에 의한 폭동으로 발전했다. 부당노동행위나 쟁의에 대한 폭력적 탄압을 반복해온 많은 인부 파견업자나 데하이시手配師[4]는 야쿠자와 조직적인 관계를 맺고 있거나 그 상부 조직이 야쿠자였다. 이 권력관계는 오늘에 이르기까지 계속되고 있다. 오늘날의 언더클래스의 노동시장 증가라는 경향은 이러한 중층적 하청구조의 확대를 의미하며, 비인간적인 노동 상황을 재생산하고 있는 것이다.

다만 다음 사항도 강조해야 한다. 그것은 근년의 요세바는 도시개발에 수반되는 젠트리피케이션에 의한 축소, 나아가 주민들의 고령화로 인해 노동시장으로서의 역할이 보다 한정되어 있다는 것이다(스미스). 그 대신 인터넷이나 휴대전화라는 수단을 통한 불가시적 언더클래스 노동시장이 형성되고 확대되고 있다. 그것은 요세바와 슬럼이라는 가시적 장소를 형성하지 않고 극도로 취약한 상태에 놓인 언더클래스 노동시장이 생겨나고 있다는 것을 의미한다.

## 성스러운 중심의 형성—야쿠자와 천황

전후 요세바와 일용직 노동자의 노무관리, 하청의 산업구조에 관여해 온 야쿠자는 전쟁 전부터 민족주의적 우익의 전국 조직 밑에 조직되어 있었다. 거기에 같이 조직되어 있던 것에는 도박사업을 수입원으로 하는 야쿠자도 포함된다. 그런데 국가 프로젝트였던 메이지 신궁明治神宮과 관련 시설의 건설은 야쿠자의 국가주의적 통합과 병행하는 발전과정을 이루고 있다. 올림픽의 역사가 잘 보

4 역자 주－데하이시(手配師)는 무허가 노무자 알선업자.

여주는 것처럼 일본의 내셔널리즘과 제국주의는 스펙터클한 프로젝트의 발전에 의해 촉발되어왔다. 거기에서는 풀뿌리 운동이 조직화되고 그것을 바탕으로 (미완의) 올림픽이 제국 국가로의 상상력의 확장을 담당했던 것이다. 여기에서는 메이지신궁에 초점을 맞추면서 메이지 신궁, 도시 개발업자, 그리고 야쿠자의 각각의 역할에 대해 논해 보고자 한다.

2018년 2월에 재계 잡지인 『재전財展』(財界展望社)은 '메이지 신궁은 신사인가 부동산회사인가'라는 특집을 꾸몄다. 메이지 신궁은 1912년 메이지 천황이 사망한 후 그 공적을 기려 건립된 신사이다. 그 유해는 교토 후시미모모야마릉伏見桃山陵에 매장되었는데 시부사와 에이이치渋沢栄一와 같은 저명인사들이 도쿄에도 기념시설을 짓고 싶다는 목소리를 낸 데서 유래한다. 시부사와와 같은 저명인사들에게 황궁이 도쿄로 이전된 것은 상징적 사건으로 그 기억을 도쿄에 각인시킬 필요가 있었던 것이다. 메이지 신궁 내원內苑은 1920년에 건립되었고, 외원外苑은 1922년에 완공되었다. 그것을 건설하는데 고액의 기부, 11,000명의 자원봉사자, 그리고 10만 그루의 나무 심기 캠페인이 전개되었다. 메이지 신궁은 시부야구에 위치하고 있고 726,000평방미터의 면적을 가지고 있으며 결혼식, 새해 새전賽錢 수입, 그리고 부동산업으로 연간 100억 엔을 넘는 수입을 얻고 있다고 한다. 2020년을 향한 건설 붐 속에서 메이지 신궁에 인접한 도영都營 가스미가오카霞ケ丘 아파트는 철거되어 공원으로, 또한 '일본체육협회·일본올림픽위원회신회관' 건설이 예정되어 있다. 게다가 인접한 '외원하우스'—1964년 도쿄 올림픽 때 저널리스트의 숙박 시설로 건설되었다—22층의 타워맨션으로 재건

축된다. MFG는 이곳에서는 '신궁외원神宮外苑 호텔'을 건립할 예정이며, 이를 위해 메이지 신궁과 30년간의 리스계약을 맺었다. 원래 이 지역은 경관보존지역으로 건축 제한이 있었지만 신국립경기장의 건설에 따라 유명무실해졌다.

메이지공원에 위치한 신국립경기장 건설은 2020년을 목표로 현재 진행 중이다. 메이지 천황의 이름이 들어간 이 지역은 도쿄의 3개 올림픽(1940년 올림픽은 중지되었지만)이 천황의 레거시 활용과 불즉불리不即不離이며, 동시에 재해와 국토의 황폐화로부터의 부흥이라는 조합을 조건으로 하고 있다는 것을 잘 나타내고 있다. 중지된 1940년 도쿄올림픽은 1923년 관동대지진으로부터의 부흥을 위한 국가 프로젝트로 간주되었고, 또한 신대神代 신화를 바탕으로 하는 황기皇紀 2,600년의 봉축이라는 자리매김이었다. 1940년 도쿄올림픽 계획은 1964년 올림픽으로 넘겨졌는데 이것은 일본 자본주의가 전후 부흥을 이룬 시그널이며, 1959년의 황태자(당시 아키히토)의 혼례라는 스펙터클과 묶어서 실현되었다. 이와 똑같은 이데올로기적 조합은 2020년 올림픽에도 장치되어 있다.

이 역사를 통해 분명해지는 것은 일본에서 올림픽은 예외 없이 국가 프로젝트의 성공 때문에 천황(들)을 칭양하는 세레모니의 카피이자 반복이라는 것이다. 정계와 경제계의 리더들, 그리고 관료들이 국가를 운영하는데 천황제는 뛰어난 기능을 가지고 있는 것이다. 게다가 그것은 메이지 신궁의 완성에 맞춘 1920년 메이지 천황의 두 번째 장례식이라고 해도 좋을 진좌제鎮座祭, 풀뿌리의 파워를 동원한 메이지 신궁과 외원의 건설이라는 프로젝트를 가지고 시작했되었다고 해도 좋을 것이다. 왜냐하면 그것이 메이지유신

이래 최초의 국민동원과 도시계획의 동시적 실시라는 국가 프로젝트였기 때문이다. 다시 말하면, 사람들은 항상 메이지 천황과 메이지 시대라는 기억에 사로잡혀온 것이다. 그리고 또 2020년 신국립경기장의 회장으로서 메이지공원을 이용하기에 이른 정치적 결정도 이 정치·사회적 공동의 기억(commemoration)의 기능을 증명하는 것이라 해도 좋을 것이다. 그리고 이 기억 위에 마치무라 게이시町村敬志가 말하는 '도시간 경쟁', '(글로벌시티의)경쟁력 축제'라는 글로벌 자본의 요청이 거듭해서 추가될 것이다(町村, 2007, p.12).

메이지 신궁이란 이상과 같은 의미에서 내셔널리즘과 풀뿌리 동원의 성공사례이다. 거기에는 많은 영웅담이 남아 있다. 『메이지신궁외원지明治神宮外苑志』(明治神宮奉讃會, 1936)는 내지 일본은 물론 식민지 조선, 타이완, '만주국'으로부터 다양한 세대의 많은 기부가 모였음을 기록하고 있다. 자원봉사자 활용이라는 최초의 아이디어는 내무성 메이지 신궁 조영국造営局 과장 다자와 요시하루田澤義鋪의 발안에 의한 것이다. 그것은 제1차 세계대전 후의 전후 호황이 끝나고 생긴 노동력 부족과 자금 부족에 대한 대책이었다. 다자와는 청년단에 노동 봉사를 의뢰했다. 다만 이 동원이 국가와 천황에 대한 순수한 충성심에서 가능했다는 통설은 잘못이다. 야마구치 데루오미山口哲臣에 따르면 이 자원봉사자들에게는 다양한 혜택이 주어졌다. 즉 황실·황궁 방문, 무료 시설 이용, 신문사 주최 저명인사 강연회 참가 등이 그것이다. 지방에서 도쿄로 온 청년단 멤버들은 봉사의 대가로 도시문화를 누릴 기회를 얻게 되었다. 그리고 또 소액이긴 했지만 그들에게는 노임도 지불되었다(山口, pp.190-191 1990-1991).

자원봉사자들이 순수한 애국주의적 충성심보다는 합리적인 이유로 봉사를 선택했다고는 해도 기록에 모인 역사는 또 하나의 효과를 가져왔다. 자원봉사자들의 노동봉사로 건설된 메이지 신궁은 스포츠의 성지라는 이미지와 결합한 것이다. 외원에는 진구神宮야구장, 스모장, 수영장이 건설되었다. 이것이 1940년 올림픽의 중심으로서의 메이지 신궁이라는 이미지 구축으로 확장하게 되었다. 즉, 천황제와 민족주의에 기초한 포퓰리즘에 힘입어 자기희생과 금욕주의로 구성된 스포츠 이데올로기가 실현된 것이다(Brohm).

이 시기의 동원주의적 민족주의에 대해서 말하자면, 바로 그 동시대적 기운 속에서 전국적인 우익 운동이 조직된 것이 중요하다. 1919년 대일본국수회大日本国粋会가 하청 토건업자와 도박 조직 등 대표적인 야쿠자 조직에 의해 결성되었다. 발기인은 하라 게이原敬 내각의 내무대신이었던 도코나미 다케지로(床次竹二次), 고문은 잘 알려진 우익의 우두머리였던 도야마 미쓰루頭山満였다. 이 국가주의 우익 조직의 창설은 직후인 1922년에 창립되는 일본공산당과 전국수평사全国水平社 등에 이르는, 당시 좌익운동의 급진에 대한 대항을 직접적인 목적으로 하고 있었다. 이렇게 메이지 신궁 건설은 두 가지 전혀 다른 극을 가지고 있었다—자원봉사자들의 순수한 애국주의적 충성심의 발로와 폭력적인 쇼비니즘이다. 그리고 국가적 이벤트로서의 올림픽은 이러한 레거시를 에너지의 원천으로 하고 있었던 것이다.

천황제와 그 수용에 대해 여기서 이론적인 정리를 해두자. 야스마루 요시오安丸良夫는 근대 천황제의 역사적, 이론적 구조를 논함에 있어 막스 베버에 의한 카리스마 리더의 이론과 근대 자본주의 형성에서의 프로테스탄티즘론을 참조하고 있다(安丸). 야스마루 요시오는 민중을 '생활의 전문가'라고 부른 것으로도 알려져 있는데, 그 민중이란 농민이요, 소상품 생산자요, 언더클래스이다. 그들·그녀들은 주류의 문화자본으로부터 소외되어 있는데, 자신의 지혜와 자기 산출적이지만 독자적인 네트워크를 가지고 있다. 하지만 국가적인 정책에 접근할 수 있는 수단을 가지고 있지 못했기 때문에 불가피하게 국가적 권위에 의사 실현을 맡길 수밖에 없다. 그것은 특히 국민국가의 초기 단계, 서양을 캐치업함으로써 국가 형성을 도모하려 했던 메이지 유신기에는 특히 그렇다. 그때 천황제는 권력과 민중을 연결하는 매개자 역할로서 필요하게 된다. 민중이란 막스 베버가 묘사한 것처럼 근대 경쟁적 사회에서 절제, 근면, 금욕 등의 규율을 바탕으로 하는 삶을 유지하도록 기대된다. 그리고 천황의 금욕주의적 퍼포먼스는 민중에게 좋은 롤모델이 된다. 동시에 천황은 국민통합을 위해 민중을 정치제도와 권력 기구에 연결시키는 카리스마적이고 종교적인 매개자이다. 야스마루 요시오의 논의는 신도의 제사자이자 매개자이며, 카리스마적 모델인 천황의 중층적 의미를 이해하는 데 도움이 된다. 천황 아키히토(2019년 4월 현재)가 2016년 8월 8일에 국민을 향한 퇴위 의사 표명 중 상징으로서의 역할을 강조했을 때 그는 이러한 복합적인 역할을 설명하고자 했다(궁내청). 이렇게 해서 국민주의의 에너지는 천황의 퍼포먼스에 의해 비급備給되고, 종교적 심벌리즘 혹은 금욕주의에 의해 담보되고 있다. 그 에너지는 우월의식을 추구하는 국민적 의사에 국가주의로 향하는 동기를 주는 것이다.

2016년 8월의 메시지에서 아키히토는 직접적으로는 국가적 프로젝트로서의 올림픽의 성패에 대해 일절 언급하지는 않았지만, 천황의 뜻과 그것은 항상 결합되어 있다. 천황제와 올림픽 사이에는 분명한 회로가 존재한다. 그것은 근대 도시 도쿄의 역사적 형성에서 유래하는, 전후 헌법체제에 내포되어 있는 천황제의 기능이다. 반대로 일련의 국가 프로젝트의 연관 속에서 이해되는 도쿄의 근대 도시개발 또한 천황제 내셔널리즘의 비급備給을 수반해 왔다. 이와 같은 조건 하에서 일본의 건설산업은 그 본질적인 요건으로서의 중층적 하청구조와 함께 제국적 노무관리 시스템을 유지해 온 것이다.

## 일용직 노동자라는 언더클래스

전후 건설산업에서 끊이지 않고 창출된 일용직 노동자라는 계급은 국가 프로젝트의 확대에 항거하여 증오를 키워왔다. 1972년에 일용직 노동자 조합의 리더 중 한 명이었던 후나모토 슈지船本洲治는—1975년 6월 25일 황태자 아키히토(당시)의 오키나와 방문에 항의하여 오키나와 가데나嘉手納기지 앞에서 분신 결기했다—올림픽과 1970년 오사카 만국박람회의 끝은 일용직 노동자에게는 '겨울' 혹은 지옥을 의미한다고 분노를 담아 기록했다. 여기서 '겨울'은 사회적 곤궁과 억압을 가리킨다. 그러나 또한 후나모토는 다음과 같이 쓰고 있다. "억압이 확산하면 반격도 반격도 확대된다."(船本, p.142) 실제로 국가 프로젝트의 궤적은 지배적 공간과 언더클래스 사람들이 '반격하는' 공간 사이의 항쟁으로 바뀌었다. 그 역동성을

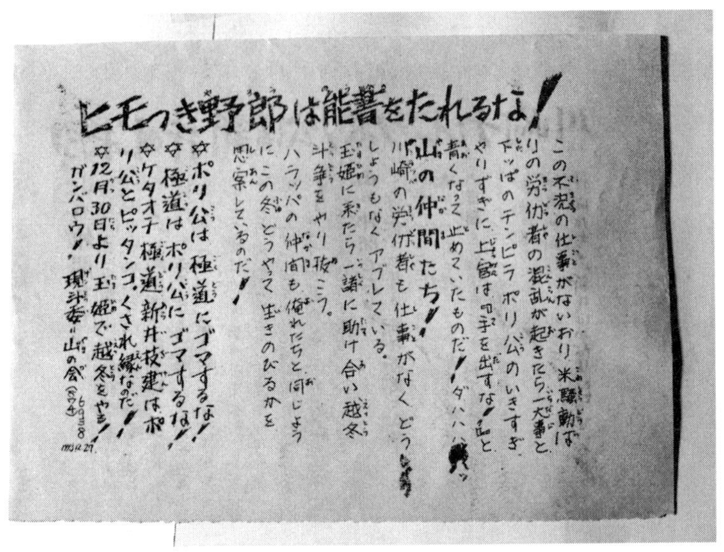
ヒモつき野郎は能書をたれるな!

この不況の仕事がないおり米騒動ばりの労働者の混乱が起きたら一大事と下ッぱのテンピラポリ公のいきすぎやりすぎに上役は「手を出すな!」と青くなって止めていたものだ!ダハハハッ

山の仲間たち!

川崎の労働者も仕事がなくどうしようもなくアブレている。玉姫に来たら一緒に助け合い越冬斗争をやり抜こう。ハラッパの仲間も俺れたちと同じようにこの冬どうやって生きのびるかを思案しているのだ!

☆ポリ公は極道にゴマするな!
☆極道はポリ公にゴマするな!
☆ケタオチ極道新井技建はポリ公とピッタンコくされ縁なのだ!
☆12月30日より玉姫で越冬をやる!
ガンバロウ! 現斗委"山谷の会" (876)6938
1973.12.27.

〈그림1〉

묘사하는 것으로 이 글의 결론을 도출하기로 하자.

<그림1>은 도쿄의 주요 요세바인 산야山谷에서 활동하던 악질업자 추방 현장투쟁위원회 (현투위)가 1973년 12월 27일에 발행한 전단이다. 이 세로 128×가로 182mm의 전단지의 타이틀은 '앞잡이 놈은 자기 자랑 하지 마라!ヒモつき野郎は能書をたれるな'이다. 거기에서는 다음과 같이 주장한다.

> 이 불황에 일이 없을 때 쌀소동과 같은 반란이 일어난다면 큰일이라고 말단의 야쿠자 같은 짭새들의 과한 행동에 상관은 "건드리지 마!"라며 파랗게 질려 말렸다. 하하하하
>
> **산의 동료들!**

가와사키川崎의 노동자도 일자리가 없어 어썰 수 없이 허덕이고 있다.

다마히메玉姫에 오면 함께 서로 돕고 월동투쟁을 해내자.

하라파의 동료들도 우리와 마찬가지로 이 겨울 어떻게 살아갈 것인가를 궁리하고 있다!

**☆짭새는 야쿠자한테 아부하지 마라!**

**☆야쿠자는 짭새한테 아부하지 마라!**

**☆바보 야쿠자 아라이기건新井技建은 짭새폴리공과 철썩.**

**구차한 인연인 것이다!**

**☆12월 30일부터 다마히메에서 월동을 한다!**

**화이팅! 현투위= 야마노카이山の会(이하 생략)**

현투위는 1972년에 오사카 · 가마가사키 악질수배자 추방 가마가사키 공투회의(釜共闘)와 연계해 조직되었다. 가마가사키는 오사카에 위치한 또 하나의 거대 요세바이다. 현투위와 협공투는 후나모토 슈지와 같이 히로시마 대학을 중퇴한 신좌익 활동가나 도쿄일용직노동조합의 멤버였던 야마오카 교이치山岡強一 등에 의해 결성되었다. 전단지 속 '아라이기건'은 야쿠자(쇼유카이松友会)에 의한 지배로 알려진 하청업자로, 한바飯場에서 탈주하려던 노동자를 린치로 살해했다가 적발되었으며, 당시 나리타 신국제공항 건설 행정 대집행行政代執行에 노동자를 파견한 것으로도 알려져 있었다. 월동투쟁은 현투위와 산야투쟁지원의 '저변위원회底委員会'가 중심이 되어 조직되었으며, 1972년부터 시작되었다. 1973년은 그 제2회에 해당한다. '기둥서방은 자기 자랑을 하지 마라!' '짭새는 야쿠자한테 아부하지 마라!' 등의 강한 어조에 인해 현투위는 경찰과 야쿠자의 유착뿐만 아니라 이들의 주체성 결여를 비판하고 있다. 경찰도 야쿠자도 단지 위로부터의 명령에 따르고 있을 뿐이다. 비록 경찰관이 일용직 노동자를 염려하는 것처럼 보이더라도 그것은 결국 다른 야쿠자들을 대신일 뿐만 아니라 그 말도 거만한 우월감에 가득찬 것이었다. 이에 비해 일용직 노동자들은 폭동을 통해 자신들의 뜻을 실현하고 있다. 폭동은 그 자체로 어떤 대신도 대리도 아닌 직접 행동이다. 노동자들은 스스로가 통제하는 영역을 가지고 있다.

요세바에서 일용직 노동자들의 폭동은 자연발생적으로 일어난다. 그 자체로 뭔가 조직된 것이 아니다. 전단지는 그 성격을 '쌀소동과 같은 노동자의 반란'이라고 전국적인 반란으로 일제히 전환된 1919년 도야마현富山県 우오즈魚津에서 일어난 쌀소동에 비유하고 있다. 일반적으로 일용직 근로자의 신체는 시장에서 상품화되고 오직 노동력으로 간주되다. 이에 현투위의 전단은 노동력 상품화와의 투쟁의 맥락에서 노동자/폭동/쌀 소동의 세 단어를 연관시킴으로써 노동자의 신체를 자립적 주체성이란 면에서 래디컬하고 직관적으로 파악한다. 그것은 노동자가 노동력의 에이전트일 뿐인 상태의 극복을 도모하는 것이다.

현투위의 전단은 또한 노동자와 그 대리인인 현투위가 올림픽과 같은 국가 프로젝트에 의해 규정된 시간 및 공간과 어떻게 항쟁하고 협상할 것인가를 보여준다. 현투위는 노동자의 대리로서 노동자가 자신의 의사로 일어설 것을 촉구하지만 동시에 현투위 자신이 전위前衛가 아니라 스스로 일용직 근로자의 진정한 대리자로 변용하는 데 몸을 던지고 있는 것이다. '앞잡이' '아부' '아브레'[5] 등의 속어를 이용하는 전단의 전략은 실제로 노동자가 권력이나 당국에 대해 직접적으로 말하고 있는 것처럼 보이게 하는 것이다. 언더클래스는 권력이나 당국과 직접적으로 협상할 권리로부터 미리 소외되어 있다. 그렇기 때문에 이 말들은 일용직 노동자들이 증오의 덫에 걸리지 않도록, 그 대신 경찰이나 고용자에게 자신을 긍정하고 맞서도록 압력을 가하고 있는 것이다. 현투위의 목적은 일용직 노동자가 현장 주도권을 잡는 것과 실업 상태에 기인하는 소외 상태로부터 스스로를 되돌릴 수 있다고 확신시키는 데 있다. 요세바의 인간의 존엄성을 회복하는 것은 다름 아닌 국가 프로젝트인 1964년 도쿄 올림픽의 '세계는 하나'와 1970년 오사카 만국박람회의 '인류의 조화와 진보'라는 슬로건에 표현되어 있는 이념의 영유=탈취이다.

여기서 당시 요세바의 언더클래스 상황을 파악해 두자. <표1>은 1959년부터 1975년까지 국가 프로젝트와 산야, 가마가사키, 고토부키壽(요코하마横浜)의 세 요세바에서 일어난 폭동과의 상관관계를 나타낸 것이다. 이 시기는 1964년 도쿄 올림픽 직전부터 제1차 오일쇼크까지의 기간을 나타낸다. 1961년 고도 경제 성장이 한창일 때 농업 기본법이 시행되었다. 이로 인해 지방에서 도시로의 노동력 집중이 촉진되어 건설산업에 충분한 노동자 공급이 가능해졌다. 일용직 노동시장의 발전은 폭동의 조건을 확대했지만, <표1>이

5 역자 주 – 일용노동구직자(日雇労働求職者) 급부금(給付金).

〈표1〉 요세바에서의 폭력

| 년도 | 사회 | 산야(山谷) | <폭동> 가마가사키 | 고토부키초 (壽町) |
|---|---|---|---|---|
| 1959 | | 제1차 폭동 (10월 22일) | | |
| 1960 | 산야에 맘모스 파출소가 생김(1월) | 제2차 폭동 (1월 1일) 제3차 폭동 (7월 26일, 8월 1일, 8월 3~8일) | | |
| 1961 | | | 제1차 폭동 (8월 1~4일) | |
| 1962 | | 제4차 폭동 (11월 23, 24일) | | |
| 1963 | | | 제2차 폭동 (5월 17일) 제3차 폭동 (12월 31일) | |
| 1964 | 북폭北爆 시작(8월~) 도쿄올림픽 (10월) | 제5차 폭동 (6월 16일) 제6차 폭동 (8월 14일) | | |
| 1965 | 한일조약(6월 22일) '산야'라는 명칭이 사라짐 | | | |
| 1966 | | 제7차 폭동 (8월 27~30일) | 제4차 폭동 (3월 15일) 제5차 폭동 (5월 28일) 제6차 폭동 (6월 21일) 제7차 폭동 (8월 26일) | |
| 1967 | 미노베도정美濃部都政 개시 | 제8차 폭동 (8월 17~19일) | 제8차 폭동 (6월 2~5일) | 제1차 폭동 (8월 31일) |

| | | | | |
|---|---|---|---|---|
| 1968 | 만국박람회의<br>구인 시작 | 제9차 폭동<br>(6월 15일)<br>제10차 폭동<br>(6월 17일)<br>제11차 폭동<br>(6월 20일)<br>제12차 폭동<br>(7월 9일)<br>제13차 폭동<br>(11월 5일) | | |
| 1969 | | | | |
| 1970 | 오사카<br>만국박람회<br>(3월~9월) | | 제9차 폭동<br>(12월 30일) | |
| 1971 | | | 제10차 폭동<br>(5월 25일)<br>제11차 폭동<br>(6월 13일)<br>제12차 폭동<br>(9월 11일) | |
| 1972 | 오키나와 반환<br>(5월 15일) | 제14차 폭동<br>(12월 3일)<br>제15차 폭동<br>(12월 30일) | 제13차 폭동<br>(5월 1일)<br>제14차 폭동<br>(5월 28~30일)<br>제15차 폭동<br>(6월 28일)<br>제16차 폭동<br>(8월 13일)<br>제17차 폭동<br>(9월 11일)<br>제18차 폭동<br>(10월 3일)<br>제19차 폭동<br>(10월 10일) | |
| 1973 | | 제16차 폭동<br>(9월 11,12일) | 제20차 폭동<br>(4월 30일)<br>제21차 폭동<br>(6월 14일) | 제2차 폭동<br>(7월 19일) |
| 1974 | | | | |
| 1975 | 오키나와<br>해안박람회<br>(7월~) | | | |

보여주듯이 폭동과 국가 프로젝트 사이에 직접적인 대응을 확인할 수 있는 것은 아니다. 폭동은 예를 들어 경관이나 수배자·인부 송출업자 등에 의한 차별과 노동자와의 충돌 등 더 직접적인 사건을 계기로 일어나기 때문이다.

1961년 6월 1일의 가마가사키에서 폭동이 어떻게 일어났는가를 예로 들어보자. 차에 치여 숨진 노동자의 시신에 경찰은 거적을 덮은 채로 10분 넘게 방치했다. 이 처치에 대한 노동자들의 분노가 폭동의 발화점이 되었다. 1972년 5월 폭동의 경우에는 야쿠자에 의한 경영으로 폭력 데하이시로 알려진 스즈키구미鈴木組의 계약 내용과 다른 일 알선—이것은 노동기분법 위반이다—에 항의한 노동자가 거꾸로 린치를 당하는 사건이 발단이었다. 노동자들의 항의는 여기서도 폭동으로 발전하였고, 그것은 같은 해 가마공투(釜ヶ崎共闘会議) 결성으로 이어졌다. 2008년까지 가마가사키에서는 24번의 폭동을 경험했다. 산야의 경우도 마찬가지이다. 1966년 8월 27일 오후 7시 30분에 산야에서 오키나카시沖仲仕[6] 한사람이 미니밴에 치였다. 파출소의 경관은 피해자를 택시로 병원으로 옮겼으나 이에 대해 "부상자를 왜 택시로 옮기나. 나랏돈을 써서 구급차로 옮겨라."라고 사고 처리를 지켜보고 있던 약 50명의 인파 속에서 고함이 터져나오자마자 폭동이 시작되었다(朝日新聞, 1966년 8월 28일). 저녁 8시에는 약 600명, 8시 20분에는 약 1,500명, 그리고 2,000명이 파출소 앞을 메웠다. 그사이 도영 전철都電과 도덴거리都電通り를 교차하는 순환 5호선의 교통은 중단되었고 승용차 한 대가 뒤집혔다.

6 역자 주－배에서 육지로 짐을 옮기는 인부.

이러한 자연발생적 폭동을 막는 것은 불가능하다. 그러나 요세바의 사회경제적인 조건은 1960년대, 70년대부터 80년대에 걸쳐 크게 변화하였다. 1980년대 일용직 노동시장으로서의 산야는 영화 '당하면 되갚아줘라'(佐藤満夫, 1988)로 영상화되었는데, 그것은 현투위가 활동했던 1970년대 초반과 비교해 많이 변한 모습이었다. 1970년대 초에는 건설산업의 국내투자는 제1차 오일쇼크로 격감하였고, 그것이 당시 하청업체의 전제적이고 비인간적인 착취・수탈을 규정했다. 이에 반해 1980년대에는 미국의 시장개방 요구를 바탕으로 새로운 압력이 일본 건설산업을 뒤덮었다.

산야에서는 1982년 전국일용노동조합협의회 산야지부 산야쟁의단이 결성되었다. 이에 대해서 1983년 1월 3일, 일본국수회日本国粋会 가나마치잇카金町一家의 니시토구미西戸組 고세이카이皇誠会가 산야에, 가두 선전차와 전투복, 나치몽둥이로 무장을 하고 등장하면서 산야는 하루아침에 전쟁터로 변했다. 산야쟁의단의 반격 후 가나마치잇카는 상조조합을 가장하여 적대행위를 계속하지만 산야쟁의단에 의해 수세에 몰렸다. 그러나 1984년 12월 22일, 영화감독 사토 미쓰오佐藤満가 가나마치잇카 니시토구미의 조직원의 칼에 살해를 당했다. 게다가 1986년 1월 13일에는는 살해당한 사토 미쓰오의 뒤를 이어 영화 촬영을 계속하고 있던 쟁의단의 리더 야마오카 교이치山岡強一가 가나마치잇카 긴류구미金竜組의 조직원의 총에 사살되었다.

1983년 일본 국수회 가나마치잇카의 등장과 그 포학한 행동의 일단은 1979년 건설시장의 극적인 변화에 따른 부분이 많다. 1980년대 초 일본의 건설산업은 미국의 압력에 받아 시장을 대외적인 경쟁 관계로 개방하도록 강요받고 있었다. 미국에서는 1979년의 스리마일섬 원자력 발전소 사고 후 건설산업은 플랜트 건설의 격감으로 인해 심각한 피해를 입고 있었다. 다이세이건설大成建設 경영기획부의 바바 게이조馬場敬三는 이 경위에 대해 다음과 같이 분석했다.

> 미국의 대형 건설사의 업태는 일본의 경우와 조금 달라 플랜트 메이커, 제네콘, 대형 컨설턴트 등의 기능을 한꺼번에 시행하는 경우가 많다. 그리고 이들 기업의 주요 시장의 하나는 프랜트 건설이다. 그러므로 80년대에 들어 석유 산업의 침체는 석유 관련 산업 투자의 세계적인 감소로 미국 대형 건설사의 해외 수주량(금액) 및 점유율을 저하시켜갔다. (중략) 게다가 1979년에 발생한 유명한 스리마일섬의 원자력 발전소 사고로 인해 미국 국내 원자력발전소 건설이 중단되거나 연기됐다. (중략) 이것이 미국 건설업에 큰 타격이 되었다. 특히 그동안 원자력발전소 건설이 한창이었던 만큼 심각한 것이었이었다. (중략) (그런 상황에서—인용자) 무역의 상호주의를 표방하는 미국은 일본의 건설시장에 미국 기업이 참가할 수 없는 것은 불합리하다며 그 개선을 일본 정부에 강력히 요구하였다.(馬場, pp.120-121)

미국과 비교했을 때 일본의 건설산업은 해외로부터의 기술도입에는 소극적이고 노동집약형이며 비장치 산업이다(미국처럼 플랜트 건설 중심이 아니다). 또한 제조 공정의 가공도가 낮고 운반 수송업과 조립업을 일체화한 것과 같은 업태이다. 이러한 것들이 미국으로부터의 시장개방 압력에 대해 일본 건설산업이 보수적인 태도를 취한 이유였다.

1980년대 건설산업을 규정하고 있던 또 다른 조건은 1980년까지 정부 통계를 바탕으로 건설근로자의 고령화와 경기 상황의 호전으로 노동력 부족이 예상되었다는 점이다(馬場, 앞과 같음) 즉, 요세바를 지배하던 야쿠자를 포함하여 하청업자들은 시장개방 압력에 위협을 느끼고 심지어 산야쟁의단과 같은 전투적인 노동조합 결성으로 기존 노무관리가 불가능해질 수도 있다는, 강한 자기 방어 의식에 사로잡혀 있었다고 할 수 있다. 이러한 것들이 배경이 되어 일본 국수회 가나마치잇카가 산야에 무장을 하고 등장하여 두 활동가의 암살을 꾀하였다고 할 수 있겠다.

그런데 요세바의 역사에서는 활동가들과 건설업자들의 치열한 투쟁이 늘 강조된다. 단, 현투위나 쟁의단의 활동은 투쟁이나 폭동의 조직화에만 집중한 것은 아니었다. 이들 에이전트들은 노동자의 자립과 자율적인 문화 창출을 시도하고 있었다. <그림2>는 현투위에 의한 또 하나의 전단이다. 여기서 현투위는 근로자들이 원하는 방향으로 시간과 공간을 제공하기 위한 고유의 영역을 창출하고자 했다. 이것은 또한 포스

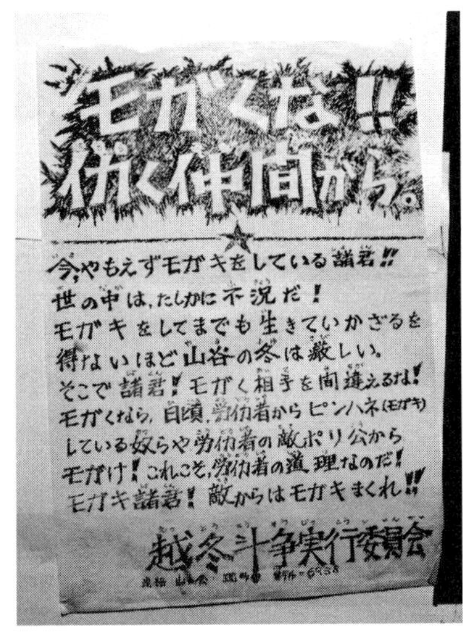

〈그림2〉

트 올림픽 상황에서 어떻게 살아남을지에 대한 뛰어난 실천이기도 하다.

이 세로 364×가로 257미리의 전단 제목은 '발버둥치지 마라! 일하는 동료에게'이다.

발버둥을 치면서까지 살아가지 않을 수
없을 만큼 산야의 겨울은 매섭다.
그래서 제군! 발버둥치는 상대를 틀리지 마라!
발버둥칠 거라면 평소에 노동자들로부터 삥을 뜯는(발버둥)
놈들과 노동자의 적 짭새들에게 발버둥처라!
발버둥처라! 이것이야말로 노동자의 도리다!
발버둥 제군! 적에게 미친 듯이 발버둥처라!

월동투쟁실행위원회

'발버둥'이란 여기에서는 술에 취해 잠든 상대를 돌봐주는 척하며 금전이나 재산을 가로채는 것을 의미하고 있다. 전단은 노동자들에게 그러한 약탈을 멈추도록 설득하면서 아군으로부터의 수탈 그 자체를 멈출 것을 호소하고 있다. 그 대신에, 예를 들어 자본가나 권력을 휘두르는 자들로부터 탈취할 것을 권하고 있는 것이다. 현투위는 일용직 근로자들에게 자립적이고 자율적인 자구의 네트워크를 형성할 것을 호소한다. 이 레거시—계급적인—는 영화 '산야—당하면 되갚아줘라'—가 그려내고 있듯이 1980년대에 여름 축제, 월동, 그리고 무료배식의 조직화로 실천하게 된다.

도시의 토지개발은 국내적 그리고 국제적인 노동 이동을 가져왔다. 그것은 일본에서는 2018년의 출입국관리법 개정이 그러하듯이, 1945년 이전의 일본 제국주의와 식민지주의가 실시한 노무 공급 체제의 재현을 통해 실현된다. 올림픽은 그 경향을 증진시키면서 일용직 노동자와 비정규직 노동자들을 비인간적인 상황으로 몰아가는 것이다.

## 결론

이 글에서 미쓰이부동산그룹 및 그 지바현 행정과의 관계, 혹은 메이지 신궁을 둘러싼 사례를 통해 논했듯이, 일본의 건설산업에서는 전통적이고 보수적인 관행이 항상 지배적인 힘을 행사하고 있다. 그리고 동시에 그 밑에서 벌어지는 국가 프로젝트는 —그것은 폐쇄적인 시장과 중층적 하청구조에 의해 지탱되고 있지만—도시개발에 항거하는 래디컬한 저항을 촉구해 왔다. 국가 프로젝트가 젠트리피케이션, 노숙자 배제, 언더클래스의 사회적 배제를 수반하는것은 불가피하지만, 도시개발과 항쟁하는 영역 횡단이나 일탈의 발생 또한 불가피하다. 일용직 노동자의 주기적이고 자연발생적인 폭동은 국민적 통합이 극히 취약할 수밖에 없음을 보여준다. 실제로 근로자들은 하청 구조에 의해 규정된 요세바의 상황을 자신들의 영역으로 전환해왔다. 폭동이라는 형태를 통한 그 신체표현은 1964년 도쿄올림픽이나 1970년 오사카 만국박람회의 이상을 해체한 것만이 아니다. 폭동을 통해 올림픽과 엑스포의 이상은 래디컬한 평등주의로 변모했던 것이다. 언더클래스는 국가 프로젝트에 의해 즉시 상품화된다. 그러나 그때 그들/그녀들의 신체가 그 시간과 공간에 완전히 회수되는 것은 아니다.

〔인용문헌〕


朝日新聞, 1966년 8월 28일 석간.

馬場敬三「建設分野における国際摩擦の背景と解決の方向について」,『土木学会論文集』第415号／Ⅵ-12, 1990년 3월.

Brohm, Jean Marie, *Sport: A Prison of Measured Time.* London: Pluto Press, 1987.

ENR.COM. "The Top 225 International Contractors." *Engineering News Record.* 25 August, 2010. https://www.enr.com/articles/930-the-top-225-international-contractors?v=preview, accessed on 6 May 2019.

船本洲治『黙って野たれ死ぬ』, 共和国, 2018.

原口剛, 白波瀬達也, 平川隆啓, 稲田七海 編著『釜ヶ崎のススメ』, 洛北出版, 2011.

石原健二「株式会社等の農業全面参入と農地の土地商品化—農地制度の大改革」,『自治総研』368, 2009.

日本建設業連合会『建設業ハンドブック2016』ttps://www.nikkenren.com/publication/handbook_2016.html, accessed on 6 May 2019.

宮内庁, https://www.kunaicho.go.jp/page/okotoba/detail/12, accessed on 6 May 2019.

ロック・ジョン, 鵜飼信成訳『市民政府論』, 岩波文庫, 1968.

町村敬志『「世界都市」東京の構造転換』, 東京大学出版会, 1994.

町村敬志「メガ・イベントと都市空間: 第二ラウンドの「東京オリンピック」の歴史的意味を考える」,『スポーツ社会学研究』15, 2007.

McCurry · Justin, "Olympic organizers destroy 'sacred' South Korean forest to create ski run." 2015. https://www.theguardian.com/environment/2015/sep/16/olympic-organisers-destroy-sacred-south-korean-forest-to-create-ski-run, accessed on 6 May 2019.

明治神宮奉賛会『明治神宮外苑志』, 1936.

被ばく労働を考えるネットワーク『原発事故と被ばく労働』, 三一書房, 2012.

被ばく労働を考えるネットワーク『除染労働』, 三一書房, 2014.

大竹喜久「日本の建設業の海外進出の現状と都市輸出」,『土地総合研究』21(1), 2013.
Randriana, Solofo, *Madagascar: le coup d'Etat de mars 2009*, Karthala. 2012.
東洋経済新報社『週刊東洋経済』, 2015년 5월 23일.
スミス・ニール, 原口剛訳『ジェントリフィケーションと報復都市―新たなる都市のフロンティア』, ネルヴァ書房, 2014.
外村大『朝鮮人強制連行』, 岩波新書, 2012.
植竹晃久・坂口康『鹿島建設・三井不動産 都市再開発を演出するデベロッパー』, 大月書店, 1991.
ヴィリリオ・ポール, 市田良彦訳『速度と政治』, 平凡社ライブラリー, 2001.
「山谷」制作上映委員会『山谷 やられたらやりかえせ』佐藤満夫・山岡強一監督, 1985
山口輝臣『明治神宮の出現』, 吉川弘文館, 2005.
安丸良夫『近代天皇像の形成』, 岩波書店, 1992.
与州奥津城会『三池移住五十年のあゆみ』, 1966.
財界展望社『財展』, 2018년 2월.

## 보론 언더클래스와 수감자조합

### 현투위의 전단에서

산야노동자복지회관에는 1970년대 초 현투위 시절부터 1980년대 산야쟁의단 시절까지의 전단과 토론자료, 관계 문헌이 보존되어 있다. 산야는 물론이고, 가마가사키, 고코부키 등 다른 요세바의 자료, 나아가 산리즈카투쟁三里塚闘争을 비롯한 투쟁과 집회에서 배포된 자료도 포함되어 있다. 주요 자료는 이미 넘버링된 봉투에 정리가 다 된 상태인데, 그것은 일찍이 마쓰자와 데쓰오松沢哲生 씨가 요세바학회의 활동의 일환으로 한 일이다. 이 자료들 속에는 현투위 투쟁의 자초지종을 알 수 있는 자료가 포함되어 있으며, 그중 일부를 나의 논고 「헤테로한 공간을 만들어내라」에서 소개한 바 있다.

내가 소개한 1973년 월동투쟁 당시에 대해서 말해보자면, 야마오카 교이치 등 현투위의 주요 멤버들은 아라이기켄新井技建이나 시라이시공업白石工業과의 단체교섭이나 항의 행동 중 73년 9월에 '데하이시에 대한 상해' 등으로 체포 구류되어 74년 6월 보석으로 풀려날 때까지 8개월간 옥중에 있었다. 이 글에서 소개한 두 개의 전단은 그 기간에 쓴 것이다. 또한 요세바 자료로 남아 있는 야마오카 교이치 등의 옥중서한에서는 '새로운 운동 스타일'에 대한 토론이 오가고 있으며, 현투위 전단은 각각 우연의 산물이 아니라 의식적으로 운동 스타일의 궁리를 추구한 결과였음을 알 수 있다. 이뿐만 아니라 현투위나 가마공투釜共闘의 전단을 통해서 후나모토 슈지가 선동하고 현상을 분석한 많은 시사점이 다른 활동가들에 의해 공유되어 실제 전단에 반영되었음을 확인할 수 있다. 그와 동시에 매일의 투쟁이 노동자에게 호소하는 어조, 표현, 그리고 사상까지 다양한 창의궁리를 만들어 내고 있었던 것이다. 후술하겠지만 체포 기소된 후 수감된 구치소 및 교도소에서 활동가들이 운동론이나 노선논쟁을 사신私信을 통해 공개적으로 나누는 경우가 종종 있으며, 교도소 안은 교도소 밖 운동을 상대화하는 특수한 공간이었다. 그리고 그 토의가 현장 활동으로 환류되고 있었던 것이다.

그런데 당시 사회운동에 대한 탄압 상황을 알 수 있는 가장 좋은 자료는 구호연락센터의 뉴스 '구원救援'(월간)이다. '구원' 지면에서 1973년부터 74년에 걸쳐 도쿄를 중심으로 한 체포 · 기소 · 구류자의 수 가운데 눈길을 끄는 것은 혁공동革共同[7]과 관련된 내부 폭력

으로 인한 대량 체포(흉기순비십합죄)나 가스미가우라霞ヶ浦 간척에 반대하는 다카하마이리투쟁高浜入闘争 등과 함께 산야에서의 그것이다. 예를 들면 1917년 9월의 피체포자 연인원 59명 중 산야에서는 13명이 공무집행방해 · 상해로 체포되어 한 번의 체포자 수에서 다른 곳의 숫자를 압도하고 있다. 같은 해 10월에는 연인원 60명 중 산야에서 세 번의 탄압이 있었고 폭력행위 5명, 폭력행위 · 상해영장 5명, 폭력행위 · 상해영장(再체포)이 1명이었다. 앞에서 기술한 바와 같이 이 시기는 계약위반을 반복하는 아라이기켄이나 시라이시공업 등의 인부송출업자에 대한 투쟁이 벌어지고 있었지만, 그것이 공갈과 상해를 구실로 한 체포로 직결되었다(『救援』 축쇄판 · 창간호~100호, 1977. 또한 山谷救援会「マグマ」 1호 · 1974년 5월-12호 · 1975년 12월) 현투위는 7명의 멤버로 시작되었다고 하는데, 거기에 지원 노동자가 있었다고 해도 이 피체포자의 수와 횟수는 비정상이며, 조직의 존망과 직결되어 있었을 것이다. 게다가 재체포나 장기 구류가 가능했다는 것은 업자 · 데하이시 · 경찰의 연락망에 의해 인물의 특정이 용이했다는 것이며, 요세바라는 생활공간이 항상 엄격한 감시에 노출되어 있었음을 의미한다.

---

7 역자 주 – 혁명적공산주의자동맹, 줄여서 혁공동은 지금으로부터 반세기 전인 1957년 결성되어 60년 안보투쟁, 70년 안보 오키나와 투쟁 등 수많은 투쟁 속에서 스스로를 조직적으로 강화, 순화하여 오늘날까지 마르크스주의 노동자 계급 자기해방사상에 입각하여 '반제국주의 반스탈린주의 프롤레타리아 세계혁명'의 승리를 향해 싸워온 조직이다. 혁공동은 2009년 가을 제25차 전국위원총회에서 21세기 혁명 실현을 위한 당 강령 초안을 발표하고 새로운 행보를 시작하고 있다.

## 수감자조합 결성부터 통일수감자조합까지

전후 사회운동사 중에 수감자 구호 운동은 구호 연락센터가 1967년 10·8 하네다투쟁羽田闘争, 이듬해 10·21 국제반전데이투쟁과 소란죄 적용 이후 대량 체포를 계기로 조직된 것처럼 탄압의 질의 전환으로 규정되어 있다(전게 『救援』「해설」). 또한 대량 체포는 개별 구원을 초월한 구원 운동을 필요로 하였다. 도쿄대투쟁과 일본대투쟁, 오키나와투쟁, 산리즈카투쟁三里塚闘争, 그리고 연합적군 등 1960년대 후반에서 70년대 초의 메르크마르[8] 투쟁과 그것에 이은 재판투쟁의 와중에 1973년 11월에 "수감자조합獄中生活者組合을 결성하라"는 호소가 오사카 구치소의 미야모토 레이코宮本礼子로부터 나왔다. 전국의 재소자에게 보내는 미야모토의 편지는 발신이 불허되었지만, 『구원』만 허가를 받아 지면에 게재되었다. 이것이 수감자조합의 시작이다.

여기서는 미네 슈이치峰修一 『일본의 수감자조합운동의 역사日本における獄中者組合運動の歴史』(『法学セミナー』 1998년 11월)를 참조하면서 수감자조합에 앞선 운동 및 그 연혁에 대해서 조술祖述해보자. 1968년 이후 도쿄구치소, 나가노형무소中野刑務所, 후추형무소府中刑務所에는 1,000명 가까운 활동가가 구금되어 있어 그 처우개선을 요구하는 개선투쟁이 전개되고 있었다. 1970년 새해 첫날에는 도쿄구치소를 비롯해 도내 4곳에서 수감자 격려와 처우개선을 요구하는 선전차에 의한 정보선전이 벌어졌다. 1973년 5월에는 구호연락센터의

8 Merkmal. 독일어. 사물을 판단할 때에 이용하는 지표를 말한다. 판단 기준.

호소로 수감 처우 설문이 진행되었고, '수감 처우를 개선하는 모임 獄中処遇を改善する会'이 결성되어 당국과의 교섭이 진행되었다. 서신의 매수 제한, 접견 시간 연장, 목욕 시간 연장, 치료, 징벌 중 목욕 · 운동을 주된 요구로 했다. '수감자조합'의 호소에 대해서 1974년 2월 옥외獄外에서 수감자조합준비회가 열려 7월에는 수감자조합의 기관지 『범람氾濫』이 창간되었다. 그 사이 도쿄구치소는 1976년까지 '수감자조합'이라는 문자를 하나도 남김없이 모조리 말소하거나 발신과 수신을 의도적으로 지연시키는 등 방해를 했다. 그런 와중에 1974년 11월에 수감자조합 호소 실행위원회 주최에 의한 옥중 옥외 추계 통일행동이 벌어졌다. 요구항목은 ① 자살방 분쇄, ② 방 내 필기 제한 철폐, ③ 토요일 면회 폐지 책동 분쇄였다. 통일행동은 같은 달 오사카구치소에서도 열렸으며, 이후 연 2회 봄과 가을에 그때그때의 과제를 도입하면서 1981년까지 계속되었다.

미야모토 레이코와 함께 수감자조합 결성을 중심에서 담당한 것은 적군파인 와카미야 마사노리若宮正則였다. 와카미야는 1975년 5월에 '옥중 처우개선을 투쟁하는 공동소송인의 모임獄中の処遇改善を闘う共同訴訟人の会'(이하 공소회共訴会)의 조직화를 호소하였다. 그 원칙은 "현행법을 이용해 부당처우, 인권침해에 대한 공동소송을 하자"는 것이었다. 이 공소회의 노선을 둘러싸고 수감자조합 옥외사무국獄外事務局과 공소회는 대립관계가 되어 공소회는 수감자조합과는 별도의 조직으로 1967년에 발족하여 이듬해 기관지 『감옥통신監獄通信』을 창간한다. 이 대립에 대하여 미네峰의 논문에서는 수감자조합 옥외사무국이 공소회를 자신의 조직 안에 위치시키지 못한 점, 공소회는 '소송에 의해 감옥의 민주화, 처우개선을 도모하려는 노

선'이라고 비판을 받았다고 한다. 와카미야와 공소회의 관계에 대해서는 다카헤이 마시히토高幣真公 『가마가사키 적군병사 와카미야 마사노리 이야기釜ヶ崎赤軍兵士 若宮正則物語』(彩流社, 2011)에 자세히 나와 있는데, 규약논쟁 과정에서 와카미야 자신은 미야모토와 함께 공소회에서 발을 빼게 된다. 그 사이에 1975년 5월의 동아시아 반일무장전선 멤버의 일제 체포가 있어 그 통일공판 요구투쟁이 벌어지는 한편, 옥중에서는 격렬한 수감자 탄압이 반복되고 있었다. 히로시마대학広島大学 출신 그룹 중 한 명이었던 스즈키 구니오鈴木国男가 오사카 구치소에서 보안방保安房에 격리되어 강제의료에 의해 학살당한 것이 1976년 2월 16일. 같은 2월에는 동아시아 반일 무장전선의 에키다 유키코浴田由紀子에 대한 가죽 수갑 공격, 아라이 마리코荒井まり子에 대한 남구男區로의 격리, 정좌점검正座点検 강제를 위한 에비제메[9] 폭행, 거기에 사형수 처우 악화가 이어졌다. 같은 해에는 또 법무성이 '감옥법 개정 구상'에 대한 자문을 구하고 있다. 다만 감옥법 개악에 대한 통일행동 가운데 수감자조합과 공소회의 공동대처도 추진되었다. 두 수감자운동은 1985년 11월 16일에 통일수감자조합統一獄中者組合으로 통일된다. 그 결성선언은 이렇게 되어 있다.

> 범죄의 계급적 성격을 보지 않고 범죄 일반을 '악'으로 보고 잘라 버리는 것은 그 범죄를 단속하는 권력을 '선'한 존재로 간주하는 이데

9 역자 주 – 에비제메(えびぜめ). 에도(江戸) 시대 고문 방법의 하나로 죄인에게 책상다리를 하게 해서 양손을 뒤로 묶고 몸의 상부를 앞으로 굽히게 한 후 양다리를 목에 밀착시키는 것.

> 올로기에 대한 굴복이다. (중략) 범죄자의 사실을 문세 삼는 것이 아니라 범죄의 계급적 성격을 문제 삼는다. 범죄자 개개인의 처벌이나 교정을 문제 삼는 것이 아니라 억압적 사회구조의 변혁을 문제 삼는다. (중략) 범죄자의 자기변혁이란 범죄자가 윤리적으로 반성을 하고 '마음을 고쳐먹는' 것이 아니다. 그렇지 않고 자기 범죄의 의미와 원인을 사회적 맥락 속에서 이해하는 것이다. 또한 자기 변혁은 범죄자에게만 요구되는 것이어서는 안 된다. (중략) 죄수도 인간으로서 살 권리가 있고, 그 권리를 부당하게 압박하는 것과 싸울 권리가 있다. 그 권리를 행사함으로써 죄수는 자신의 생존을 확보함과 동시에 자신을 계급으로 조직하고 인간으로서 해방하는 것을 배워 간다. 우리가 궁극적으로 요구하는 것은 '보다 좋은 감옥'이 아니라 감옥의 폐지이고 형벌의 폐지이다.(「감옥통신監獄通信」 창간호, 1985년 12월 15일)

형사범 수감자로서 유실有實하다는 사실에서 출발하여 옥중에서 범죄자 해방이라는 계급적 기반을 획득한 첨예한 실천자들로서 나가야마 노리오永山則夫나 야시마 가즈오矢島一夫가 있다.(永山『增補新版 無知の涙』, 河出文庫, 1990, 矢島『獨房から人民へ』第一巻, 第二巻, 田畑書店, 1976) 수감자조합 운동은 그러한 유실의 수감자들의 선구적 실천과 감옥 해방의 길을 결부시켜 옥중에서 실제로 살아남기 위한 상황을 개척하는 것에 있었다. '결성선언'은 그러한 사상을 잘 표현하고 있다. 또한 수감자조합옥외사무국은 『옥중생활의 길잡이獄中生活のてびき』라는 옥중에서 처우개선을 위해 싸우는 매뉴얼을 발행했다(수감자조합옥외사무국 편찬위원회, 1980). 아주 디테일하게 옥살이에 가해지는 탄압과 교섭의 기술을 묘사하고 있는 이

『길잡이』는 처우개선을 요구해온 수감자들의 경험의 집적이었다.

## 언더클래스와 옥중자 운동

사회운동에 탄압은 불가피하다. 따라서 그 운동이 옥중에서의 투쟁을 사정권에 두어야 한다는 것은 당연하다. 그러나 옥중은 사상투쟁의 장이며 나아가 '통일수감자조합결성선언'에서 이야기하고 있듯이 유실한 '범죄자'가 자기 변혁을 이루는 장소이기도 하다. 옥중에서의 자기 변혁이라고 하면 장 쥬네[10]가 뜨거운 연대와 사랑을 표명한 블랙 팬서[11]의 사상을 체현했다고도 할 수 있다. 1970년의 솔다드 브라더스 사건[12]을 참조해도 좋을 것이다. 자기 변혁은 일반 형사범 수감자와 만난 정치범 사상범한테서도 일어난다. 그러한 큰 사상운동의 가능성 때문에, 사적 서신의 종이 수 · 횟수 제한 등 사상 언론 활동에 대한 제한은 제거되어야 하며 접견의 자유는 획득되어야 한다.

옥중과 옥외는 사상적으로나 물리적으로도 연결될 수 있다. 옥

10 역자 주 – 1910~1986. 프랑스의 작가. 어릴 때부터 악의 세계에 몸을 맡기고, 추악한 것을 신성한 것으로 바꾸는 독특한 스타일을 확립했다. 대표작으로는 시 「사형수」, 희곡 「검둥이들」 「병풍」, 소설 「도둑일기」 등이 있다.

11 역자 주 – 1965년 결성된 미국의 전투적 흑인 해방 조직 또는 그 멤버를 가리킨다. 과격한 흑인 해방운동이 진정되면서 사실상 소멸됐다. 흑표당.

12 역자 주 – 1970년 미국 솔다드형무소에 복역중이던 수형수로 '솔다드 브라더스'의 일원으로 옥중에서 BPP의 당원이 되었던 존 잭슨의 동생 조나단(당시 17세) 형을 해방할 목적으로 재판소를 습격해 조나단 자신과 고등법원 판사 해롤드 헤일리를 포함한 4명의 사망자와 2명의 부상자가 발생했던 사건.

중에서 일거에 세계에 접속하는 일도 가능하다. 그것은 실제로도 실현되었다.

1977년 9월 28일에 파리발 도쿄행 일본항공기 472편이 일본적군(히다카대日高隊)[13]에 의해 공중납치되어 방글라데시 다카공항에서 범인들과 일본 측의 인질 협상이 벌어졌다. 일본적군은 그때 7명의 사상범 · 정치범과 2명의 일반 형사범의 석방을 요구했다(그 중 석방에 응한 것은 6명). 거기서 일반 형사범 중에서 지명된 것이 센스이 히로시泉水博와 니헤이 아키라仁平映였다. 센스이는 강도살인 사건으로 무기징역의 판결을 받고 치바 형무소에서 복역 중이었지만, 같은 무기징역수의 의료 조치를 실현하기 위해 처우개선과 의료설비 개선을 요구하며 관리부장을 인질로 잡는 단신 결기를 벌였다. 센스이는 그 때문에 형이 가산되었다. 센스이 단신결기 및 일본적군 시대의 됨됨이에 대해서는 마쓰시타 류이치松下竜一『분노라고 한다, 도망은 아니다. 일본 적군 커맨드 센스이 히로시의 유전怒りていう、逃亡には非ず 日本赤軍コマンド泉水博の流転』(河出文庫, 1996)에 자세히 나와 있다. 니헤이 아키라는 살인죄로 10년형을 받고 도쿄구치소 복역 중 수감자조합 결성에 참여하여『범람』에도 메시지를 내고 처우개선을 요구하며 투쟁을 했다. 왜 이 둘이어야 했는가?—그것은 다른 일곱 사람에 대해서도 말할 수 있는 것이다—일본적군이 석방 대상자 명단을 결정하는 과정에서 나누었으리라 짐작되는 논의에 대해서는 와코 하루오和光晴生가 언급을 하고 있다(和光『日本赤軍とは何だったのか その草創期をめぐって』, 彩流社, 2010). 물론 다카

13 역자 주-일본적군의 히다카 도시히코(日高敏彦)를 중심으로 한 테러리스트 집단.

투쟁은 그 시작에 불과했었을 것이고, 제2, 제3의 다카 투쟁이 구상되었을 것이다. 다만 왜 그 시작이 센스이와 니헤이의 두 이름이었는가 하는 질문 이상으로 중요한 사실이 있다. 그것은 언더클래스가 자신의 해방투쟁을 통해 세계와 연결되어 가는 회로가 이때 열렸다는 것이다. 요세바에서 생활하고 있거나 혹은 옥중 구속되어 있었다고 해도, 그들/그녀들은 어디서 생활하고 어디서 싸우든 상관이 없는 것이다. 다카 투쟁은 그것이 현실적으로 가능하다는 것을 보여준 것이다. 하지만 애당초 언더클래스와 우리들을 연결시켜 언더클래스를 둘러싼 상상력의 제한을 없애버린 것은 수감자조합의 운동이었다. 요세바 운동이 수감자조합의 운동과 결합할 필연성이 여기에 있다. 그리고 우리들이 구상만 하면 언제든지 집합소도 언더클래스도 세계와 연결되는 것이다.

# 유동적 하층 노동자

# 유동적流動的 – 하층下層 – 노동자勞動者

## 1. '유민流民' '유동적 노동자' '유동적 하층 노동자'

1974년 3월 1일로 발행된『복복시계 도시 게릴라 병사의 독본 腹腹時計 都市ゲリラ兵士の読本 VOL.1』(동아시아 반일 무장 전선 "오오카미狼" 병사 독본 편찬 위원회)은 목차 앞 쪽의 표2에 '정정訂正'을 덧붙였다. 즉 '3쪽의 '4'의 첫 번째 줄, 다섯 번째 줄의『유민』을『유동적 노동자』로'라고 적고 있다.[1]

현재 소위 "이론편"만을 복각판으로 읽을 수 있는『복복시계 VOL.1』의 '정정' 부분은 서문에 해당되는 '들어가며'의 7쪽부터 시작되는 요점 부분 중 '4'에 해당된다. 추가적으로 설명을 하자면 7쪽의 내용을 요약하면 다음과 같다.

(1) '우리 일본 제국주의자의 자손 (…) 제국주의 본국인'

---

1 복각판(이론편 만)은 동아시아 반일 무장 전선의 사형・중형 공격과 싸우는 지원 연락 회의에 의해서 발행・배포되고 있다. 이하「복각판」이라고 줄임. 또한 오리지널은 전체가 36쪽이며, 그중 13쪽이 소위 말해 "이론편"이며, 나머지 23쪽이 "기술편"이었다. 인쇄 부수는 200부. 마쓰시타 류이치(松下竜一)『거사를 보거라 동아시아 반일 문장 전선 "오오카미" 부대(狼煙を見よ 東アジア反日武装戦線"狼"部隊)』, 河出書房新社, 1987, pp.134-135.

(2) '일제 본국의 노동자, 시민은 (…) 제국주의자, 침략자'

(3) '일제 노동자'는 반혁명

(4) '일제 본국 안에서 유일하게 근본적으로 싸우고 있는 것은 유민=일용직 노동자이다. (…) 그렇기 때문에 그것을 간파한 유민=일용직 노동자의 싸움은 가마가사키釜ヶ崎, 산야山谷, 고토부키寿町에서 보여지 듯 일상불단'

(5) '일제 본국의 중핵 싸움'의 사보타주sabotage, '베트남 혁명 전쟁의 좌절에 의해서 비판 받아야 하는 것은 우선 우리들 자신'

(6) '일제를 타도하는 싸움을 개시하는 것', '법과 시민 사회에서 불거진 싸움=비합법적인 싸움을 무장 투쟁으로 실체화하는 것'

(7) '식민지 인민의 반일제 혁명사를 복권'

'4'는 전문을 인용하겠다.

일제 본국에서 유일하게 철저하게 싸우는 것은 **유민=일용직 노동자**이다. 그들은 완전히 쓰고 버려지는 소모품으로 강요받았고, 역할을 부여 받았다. 싼 값으로 쓰고 버려질 수 있는, 몇 시든 희생 될 수 있는 노동자로 강요받았으며 생활의 모든 분야에서 철저히 삥땅을 뜯겼다. 그렇기 때문에 이를 간파한 **유민=일용직 노동자**의 싸움은 가마가사키釜ヶ崎, 산야山谷, 고토부키초寿町에서 보여지 듯 일상불단이며, 타협이 없는 싸움이며, 소 시심 노동자와는 정면으로 대결한 것이다.[2] (역자 주－강조는 인용자, 방점을 볼드체로 대신함)

2 복각판, p.3.

먼저 확인하자면 동아시아 반일 무장 전선의 주장에서 변증법적 발전에 기반을 둔 즉자即自－대자対自－즉자即自이면서 동시에 대자라고 지양될 것 같은 혁명주체론은 거절되었다. 그 대신에 즉자적인 상태야말로 혁명주체의 자격요건이다. 그것은 우선 '아이누·모시리, 오키나와, 조선, 대만 등'의 '식민지 인민'이며, 그리고 '유민=일용직 노동자'이다. 이에 반해 '우리들' 일제본국민에게는 '피난처=안전변을 남기지 말고 "신체를 강조하여 스스로 반혁명으로 뒷돈을 챙긴다"는 것'이 '유일한 긴급 임무'로 요구된다.[3] 여기에서 "오오카미"가 '뒷돈을 챙긴다'고 이야기하고 있듯이 무장투쟁에 참가하는 것은 식민지 인민의 반일제 투쟁에 호응하고, 그 싸움에 합류하는 자격을 획득하기 위한 전제이며 최종적인 목표가 아니다. 바꿔 말하면 무장 투쟁에 참가하는 것은 식민지 인민이나 '유민=일용직 노동자'의 입장에 즉자적인 동화를 의미하는 것이 아니다.

본론으로 돌아가자. 『복복시계 VOL.1』은 왜 초교 원고의 '유민'을 (아마도) 인쇄·제본 직전에 '유동적 노동자'로 수정한 것일까. 이 '정정訂正'에 따르자면 올바르게는 '유동적 노동자=일용직 노동자'라고 표기해야 된다. 이 변경은 무엇을 의미하는 것일까.

동아시아 반일 무장 전선은 우선 "오오카미"에 이어서 "대지의 어금니"가 활동을 개시하고, 조금 늦게 "사소리さそり"가 합류했다. 보다 정확하게는 "오오카미"는 1971년 12월에 고아 관음興亜観音과 순국칠사, 1972년 4월에 조동종曹洞宗 대본산 총지사 납골당, 동년 10월에 홋카이도 대학 북방문화연구시설과 아사히카와 시旭川市의

3 상게서, p.4.

'풍설風雪의 군상群像' 폭파를 실행했다. "대지의 어금니"는 1974년 3월 말에 이미 『복복시계 VOL.1』을 입수하고 1974년 8월 30일 미쓰비시 중공 폭파 이전에 동아시아 반일무장전선으로 합류할 것을 결정했다. 그리고 "사소리"의 멤버가 된 구로카와 마시요시黒川正芳와 "오오카미"의 대도사大道寺 장사将司가 의식적으로 만나게 된 것이 1974년 7월 경이라고 생각된다. "오오카미"의 멤버와 "사소리"의 멤버가 다카다노바바高田馬場에서 일용직으로 일을 했으며, 그리하여 서로 알게 된 것이 발단이 된다.[4] 그리도 동년 6월경에 구로카와黒川와 이전의 "사소리"를 구성하게 된 우가진 히사이치宇賀神寿一는 72년 5~6월 이후, 산야・가마가사키 투쟁에 대해서 '말도 안 되는 탄압'을 '깨부수기 위해서' 무장 투쟁의 필요성에 대해 합의하고 있었다.[5]

이러한 배경을 고려했을 때 '유민'을 '유동적 노동자'로 '정정'한 것에 대해서 당장 연상되는 것은 요세바寄せ場의 싸움이며, 특히 후나모토 슈지船本洲治의 영향인데 이는 검토가 필요하다.

전술한 바와 같이 "사소리"는 1972년, 산야・가마가사키 폭동의 임팩트를 막아내는 과정에서 조직되었다. 그 때문에 다른 두 부대와 비교해서 보다 강하고 '하층노동자 해방투쟁－혁명전쟁'이라는 전략적 전망을 의식하고 있었다. 그리고 그 사상 형성에는 후나모토

4 '에키다(浴田) 공판에서 대도사 장사 씨의 증언'『그러나 나에게는 전쟁이 기다리고 있다 사이토 노도카(齋藤和)[동아시아 반일 무장전선 대지의 어금니]의 궤적』 동아시아 반일무장전선의 사형・중형 공격과 싸우는 지원 연락 회의・편, 후진샤(風塵社), 2004, p.407.

5 우가진 히사이치(宇賀神寿一)『나의 번신(翻身) 우가진 히사이치 최종 의견 진술집 외 개정판』, 동아시아 반일 무장 전선의 사형・중형 공격과 싸우는 지원 연락 회의, 1988, pp.48-49.

토 슈지와 구로카와 요시마사黒川芳正의 관계가 크게 관여되어 있었다. 본서 다음 장에서 후나모토의 텍스트에 대해 검토하겠다. 단, 1974년 3월에 발행된 『복복시계 VOL.1』에서의 '유민'의 '유동적 노동자'의 '정정'이라는 논점에 대해 말하자면, 이 '정정'이 삽입되었을 것으로 보이는 1974년 2월 시점에서는 "사소리" 그룹 및 후나모토 슈지와 "오오카미"와의 직접적인 접촉은 없었던 듯하다. 따라서 '유민'의 정정은 어디까지나 "오오카미" 그룹 내부의 고유 사정에 기반한 것이었다고 상정해 두고자 한다. 즉, 가령 이 '정정'에 후나모토 측 사상의 영향이 있다고 할지라도 그것은 어디까지나 문서나 제삼자를 통한 간접적인 관계일 것이라는 것이다. 게다가 이것도 후술하듯이 후나모토가 정의하고 사용한 용어는 어디까지나 '유동적 하층노동자'이며, '유동적 노동자'가 아니다. <하층>을 뺀 『복복시계 VOL.1』의 용어는 자못 '유민'을 대신한 것이며 그것을 그대로 기계적으로 '일용직 노동자'와 엮은 것으로도 보인다. 그러나 이 점은 조금 신중하게 검토하고자 한다.

## 2. '유민'에서 '유동적 하층노동자'로

'유민'은 그 연원 중 하나를 메이지기의 하층사회론에서의 '세민細民', '빈민貧民'에 있다고 해도 좋을 것 같다.[6] 단, 그 존재는 아직 스

6 '빈민' 언설에서 '하층노동자'까지의 계보에 대해서는 이케다 히로시(池田浩士) 「빈부의 전쟁, 부호의 공포—'박람회와 폭동'에 의하여(貧富の戦争、富豪の恐怖—「博覧会と暴動」によせて)」, 『요세바(寄せ場)』 제25호, 요세바학회(寄せ場

스로의 고유 가치를 창조하지는 않았다(예외적으로 1922년에 전국수평사全国水平社가 사용한 <특수부락민>이라는 말의 사용법이 있다). 이에 대해 <유랑의 프롤레타리아트>에 창조적인 가치를 나타낸 것이 1950년대에 고향의 미나마타水俣나 지쿠호筑豊에서 '원점'을 모색하고 미이케 투쟁三池闘争을 지원하면서 다이쇼 탄광쟁의에서 다이쇼 행동대를 조직한 다니카와 간谷川雁이다. 그 사상적 출발점에서 간雁의 <민중>은 본원적 축적에 의해 토지를 빼앗긴 소외된 형태였다. '우리 현대문학 최초로 떠맡은 자는 배신당한 농민 또는 소지주였다. 절대주의의 압력을 받아 궁핍해지고 토지를 잃고 도시에 집중하여 불만에 가득 차 향상되기를 바라면서, 어떤 자는 지배층 하부에 편성되고 나머지는 '뜬구름'이 되어 유랑한 그들이었다'(「현대시에서의 근대주의와 농민」 1955[7]). 그러나 그러한 '뜬구름', '도망민'으로서의 <유민>을 넘어선 데까지 간은 <민중>의 사상적 가능성을 늘린다. 「일본의 이중구조」(1961)에서 다니카와 간은 말했다.

> 벽지의 농어민, 유랑의 프롤레타리아트, 특수부락민, 나병, 재일조선인 …… 이처럼 차별이라는 형태로 소외 받고 있는 자들 속에**만** 규범적 유형으로써의 일본이 있다는 점은 의심할 여지가 없는 사실이다.[8]

学会), 2012의 소묘(素描)를 참고하기 바란다.

7 이와사키 미노루(岩崎稔)・요네타니 마사후미(米谷匡史) 편『다니카와 간 셀렉션Ⅱ—원점의 환시자(谷川雁セレクションⅡ—原点の幻視者)』, 일본경제평론사, 2009, p.19.

8 상게서, pp.209-210. 방점은 원문(역자 주－방점을 볼드체로 대신함).

근대 일본 그 자체가 소외된 형태이며, 너구나 이 <민중>이야말로 일본 근대의 전근대성 · 근대성 · 세계적 보편성을 지양하는 주체라고 간은 생각했다. 그런 의미로 <민중>이 그곳에 도달하는 것이 기대되어지고 있는 자기인식은 간에 있어서 계급 투쟁적일 뿐만 아니라 문명 비판적이었다. 앞선 인용문에 이어 다음과 같이 말한다.

> 그들이야말로 가장 강렬하게 지배계급의 사상에서 조사照射되고 있고, 그 때문에 일정 조건이 붙어 복수 인원이라기보다 근대 유럽의 규범적 유형으로 말하는 개인에 가깝고, 또한 그 '개인'을 뛰어넘는 가능성을 지닌 존재이지만, 그 가능성은 어떠한 길로 수립되는지, 그 사상적 생산성을 보증하는 것은 무엇인지, 라는 과제에 당면한다. 이를 제외하고 우선 생산 관계의 해방을, 그리고 나서 ……라고 사적史的 순서와 논리적 순서를 혼동해서 생각하는 데에 생산이니 관계이니 하는 관념에 대한 한없는 부르주아적 속류화俗流化가 있는 것이다.[9]

근대 문명 그 자체, 서양 문명 그 자체를 지양하는 전망이 '벽지의 농어민, 유랑의 프롤레타리아트, 특수부락민, 나병, 재일조선인'에 가탁되어 있다. 이 가치 전환을 만들어낸 것에 의해 간의 말은 기억되어야만 한다. 나아가 「무(플라스마)의 조형—나의 차별 '원론'無(プラズマ)の造型—私の差別「原論」」과 같은 에세이가 나타내는 것과 같이 차별-피차별 관계의 상대성이나 입장의 전위転位가 부단히 발

9 상게서, p.210.

생하고 있는 민중 내부의 차별 구조에 대해서도 간은 주지하고 있었다. 그런데 여기에 후나모토 슈지의 말을 적용하면 어떻게 될까.

후나모토는 1971년 봄에 리플릿 『유민의 깃발流民の旗』의 발간을 기획한다. 발간사에 이렇게 썼다. '세계는 변증법적 운동이다. /그것은 세계가 같은 상태로 고정될 수 없다는 점, 반복을 허락하지 않는 점을 의미한다. /처음에는 '일하는 동료의 모임'으로써 막연하게 기분적으로 결집한 우리도 이 법칙에서 벗어날 수 없다. /그리고 지금 우리의 인연, 결집 축에 보다 고도의 내용이 부여된다는 점이 고려되기 시작했다. (…) 암중모색이면서도 우리 고유의 과제에서 고유의 방법으로 날아야 하는 것을 요구받고 있다'.[10] 이렇게 '나는 일'을 선언한 후, 1971년말에 '다니야마 · 간'의 필명으로 쓰여 진 「자기비판과 싸움의 개시의 의미를 담아서自己批判と闘いの開始の意味をこめて」에서 산야에서의 폭동 경험을 바탕으로 '이질적 투쟁조직 (처음부터 반란을 추구하고 반란을 권력으로까지 높여 주는 조직)을 일상적으로 준비할 것'을 주장하였다. 그 점에서는 연관성을 형성시키기 위해 '공사장 인부의 결합トビ職的結合'도 방침화되어 있었다.[11] 1972년 5월 스즈키조鈴木組 투쟁 전날에 후나모토는 '유동적 하층노동자'에게 구체적인 정의를 부여했다.

> (…) 세계제국주의의 위기가 진행되는 국면에 있어 일본자본주의

10 후나모토 슈지(船本洲治) 『입다물고 처량하게 죽지마라—후나모토 슈지 유고집(黙って野垂れ死ぬな—船本洲治遺稿集)』, れんが書房新社, 1985, p.184.

11 전게서, pp.185-188(『신판 입다물고 처량하게 죽지마라』 공화국, 2018년, pp. 68-73). 이하 전자를 '구판', 후자를 '신판'으로 표기.

는 일관해서 국내 기구의 구석구석까지 제국주의적 재편에 혈안이 되어 있었는데, 그 하나의 표출인 농촌정책에 의한 타지 벌이 농민의 대도시로의 유민화 및 기간공업에서의 부차 부문의 계열화 또는 하청업체화에 따른 조직노동자의 미조직화, 유동화이다. 사실 오사카 제강, 히타치 조선 등 대공장 주변에는 반드시 하청회사의 간판을 내건 나무자 합숙소가 있으며, 그곳에 농민이나 가마가사키 등의 요세바에서 하층노동자를 끌어모아 사외 업자로서 공장을 출입하고 있다. 이들 임시공, 일용직공, 사외 공이라 불리는 유동적 하층노동자야 말로 실체적 기간산업 노동자이며 기업에 이윤을 안겨주기 위한 노무관리의 미끼인 것이다[12]

더욱이 후나모토는 「하층 인민에 의거해 철저한 무장 투쟁을 전개하라!」(1972년 5월 13일자 『나족의 깃발裸賊の旗』에서 '유동성'에 구체적인 의미를 부여했다.

유동적 하층노동자란, 그 이름대로 산야·가마가사키를 기지로 흘러들어가 자신의 노동력 상품을 파는 노동자를 말한다. 이 유동한다는 것은 하나의 유리한 조건이다. 왜냐하면 정착하지 않음으로써 경찰 권력에 의해 실태가 파악되기 어렵기 때문이다.

둘째로, 이 노동자는 가족, 재산, 직장 등 지켜야 할 그 무엇도 없기 때문에 언제든지 어디서든지 자유롭게 투쟁할 수 있는 조건을 지닌다.

셋째로, 일본자본주의가 노무 관리의 형식으로 산야·가마가사키

12 「산야·가마가사키를 축으로 하는 도시인민전쟁을 이겨내자!(山谷·釜ヶ崎を軸とする都市人民戦争を闘いぬこう!)」「신판」 p.124(「구판」 pp.67-68).

> 의 형태를 전국적으로 형성하고 있기 때문에 이 노동자는 전국의 노무자 합숙소, 요세바를 돌아다니며 전국적인 규모의 투쟁을 전개할 수 있다는 점이다.[13]

'전국의 노무자 합숙소, 요세바를 돌아다니다'와 같은 유동성 이미지는 후나모토가 말하는 '공사장 인부의 결합'이라는 이해를 계승하고 있다. 단, '소리개'라는 직능을 단서로 한 '유동성'이라는 파악에 대해서는 항만노동 · 조합을 중심으로 하고 있던 가마가사키의 노동자는 반대했다고 한다.[14] 실제로 1972년 5월 단계에서 정의된 대기업 건설 자본의 하청 노동자로써의 '임시공, 일용직공, 사외공이라고 불리는 유동적 하층 노동자'와 1971년에 『유민의 깃발』에서 제기되었던 '공사장 인부의 결합' 사이에는 거리가 있다. 후나모토는 자신과 요세바 노동자의 신체의 고유성에서 '유동적 하층 노동자'를 정의하기 위한 단서를 얻었지만, '유동성'에 한정지어 말하자면 보다 자본의 유통 과정에 입각해서 이해를 해 나간다. 즉, '공사장 인부의 결합'이 환기시키는 자율적인 유동성은 허공에 매달린 채이다. 그렇다고 '유동적 하층 노동자'의 '유동성'을 둘러싼 이 차이는 현실의 운동 속에서 결합되어 있었다. 요세바라고 하는 현장과 폭동이 그러한 노동자론을 뛰어 넘었던 것이다. 후나모토는 '반란이 반란을 오거나이즈한다', '현장 투쟁과 폭동'을 주요

---

13 「구판」 pp.49-50.

14 미즈노 아슈라(水野阿修羅) 씨의 인터뷰(2014년 3월 27일). 후나모토가 존경하는 친구이기도 했던 나카야마 유키오(中山幸雄) 씨는 오히려 후나모토는 공장노동에 종사한 적이 많았던 것이 아닌가 하고도 증언했다. 나카야마 씨의 인터뷰(2014년 5월 18일).

한 투쟁으로 제기하고, 그 속에서 '유동성'의 물질적 근거와 투쟁 주체로의 전환의 계기를 자리 잡게 하려고 한다.

5월 13일자 「프롤레타리아트의 무기의 정치를 구축하라」에서는 '유동적 하층 노동자'가 상품의 유통 과정에 근거를 갖고 그 근거가 있어서 폭동이나 저항, 현장 투쟁이 필연적이라는 점을 주장했다.

> 상품은 본질적으로 유동적이다. 노동력이 상품이라고 하는 증명은 생활 상황에서 필연적으로 고정적인 '시민'적 노동자층이 아니라 자본의 요청에 따라 팔리고 팔리는 유동적 하층 노동자, 즉 비'시민'적 노동자가 체현하고 있다.[15]

더욱이 후나모토에 의하면 '유동적 하층 노동자'는 편재해 있다. 앞에서 인용한 '유동적 하층 노동자'의 정의에 이어서 말한다.

> 산야 · 가마가사키는 모습을 바꾸고 형태를 바꾸어 전국에 무수히 존재하고 있다.[16]

'전국에 무수히 존재하고 있다'는 산야 · 가마가사키라는 이미지 속에 '공사장 인부의 결합'은 해소되어 '유동성'은 현대자본주의

15 「산야 · 가마가사키를 축으로 하는 도시인민전쟁을 이겨내자!(山谷・釜ヶ崎を軸とする都市人民戦争を闘いぬこう！)」 전게, 「신판」 p.123(「구판」 p.66).

16 전게서, p.124(「구판」 pp.67-68). 한편, 이 두 개의 문장이 쓰인 1972년 5월 13일부터 2주 후인 1972년 5월 28일에 가마가사키에서 대 스즈키조 투쟁이 발발하여 6월 3일에 폭력 알선업자 추방 가마가사키 공투회의(가마공투)가 결성되어, 산야에서도 8월에 악질업자 추방 현장 투쟁 위원회(현투위)가 결성되었다.

에 현실적인 근거를 지닌 것으로써 논해지게 되었다고 말해도 좋을 것이다. 후나모토는 40년 이상 이전에 이 말을 썼다. 그러나 이 4반세기 동안에 비정규 노동이 증대하고 전세계에서 월마트화(=소규모 비즈니스 전략에 의한 산업 구조의 변질과 국경을 초월한 상품 생산의 하청화)가 진행되고 있는 현재, 노동력 상품의 유통 과정을 전제로 한 자본의 생산 과정의 본질적인 모습을 그곳에 드러낸 후나모토의 '유동적 하층 노동자'론은 '후나모토가 내다보고 있었다고는 할 수 없는 과거의 '미래'였던 지금에 있어 (…) 생생함을 더하고 있다.'[17] '유동적 하층 노동자'의 양적 증대가 질적 변화를 낳음으로써 '산야 · 가마가사키는 모습을 바꾸고 형태를 바꾸어 전국에 무수히 존재하고 있다'고 하는 말이 우리가 실질적으로 지각할 수 있게 된 것이다.

나아가 '유통의 분석은 계급투쟁의 이론을 혁명적 주체의 이론으로 발전시킨다'고 하는 네그리의 말을 여기에 언급해 보자.[18] 네그리의 말도 후나모토의 직관에 호응하고 있다. 실제로 세계를 자신의 시장으로써 획득하려고 하는 자본은 역설적으로 유통의 공간을 확대하지 않으면 안 되는 모순을 안고 있으므로 어느 장소에서 다른 장소로 이동한다고 하는 유통에 필요한 시간을 최대한 감축하려고 한다. 자금의 지출도 또한 생산 과정에 수반되는 자본과 노동력 사이의 유통 행위이다.[19] 그 때문에 자본은 이 유통이 필연적

17 니시자와 아키히코(西澤晃彦)「유동과 빈곤—'유동하는 하층 노동자' 재고」, 『요세바』 제26호, 요세바학회편, 2013, p.15.

18 안토니오 네그리, 清水和巳 · 小倉利丸 · 大町慎浩 · 香内力 역『마르크스를 뛰어넘는 마르크스『경제학 비판요강』 연구』, 작품사, 2003년, p.208(원저 초판은 1979년 출판).

으로 동반하는 코스트=장해를 제거하려고 한다. 그것이 비정규 노동이나 중층적인 하청화에 의한 삥땅치기나 노동법 위반으로 나타난다. 그러나 이 유통성이 **유동성**으로 나타날 때 그것은 노동자의 상대적인 자립성을 보장한다. 그곳에 네그리가 말하는 자본의 가치 증식에 대항하는 노동자의 '자기가치창조'의 조건이 있다.

자본의 가치증식 과정이 동시에 노동자 주체의 반란 과정에도 있듯이 직접적인 이중성. 이것이야 말로 후나모토의 '유동적 하층 노동자'라는 개념이 가지고 있는 중대한 의의이다. 그것은 주체의 생활 과정이 항상 위기 상황이라는 것을 나타내는 말이기도 하다. 그리고 다니카와 간의 <유민>론에 대한 독해가 펼쳐져 가야 할 하나의 방향성이기도 하다.

## 3. 말해야 할 것＝말하지 않는 것

1975년 6월 25일에 자살한 후나모토 슈지船本洲治 씨가 남긴 '세계 반혁명 세력의 후방을 세계 혁명 전쟁의 전선으로 바꿔라' 가운데 후나모토 씨는 동아시아 반일 무장 전선으로 전환하는 것을 칭찬하며, 산야 · 가마가사키의 노동자들에게 응원을 보낸 뒤, 마지막 부분에서 무장 투쟁의 '성공의 비결'을 개조식으로 적고 있다. 그것은 다음과 같다. '무장 투쟁을 성공시킨 비결은 입을 다물고 하는 것에 있다', '알지 못하도록 하는 것, 성명聲明도 그 무엇도 드러내지 않는

19 상게서, pp.253-254.

것', '민중이 이해할 수 있도록 하는 것, 공공연한 활동 영역과 접촉하지 않고 사실 행위로 연대하는 것'.[20] 이것은 잠입을 강요받은 자신의 투쟁과 동아시아 반일 무장 전선에 대한 총괄이다.

범행 성명을 남기지 않고 조용히 실행하고, 그리고 동시에 민중의 이해를 얻고 합법적으로 공공연하게 이루어진 활동과 접촉하지 않고 '시실 행위로 연대하는' 투쟁. 그와 같은 모순된 투쟁이 가능했던 것일까. 이 글의 도입부에서 질문을 던졌던『복복시계 VOL.1』에서 '유민'이 '유동적 노동자'로 '정정'된 이유를 참조하며 이에 대한 것을 생각하고 싶다.

'유동적 노동자'로 '정정'한 것은 동아시아 반일 무장전선 "오오카미"가 후나모토 씨들의 출판물이나 어필과 상통한다는 점을 의미하는 것이다. 그 '정정'은『복복시계 VOL.1』의 서문에서 이야기하고 있듯이 물론 요세바의 투쟁으로의 연대라는 의미가 있었을 것이다. 수 천 명의 노동자가 가마가사키를 제압한 72년 5월 28일의 폭동을 비롯하여 72~74년의 산야 · 가마가사키의 투쟁은 1972년 5월 15일 오키나와의 시정권施政權 복귀가 야기한 새로운 제국주의 시대에 대한 물리적 이의 신청이었기 때문이다. 오키나와 투쟁이 종결하고 바로 그 때 '일제본국내에 있어서 유일하게 근본적으로 싸우고 있는 것은 유동적 노동자=일용직 노동자이다'라는 문장에 거짓은 없었다. 그 때문에 요세바의 투쟁에 대한 진중한 단어 선택은 동아시아 반일 무장전선으로의 미래 "사소리" 그룹의 지원을 부추기고 대등한 신뢰 관계를 만들어 내기 위한 중요한 배려였을

20 전게서,『신판』p.290(「구판」p.205).

것이다. 그리고 그 메시지는 실수 없이 확실히 전달되었다. 그것을 받은 것은 "대지의 어금니"나 "사소리" 그룹만이 아니었다. 동아시아 반일 무장 전선의 실패와 패북을 앞아 둔 시점에 후나모토 씨는 '사실 행위로 연대하는 것'을 통해서 그 실패와 패북 뒤의 투쟁의 바통을 글로 표현한 것이다. 사실 행위를 동반하는 것으로 밖에 표현할 수 없는 말들의 릴레이가 여기에 있다. 후나모토 씨가 말하는 '무장 투쟁의 성공 비결'은 1975년 5월~6월에 멈춘/패북한 투쟁의 가능성을 열기 위한 단어이다.

예를 들어 어떤 고유의 투쟁에 대해서 그 고유의 언어를 배워서 익히지 않더라도 연대를 추구하는 암묵의 메시지를 단어에 담는 것은 가능하다. 그 행위는 '사실 행위로 연대하는 것'의 작법을 전달하는 것이기도 하다. 그것을 바꿔 말하면 '묵묵히 조용히 하는 것'이기도 하다. 그것 자체가 '민중이 이해할 수 있도록' 하는 방법이다. 세계의 과반수를 차지하는 '유동적 하층 노동자'는 부단히 반란을 일으키고 부유한 자를 공포에 휩싸이게 하고 있다. 그 반란은 고립되고 있지만 반란의 의미는 항상 '유동적 하층 노동자'인 그들 혹은 그녀들이 이해해 주고 있다. '묵묵히 조용히' '알아차리지 못하도록' '민중이 이해할 수 있도록' '사실 행위로 연대하는' 투쟁은 그들 혹은 그녀들을 그 때마다 하나로 만들고 있다. 부족한 것이 있다면 빛이다. 우리들은 그 투쟁을 좀 더 자본과의 투쟁에 생산 행위의 과정을 바라보도록 해야 한다. 반짝이는 영광으로 '유동적 하층 노동자'는 이렇게 명백히 모습을 드러내고 있다.[21]

21 이 글의 논점의 많은 부분은 하층 운동사 연구회에서 의논한 것에 입각한다. 감사의 마음을 표한다.

# 산야山谷 폭동 연구
## — 자본주의적 복합체와 공간 지배

### 1. 들어가는 말

<표1>(본서 pp.32-33)은 『입다물고 처량하게 죽지마라—후나모토 슈지 유고집黙って野垂れ死ぬな—船本洲治遺稿集』(구판) 커버 뒷면의 연표인 가마가사키釜ヶ崎 지원 기구의 '가마가사키 총합 연표', 그리고 데라시마 다마오寺島珠雄 편저 『가마가사키 어휘집 1972~1973』을 토대로 작성한 1975년까지의 산야 · 가마가사키 · 고토부키寿의 요세바寄せ場(역자 주 – 일용직노동의 구인업자와 구직자가 모이는 장소) 폭동사暴動史이다. 1966년에는 산야 제7차 폭동이 있었고, 가마가사키에서는 제4차부터 제11차까지 폭동이 있었다. 이어서 1967년에는 산야 제 8차 폭동, 가마가사키 제12차 폭동, 그리고 요코하마 · 고토부키에서 폭동이 있었다. 요세바 폭동이 옆으로 이어진 데에서 의미를 찾아야 하지만, 이에 대해서는 추후에 검토하기로 한다.

다케나카 로竹中労의 『산야—도시 반란의 원점山谷—都市反乱の原点』은 특히 1968년에 산야의 운동과 관계되면서 산야 폭동을 내부적인 시각에서 기술한 선구적인 업적이다. 다케나카는 1946년에는 우에노의 히키아게샤引揚者 가박소仮泊所에서 세틀먼트로써 일하고,

일본 공산당원으로써 노동조합운동에도 종사했다. 그 후 예능 르포라이터로써 활동하면서 1960년대에는 하층 프롤레타리아트를 주체로 한 궁민혁명窮民革命을 구상하게 되었다. 산야와는 도에이東映의 나카지마 사다오中島貞夫가 찍게 된 산야의 영상화를 위한 취재를 목적으로 관계가 형성되었고, 산야에서 노동운동을 조직하고 있던 가지 다이스케(梶大介, 본명은 기타오카 모리토시北岡守敏)와 접촉했다(梶 하, p.284). 하지만 다케나카를 놀라게 한 것은 가지의 운동이 아니라 히로시마대학 출신자로 이루어진 단체가 갑자기 산야에 등장하여 가지 다이스케의 운동에 합류하면서 1년이 채 안 되어 그의 지도를 뛰어넘어 산야 운동에 새로운 길을 연 것이었다. 다케나카는 이 책 서문에서 다음과 같이 밝혔다.

> 땀과 냄새로 가득 찬 길고 더운 여름이 올해도 다시 산야를 찾아왔다. 실제로 믿을 수 없을만큼 빠르게 이 마을에서는 시간이 흐른다. 히로시마에서 4명의 젊은이들이 산야로 와서 자립・해방의 기표旗標를 내건 것은 지난 1968년 7월이었다. 그들은 자신 안에서 산야를 모색하고 산야 노동자가 되어 산야 해방 운동을 계급투쟁의 근저로 위치시키기 위해 쉬지 않고 싸웠다.
>
> 이 보고를 통해 그들의 1년 동안의 활동을 총괄하여 룸펜・프롤레타리아트라고 멸시되어 계급 저층부에 버려진 미조직・하층노동자의 결기를 내다보겠다. 나는 보고자로써 그들의 뜻을 한 권의 책으로 정리했을 뿐이다. (竹中, p.I)

스즈키 구니오鈴木国男와 후나모토 슈지船本洲治 등 히로시마대학 출신자 그룹(이하, '히로시마대 그룹')은 학도원호회学徒援護会가 운영하는 히로시마 학생회관을 거점으로 활동하였으나, 1968년 7월에 산리즈카 투쟁三里塚闘争 지원에서 돌아오는 길에 산야에 들러 제12차 폭동(7월 9일)을 경험했다. 그 후 히로시마로 돌아가 '나카무라 노보루中村昇 · 아라키 히로시荒木広志'를 데리고 8월에 상경하여 산야에 정착했다. (竹中, p.197)

당시 산야 노동운동의 리더였던 가지 다이스케는 복원復員 후 바로 산야의 간이 숙박소에서 지내고 나서 범죄자 · 바타야(폐품 수집업자) · 산야 노동자를 거쳐 옥중에서 신란親鸞을 배웠으며, 1950년대에는 '바타야 작가'로써 하층 사회 르포로 알려졌다. 그리고 1959년부터 60년대 초반의 산야 폭동에 참가하여 산야의 해방운동 · 노동운동에 눈을 떴다. 곧 문화대혁명의 영향을 받아 1967년에는 일중우호협회를 통해 중국을 방문하고 '신란사상을 모체로 하여 모택동 사상으로'를 내걸게 된다(梶 상, pp.206-222). 가지는 산야에서 '모두의 집みんなの家'이라는 식당을 경영했고, 그곳이 히로시마대 그룹을 받아들이는 역할을 했다. 스즈키 · 후나모토 등 히로시마대 그룹은 가지와 함께 1968년에 '산야 자립 합동 노조'(산자노)를 결성했다. 그러나 머지않아 히로시마대 그룹은 가지의 노선에서 벗어나 자립해서 산야 운동을 전개하기 시작한다. 1969년에 가지 그룹을 제외한 전항만全港湾 도쿄지부 산야분회 등 9개 단체가 산야 노동자 연락협의회가 결성되었고, 야마오카 교이치山岡強一와 도쿄 일고日雇 노동조합(동일노)의 등장, 산자노 내부 히로시마대 그룹에 의한 전도全都통일노동조합(전통노) 결성 등을 통하여 1972년에는 악질업자 추방현장 투쟁위원회(현투위)가 결성되었다. 다케나카도

기록했듯이 이 과정에 있어 1968년의 폭동은 획기적이었다. 1968년의 산야 제9차 폭동(6월 15일), 제10차 폭동(6월 17일)은 전년의 중국 방문 이후에 '개량투쟁에서 계급투쟁으로'를 내세워 이제까지의 세틀먼트 활동에서 완전히 바뀌어 모택동의 혁명 전략을 답습하려고 한 가지 다이스케가 '산야 해방 위원회'의 9명의 젊은이에 의한 산야의 거대 파출소 습격의 선도를 계획한 것을 발단으로 하였다. 가지 다이스케는 이 폭동 이후에 탄압을 피해 숨었고, 동시에 운동에 대한 지도력을 잃었지만, 대신 이어지는 산야 노동운동에 관계하게 된 히로시마대 그룹이 혁명운동의 가능성을 보게 되고 운동의 최전선에 서게 된 것이었다. 요세바 폭동과 이들 개성적인 활동가들과의 공진共振 관계에 대해서는 추후에 기술하도록 한다.

이 글의 목적은 첫째, 1960년대 · 70년대의 요세바 폭동의 분석을 통해 분절화되고 계층화된 일본의 건설노동시장 총체의 최저변最低辺에 편입된 요세바라는 공간과 그곳에 모이는 노동자들의 폭동과의 관계를 기술하는 일이다. 둘째, 그로 인하여 건설노동시장에서 요세바가 지니는 의의가 크게 바뀐 현재에 있어 심한 수탈과 직간접적인 폭력에 노출되어 있는 불안정 취로층就労層의 항쟁 조건을 고찰하는 일이다.

건설산업의 숙련 · 미숙련 노동력의 조달과 보전, 소위 일용직노동자日雇い労働者의 조달과 보전은 일찍이 간이 숙박소 거리와 노무자 합숙소飯場, 데하이시手配師에 맡겨져 왔다. 하지만 그런 방식은 현재 극적으로 바뀌어 기간노동력은 요세바를 거치지 않고 확보되어 '요세바가 되지 않는 요세바寄せ場にならない寄せ場'에 있어 방대한 불

안정 취로층의 동원・조달이 행해지고 있다. 그 결과 산야나 가마가사키 등 종래의 요세바의 일용직노동자는 건설현장에서 배제되게 되어 실업에 따른 노숙자화라는 현상이 나타났다. 종래의 요세바가 반영하고 있는 상황은 철저하게 건설 산업의 취업 구조의 일부가 되어 요세바 자체는 노동시장의 경황과 구별되어 실업・노숙자화가 상태화常態化되고 있다(시마島). 하지만 이는 요세바와 폭동이라는 관점이 무효하다는 것을 뜻하지 않는다. 예를 들어 불안정 취로층이나 도시 '잡업雜業'층, 또는 미취로층에 대한 경찰에 의한 '제압'이라는 폭력의 존재는 요세바 폭동이 제기한 문제가 현재에도 계속되고 있는 것을 말해준다. 나아가 역사적인 규정성을 지닌 '요세바'라는 존재를 떠나 요세바 폭동에는 지배적인 산업 구조・취로 구조에 대해 항쟁하는 노동자의 신체적 표현이라는 원리적인 문제가 내재해 있다. 즉, 산업구조 및 취업 구조가 규정하는 주기성과 식食・주住・직職의 공간 편성이 노동자의 신체성을 규정하고 폭동의 조건을 형성하는 것이다. 요세바 폭동사의 검토란 그런 의미에서 매우 역사적이고 원리적인 물음을 던지고 있다.

## 2. 산야 폭동 1968년 이전

### 1966년 제7차 폭동

먼저 살펴볼 것은 1966년 8월 27일부터 30일까지 발생한 산야 제7차 폭동이다. 제7차 폭동을 다루는 이유는 60년대의 산야 폭동의 경과와 구조를 이해하기 위해서이다. 이 해에는 가마가사키에서 제4차~제11차 폭동이 발생하여 요세바의 동서에서 폭동의 기운이 넘쳐났다. 그리고 가지 다이스케도 이 폭동에 크게 촉발되었다. 가지에 따르면 '66년 산야 반란은 4일 동안 만 명 가까운 경관 부대를 끌어내어 수십 대의 장갑차를 산야에 박아두었는데, 당연히 희생자도 나왔다. 58명의 동료가 체포되었다'(梶 상, p.191). 그 후 가지는 대중 집회를 조직하여 구원 활동과 재판 투쟁이 전개되었다. 또 가지는 가마가사키와의 연대를 꾀하여 같은 해 10월 30일에 5명의 동료, 가지의 아내인 가지 마리코梶満里子와 함께 7명이서 4일 동안 가마가사키에 체재하였다. 폭동 이후의 가지에 의한 조직화와 가마가사키 방문이 초래한 의미에 대해서는 추후에 검토하기로 한다.

그럼 제7차 폭동의 경과를 소개한다. 1966년 8월 28일자 아사히신문이 전하는 바에 따르면, 27일 오후 7시 반경에 산야의 도덴 거리都電通り(당시)에서 아사쿠사 다나카마치浅草田中町의 '아카기소あかぎ荘'의 항만 노동자 Y씨(35세—통칭 '데루짱テルちゃん[1]')가 아사쿠사 기사카타초浅草象潟町의 운전사가 운전하는 라이트 밴에 치였다. 매머드 파출소 파출소의 경찰관은 Y씨를 택시로 병원에 옮겼는데, 이에 대해 '부상자를 왜 택시로 옮기느냐. 나라의 예산을 써서 구급차로 옮겨라'라고 사고 처리를 보고 있던 약 50명의 군중 속에서 외침이 들려오던 순간 폭동이 시작되었다. 8시에는 약 600명, 8시 20분에는 약 1500명, 한층 더하여 2000명이 매머드 파출소 앞을 메웠다. 그 사이 도덴都電(역자 주－도쿄도 전철) 및 도덴 거리와 교차하

1 '데루짱'은 훗날 산야 자립 합동노조에 가입하여 1968년 11월 5일 도청 진입의 선두에 섰으나 1969년 6월 하순에 노상에서 쓰러져 사망했다(竹中, p.178).

는 간조 5호선環状五号線이 멈추고 승용차 1대가 뒤집어졌다. 9시에는 수박 껍질, 잔돌, 기와가 파출소로 날아와 파출소의 적색등이 깨졌다. 이를 발화점으로 노동자들이 매머드 파출소 안으로 밀고 들어가려고 하여 뒤얽히고, 경찰관에게 쫓겨나고, 파칭코점 '상큐サンキュー'의 유리가 던진 돌에 깨지고, 정문이 떨어져 나갔다. 게다가 불이 붙은 신문지가 가게 안으로 날아들었으며, 가게 앞의 화륜花輪 장식에도 불이 붙어 가게 안으로 던져졌다. 노동자는 기동대에 의해 투석막이 백네트로 막혀 여러 명이 검거되었으나, 나미다바시泪橋 교차로에서 시라히게 거리白髭通り로 후퇴하면서 돌팔매질을 계속했다. 나아가 시라히게 거리에서 파출소 뒤쪽의 '스이톤 요코초すいとん横丁'에 주차되어 있던 여관의 경삼륜차軽三輪車가 방화되었다. 날짜가 바뀌어 28일까지 검거된 자는 26명이었다.

이어지는 28일의 폭동을 전하는 8월 29일자 산케이 신문에 따르면, 저녁 무렵부터 매머드 파출소로 노동자들이 모여들어 오후 5시에는 500명 가까이 되었다. 5시 반쯤에 매머드 파출소의 경관이 취객을 보호한 것을 계기로 노동자들이 밀어붙여 파출소 앞의 자전거가 파괴되었다. 이를 계기로 7시경에는 1500명 정도까지 폭동 규모가 늘어났다. 2일째에는 산야의 간이 숙박소 거리의 두목인 기야마 진노스케帰山仁之助의 경영으로 잘 알려진 '아사히 식당あさひ食堂'에 대한 돌팔매질이 시작되었다. 이 날 검거된 자는 16명이었다.

제7차 폭동은 3일째인 29일에 정점을 맞이했다. 폭동은 매머드 파출소가 아닌 이시하마초石浜町 파출소를 습격했다. 8월 30일자 요미우리 신문은 ""모브(폭도)"로 변한 노무자가 해당 파출소를 습격하고 뿔뿔이 흩어질 때까지 겨우 15분. 그 동안 철모와 작업복으로 몸을 가린 경관 집단은 산야의 큰길에 "바리케이트"를 쳤다. 폭도들 사이에서만 통하는 무언의 질서가 이렇게 완전한 줄로만 알았던 경비의 허를 찔러 뒷골목의 파출소를 습격했다'고 보도했다. <그림1>은 이 기사와 함께 게재된 군중의 행동경로이다. 큰길을 제압당했기 때문에 군중은 뒷골목으로 나아가 다마히메玉姫 직업안정소 앞의 공중전화부스와 자동차 2대, 이시하마초 파출소, 승용자, 주먹밥집, 자동차 2대를 파괴하면서 전진해 나갔다. 이 유격전에 대해 요미우리 신문 기사에서는 '홍위병紅衛兵', '경비가 허술한 틈을 타 공격 목표를 바꾸는 … 베트콩'이라고 평하였다.

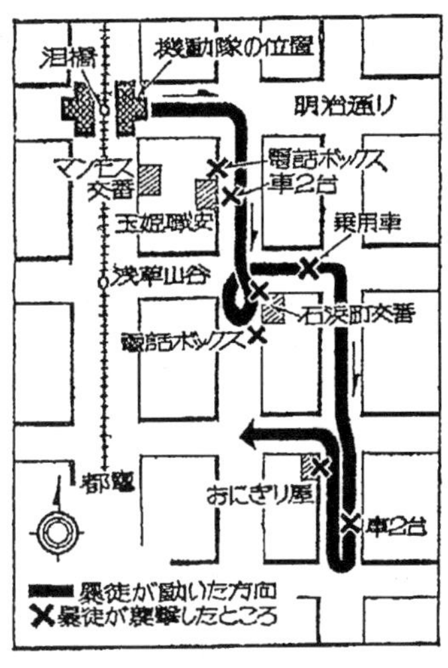


〈그림1〉

3일간의 경과에서 폭동이 그 대상을 명확하게 하면서 보다 조직적으로 전개될 수 있게 된 것을 알 수 있다. 타겟은 파출소이며, 간이 숙박소 주인이 경영하는 점포나 간이 숙박소가 소지하는 자동차, 도시 질서의 표시와도 같은 공중전화부스이다. 그런데 산야의 매머드 파출소(현재 위치와는 다르다)는 1960년 1월 1일의 제2차 폭동 이후에 설치되었다. 가지는 이 경위를 다음과 같이 기술하였다.

> 산야 전철 정류장 앞 파출소 바로 앞에 있던 '중앙신용금고'가 즉시 폐쇄되고 니혼쓰쓰미日本堤로 이사한 것은 그들의 두려움을 여실

> 히 말해주고 있지만, 그들이 처음으로 생각하게 되는 것은 탄압 강화이다.
>
> 그래서 등장한 것이 '매머드 파출소'이다. 산야와 나미다바시泪橋 정류장의 중간 지점, 즉 산야 간이 숙박소 거리 중심부에 정원 55명, 총 100평방미터로 알려진 철근 3층 건물인 산야 경부보警部補 파출소가 노동자를 위압하듯이 그 거대한 모습을 나타낸 것은 7월 1일이었다.(梶 상, p.49)

이 부지에는 패전 직후에는 '텐트 호텔'이 있었고, 그곳에 기잔帰山이 경영하는 다이토台東 숙박소가 있었다. '숙박비 10엔 인상이 매머드 파출소 건설로 이어졌다'고 산야 노동자가 인식하고 있었다고 가지는 기록했다. 다이토 숙박소의 토지 일부를 제공한 기잔은 땅값을 도쿄도로부터 받고, 산야지구의 상점 주인과 주민이 조직한 '산야지구 정화촉진회'는 매머드 파출소 개설을 축하하며 '의자 30, 칸막이 2, 사무용 의자 3, 물통 기타'를 기부했다(梶, 상동, p.51). 매머드 파출소 건설 직후의 제3차 폭동(1960년 7월 26일, 8월 1일, 3~8일)의 발단은 기잔이 경영하는 매머드 파출소 옆 숙박소의 우두머리와 손님 노동자와의 트러블에 경관이 개입하여 노동자를 체포한 것이었다. 즉, 간이 숙박소 경영자에 의한 수탈, 매머드 파출소에 의한 치안 관리 및 탄압 체제, 그리고 인근 주민의 모럴 패닉은 산야의 노동자를 일상적으로 압박하는 자본과 '권력'으로 인식되어 있었다는 사실을 알 수 있다. 1958년에 기잔이 중심이 되어 산야의 간이 숙박소 경영 조합의 출자에 의해 훗날 매머드 파출소의 정면에 125명분 의자 좌석을 갖추어 건설된 '아사히 식당'이 습격의 대상이 된 것도 마찬가지이다. 폭동은 습격의 대상을 의식적으로 선택하면서 발생하지만, 그 선택은 노동자들의 기억에 경년經年적으로 축적된 결과라고 할 수 있다.

### 폭동의 우연성과 주기성

다음으로 폭동 발생 날짜가 나타내는 주기성에 대해 새겨두고자 한다. 많은 요세바 폭동은 6월부터 8월에 걸쳐서 발생하였다. 이를 이해하는 일은 하계 이외의 폭동, 즉 산야 제1차 폭동(1959년 10월 22일), 제2차 폭동(1960년 1월 1일), 제4차 폭동(1962년 11월 23일)의 날짜의 의미를 이해하는 일이기도 하다. 이 점에 대해 뛰어난 분석을 제공한 것은 다케나카 로이다.

> 간이 숙박소로 돌아가자—, 겨울, 그곳은 사탄死炭과 같이 축축해져 있다. 노동자 중에 강건한 자들은 노무자 합숙소로 옮겨 간다. 왜냐하면, 11월부터 3월에 걸쳐 계절노동의 타지 벌이 농민이 대량으로 도쿄, 그 주변에 유입되어 산야의 노동시장에 일이 없어지기 때문이다. 실업자가 급격하게 증가하고 동사자가 나오는 겨울의 산야는 비참하다고 밖에 말할 수 없다. —산(역자 주—산야를 가리키는 말)에서 겨울을 나면 훌륭한 어른이라는 말을 듣는 것은 이 때문이다. 삶에 쫓기고 분노는 속으로 삼키고 반란은 간이 숙박소에 동결한다. 4, 5, 6월, 화약은 아직 젖어있다. 노동자들은 이윽고 활기를 찾아 땅속 벌레와 같은 "동면"에서 태양 빛 아래에 서게 된다. 하지만 반란을 위한 충분한 에너지를 축적하는 데는 잠시 시간을 필요로 한다. 그 시점에서도 폭동은 발생할 수 있지만(1964년 제5차 폭동은 6월 16일), 지속성을

> 갖지 않는다. 그리고 장마가 찾아온다. 겨울처럼 길지는 않으나 일시적인 실업 현상이 발생해 생리적인 불쾌감이 무겁게 가라앉아 산야는 점차 불온한 기분을 양성한다.
>
> —폭동 준비가 정비되는 것은 7월 하순이다. 장마가 끝난 해방감은 산야 노동자에게 "축제"가 가까워졌음을 알려준다. 노무자 합숙소에서 혈기 왕성한 노동자들이 산으로 돌아온다. 일이 있고, 술도 실컷 마실 수 있고, 여름밤의 산야 길거리는 무더운 간이 숙박소에서 해방된 저녁 바람을 쐬러 나온 군중으로 가득 차 인간의 체취로 인해 숨이 막힌다. (…) 산야 노동자는 폭동을 "축제"라고 부르거나 '산의 파업'이라고 칭한다. 우리들은 산야의 여름 폭동이 간이 숙박소 제도의 억압을 근저로 하면서 상황으로써는 **해방감에 근거하여 발생되는** 것을 특별히 주목하지 않으면 안 된다. 즉, 폭동은 산야 노동자가 인간 회복의 행동으로 떠오르는 데 충분한 에너지를 축적한 시점에 있어 한 번에 폭발하는 것이다.(竹中, pp.189-190, 방점은 인용자, 역자 주-방점은 원문, 방점을 볼드체로 대신함)

산야의 지속성을 띤 폭동은 여름에 발생한다. 겨울은 실업, 동사할 불안함이 있고, 장마는 일시적인 실업 현상이 있다. 그러한 시기를 이겨낸 후의 해방감이 폭동을 준비하게 만드는 것이다. 더구나 폭동은 "'축제'" 또는 '산의 파업'이라고 불리고 있다. 이는 폭동이 불안정한 취로 구조로 규정된 일상적인 수탈과 차별에 대한 대항적인 의사 표시라는 것을 의미한다. 말하자면 대우 개선 요구, 일당 인상, 간이 숙박소 요금 인상에 대한 항의, 경찰의 폭행이나 차별에 대한 반항 등, 복수의 요구와 분만憤懣이 겹쳐서 표출한다는 것이다.

따라서 폭동은 요세바의 취로 형태・존재 형태로 봐서 필수 행동이라는 점도 말할 수 있을 것이다. 따라서 계절의 주기성을 가지고 있다. 또한 폭동이 밤에 시작되는 것은 낮에는 노동자들이 일을 하고 있기 때문이다. 동시에 다음 사실도 지적해 두고자 한다. 폭동이란 비인간적인 상태에서 인간성을 회복하기 위한 선택이자 비약이다. 게다가 그것은 무조건 가능하지도 않다. 폭동이 우연적인 주기성에 의거하고 있기에 근원성을 갖추는 것이다.

### 폭동과 개인의 집단화집합화

이와 관련해서 산야 폭동을 통해 자기 표현을 하게 된 한 노동자의 수기를 소개하고자 한다. 그의 이름은 '森弘=모리 히로시'. '모리森'는 1966년 제7차 폭동에 참가했고, 이후 탄압자에 대한 구원 활동과 재판 투쟁을 통해 가지 다이스케와 함께 행동하게 되었다.

앞서 말했듯이 제7차 폭동 이후에 가지측 7명은 가마가사키를 방문했다. 가지에 따르면, '가마가사키와의 연대를 어떻게 해서든지 이루고 싶었다. 산야와 가마가사키의 연대가 미조직 하층 노동자 해방의 커다란 핵심 요인이 될 것으로 생각되었기 때문'이었다(梶 상, p.191). 가지측은 가마가사키에서 '하다가노카이裸の会[2]'와

2 '하다가노카이(裸の会)'는 '가마가사키에 사는 사람들이 문예 서클 '하다가노카이'가 쇼와 37년에 만들어 500명 가까운 회원이 창작이나 시가, 하이쿠의 연구 활동을 월간잡지『하다카(裸)』에 발표하였다. 그 작품을 통해서 가마가사키 사람들의 생활을 알 수 있다. 월간잡지『하다카』는 110호(1971년 4월호)로 폐간되었다'. http://crd.ndl.go.jp/reference/modules/d3ndlcrdentry/index.php?page=ref_view&id=1000109366(2019년 3월 21일). 한편, 1971년 3월 시점의 대표는 西成署『松原忍氏』. 「산야・가마가사키 사건사 연표6 1970~1971」 http://www.npokama.org/kamamat/bunsitu/syaku/nenpyou/sakunen7.htm (2019년 3월 21일)

의 교류 집회에 참가하여 니시나리西成 노동복지센터 직원에게 노동 사정을 듣는 모임을 갖고, 혼다 요시히로本田良寛 이마미야今宮 진료소장에게 실태를 듣는 모임 등도 가졌다. 나아가 고베神戸 반초番町의 피차별 부락에 가서 교류회를 가졌다. 이 일행에게 「모리」도 포함되어 있었다. 이 경험을 그는 '<산야의 하늘이 넓어진다>'라는 글로 정리해 두었다.

> 산야의 하늘은 가마가사키의 하늘과 이어진다. 산야의 하늘 아래에서 나는 꽤나 살았다고 생각한다.
>
> (…) 산야와 가마가사키와 반초의 하늘은 이어져 있다. 산야의 외침이 부락의 하늘에 울려퍼질까? 그나저나 나는 너무 몰랐다. 사회의 꿈틀거림을. 한 겹 벗겨낸 살의 아픔을. 또 그것을 쉽게 알 수 있었다. 산야에 있으니까. 나 자신이 고통받고 있기 때문에.
>
> 산야 안에서의 행동은 깊숙이 내려온 삶의 심층부에서 일어선다. 산야 폭동을 북돋우는 무의식적인 원인이 있다. 맹목적인 동물의 힘과 같이 억누르는 일도 없이 달려 나가는 저변底辺의 인간을 가로막지 않으면 파괴되는 질서의 무언가가 있다. 시위이자 협박인 산야 안에서의 행동력이 근원에 닿지 않는다면 진실된 행위는 이 안에서 일어날 수 없음에 틀림없다. (…)
>
> **동료 안에 또 한 명 뿐인 산야가 있다고 생각한다.** 거기에 내가 포함된다. 그 안에서 몸을 일으킨다. 불안한 자세를 취한다. 산야의 가르침을 받으며 산야의 하늘을 올려다보며 이 하늘과 연결되는 가마가사키의 하늘, 부락의 하늘, 그 밖의 아직 본 적이 없는 일본의 하늘이 늘어지며 저편으로 펼쳐져 간다. (앞과 같음, pp.193-197, 방점은

인용자, 역자 주－방점을 볼드체로 대신함)

가지는 '틀림없이 모리 히로시 안에서 무언가가 발생했다'고 말한다(앞과 같음, p.197). 산야 제7차 폭동의 경험은 가마가사키와 반초 부락의 방문을 통해서 '모리'에게 있어서의 폭동의 의미를 심화시켰다. 그것은 '진실의 행위'로써 실감나게 만든 것이었다. '모리'는 이 실감을 기반으로 이듬해인 1967년의 제10차 폭동에서도 글을 남겨두었다.

조호쿠城北 노동복지센터의 임시 직원인 다케우치 요시노리武内義徳[3]가 맡고 있던 산야 노동자의 교류지『인간광장』10호(1971년 10월)에 '모리히로森弘'의 수기 '바람의 기록風の記録'이 게재되어 있다. 여기서는 여름의 폭동은 '연중행사'라고 하여 에피그래프에 다음과 같은 말이 쓰여 있다. '일용직팔이 노동자 거리의 산야의 여름밤이 되어 쌓이고 쌓인 생활의 욕구 불만은 매머드 파출소를 둘러쌌다. 발생했다기 보다 발생해야 해서 발생한 소동에 기동대를 비롯하여 사복 경관의 차별된 인간은 연중행사와 같이 무법이거나 불을 붙여 더운 한여름으로'(森, p.108).

'모리'는 1967년 제8차 폭동에서는 감기에 걸려 폭동을 노상에서 바라보았는데 잠들어 있던 간이 숙박소에서 들은 인상을 기록하였다. '바람의 기록'은 3일 동안 발생한 폭동의 조직성과 공격 대상의 변화를 반영하고 있어 흥미롭다.

3 다케우치 요시노리는 전항만 산야분회장을 역임한 경험도 있었다. 다케다 가즈오(武田和夫) '이소에 씨와, 산야와 나(5)(磯江さんと、山谷と私(5)) http://blogs.yahoo.co.jp/isotushin197969/7130063.html(2019년 3월 21일)'.

(…) 9시 반쯤에 도덴都電 거리는 웅성거리기 시작했다. 창문으로 내다보니 군중이 도로에 뭉쳐있다. 시작되었나 보다. (…) 하지만 전날 밤보다 더욱 박력이 없다. 곧 끝나지 않을까 싶다. 땀을 흘리고 누워 있었다. 그런데 상큐 파칭코점 옆에서 갑자기 '왓쇼이 왓쇼이'라며 떠들어댔다. 떠드는 소리도 한 덩어리가 되어 갖추어졌다. 이건 이상하다고 느꼈다. 의도적은 아니지만. 제3의 밤 소동에는 누군가가 들어와 부채질하고 있는 것 같다. (상계서, p.112)

'모리'는 끊임없이 '폭도'와 자신과의 거리를 확인하며 폭동 그 자체에도 참가하지 않았다. 그러나 이 수기에는 거리를 두려고 하는 자신과 폭동에의 공감을 나타내는 자신과의 사이의 양극이 나타나 있다.

확언컨대 나는 바깥 대중들 속에 섞이지 않았다. 설령 그 속에 포함된다고 한들 소리를 지르거나 공격할 수 없을 것이다. 그런 건 어울리지 않는 성격이다. 대중은 무섭게 에너지 가득하고 폭력적으로 된다. 질서를 지키려고 하는 측에게도 힘이 장착되어 있다. 소동은 그것들의 격돌이었다. 폭도라고 한다. 그러나 생각하기에 따라 매우 인간적인 현상의 표출이다. 살아있는 사회다. 나는 소동에 관심을 갖는다. (상계서)

낮에는 일하러 가고 밤에는 폭동을 관찰하며 냉정하게 3일간의 폭동을 기록하고 있는 '모리'에게 있어 이것은 여름의 끝을 알리는 사건이기도 하다. '간이 숙박소의 밤바람이 서늘하다. 뭔가 오봉

(お盆)이 지나면 한꺼번에 가을이 다가오는 것을 알 수 있다. 나의 아무것도 아닌 활발하지 못한 여름, 욕구불만의 여름도 소동으로 결말을 지어야 한다. 새로운 움직임을 기다리자'(상게서, p.111). 폭동은 '모리'에게 다양한 내성을 안겨주었지만, 이 수기 속에서도 마치 이시카와 다쿠보쿠石川啄木의 '로마자 일기ローマ字日記'와 같이 '모리'는 가타카나로 자기소개를 했다. 이는 참회와 같은 말투이지만 폭동을 통한 내면의 경험을 스스로 확인한 기록으로 되어 있다.

> 나는 35세, 일용직팔이입니다. 벌써 산야에서 3년 가까이 일용직팔이 노동을 하고 있습니다. 앞으로도 계속 이 일을 계속하겠지요. 현재로서 다른 좋은 일도 찾아볼 수 없습니다.
>
> 가정을 갖는 일 따위 무리겠지요. 여성의 꿈을 끊임없이 봅니다. 슬퍼집니다. 조바심이 납니다. 남자가 나이를 먹는 것은 사막처럼 마릅니다. 바짝 말라버린다고 생각합니다. 산야 안에 있으면 아파옵니다. 인간다움을 잃어버리는 것 같습니다.
>
> 그것을 뒤집고 싶은 기분에서 예를 들어 소동 따위가 발생한다고 생각합니다. 무엇이든 발생하는 것입니다.
>
> 나는 재작년 처음으로 소동을 보고 놀랐습니다. 그리고 감동했습니다. 인간 사회란 어째서 이와 같이 격렬하고 생생한 것인가 하고 알게 되었습니다. 개인은 작은 생각을 가지고 있어도 그것이 모였을 때 폭풍이 몰아칩니다. 질서와 마주합니다. 권력에 부딪힙니다. 1명으로는 웬걸 인간다운 나약함이 있는 것이겠지요. 하지만 살아온 힘은 진정한 인간이 가지는 것이었습니다. 나는 산야에서 그것을 알 수가 있었습니다. 일용직팔이의 고생 속에서 인간의 기분의 귀함을 순수하

게 알 수 있었습니다. 불평불만이 형태를 띨 때가 있습니다. 그러나 그것만으로 끝나지 않는 것이 인간이겠지요. (상게서, pp.113-114)

인용문 중 생략한 부분에는, 일용직팔이의 일은 곤란할 때 일상적으로 친구 관계(‘일용직팔이 동료’)를 형성해 두는 것이 중요하다는 점, 도쿄 근처에 고향이 있으나 갈 수 없는 점, 기후와 계절에 좌우되는 취로就労 상태, 그리고 ‘병이나 상처를 입었을 때를 생각하면 오싹’해지는 것 등이 쓰여 있다. 말하자면 일용직팔이 노동자로써의 약점이 폭로되어 있다. 그러한 상태에 대해 폭동은 ‘격하게’ ‘생생하게’ ‘살아있는 힘’을 체현하고 그것이 ‘모리’를 감동시킨 것이 새롭게 확인되었다.

수기 후반에는 ‘모리’가 산대협(산야재판대책협의회)에 고용되어 다니고 있는 1966년 산야 제7차 폭동에서 체포된 자에 대한 산야재판의 방청 경험이 기록되어 있다. 산야재판의 방청 참가는 일부의 간이 숙박소 동료의 반감을 불러일으켰다. ‘취해서 체포된 인간을 왜 응원하는가’라는 이유 때문이다. 또한 알선업자로부터 주목받게 된다. ‘흐음, 너 이런 일을 하고 있구나?’라고 묻는 알선업자들은 마치 직제職制와 같이 일용직팔이 노동자의 의식을 지배하고 있다. 그리고 ‘응’이라고 대답하고 쓴웃음을 짓는다. ‘모리’ 쪽에도 약점이 있다. 그러나 재판에서는 산야의 역사와 노동자의 실태가 변호단과 증인을 통해 알려지고 폭동의 사회성이 전개된다. 수기의 마지막은 재판의 결심結審과 집행유예로 석방된 피고들과의 석방 축하로 마무리되어 있다.

‘모리히로’의 기록에서 찾아볼 수 있는 것을 정리해 두자. 과연

'모리'는 가지와 행동을 함께 하고 있으며 가마가사키 · 반초番町에도 동행했다. 그리고 가지 측의 조직화 움직임이 '모리'의 내성과 자기조직화를 촉진시켰다고 할 수 있다. 하지만 두 수기에는 가지에 대한 직접적인 언급은 없다. 또한 재판 투쟁과 관련해서 운동 노선의 언급은 있으나 그것이 그의 주된 관심을 차지하지는 않는다. 물론 간이 숙박소나 일터의 동료들에 대해서는 많은 말이 연관되어 있지만, '사막'과 같이 마른 심성이 크게 변화하는 일은 없다. '동료 안에 또 한 명뿐인 산야가 있다'는 것처럼 이곳에는 일관된 개인주의가 있고 그것은 때로 심하게 떨어져 있어 그 존재의 도를 벗어나는 일이 없다. 이 실감実感은 각기 노동자가 그날의 고용계약을 맺는 일용직팔이 노동자의 취로 형태와 마주하고 있다. 그러나 다시 폭동은 그러한 거리감을 극복하는 집단적인 연대감이 생겨나는 순간이다. 그리고 그러한 개인의 집단화 · 집합화는 계절적이지만 우연적인 주기성을 따라 형성되는 것이다.

## 3. 1968년 6월 17일

폭동의 주기성과 그 우연성을 사이에 둔 개인의 집단화 · 집합화에 대해 가지 측 '산야해방위원회'는 의식적으로 폭동을 창출하고자 했다. 그것이 1968년 6월 15일 제9차 폭동 · 17일 제10차 폭동이다. '산야해방위원회'는 1968년 6월 6일에 경시청에 대한 요구 행동을 조직했다. '경시총감 하타노 아키라秦野章'에 대한 요구서는 다음과 같다.

> 《경시청에의 최후 통지》
>
> 산야 간이 숙박소에 거주하는 일용직팔이 노동자를 폭력 알선업자의 먹잇감으로 내버려두고 단속을 하지 않는 경시청의 태만을 철저히 항의하고 오는 6월 15일까지 알선업자 모두를 단호히 요구한다. (梶 하, p.168)

요구서에는 이에 더해 다음과 같은 항의문과 최후 통지가 덧붙여졌다. '도대체 이런 무법자를 언제까지 방치해서 우리들 일용직팔이 노동자의 피와 땀을 빨게 내버려둘 것인가. 우리는 이제 참을 수 없다. (…) 폭력 알선업자가 노동기준법, 직업안정법에 위반하고 있는 것은 모두가 주지하고 있는 사실이'다. 그리고 이 알선업자 제거 기한을 '6월 15일'로 하여 '이를 실행하지 않을 경우에는 우리는 실력으로 산야 지역에서 폭력 알선업자를 배제한다'고 통지했다.

가지는 1967년 4월 28일부터 6월 3일까지 일중우호협회의 알선으로 문화대혁명기의 중국을 방문했다. 귀국 후, 산야 노동자 해방을 위해 '직職' '식食' '주住'의 '세 가지 적 지배를 부숴'버리기 위해 공동급식장 건설을 지향하고 '모두의 집みんなの家'을 창설했다. 또한, 휴간 중이던 『주간 산야』를 재간했다. 그리고 11월부터 12월에 걸쳐서 28명의 산야 노동자 대표에 의한 미노베美濃部 도정都政과의 단체 교섭에 임했다. 그 때에는 '알선업자 일제 추방과 그 사후대책으로 재단법인 산야노동센터를 노동자 중심의 노동조정기관으로의 혁신', 구 산야복지센터를 자주운영의 '산야 노동자 자치회관'으로 바꾸는 것을 요구했다.

'개량투쟁에서 계급투쟁으로'라고 후에 스스로 이름붙인 1967년에서 1968년에 걸친 가지의 노선 선회에는 가지 자신이 지도부로써 존속하기 위한 강인한 조직 운영이 있었다. 교묘히 그는 적고 있다.

> (…) 나는 분명히 행정의 테두리 내 개량투쟁을 거부하면서 행정투쟁을 조직하는 것으로써 산야 해방투쟁사상 새 지평을 드러내는 <산야반란>을 기획했다.
>
> 그 반란을 조직할 수 있을지 없을지로 내가 산야에서 살아남을 것인지 여부가 결정된다. 연말연시의 밥 짓기나 갖가지 문화서클활동, 아이들의 보육이나 캠프 행사를 얼마만큼 성대하게 몇 년 몇 십 년 반복한들 산야는 영원히 지금 그대로이다.
>
> 그리고 이 7년 동안에 8번 펼친 결기반란도 이대로는 무법자의 반동 소동으로써 산야의 분노의 진의는 전하지 않은 채 매장되어 버린다. (梶 상, p.259)

이렇게 제9차 · 10차 · 11차가 발생했다. 그 경과에 대해서는 가지의 『산야전후사를 살며山谷戦後史を生きて』하권에 의거해서 기술하겠다. 가지 및 '산야해방위원회'는 1968년 6월 15일 히비야공원의 반안보집회에 참가한 후, 저녁 무렵 <산야해방>의 '홍기紅旗'를 내걸고 십 수명이서 매머드 파출소를 향해 폭력 알선업자 단속을 외치며 무신고 데모를 일으켰다(그 전에 경시청과 도청에 최후 통지 답변을 받으러 갔지만, 경시청에서는 기동대의 제지를 받고, 도청에서도 답을 얻을 수 없었다). 노동자들은 이에 호응했지만, 비 때문에 생각만큼 참가자가 모이지 않았고, 고립된 데모대는 경관대

로부터 폭행을 당했다(제9차 폭동). 이때 다케나카 로가 경관대에 마이크를 돌려 체포자가 나오지 않은 채 끝났다. 일단 진영을 고쳐 잡은 가지 측은 이번에는 6월 17일 9명의 돌격대가 <산야해방>이라고 '진홍真紅'으로 쓴 흰색 헬멧을 쓰고 홍기를 선두에 세워 매머드 파출소로 돌진했다. 이를 계기로 도텐 거리에 '5000명 이상'이 모이는 폭동이 되었다. 산야 제10차 폭동이다. 다케나카 로는 이 폭동의 모습을 다음과 같이 기록했다.

> 막대기, 대나무 장대를 들고 나와 경찰관을 마구 때린 결과, 플라타너스의 가로수를 뽑아 "아사히 식당"으로 쳐들어가 NTV의 카메라맨을 발로 차고, 8시 반에 군중이 약 5천이 되어 몇 명인가 체포된 동료를 되찾고자 자전거를 쌓아올리고 매머드의 2층 창문으로 기어올라, 신문지에 불을 붙이고 대나무 빗자루에 불을 붙여 던져 넣고 …, 9시 50분 갑충甲虫 출동 1900, 갑자기 군중 속에 쳐들어와 마구 밀고 때려 눕히고 쫓아 흐트렸다. 작년 경우보다 훨씬 난폭한 규제에 노동자는 나뉘어져 골목으로 몰려 폭동의 여파는 오전 0시 지나서까지 가지를 끌어 (…). (竹中, pp.191-192)

이때 24명이 체포되고, 사토 에이사쿠佐藤栄作 수상은 '산야지구가 폭동의 거점이 되지 않기 위해 대책을 세워야 한다'고 18일의 각의閣議에서 발언했다(상게서). 그 사이 가지는 '다카다노바바의 여관'에서 지휘하고 있었는데, 20일에 한 번 더 돌입하기로 결정한다. 그리고 같은 날 아침 일찍 산야노동센터에 4명의 멤버가 선동하며 돌입, 그대로 매머드 파출소를 향했으나 전원 체포되었다(제

11차 폭동). 제9차 · 10차 · 11차 폭동 결과 6월말까시 10명이 기소되고 16명이 석방, 기무라 하루오木村春雄와 다니시카 후사요시谷鹿房義가 처분 미결정으로 판결났다. 가지에 대해서는 7월 5일에 체포영장이 나와 전국으로 지명수배되었다.

이들 탄압에 대해 재차 항의 행동으로써 1968년 7월 9일 '부당체포자 즉시석방요구대회'가 다마히메玉姫 공원에서 개최되었다. 집회와 데모 이후 2000명이 넘는 노동자에 의해 폭동이 시작되어 노동자들은 히가시 아사쿠사 2초메東浅草2丁目를 요시와라吉原 방향으로 좌회전해서 경시청 제6방면 본부를 습격하고 다음으로 다나카초田中町 파출소를 습격하고 점거했다(제12차 폭동). 이 7월 9일의 집회의 계획에 가담한 것이 히로시마대학 출신 스즈키 구니오鈴木国男와 후나모토 슈지船本洲治, 그리고 다케나카 로였다. 그러나 '산야해방위원회'와 가지는 제12차 폭동에서 철퇴하였고 '산야해방위원회' 멤버의 이탈도 있어 산야의 운동 내부에서의 지도력을 잃게 되었다. 가지는 전국 지명수배에 의해 67일 간의 잠복생활에 들어갔다.

### 다케나카 로에 의한 가지 비판

가지 측 '산야해방위원회'가 '기폭제'가 되어 폭동이 일어난다는 것을 증명한 1968년의 제9차 · 10차 · 11차 폭동은 다음 논점을 제공해 준다. 폭동은 우연성에 맡길 뿐만 아니라 임의의 움직임으로 야기될 수도 있다. 하지만 그러한 조직화에 의해 성공한 폭동이라고 하는 <증명문제>에 얼마만큼 의미가 있는가, 하는 논점이다. 첫째로, 지도부가 어떻게 조직화를 꾀하더라도, 그리고 그것이 성공한다고 하더라도, 실제로 폭동을 일으키는 것은 노동자들이다. 지도부의 권능을 증명하기 위해서 폭동이 있다고 한다면 그것은 본말전도本末転倒이다. 산야의 해방을 목적으로 하는 것이라면, 폭동을 통해서 산야—요세바의 일상을 얼마만큼 바꿀 수 있었는가가 중요한 것이며, 그 성패는 산야—요세바의 노동자 이해利害로 돌아가지 않으면 안 된다. 둘째로, 폭동은 어디까지나 자연적이고 우연적인 주기성 법칙에 따라 발생하는 것이며, 이를 컨트롤하려고 하는 일부 지도부의 욕망과는 관계가 없다. 그 때문에 셋째로, 폭동은 항상 잠재적으로 발생하고 있다고 파악할 수 있는 것이다. 다케나카 로는 이 점을 깨닫고 가지를 비판했다.

> 제9차 폭동을 인정하고 취재한 다케나카 로는 이미 그 시점에서 다음과 같은 "감상"을 기록했다[다케다카는 1968년 6월 15일 '산야해방위원회'의 매머드 파출소 돌입을 폭동으로 카운트하지 않고, 여기서 '제9차 폭동'이란 이 글에서 말하는 6월 17일의 제10차 폭동을 가리킨다]. '나는 문득 이런 사유에 사로잡힌 것이다.—**기폭약없이도** 폭동은 일어나지 않았을까? 가지 일당과 관련없이 산야의 노동자는 계기만 있다면 폭동을 일으킬 태세였으니까. 설령 술주정뱅이가 소란을 피우더라도 **가지 대신에 우익이 선동하더라도** 폭동을 촉발시킬 수 있다. 그러니까 단순히 소란 상태를 만들어 냈다고 하는 그 자체에 중요한 의의는 없다. 오히려 경계하지 않으면 안 되는 것은 대중을 선동하면 용이하게 폭동으로 **이끌 수 있다**고 하는 가지 다이스케 일당의 자기 과신일 것이다. 나에게는 그것이 산야 폭동을 퇴폐退廃시키고 인간 회복의 근원적인 욕구까지 소모시켜버리는 것을 예감하게 만든다'. (竹中, p.193, 역자 주-인용문 방점을 볼드체로 대신함)

다케나카의 이 비판을 가지가 읽은 것은 나중 일이었지만, 당시에도 그 후에도 가지에게는 그 내용이 이해되지 않았다. '언제 어떠한 경우의 반란도 『무목적적불모퇴폐無目的的不毛退廃 소동』으로써 정리해 버려서는 안 된다', '『우익』의 선동이라도 폭동이 일어난다고 하는 등 산야를 깔보는 것도 정도가 있다'(梶 하, pp.313-314)라고 가지가 기술했기 때문이다. 여기에는 전후, 특히 1960년대에 반란이라고 하는 언설을 둘러싸고 발생한 전회転回가 가로놓여있다. <1968혁명>이 상징적으로 야기한 러시아 혁명 형태의 권력과 혁명에 관한 고전적인 이해에 대한 인식론적 전회를 다케나카는 일찍이 알고 있었으나, 가지는 그것을 따라갈 수 없었다. 그리고 광대広大 그룹은 실로 다케나카가 자연성과 우연성, 그로 인한 근원성을 직관한 방향으로 폭동을 이해하고 산야—요세바의 과제에 맞서기 시작한 것이었다.

**〔인용 · 참고문헌〕**

가지 다이스케(梶大介) 『산야전후사를 살며(山谷戦後史を生きて)』 상 · 하, 세키분도(績文堂), 1977년.

가마가사키지원기구 「가마가사키총합연표」(www.npokama.org).

시마 가즈히로(島和博) 「노동시장으로서의 가마가사키의 현상과 그 『변용』(労働市場としての釜ヶ崎の現状とその『変容』)」, 『인문연구(人文研究)』 53(3), 오사카시립대학 , 2001년.

다케나카 로(竹中労) 『산야—도시반란의 원점(山谷—都市反乱の原点)』, 전국자치연수협회, 1969년

데라시마 다마오(寺島珠雄) 『가마가사키어휘집(釜ヶ崎語彙集) 1972~1973』, 신주쿠쇼보(新宿書房), 2013년.

일본요세바협회(日本寄せ場協会) 동학회편(同学会編) 『요세바 문헌 정독(寄せ場文献精読) 306선』, 렌가쇼보신사(れんが書房新社), 2004년.

후나모토 슈지(船本洲治) 『입다물고 처량하게 죽지마라—후나모토 슈지 유

고집(黙って野垂れ死ぬな—船本洲治遺稿集』, 렌가쇼보신사(れんが書房新社), 1985년.
모리 히로시(森弘)「바람의 기록(風の記録)」,『인간광장(人間広場)』10호, 1971년.

## 광기의 수출, 침묵의 연대
### — 1975년 6월, 후나모토 슈지船本洲治의 두 장의 '유서'[1]

금년 2015년 6월 27일 · 28일 양일간 히로시마시 야기八木의 '카페 테오도어아비에르트アビエルトカフェテアトロ에서 「후나모토 슈지 결기 40년 · 탄생 70년제—후나모토와 가마쿄, 겐트의 시대」가 개최되었다. 전국에서 100명 정도 참가. 후나모토 슈지는 1975년 6월 25일 오키나와 가데나기지 제2게이트 앞에서 황태자 아키히토明仁의 오키나와 반대를 외치며 분신해 사망했다. 후나모토는 1972년 12월 일어나 가마가사키釜ヶ崎(「아이린愛隣센터 폭파사건」과 관련한 폭발물단속법 위반 혐의로 1974년 3월 지명수배자가 되었고 오키나와에 잠행해 있었다. 이 용의는 다른 3명과 마찬가지로 명확히 원죄冤罪[2]였다고 이미 밝혀진 상태다.

후나모토 슈지의 저작 『잠자코 있다가 쓰러져 죽지마라黙って野たれ死ぬな—船本洲治遺稿集』(れんが書房新社, 1985). 이하 인용에서는 『船本遺稿集』으로 약기하고 페이지를 표기한다. 또한 2018년에 『新版 黙って

1 이하 문장에서 알수 있는 것처럼, 후나모토 슈지는 1975년 6월 25일 '절필'을 쓸 때, '이는 유서가 아니다'라고 전제하면서도, 여기에서는 나가야마 사치오(中山幸雄)로부터 빌린 '유서'로 총칭하는 것으로 한다. 나가야마 「전체성의 획득을 위해(全体性の獲得のために—刊行の辞)」, 『船本遺稿集』 3.

2 역자 주 – 죄가없는데 범죄자 취급을 당하는 것.

野たれ死ぬな』가 공화국共和国에서 발행되었다. 이 글은 구판을 사용한다)에 실려있는 약력에 따르면 후나모토는 1945년 12월 23일에 '만주'에서 '만주국경찰관' 5남으로 태어난다. 부친이 팔로군에 총살형에 처해진 후, 히로시마현 구레시呉市 히로쵸広町로 귀환. 모친 혼자서 키웠다."고 한다. (『船本遺稿集』, p.303). 1964년 4월 히로시마대학 이학부 물리학과에 입학. 하지만 통학은 1학년 반학기도 안되어 대학에서 재적. 1968년에 히로시마 학생회관에 기숙하고 있던 3명과 함께 산야山谷로 간다. 이후 산야, 가마가사키 투쟁에 참가.

후나모토의 생애와 죽음, 그리고 날짜의 부합符合은 일본의 전후 70년을 검토하기 위한 흥미로운 소재다. 다만 후나모토의 생과 사 전체에 대한 것뿐만이 아니라, 금년「후나모토제船本祭」에서 논의되고, 제기된 논점을 본격적으로 논의함에 있어서 나는 적임자가 아니다. 내가 논의해 보고 싶은 것은 후나모토와 그 활동, 그리고 시대가 제기한 논점 중 극히 일부분이다. 후나모토가 1975년 6월 25일 '분신결기'에 즈음하여 남긴 것과 대략 동일한 내용을 담고 있는 2통의 '유서'에서, 세가지 논점을 거론하여 그 가능성을 확인해보는 것이다.[3] 요컨대 '일본의 전후 70년' 보다는 '후나모토 슈지 결기 40년 · 탄생 70년'의 의미를 고찰하는 것이다.

3 니나가와 야스시(蜷川泰司)『새로운 죽음(新たなる死)』(河出書房新社, 2013) 수록「いくさゆ あるいは夜の階級闘争」은 후나모토의 최후의 밤을 그리고 있다.

## 1. '유서': 두 개의 변종

『후나모토 슈지 유고집船本洲治遺稿集』을 보면 1968년 여름 처음 산야를 방문한다. 이후 1972 · 73년을 정점으로 산야와 가마가사키에서의 활동한 후나모토가, 전투의 와중에 남긴 문장이 수록되어 있고, 2통의 '유서'도 실려있다. 「세계 반혁명세력의 후방을 세계혁명 전쟁 전선으로 전화転化하자」와 첫째줄에 쓰인 '유서'는 보통의 편지지에 썼고, 대략 동일한 내용이지만, 1975년 6월 24일과 25일, 날짜가 다른 두 통의 변종으로 구성되어 있다. 이 두 통을 각각 <6 · 24>와 <6 · 25>로 구별하고자 한다(『船本遺稿集』, pp.202-208).

이 변종의 수신처에 대해 『遺稿集』의 편자들은 다음과 같이 기술한다. 「전자 <6 · 24>는 <序章社>에 보낸 것이며, 여기에는 두 곳이 볼펜으로 지워진 흔적이 있고, 결기 이전의 고뇌가 엿보인다. (…) 후자 <6 · 25>는 구원연락센타救援連絡センター를 경유해 가마가사키에 발송되었다.」(『船本遺稿集』, p.243)

그런데 <6 · 24>는 볼펜으로 두 곳 소거한 127자를 추가해 계산하면 1,977자. 동 <6 · 25>는 2,183자. <6 · 25>가 206자 많은 이유는 최초에 쓴 <6 · 24>의 텍스트에 대한 가필이 있고, 구성의 변화가 있기 때문이다. 이 점은 이 글의 주제와 깊이 관련되어 있다.

2개의 텍스트와 함께 후나모토에 의해 단락 위에 1에서 8까지 번호가 날림으로 매겨져 있다. 이들 텍스트의 차이를 외관하면 <6 · 24>는 그 말미에 「1975 · 6 · 24 노무자労努者 후나모토 슈지」라고 기술한 후, 무장투쟁의 조직론 · 운동론을 추가한다. 서명과 날짜를 쓰고 문장을 맺은 후, 새롭게 필요하다 느끼고 가필했을 것으로 추정된다. 한편 <6 · 25>는 이 가필 부분이 본문 중에 「8」로 편입되어 있다. <6 · 24>는 결과적으로 초고와 같은 문장이 되어버렸다. <6 · 25>는 청서清書처럼 읽을 수 있다. 또한 <6 · 25>는 「1975 · 6 · 25」 날짜 뒤에 「昭和20年12月23日生れ 船本洲治」라는 서명으로 끝맺고 있다.(강조는 원문) 「노동자 후나모토 슈지」에서, 아키히토와 탄생일을 동일시하는 「昭和20(1945)年12月23日生れ 船本洲治」라는 서명으로 변경한 것은 중요한 지점이다. 이는 두 텍스트를 초고와 정서라는 관계만으로 이해할 수는 없다는 점을 알 수 있다. 이러한 이동異同을 정리하기 위해, 다음으로 이 두 텍스트의 구성, 내용, 글자수를 대조 가능한 형식으로 명시해 두고자 한다.(다음 페이지 <표1>)

이 두 텍스트의 이동을 통해 말할 수 있는 건 무엇일까. 우선 두 텍스트에 장단의 차이가 생긴 이유다. 이는 <6 · 24>의 「2」와 「3」이 묶여서, <6 · 25>의 「2」로 통합되었기 때문이다. 하지만 이는 애초 <6 · 24>의 「2」에서는 소거된 완전히 별도의 내용이다. 요컨대 히로시마 · 나가사키의 원폭투하에 보이는 것처럼 「무고無告한 민중」은 「싸우지 않는 한」 결국 살해당한다는 문장까지는 <6 · 24>와 <6 · 25>에 공통되지만, <6 · 25>에서는 계속해서, 「이 사람들은 어느 날 돌연 살해된 것이 아니라, 하루하루, 조금씩 살해된 결과, 어느날 돌연 대량으로 살해된 것이다. 싸우지 않고서 살해당하기보다 싸우다 죽을까?」라는 문장이 놓여지고, 그 뒤, 볼펜으로 지워진 이하의 문장이 계속된다. 「피스톨을 입수할 수 없었던 일」, 「입수했다 해도 황태자의 눈앞에 등장할 수 없는, 단독자라는 점, 등을 위해, 적어도 적을 괴롭힐 수 있는 투쟁법이라 믿는다」.

〈표1〉

| | <6 · 24> | <6 · 25> |
|---|---|---|
| | 세계 반혁명세력의 후방을 세계혁명전쟁의 전선으로 전화転化하자! | 세계 반혁명세력을 세계혁명전쟁의 전선으로 전화하자!/이것은 유서가 아니다/나는 살기 위해 죽는 거니까 |
| 1 | 황태자 암살의 시도는 피아의 정세로 볼 때 객관적으로 불가능해졌다. 따라서 죽음을 내건 투쟁이 아니라, 죽을 만큼 항쟁하다/황태자 오키나와 방문 저지!/조선혁명전쟁에 대한 반혁명출격 기지분쇄! | 황태자 암살시도는, 피아의 정세로 볼 때 객관적으로 불가능해졌다. 따라서 죽음을 내건 투쟁이 아니라, 죽음으로 항의한다./황태자 오키나와 방문 저지!/조선혁명전쟁에 대한 반혁명출격기지 분쇄!/미제의 북조선에 대한 핵공격을 단호히 저지하자! |
| 2 | 적을 무너뜨리지 않고, 스스로 무너지는 투쟁법이 있지만, 그건 현재의 피아의 정세로는 현상적인 것이다.(…) 싸우지 않고 살해될 정도라면, 싸우다 죽을까? (또한 볼펜으로 지워진 이하의 문장을 포함한다.「피스톨을 입수할 수 없었던 점」,「입수했다해도 황태자의 눈앞에 등장할 수 없다. 단독자라는 점. 등 때문에 적어도 적을 괴롭힐 수 있는 투쟁법이라고 믿는다」) | 현실적으로는 적을 붕괴시키지 않고, 스스로를 죽이는 투쟁법이지만, 이는 피아의 정세에서 생각해보면, 단독자를 위해 할 수 있는 유일한 투쟁법이 되었다. (…) 적을 죽일지 적에 살해당할지. 원래 계급투쟁이란 그런거다. (…) 베트남 혁명전쟁에서 살해된 무수한 전사들은 살아남아 있는 전사들 속에 다행히 살아남아 있다. 적을 무너뜨리고 자신들은 멋지게 살아남아 있음을 보여주는「약자」의 정치=군사를 소유한 베트남 인민은 우리들의 훌륭한 모델이다 |
| 3 | 적을 살해할까, 적에게 살해될까. 계급투쟁이란 본래 그런 것이다.(…) | 베트남인민을 선두로 인도네시아인민의 영웅적 투쟁은 미군을 인도차이나로부터 쫓아내고, 동아시아에 혁명과 반혁명의 격돌의 시대가 도래한 점을 알리고 있다. (…) 오키나와야말로 미군에게 그 혼태醜態를 연출시켜야 한다. 이를 위해서는 바로 지금「머리로는 혁명전쟁, 육체로는 'カンパニア 시민운동'이라는 가짜 무투파武闘派와 오키나와 인민의 관계를 단호히 잘라야 한다. (…) |
| 4 | 베트남 인민을 선두로한 인도네시아 인민의 영웅적 투쟁은 미군을 인도네시아로부터 쫓아내고, 동아시아에 혁명과 반혁명의 격돌의 시대가 도래했음을 알리고 있다. (…) | 나는 현재 많은 악의에 둘러싸여 있다. 내가「다른 사람의 이름을 누설한다」라는 형태로 가짜 무투파가 본심을 숨기고 (나를, 역자) 포위하고 있다. (…) |
| 5 | 나는 지금 많은 악의에 포위되어 있다. 내가「다른 사람의 이름을 누설한다」라는 형태로 가짜 무투파가 본심을 숨기고 나를 포위하고 있다. (…) (볼펜으로 말소된 부분「○○동지여, 믿어줬으면 좋겠어. 그런데 동지에게 보낸 편지가 도착하지 않았음」)」 | 이 백색정치의 지배하에서 적군파가 공공연히 적군파를 칭하는 것 자체가 이미 자기모순이며 주관주의다.(이하, ①, ②에 의해서 '무투파'를 비판하고, 3명의 무죄를 주장) |

| | | |
|---|---|---|
| 6 | 이 백색정치의 지배하에서 적군파가 공공연하게 적군파를 자칭하는 것 자체가 이미 자기모순이며, 낙관주의다. (이하 (イ)(ロ)와 '무투파' 비판을 전개하여, 날조되어 있는 3명의 무죄를 주장) | 동아시아 반일무장투쟁의 전사 제군! 제군의 투쟁은 동아시아의 내일을 움직일 수 있다는 점을 광범위한 인민대중에게 당당히 선언했다. (…) 이 투쟁은 다음에서 다음으로 확대될 것이다. |
| 7 | 동아시아 반일무장전선의 전사 제군! 제군들의 투쟁이 동아시아의 내일을 움직인다는 점을 광범위한 인민대중이, 알게 되었다. 이 투쟁은 아직 단서이며, 제군들은 부분적으로 패했을 뿐이다. 나는 제군들과 함께 살아남기 위해서 죽는다. | 산야 · 가마가사키의 동료들이여! 침묵하여 거리에 쓰러져 죽지말기를! 미래는 무산대중의 것이며, 최후의 승리는 투쟁하는 노동자의 것이다. 확신을 갖고 전진하라! |
| 8 | 산야 · 가마가사키의 동료여! 침묵하여 거리에서 죽지마라!/가슴에 뜨거운 무엇이 복받쳐 더이상 쓸 수 없다. | 무장투쟁을 성공시키는 비결은, 조용히 하는 것/알 수 없는 듯 하는 것, 성명도 아무것도 내지 않는 것./가짜 무투파에게 혐의가 있는 것처럼 하는 것./독립된 전투그룹이 서로 접촉을 하지않고, 자립하여 행하는 것./민중에게 이해할 수 있도록 하는 것. 공공연한 활동 영역과 접촉하지 말고 사실행위로 연대하는 것./무장투쟁에 날조라는 말은 뒤따르는 것이다./날조가 없는 무장투쟁이란 패배한 무장투쟁이라는 점. 날조가 아무리 반복되더라도 주저하지 않고 투쟁을 속행하는 것./투쟁의 이익은 인민에게/불이익은 활동가에게/불이익은 조직에게 |
| | 1975.6.24. 노동자 후나모토 슈지 | 1975.6.25. 昭和20年12月23日生れ 후나모토 슈지 |
| | 무장투쟁을 성공시키는 비결은 조용히 하는 것/이해할 수 없게 하는 것, 성명서 등 아무것도 내지 않는 것./사실행위만으로 민중에게 잘 이해할 수 있도록 하는 것./독립한 전투그룹이 서로 자립하여 하는 것/서로 접촉하지 않을 것. 사실행위로 연대하는 것./공공연한 활동영역과 접촉하지 않고, 사실행위로 연대할 것./무장투쟁 날조는 수반되는 것이며, 날조가 없는 투쟁은 패배한 무장투쟁이다. /아무리 날조가 파급되더라도 주저함 없이 투쟁을 속행할 것 | |

문제는 왜 이 부분을 후나모토는 소거했을까라는 점이다. 그 이유를 검토하기 위해 텍스트의 최후에 연連에 배치된 조직론 · 운동론을 참조할 필요가 있다.

후나모토는 <6 · 24>에서 다음과 같은 말을 세 번 반복해 썼다. 「사실행위로 연대하는 것」. 피스톨을 입수하여, 황태자(明仁)를 저격하는 일을 예정하고 있었지만, 결과적으로 이를 실행할 수 없었다. 따라서 「사실행위」가 존재하지 않는다. 그렇기 때문에 그 문장을 남기는 것은 스스로에게 과한 윤리에 반하는 것이다. 다음으로 「적어도 적을 괴롭힐 수 있는 투쟁 방법이라고 믿는다」라는 문장은 왜 지웠을까? 한번은 썼지만, 이를 지웠다는 것은, 그러한 「투쟁법」을 부정하게 되었다는 것일까? 실제로 이 말은 「3」(<6 · 25>에서는 「2」)의 다음과 같은 말과 모순된다. 「베트남혁명전쟁으로 살해된 무수한 전사들은 다행히도 살아남아 있는 전사들 속에 계속해서 살아있는 것이다. 적을 무너뜨리고 자신은 멋지게 살아남아 있다고 것을 보여주는 '약자'의 정치=군사를 소유한 베트남 인민은 우리의 멋진 모델이다」. 요컨대 분신궐기란 적을 「괴롭히는」 일보다, 인민의 기억 속에 살아있는 것으로, 「약자의 정치=군사」를 수행하는 것이라는, 주체主体 측의 관점으로 끌어당기는 투쟁으로 자리매김되어 있다.

후나모토에 의한 「약자의 정치=군사」란 약자가 강자가 되는 것이 아니라, 약자라는 점을 철저히 함으로써 이루어지는 정치=군사다.[4] 이는 히로시마 학생회관 시대 이래 투쟁의 전우였던 스즈키 구니오(鈴木国男)의 「S투쟁」=정신「病」으로의 연대를 통해, 명확히 표현되고, 나아가 집합장소 투쟁으로 결합되었다. 후나모토 운동

4 후나모토 「하층인민을 기반으로, 철저한 무장투쟁을 전개하자」(1972년 5월, 『船本遺言集』에서) 및 鼠研究会 「どぶねずみたちのコミュニズム」, 『Hapax』 vol.4(夜光社, 2015년 7월) 참조.

론의 대원칙이다. 이는 「유동적하층노동자론」과 동시에 후나모토의 조직론 · 운동론의 정화다. 이 대원칙에 섰을 때, 「적을 곤란하게 했는」지 어떤지는 투쟁의 지표가 되지 않는다. 적에게 끼친 피해에 의해 알 수 있을 뿐. 대타적対他的인 지표는 불필요하다. 요구되는 것은 철저하게 약자의 주관에 근거한 대자적対自的 입장이다. <6 · 24>의 텍스트의 소거와 <6 · 25>의 「약자의 정치=군사」라는 말의 가필은 그러한 원칙을 재확인하는 사고과정을 보여준다고 추측된다.

그런데 「적을 괴롭힌다」는 부분과는 별도로, <6 · 24>의 소거부분이 갖는 본질적인 말을 무시할 수 없다. 이 부분에서는 황태자 저격계획 의사가 존재했다는 것을 증명하고 있다. 실제로 얼마나 계획된 것일까. 설사 관념 세계의 테러리즘이었을지라도 여기서 문제가 되지 않는다. 후나모토의 분신궐기는 그 행위로 인해서, 어떠한 관념에도 물질적인 위협을 가하게 되기 때문이다. 그 의미에서 소거된 문장이, 아직도 읽을 수 있을 정도로 남아있었다는 점에, 함의가 있다고 할 수 있다. 이 점이 두 개의 텍스트는 초고와 청서라는 단순한 관계로 정리할 수 없는 이유이기도 하다. 황태자 저격 의사의 흔적이 남은 텍스트인 <6 · 24>는 신좌익계 출판사이며, 후나모토가 야유하는 「여러 무투파」가 지면을 장악하고 있는 「序章社」에 보내졌던 것이다. 그런 의미에서 후나모토의 의견표명의 공식성은 의심할 여지가 없으며, 하나의 의사가 존재했다는 것을 공적으로 표명하는 「사실행위」에 속한다 말해도 좋을 것이다.

그러나 그렇다해도 두 텍스트의 변형은 후나모토 안에서는 이미 결정이 끝난 분신결기라는 행위를 어떻게 설명할까라는 점에서,

표현이 흔들리고 있다는 것을 의미한다. 두 텍스트 사이에서 흔들리는 것은, 「단독자」라는 말의 위치부여다. <6 · 24>에서, 황태자의 눈앞에 등장할 수 없는 것은 「단독자」이기 때문이라고 하고, <6 · 25>에서는 「현상적으로는 적을 무너뜨리지 않고, 스스로를 죽이는 투쟁법이지만, 피아의 정세에 서서 생각해본다면, 단독자가 이룰 수 있는 유일한 투쟁법이 되었다」고 쓴다. 양쪽 모두 「단독자」라는 말을 사용하는데, 전자는 피아의 물리적 힘을 전복하는 것이 가능하지 않다는 비력非力함을 함의하고, 후자는 다소나마 남아 있는 선택지 중 「유일」한 선택지라는 점을 함의하고 있다. 분신결기 그 자체가 최후의 수단은 아니다. 1975년의 황태자 중국방문이라는 입장을 말과 행위에 의해 패배로부터 승리로 전환해야한다. 그 과정은 어떤 것이었을까?

## 2. 침묵의 직접행동

<6 · 24>에는 날짜와 서명 후 새로이 가필되고, <6 · 25>에서는 「8」에 쓰여진 조직론 · 운동론은 직접적으로는 「적군파」 혹은 「사이비 무투파」의 무장투쟁비판으로 이어지고 있다. 전술한 것처럼, <6 · 24>에서 3회 반복된 「사실행위로 연대하는 것」은, <6 · 25>에서는 1회에 그친다. 하지만 이 말이 조직론 · 운동론의 핵심이라는 점에는 의심의 여지가 없다. 왜냐하면 후나모토의 분신결기라는 행위 그 자체로 인해 실천되어 있기 때문이다. 하지만 이 조직론 · 운동론은 단독자의 행위로서의 분신결기만으로 환원할 수 없는 문

맥을 갖는다. 후나모토가 자신에에 들려주려 하는 것처럼 쓰고 있는 <6 · 24>에서 다시 인용한다.

> 무장투쟁을 성공시키기 위한 비결은, 조용히 할 것
> 이해하기 힘들게 할 것, 그 어떤 성명서도 내지 않을 것.
> 사실행위만으로 민중이 잘 이해할 수 있도록 할 것.
> 독립된 전투그룹이 서로 자립해서 할 것
> 서로 접촉하지 않고, 사실행위로 연대할 것
> 공연公然한 활동영역과 접촉하지 않고, 사실행위로 연대할 것
> 무장투쟁 날조는 필연적으로 수반되며, 날조가 없는 무장투쟁이란 패배한 무장(투쟁)이다.
> 날조가 아무리 파급되더라도 주저하지 말고 투쟁을 속행할 것.

미리 지적해 둔다면 「침묵의 직접행동」을 제기한 것은 후나모토가 처음은 아니다. 1966년에 군수산업 · 병기공장이었던 닛토쿠금속日特金属과 호와공업豊和工業에 대한 직접 항의활동을 실천한 베트남 반전직접행동위원회는, 다음과 같은 성명서를 내고 있다.

> 지금 일본국가=일본자본주의는, 군사기지의 제공과 군수물자의 생산을 2개의 두터운 파이프로 삼아 베트남전쟁과 연결되어 있다.
> (…) 베트남 반전직접행동위원회는 인민의 직접행동으로 이 파이프를 절단할 공작에 종사한다. 정치가의 요설은 불필요하다. <u>침묵의 직접행동은 적에 최대의 타격을 입히고, 우리측에 최대의 결의를 촉구하는 인민 고유의 무기다. 언론에 의한 커뮤니케이션이 적의 수중</u>

에 있는 현재, 우리들은 행동에 의한 커뮤니케이션을 창조해야 한다.[5] (강조는 인용자)

베트남반전직접행동위원회가 말하는 바과 같이, 침묵의 직접행동과, 직접행동에 의한 연대라는 노선의 근저에는, 자본주의사회의 상품의 물신화가 커뮤니케이션만이 아니라 사회전체를 감싸고 있다는 인식이 있다. 이는 1950년대 전반부터 도시문화비판을 스펙타클한 사회비판으로 전개한 상황주의자의 작업과 겹친다. 그러나 상황주의자와는 달리, 요세바寄せ場 투쟁은 구 식민지출신자와 구 식민지출신자에 대한 자기비판적인 반성이 존재하고, 여기에서는 계속해서, 그리고 현재도 여전히 실천의 윤리성을 추궁하고 있다.[6] 후나모토도 또한 「イシヨ」에서 뜨거운 연대를 표명하고 있는 동아시아반일무장전선의 3부작 「狼」 「大地の牙」 「さそり」는 각각 통일조직을 만들지 않고, 독립된 작전을 전개했다. 투쟁의 정의에서 합법・반합법・비합법의 연속성을 강조하고 있던 후나모토에게 여기서 말하는 무장투쟁의 방향은 자각적인 비합법의 투쟁뿐만 아니라, 공공연한 영역에서의 저항투쟁이라도 그 질을 이해해야 하는 것이었다. 이는 전술한 「약자의 정치=군사」라는 언어에도 나타난다. 침묵의 직접행동. 민중에게도 이해되는 직접행동. 그리고 그러한 직접행동에 의한 연대. 공연公然 영역에서의 투쟁과, 비공연 무

5 베트남반전직접행동위원회 「死の承認への挑戦―1966/ベトナム反戦直接行動委員会の闘い」, 『アナキスト叢書』, 刊行会, 2014, pp.27-28.

6 栗原幸夫, 木下誠監訳 「同時的経験の時代―堀田善衛の想い出に」, 『アンテルナショナル・シチュウアシオニスト スペクタクルの政治』, インパクト出版会, 1998.

장투쟁이, 그 차이를 뛰어넘어, 행위를 통해 커뮤니케이트한다. <6 · 24>와<6 · 25> 이 두 개의 텍스트는 「나를 포위하는 악의」를 비판하고, 적군파와 사이비 무투바를 비판하고, 일전하여, 동아시아반일무장전선에 뜨거운 연대를 표명하고, 산야 · 가마가사키의 동료들에게 미래의 승리를 호소하고, 마지막으로 무장투쟁의 비결에 대해서 기록한다. 이 구성 자체가 합법과 비합법의 커뮤니케이션과 권력과 대치하는 투쟁 일반의 방향을 단적으로 표현하고 있는 것이다. 그리고 단독자에로 몰린 분신결기라는 투쟁형태도, 이 구성의 일부가 된다. 바꿔말하면 후나모토의 분신결기란 권력과 밀통관계를 형성해 버리는 「사이비 무투파」와 결적적인 일선을 긋는 황태자 저격과 같은 질을 갖는 <무장투쟁>이다. 후나모토는 이렇게 무장투쟁 그 자체의 질을 크게 전환시키고 있다.

여기에서 후나모토가 애초부터 광기狂気라는 수준에서 혁명과 저항을 이해하고 있다는 점을 참조해 둘 필요가 있을 것이다.

## 3. 광기의 수출

스즈키 구니오의 투쟁, 즉 S투쟁에의 호소문이다. 「모든 정신 '이상'자들 및 '범죄'자는 S투쟁지원공투회의로 결집하시오!」(1972년 2월 8일)는 이렇게 쓰여있다. 「마르크스주의란 논리화된 '광기'이며, 모택동, 보 구엔 자프(Võ Nguyên Giáp), 체 게바라는 '광기'를 승리로 이끌기 위한 군사軍事다」(『船本遺稿集』, pp.38-39). 혁명운동이란 집단 「발광」이며, 요세바의 폭동은 닫혀진 광기의 도메바止め場

다. 그리고 이 광기와 폭동을 유발하고 조직하는 일이 후나모토를 포함한 활동가의 역할이었다. 또한 광기의 수준에서 수행되는 혁명과 저항, 무장투쟁은 물리적인 무장을 취하는 것만을 의미하지는 않는다. '광인'이 관념 내에 혁명의 왕국을 구축하는 행동도 혁명운동이며, 무장투쟁이다. 그 이유는 '광인'이란 자본주의사회에서 가장 소외되고 억압된 하층인민이기 때문이며, 그 일상적 행동은 소회·억압상태로부터 사회질서의 전복을 지향하는 투쟁이기 때문이다. 또한 현실의 요세바에서는 노동자들의 정신「병」과 알콜중독이 정신병원 강제수감을 수반하는 보호처분에 직접적으로 연결되어 있다. 요세바의 현실이 광기의 수준을 견인하고 있던 것이다.

혁명이 광기인 이상 후나모토의 분신결기도 마찬가지로 광기로서의 혁명투쟁의 일부다. 그리고 두 통의 「イショ」의 타이틀이 「세계반혁명세력의 후방을 세계혁명전쟁의 전선으로 전화하자!」로 통일되고 있던 점을 상기하자. 광기로서의 혁명, 약자의 정치=군사, 직접행동에 의한 연대라는 과제 일체의 수행이 이 타이틀에 담겨 있다는 것을 알 수 있다. '광인', 약자, 단독자로서의 후나모토 자신, 그리고 기지화=군사화된 오키나와는 「세계반혁명세력의 후방」으로 자리매김된다. 이는 약자의 정치=군사화와 직접행동의 연대를 매개로 하여, 「세계혁명전쟁의 전선」으로 전화한다. 후나모토의 분신결기는 그러한 전회의 결절점으로서의 자리매김시킨 후 행해졌다고 볼 수 있다. 하지만 반복하건데 결절점으로서의 직접행동은 약자가 강자가 되는 것은 아니다. 단독자가 복수화하는 것도 아니다. 약자는 약자로서의 특성을 철저히하고, 단독자가 호절弧絶(역자, 고절孤絶의 오타라 생각됨)을 극하는 행위를 표명함으로써,

정동을 매개로 연대가 형성되는 것을 기대하는 것이다. 또한 요세바에서의 폭동을 이미지화 한다면, 연대란, 광기의 수준에서의 행위가 연대의 조건이 된다. 요컨대 후나모토의 분산결기에는 오키나와로부터 한국, 북조선으로 향한, 광기와 약자의 혁명의 수출이 시도되고 있다고 말해도 좋을 것이다.

## 4. 「イショ」의 주소와 그 저편에

<6・24>는 애초「산야・가마가사키 동료들이여. 말없이 거리에 쓰러져 죽지마라 ! /가슴에 뜨거운 그 무엇이 치밀어올라 더 이상 쓸 수 없다」라고 쓴 지점에서 가장 고조되어, 그 흐름을 유지한 채, 일단「1975・6・24 노무자 후나모토 슈지」라고 쓰고서 끝내려고 했던 것 같다.「노무자 후나모토 슈지」란 산야와 가마가사키 동료들에게 보낸 이별의 말이다. 그러나 후나모토에게는 다음날 있을 자신의 결기의 의미를 남겨진 자들을 위해서, 더 넓게 열어둘 필요가 있었다. '유지'하는 투쟁이 있기 때문에, 후나모토의 결기는 전사들 안에 계속 살아있을 것이기 때문이다. 남겨진 자들은 후나모토의 '死'에 그쳐서는 안 된다. 이에 대하여 결행의 날에 쓴 <6・25>는 표현이 수정되고, 조직론・운동론을 반영시킨 매니페스트가 되었다. 여기에서의 주소는 오키나와로부터, 한국, 북조선으로 향한다. 따라서 말미의 서명은「1975・6・25 昭和20年12月23日生れ 船本洲治」로 되어있고, 일제본국인日帝本国人으로서의 역사와 입장을 짊어진 단독자의 결기라는 점을 명확히 했다.

후나모토는 지금 어디에 어떻게 위치해 있는 것일까? 「후나모도 슈지 결기 40년 · 탄생 70년」은, 후나모토를 전사들 속에 살아있도록 하기 위한 시간이 되어야 했다. 물론 후나모토가 우리들 속에 살아있다는 점을 나는 의심하지 않지만, 문제는 그 메시지를 얼마만큼 「심화확대」할 수 있었을까다. 이 지점에서 후나모토의 조직론 · 운동론을 부연하면서, 후나모토가 남긴 숙제를 확인하고 싶다.

1989년에 출판되어, 다음해 이란의 시아파의 지도자 호메이니가 저자에게 「사형선고」를 내려 세계적인 사건이 된 살만 라슈디의 『악마의 시』 소동 후에—일본어로 번역한 이가라시 히토시五十嵐一씨의 살해라는 비극도 포함—훼티 벤스라마는 이슬람세계와 서양과의 대화의 가능성을 찾으려는 보기힘든 텍스트인, 『물의를 일으킨 픽션의 기원物騒なフィクション一起源の分有をめぐって』를 썼다.[7] 이슬람세계에 대한 비판과 동시에 용서없는 서양적 계몽적인 주체의 비판을 동시에 수행하는 이 책에서, 벤스라마는 플라톤의 『정치』를 참조하여, 「인간공동체의 배려」「인간을 공동으로 키우는 기예」를 상기할 것을 호소하고 있다. 동시에 이슬람 세계도 서양도 각각의 기원의 모토가타리物語를 타자의 기원의 픽션을 파괴하거나 부정하는 일 없이, 서로 분유할 기대를 표명하고 있다. 이는 단편적으로 세분화된 우리들의 신체의 정동을 하나의 모토가타리로 합치지 않고, 그 단편화와 세분화에 맞추어 가는 것이기도 하다. 그러한 기예를 갖는다는 것은 '광인'과 약자를 '정상인'과 강자로 삼지 않고, 그 기원의 모노가타리의 수준에서 분유하는 것과 마찬가지다. 단독자

7 Benslama, Fethi, 西谷修訳, 『物騒なフィクション一起源の分有をめぐって』, 筑摩書房, 1994.

도 또한 그 존재를 부정당하지 않는다. 기원과 그 픽션을 계몽주의적으로 고쳐쓰는 일 없이 분유하는 정치적 공동성의 창출이다. 그러한 정치적 공동성을 후나모토의 조직론 · 운동론의 곁에 두고 싶다. 이는 벤즈라마로 후나모토를 보완하고 싶다든가, 그 반대를 생각하고 싶다는 것이 아니다. 직접행동에 의한 연대라는 방법론 하에서, 두 개의 논의를 연결시키지 않고, 연대가 이루어질 가능성을 생각하고 싶은 것이다. 방법론으로서의 사상에 의한 직접행동주의로서, 많은 타자와 접속하는 일 없이, 후나모토의 곁에 두고 싶다.

## 보기補記—후나모토의 〈사실성〉에 대해서

이 글은 1975년 6월 25일에 오키나와 가데나기지 · 제2게이트 앞에서 「황태자 오키나와 방문 저지」를 호소하고 분신결기한 후나모토 슈지가 결기에 임하여 남긴 두 개의 「イショ」 중에서, '사실행위'라는 언어를 반복한 점에 촉발되어 고찰한 것이다. 후나모토의 결기가 체현하고 있던 '사실행위'는 직접적으로는 황태자 저격이라는 의지가 존재한 '사실'이며, 특히 분신 결기라는 '사실'이다. 하지만 그것은 요세바의 노동운동 · 혁명운동 속에서 '사실'의 <사실성>을 증명하려한 행동에서 필연적으로 발생하는 말이라고 생각한다.

이 지점에서 견강부회겠지만 다음과 같은 추정을 추가하고 싶다. 상품화와 동시에 인간적 자연을 인공적 자연으로, 우연적인 자연을 가산화加算化된 생명자원으로 바꾸어 버리는 일이다. 1964년

히로시마대학 이학부에 입학한 이학도 후나모토의 학생생활은 빈년도 되지 않았던 것 같다. 하지만 우연적인 자연적 자연을 인공적 자연이 감싸게 되는 양자이론의 지배에 <실종>이라는 <사실행위>에 의해, 반대의 태도표명을 했다는 아감벤이 그리고 있는 물리학자 에틀레 마요라나Ettore Majorana의 스토리를 이학도 후나모토의 곁에 두고 본다면 어떨까(조르죠 아감벤 『실제란 무엇인가—마요라나의 실종』(上村忠男 번역, 講談社メチエ, 2018). 「イシヨ」 안에서 히로시마・나가사키 원폭투하에 대해, 「무고한 민중」은 「싸우지 않는 한」 언제가 살해된다고 썼을 때, 후나모토가 저항하고 있던 것은 전후 혁명운동에 이르는 프레임만이 아니라, 우연성을 확률적 의사가 지배하게 된 양장론 시대의 <知> 그 자체가 아니었을까. 후나모토의 「사실행위」란 그러한 근원적인 혁명의 과제를 숨기고 있었던 것은 아닐까.

# 상품의 반 랩소딕한 실재론과 랩소딕한 혁명론
## — 이노우에 고井上康 · 사키야마 마사키崎山政毅 『マルクスと商品論』

### 실재론實在論

마르크스는 가치 형태에 있어 상품의 가치가 전개하는 양태를 "한 번에 여러 마리의 파리를 잡는 린네르linnerie"라는 '상품'에 의해 표현하고 있다.[1] 상품 A의 출현은 무수한 상품의 일거적동시적인 출현을 의미한다고 말한다. 이러한 「한번에 여러마리의 파리를 때려잡는」것 같은 상품화를 『マルクスと商品語』의 저자들은 '일거적이고 다층적 · 다시간적인' 수행이라는 말로 바꾸고 있다. 또한 이 과정은 생산물간의 직접적 · 비매개적 교환가능성(및 이것과 간접적 · 매개적 교환 가능성과의 불가분의 対관계)라는 교환관계로서도 설명된다.

마르크스 『자본론』 초판본을 통해 그 논증을 재구성하고, 문제

1 MEGA II/5,S.28—이 글에서는 「マルクスと商品語」의 저자들에 따라서, 마르크스로부터의 인용은 현재 간행중의 Marx Engels Gesamtausgabe로부터, 저자들의 번역문에 의거해서 행하고, 특별한 언급이 없는한, 마르크스로부터의 인용은 동서의 페이지와 MEGA의 페이지를 동시에 표기하기로 한다. 또한 MEGA II/5,S.28은 동 전집 II부 제5권 Seite28을 가리킨다. 또한 동서로부터의 인용은 페이지만 기입한다.

의 소재를 재조정再措定함으로써 가치형태론의 쟁점을 재현한 이노우에 코井上康 · 사키야마 마사키崎山政毅 『マルクスと商品語』를 논함에 있어 이 글이 초점을 맞추고 싶은 것은 가치론이 요청하는 이 특징적인 접근이며, 이를 언어화하기 위해 저자들이 절묘하게 안출하는 표현이다.

그런데 상품 및 가치라는 실재성을 파악하기 위해 추상적인 개념 규정을 겸하는 것으로 수행된 것이 『자본론』의 가치형태론이다. 그러나 그 추상화의 차원 자체가 상품 혹은 가치라는 실재에 내재적인 것이었다. 경험적 실재성과 개념적 추상화의 관계 혹은 경험과 개념이라는 관계에서 말한다면 이러한 파악은 칸트로부터 헤겔로의 이행을 정통으로 계승한 것이다. 마르크스 · 가브리엘과 스라뵈 지젝은 이를 이렇게 정리하고 있다.

> 헤겔의 '구체적인 보편'이 무한이라는 점은 <u>'추상'을 스스로의 내재적 구성요소로서, 구체적인 실재성 그 자체 내에 포함하고 있기 때문이다.</u> 헤겔에 의하면 환원불가능한 다양한 성질을 갖춘 구체적인 경험적 실재성의 풍요함으로부터 멀어지는 것으로 [추상을] 이해하는 상식경험론자(common sense)의 '추상' 개념을 버리는 것이, 철학이 추상에 관하여 행하는 제1보다. (… ) <u>그러한 '추상'의 프로세스가 실재성 그 자체 내에 얼마나 내재적일까하는 점을 인식할 때 참된 철학적 사고가 시작된다. 경험적 실재성과 그 '추상적인' 개념규정과의 긴장관계는 실재성에 내재한 것이며, 사물 그 자체의 성질이다.</u> 이 점에 변증법적 사고의 반유명론反唯名論적인 악센트가 있다(상품의 가치라는 추상이 상품의 '객관적' 성요소라는 마르크스의 '경제학비판'의

기본적 통찰처럼.(Gabreiel-Zizek, p.10, 일본어역, pp.28-29, 강조는 인용자])

'구체적 보편', 즉 경험적 실재는 무한하며, 분석적 사유와 그 개념 네트워크에 의해 그 전체성을 파악하는 것은 불가능하다. 이는 헤겔에서 노정되고 있던 사태다. 따라서 『마르크스와 상품어』의 달성점을 독일관념론—그 포스트 칸트적인 실재론의 독해—에 입각해 이해할 수 있다. 실재론의 금일적 전회 안에 본서의 성과를 자리매김하고싶다. 이것이 이 글의 의도 중 하나다.

이 글이 의도하는 두 번째 사항은 『마르크스와 상품어』의 논증에서 비약한다는 점을 인정하고서, 상품 분석과 병행해 마르크스가 권장하고 있던 현실 사회의 혁명의 조건을 둘러싼 에피스테메를 대조해 생각해보고 싶다는 것이다. 생산물들 사이에 직접적·비매개적으로 관계하면서 가치라는 추상화를 내재적·실재적으로 체현해 가는 이 사태는 가치화라는 관계 이외의 상태로는 존재하지 않는다는 점이다. 여기서 참조하고 싶은 것은 칸트가 『판단력비판』에서 표명한, 미학적 판단 성립의, 자연의 합목적성의 개념과 인식능력의 개념이 매개되는 중간영역인 「인지능력의 장난」=랩소디다.(Kant, L VII). 직접적·비매개적인 교환 가능성이란 그러한 랩소딕한 여지가 전혀 존재하지 않는 반랩소딕한 관계다. 한편 랩소딕한 파악이라는 점에서 말한다면, 케빈 엔더슨 『주연周縁의 마르크스』에서 시도된 마르크스의 독서노트 검증이 중요하다. 1879~82년의 마르크스의 이른바 '코벨레프스키 노트'는 인도사에서 생산의 공동체적인 형태에 주목하면서, 그 관심을 알제리, 라틴아메리카로 확대하고 있다. 그 공동체적 형태의 지속성에 대한 관심은 동 시기의 러시아에 관한 만년의 저작으로 결실했다. 주지하는 것처럼 1881년 3월 러시아의 비엘라 자스리치로부터의 편지에 대하여 준비된 회답에서 마르크스는 '고대적인 것과 근대적인 것의 새로운 종합'(Anderson, p.230[p.339])과, 혁명의 조건으로 '고립성의 극복'을 주장하고 있었다(*ibid,* p.233[p.343]). 이미 마르크스는 1869~70년에 서양의 노동자계급은 비서양사회의 내셔널한 혁명과 결합해야한다는 점을 아일랜드문제에 입각해 언급하고 있었지만, 이는 북미합중국에서의 노예제 및 인종차별에 대한 투쟁과 노동운동과의 관계의 지적과 마찬가지로 이론적 입장에서 출발하고 있었다(『資本論』第一巻). 1840년대의 마르크스는 서양적 일원적인 발전사관의 영향하에 있었지만, 『자본론』의 성립과 궤를 같이하여 그 입장을 크게 바꾸고 있었다. 그 방법론을 나는 '변증법적 이론의 발전'—케빈 엔더슨처럼—으로 하는 것이 아니라, 랩소딕한 실재론의 에피스테메로 이해해 보고싶다. 즉 여기서는 상품어의 세계분석에 입각하면서, 동시에 그것과 완전히 대조적인 실재론의 전개가 구상되고 있었다고 생각한다.

또한 『마르크스와 상품어』 후반에서는 전반에서의 가치형태론의 검토를 기반으로 이자 발생의 자본에서 가공자본, 그리고 이슬람 금융까지 널리 살핀 원리적인 검토가 행해지고 있다. 다만 이 글에서는 가치형태론의 논증에 한정하여 논하고 있다는 점을 밝히고 싶다. 이는 저자들의 훌륭한 논증을 한정된 지면에서 가능한 한 충실하게 전하고 싶기 때문이다.

한편 마르크스 가치형태론은 부락사연구를 수행하고 있는 필자에게도 관계되어 있다는 점을 말하고 싶다. 일본의 중세 히닌非人 연구의 논점의 하나로, 히닌과 가와라모노河原者(清目, 細工, 穢多)와 구별이 있다(細川, pp.105-128). 이는 남아시아의 다리트 신분의 피혁 노동과 유사한 양태를 이해하기 위해서도 필요하다(関根). 이 일은 중세의 증여경제와 상품경제의 세계(桜井, 2017)에서 폐우마斃牛馬 처리라는 정화(きよめ 관행)(증여경제의 일종)에서, 그 실적이 수량화되어, 생산물이 상품으로 교환되는 피혁생산이 자립하여, 폐우마 처리의 영역을 가리키는 단골객의 소유권이 설정되어 가는 과정을 어떻게 이해할까라는 문제로 재조정再措定할 수 있다. 이 문제에 대한 의문을 먼저 풀어본다. 이 문제에 대한 현시점에서의 견해를 언급한다면, 케가레—기요메의 습속적 관행은 증여경제의 일종으로 이해할 수 있다. 그렇지만 이 증여경제는 신분관계·권력관계를 원리적으로 규정하고, 나아가 사회적인 유통과정을 수반하고 있었다. 하지만 피혁생산물만이 아니라 폐우마 처리의 영역으로서의 단골객 소유도 상품화되어 있었다(桜井). 사쿠라이 히데하루桜井英治는 이러한 중세일본의 소유권 보급과 퇴조의 요인을 '신들과 문서의 권위' 혹은 중세문서주의에서 찾고 있지다. 동시에 가치화·상품화도 규정하고 있었다고 생각해도 좋다(앞의 책, p.369). 마르크스의 가치형태론을 참고로 중세일본의 '신들과 문서의 권위'를 노동생산물의 속성인 추상적인 인간노동 이상의 규정력으로 노동생산물의 등치와 교환을 가능케 하는 '제3의 것'으로서 파악해 보고 싶다는 점이 필자의 문제 제기다. 또한 사회운동론 연구 차원에서 본다면 '고대적인 것과 근대적인 것의 새로운 총합'은 피차별부락의 신분 투쟁과 계급투쟁과의 관계에서도 타당하다. 이 총합에서는 마르크스의 가치론이 확립한 가치 비판, 상품비판이라는 시점이 관철되어야 한다.

## 마르크스 가치론

한편 가치형태론에서의 '가치'의 역사적이고 실재적인 특이성을 도출함에 있어서, 우선 문제가 되는 것은 『자본론』 모두인 상품 수출 시작 부분에 세 개의 변형이 있다는 점이다. 즉 초판(독일어, 1867년), 초판 부록, 동 제2판(독일어, 1872년)이 있다. 이 변형이 존재하는 것 자체가 상품론, 가치형태론을 많이 오독하는 이유이기도 하다. 그 차이를 이해하기 위하여 소비되고 있는 『마르크스와 상품어』 저자들의 세심한 독해는 칭찬할만하다.

이들 변형들 중 저자들이 논리적 우위성을 인정하는 것은 초판 본문이다. 거기에서 인용해 본다. 이하의 인용문 중에서 유의해야 할 것은 "동일한 가치가 두 개의 다른 물건 내에 (…) 존재하다는 점이다."라는 문언과, 이것을 '따라서'라는 접속사로 받아 계속해서 발화되는 "양방 모두에 있는 하나의 제3의 것과 동일하다."는 문언이다. 여기에서 '같은 가치'와 '제3의 것'이 가리키고 있는 대상은 다르다.

두 개의 상품 요컨대 밀가루와 철을 예를 들자. 이들 교환관계를 무시하고, 이 관계는 항상 어떤 공여된 양의 밀가루가 얼마만큼의 양의 철로 등치된다라는 하나의 등식으로 표현할 수 있다. 예를들면 1쿼터

> 의 밀가루 = a 젠트너(kg)의 철이라는 식으로. 이 등식이 의미하는 것은 무엇일까. 같은 가치가 두 개의 사로다른 사물 내에 즉 1쿼터의 밀가루 안에 a 젠트너의 철 안에도 존재한다는 것이다. 따라서 양쪽 모두 어쨌든 하나의 제3의 것과 같다는 것이지만, 이 제3의 사물의 그 자체로서는 그 일방의 것도 아니지만 다른 쪽 것도 아닌 것이다.(초판 본문/ p.522, 강조는 인용자, MEGAⅡ · 5, S. 18-19)

등치되고 있는 두 개의 상품은 이들에게 표현된 추상적 인간노동이라는 물적인 것으로 환원되지만, 추상적인 가치로 "환원될 까닭이 없다."(p.108). 여기에서 저자들은 강조한다—"가치에는 양적인 계기는 포함되지 않는다.". 또한 "두개의 서로 다른 사물 내에 […] 존재하는" 것과 '제3의 것'을 합하여 추상적 인간노동이라고 생각하는 것도, 또 하나의 오독이다. 이 오독에서는 가치형태론의 등식이 "가치에서의 등식이 아니라, […] 노동생산물이라는 속성에서의 등식이 되어 버린다.". 여기에서는 상품이라는 매개를 경유하지 않고 교환되며, 노동생산물은 상품으로 전화轉化할 필요가 없어진다.

결론부터 말한다면 '동일한 가치'는 '가치'를 가리킨다. 그것은 상품 가치 등이라고 바꿔말할 수 없으며, 물론 '교환가치'로 대체되는 것도 아니다. 그리고 '제3의 것'은 '가치의 실체'로서의 '추상적 인간노동'이다. 가치형태론을 둘러싼 많은 오독과 혼란을 이렇게 일축하면서, 마르크스의 등식이 '가치'에 대한 역사적으로 결정적인 달성이라는 점을 명쾌하게 언급한다.

> [리카르도에 대하여 마르크스는] 가치의 크기는 항상 변화하고, 어디까지나 상대적인 것으로 제 교환가치로서 나타난다. 그러나 가치 그 자체는 상대적인 사회적 관계인 것은 아니다. 노동(엄밀하게 말하면 추상화된 인간노동 일반)이 대상화되고 있는 한에서이며, 그러한 노동의 응고체인 한에서, 제 노동생산물이 갖는 사회적 속성이 가치다—이처럼 마르크스는 <리카르도—베이리>를 비판했던 것이다. 환언하면 양적 계기를 내적으로 갖지않는 가치는 상대적인 사회관계에서가 아니라, 사회적 관계 그 자체의 결국 절대적인 사회관계다라고 단언했던 것이다.(p.108, 강조는 인용자)

여기에서는 '가치'는 '선악' 등의 차원에서 논의되어온 관념으로서 사회적 관계를 총괄하고, 그 관념적인 계보를 극적으로 전환한 것으로 조정措定된다. 그것은 추상적 인간노동이라는 사회적 실체를 근거로 한 사회관계다. 그리고 사회적 관계 그 자체 밖에서는 등치되는 것을 갖지 않는 '절대적 사회적 관계'이다. 따라서 이를 표현할 수 있는 것은 등식에 의한 표현형식 외에는 없다. 그것은 또한 상품어商品語라는 표현형식의 내재적인 '이로理路'에 의해서 가능해진다. 이렇게 추상적인 것이 사회적 실체라는 구체적 실재성을 갖고 존재하는 것, 그것은 다른 비현실적인 차원으로는 환원할 수 없으며, 치환도 불가하다. 구체성을 배제한다는 의미에서의 「추상개념」은—헤겔로부터 배워서—여기서는 버려진다. 가치론에서 추상적인 것은 구체적인 것으로부터의 추상으로서 이해 되어서는 안되며, 구체적인 것의 속성도 아니다. 여기에서는 추상적 일반적인 것과 구체적인 것과의 관계의 「전도転倒」가 있고, 상품의 가치형태론의 이해를 곤란하게 하는 사태가 있다. 마르크스는 말한다.

> 가치관계 및 그것에 포함되어 있는 가치표현 속에서는 추상적 일반적인 것이 구체적인 것의, 감각적 현실적인 것의, 속성으로서 인정되는 것이 아니며, 역으로 감각적 구체적인 것이 추상적 일반적인 것의 단순한 현상 형태 또는 특정의 실현 형태로 인정된다는 것이다. 요컨대 등가물인 상의에 포함된 재봉노동은 린네(불어, linière, 아마포)의 가치표현 가운데 인간노동이기도 한 일반적 속성을 갖고있는 것은 아니다. 그 반대도 있다. 인간노동이라는 것이 봉제노동이라는 것은 단지 재봉노동의 이 본질의 현상형 또는 특정의 실현 형태로서 인정될 뿐이다 [⋯] 이 전도転倒야말로 가치표현을 전형적으로 표명하고 있다. 그래도 가치표현의 이해를 곤란하게 만든다.( p.159, 강조 원문, MEGA Ⅱ/5,S. 634)

"인간노동이라는 점이 재봉노동의 본질로서 인정되는 것이며 재봉노동이라는 것은 단지 재봉노동 이 본질의 현상 형태 또는 특정의 실현 형태로서 인정될 뿐이다."라는 점, 곧 "감각적 구체적인 것이 추상적 일반적인 것의 단순한 현상 형태 또는 특정의 실현 형태」" 된다는 점이다. 이 점은 나아가 다음과 같이 조건이 붙는다. "추상적 일반적인 것이 구체적인 것의 속성으로서 인정되는 것은 아니다.". 즉, "속성[attribute]이 아니다."라는 것은 추상적으로 추출된 성질과 특징의 차원을 문제시하는 것이 아니라는 점이다. 동시에 가치형태론에서의 추상적 인간노동이 구체적인 노동의 소외 형태라고 말하고 있는 것은 아니다. 혹은「변증법적 발전」의 전개

과정으로서의 「추상에서 구체로」라는 점이 논의되는 것이다. 저자들은 마르크스의 이 언명을 이러한 추상적인 것과 구체적인 것과의 관계를 이렇게 보족한다. 「구체적인 것을 추상화해 가는 것이 인간의 분석적 사유의 자연스러운 이로」(p.160)인 이상, 분석적 사유에 의해서 파악되지 않고, 받아들이기도 곤란한 사태가 된다. 상품어의 장을 기술하는 것은 이 곤란을 경감하는 것은 아니지만 사태에 부응한 기술인 것이다.

이상은 상품의 교환관계를 표현하는 등식에 대한 이론적 조건이었다. 가치형태론은 이 이론적 조건을 답습하여 진행되어 간다.

## 가치형태론

초판 본문의 가치형태론Ⅲ에서 마르크스는 형태Ⅰ에서 Ⅲ까지를 다음과 같이 총괄하고 있다.

> 우리들의 현재에 입장에서 일반적인 등가물은 아직 결코 골화骨化되지 않았다. 린네는 실제로 어떻게 일반적인 등가물로 전화되었던 것일까? 이는 린네가 자신의 가치를 우선 제1로 하나의 개별적인 상품에서 표명하고(형태Ⅰ), 다음으로는 모든 다른 상품에서 순차적으로 상대적으로 표명(형태Ⅱ), 결국 역관계적으로 모든 다른 상품이 린네에서 자신들의 가치를 상대적으로 표명했다(형태Ⅲ), 라는 상황에 의해서이다.(200쪽, MEGA/5,S.42)

여기에 입각한 형태Ⅳ가 있다. 초판 본문의 논리에 따라 다음과 같이 『마르크스와 상품어マルクスと商品語』의 저자들은 결론 내린다. 이는 세 개의 유형이 초래한 논쟁을 하나의 결착으로 이끌 결론이다. 「형태Ⅱ 및 형태Ⅲ에 하나의 예로 들어진 린네의 위치에 임의의 상품이 자리를 점할 수 있는 것을 표명하는 것이 형태Ⅳ인 것이다」(p.200). 이 입장에서 본다면 형태Ⅲ에서 형태Ⅳ로의 이행에 본질적인 변화는 없다. 초판 본문의 이론적 우위성은 그렇게 확정된다. 저자들은 말한다.

> 어떤 하나의 노동생산물은 이와 다른 종류의 노동생산물인 상품과의 교환관계(가치관계인 등가관계)에 들어감으로써, 현실적으로 상품이 된다. 요컨대 다른 종류의 상품을 등가물로서(등가 형태로) 자신에게 등치하고, 스스로는 이 관계 속에서 상대적 가치형태를 갖게 됨으로써, 스스로를 현실적 상품으로 표명하는 것이다. 따라서 가치형태론이 시도해야 할 과제라는 점에서 본다면, 상대적 가치형태라는 지점에서 볼 때, 우선 이론적으로 있을 수 있는 모든 가치형태에 대해 상품형태로서의 사회성의 수준이 낮은 것부터 높은 것으로 옮아갈 것이 요구된다. 그런 까닭에 이 이로로부터 필연적으로 도출되는 서술의 결실은, 일반적가치형태—순이론적으로 조정措定한 경우의 최고의 가치형태—에서의 일반적 등가물로, 모든 상품이 자리매김될 수 있다는 점을 표명하는 것이다. 이 이론적 과제의 해결이 「모든 상품의 화폐 존재」를 이해하는 것이라는 점 분명하다.(pp.137-138)

상품은 처음부터 상품으로서 드러나 있는 것이 아니다(상품이 상품으로서 있을 수 있는 건 화폐뿐이다). 상품은 이디끼지니 「그와 다른 종류의 노동생산물이 상품과의 교환 관계(가치 관계에 있는 등치 관계)에 들어감으로써」 상품이 된다. 다른 이종의 상품을 스스로의 등가형태로 하며, 그 결과 스스로는 상대적 가치 형태를 취함으로써 상품이 된다. 이 교환 관계에서 「사회성이 낮은 수준에서 높은 수준으로」라고 시점을 옮겨감으로써, 모든 상품이 일반적 가치형태로써, 일반적 가치물로써 위치할수 있다는 점이 표명된다. 형태Ⅳ의 의미는 이 일반적 가치형태에 특정한 상품이 위치할 수 있다는 것을 보여주는 것이다. 이점이 이론적인 도정이다. 그 때문에 이 과정을 유지하고 있는 제2판 이후의 논리적 손실을 저자들은 다음과 같이 지적한다.

> 초판 본문의 가치형태론은 상대적 가치 형태로부터 일관해 본 것으로 되어 있고, 동시에 또한 「형태Ⅳ」로서, 일반적 가치 형태의 일반적 등가물의 위치에, 임의의 상품이 위치할 수 있는 것 [⋯] 나아가 가치형태론으로 화폐 형태에 대해서 풀고 있지 않은 점도 초판 본문의 가치형태론이 다른 2개의 텍스트에 대해서 논리적으로 우위성을 갖고 있다는 점을 확실하게 제시하고 있다.(p.138)

초판 본문에서는 형태Ⅰ에서 형태Ⅱ, 형태Ⅲ과, 질이 다른 3개의 형태가 순서대로 논해지고 있다. 즉 사회성 수준이 낮은 쪽에서 높은 쪽으로 논의되고 있다. 이를 바탕으로 형태Ⅱ 및 Ⅲ에 관해서 보완적으로, 형태Ⅳ라는 것이 주목된다. 다만 이 형태Ⅳ는 그때까지의 3개의 형태와 동열에서 취급될 수 없는 점이다. 이유는 형태Ⅱ 및 Ⅲ의 논의

> 중, 논리적으로는 형태Ⅳ의 내용이 이미 포함되어 있기 때문이다. 형태 Ⅰ, Ⅱ, Ⅲ과 질이 다른「새로운 형태」로서, 형태Ⅳ가 있을 리 없다. 마르크스는 강조를 위해서 형태Ⅳ로써 오히려 문제시한 것이다.(p.140)

『자본론』의 가치형태론을 둘러싼 논쟁과 상품제 사회와 화폐의 양기揚棄까지 포함한 혁명 전략이 정치프로그램으로 직결하는 논점은 매우 중요하다. 다만 이 논문은 지면의 제약되어 이 이상 언급할 수 없다. 어떻게 노동생산물이 화폐가 될까, '모든 상품의 화폐 존재'를 푼다는 점에 가치형태론의 과제가 있고, 이 과제와 해결은 여기서 표명되었다. 형태Ⅳ는「새로운 형태」가 아니다.

그런데 초판 본문의 가치형태론이 논리적으로 올바른 가치형태론임에도 불구하고, 논리적인 파탄을 보이는 초판 부록과 제2판을 마르크스는 왜 썼던 것일까? 저자들의 대답은 이러하다. 쿠겔만 Kugelman은 마르크스에게 가치형태론의 평이화를 요구하고, 엥겔스는「역사 과정」적인 가치형태론에의「이해」에 의거해 마르크스에게 충고를 보내고 있었다. 특히 "모든 상품의 화폐 존재」를 푸는 일,「역사적인 방법으로 화폐 형성의 필연성과 그때 나타나는 과정을 보여줘"야 했다(p.223). 이른바 엥겔스에 양보한 것이다. 이러한 사실에 의해 제2판은 상품어를 보다 정확하게, 보다 깊이「청취」, 치밀 · 정확한 서술을 가능하게 했다. 다만 이러한 요청과 충고에 대한 마르크스의 대응은, 평이화를 의미하지는 않지만, 가치형태론 전체를 역사적 발전과정의 서술로 후퇴시켰다. 이는 논리적인 후퇴다.

## 상품어

그런데 『마르크스와 상품어』의 필자들은 가치형태론의 가치도출과정의 곤란성과 마르크스의 「이로理路」를 조정措定하기 위해, 그리고 노동생산물이 상품이 될 때 이루어지는 교환의 형식, 그 고유의 등치식을 보여주고자 집합론을 참조하고 있다(마르크스의 논증을 재조정再措定하기 위한 부분은 본서의 백미다). 그러한 과정이 필요한 건 「인간어의 세계」가 다음과 같은 특징 때문이다.

> 수학 세계에서는 어떤 공리계公理系라 할지라도, 정의는 우선은 implicit에 멈춘다. 그 후의 논의 전체에 의해, explicit인 것으로 확정하는 것이다. […] 이는 인간어의 세계가 논리의 형식에서 완전한 것이 아니다. 요컨대 논리적으로 닫힌 것은 아니라는 점을 보여주고 있다. […] 인간어의 세계는 대상 세계(—자연, 사회)를 향해서 <口>을 열고, 그에 의해 대상 세계의 비가산무한성을 호흡하는 것이다. 그것을 인간의 논리가 갖는 <열림>은 표현하고 있는 것이다.(p.142)

지젝Slavoj Žižek이 지적하는 것처럼 <현실계> 그 자체에 내재적인 '틈, 균열, 부정합不整合, 왜곡『歪み』'을 보이는 점에 인간어의 세계의 <열림>이 있다. 하지만 지젝적인 혹은 지젝이 참조하는 헤겔적인 자기반성의 해독은 여기서는 불필요하다.(Žižek, p.130-131, 249쪽). 지젝과 같은 방향으로 진행하지 않고 저자들은 마르크스의 의도를 부연하여 수학적인 집합론을 선택한다.

여기에서 저자들이 마르크스의 시대에는 아직 전개되지 않았던 집합론을 사용하는 이유는 비가산무한성非加算無限性을 갖는 대상세계를 기술하려는 인간어에 의해서 상품의 정의를 implicit로 조정措定하려고 한 마르크스의 의도를 이해하는 보조선을 그리기 위해서다. 이는 무한대로 발생하는 교환 양식 속에서 어떻게 상품이 상품어가 될까라는 등치식을 마르크스는 어떻게 도출했을까—그것은 세 형태의 가치형태론이다—를 이해하기 위해 필요한 것이다. 저자들의 논의를 살펴보자.

> 집합 W로부터 임의의 요소 a를 취한다. 요소 a는 자신이 상품이라는 것을 표명하기 위해, 자신과 다른 임의의 요소 b를 자신으로 등치한다. 양의 규정성을 적절하게 배려하면, 등치식 : a=b가 가능하다. […] 여기에서는 등치식이 만들어진 방식에서, 식의 양항은 교환될 수 없다. 즉 여기에서의 등치식은 수학의 등식과는 전혀 다르다.(p.145)

이 등치식은 '교환가능하지 않은 a=b'(형태Ⅰ), '상대적 가치 형태의 위치에 단 하나의 상품이 위치하고, 그 상품과 다른 종류의 상품은 모두가 등가형태로 위치하는 형태'(형태Ⅱ), '각 등치식에서 좌우 양항을 교환한 것' '형태Ⅱ에 대응하는 집합의 각 요소인 집합에서 등치관계를 모두 역으로 한 (n-1)개의 등치식을 요소로 하는 n개의 집합을 요소로서 포함하는 것'(형태Ⅲ)(146쪽)이다. 집합론에 의한 검토이며, 세 개의 가치형태의 검토로부터 얻어지는 귀결도 또한 명쾌하다. 「가치형태를 규정하는 계기는 상대적인 가치형태와 등가형태라는 두 가지 가치형태이기 때문에, 가치형태로서는 이상의 3개 이외에는 없다. 가치의 표현, 가치형태로서는 이 3개가 필요한 동시에 이 3개로 충분하다. [⋯] 빈복하지민 화폐형대기 여기에 등장하는 일은 결코 있을 수 없다」(p.147). 이렇게 초판 본문의 논리적 우위성은 담보되고 있다.

그런데 저자들에 의해서 기술되고 재조정再措定되고 있는 가치형태론의 틀을 상품의 소유자를 개재시킨 실재의 교환과 혼동해서는 안된다. 그 때문에 우노 코조宇野弘蔵와 히로마쓰 와타루廣松渉의 논의는 방향을 잘못 잡은 것이다(물론 이러한 혼동을 포괄하고자 한다면, 지젝의 <현실계>가 필요해진다. 또한 새개의 가치형태론은 전이와 이행, 발전이 아니다. 나아가 '변증법적 발전'—이제까지 통속적으로 이해되어온 것 같은 의미에서의—도 아니다.

집합론에 의한 가치형태론의 이해는 어디까지나 보조이지만, 상품어에 입각하여 이것을 이해한다는 것은 마르크스의 서술에 보다 의지하여 이 사태를 재구성하는 것이 된다.

마르크스의 비유 "아마포(린네르)는 한번 두드려 여러 개를 정한다."를 받아서 저자들은 이렇게 전개한다.

> 이야말로 바로 상품어의 <場>의 특유한 상태다. 바꿔말하면 상품어의 <장>은 인간어의 세계와 같은 선형시공線形時空을 이루고 있지는 않다. 일거에 많은 것이 (단순히 가산적으로 많다는 점만이 아니라, 비가산적으로, 라 말해도 좋다), 말해지고 표현된다. [⋯]
>
> 추가하면 상품의 <場>에서는 분절화가 행해지지 않는다. [⋯] 가치관계라는 관계 그 자체가 일거에 많은 것을 말한다는 것은 이른바 무시간적으로, 혹은 다층적인 시간이 응축된 系에 갖춰진 <이론적인 일순一瞬>에 상품어가 넘쳐나는 이유다. 즉 인간어의 세계에서는 선형

> 인 논리적 시간 순서에 관계하는 점을 무시간적으로 혹은 다층시간적으로 상대적 가치 형태에 있는 제 상품이 자신에만 통하여 말을 일제히 시작하는 것이다.(pp.148-149)

이 사태를 마르크스는 다른 상품과의 등치에 의해 자기 자신에게 가치를 관여시키는 린네르의 상태를 통해 기술한다. 참조해보자.

> 린네르는 다른 상품을 자신에게 가치로써 등치함으로써, 자신을 가치로서의 자기 자신에게 관계시킨다. 린네르는 자신을 가치로서 자기 자신에게 관계시킴으로써, 동시에 자신을 사용 가치로서의 자기 자신으로부터 구별한다. 린네르는 자신의 가치의 크기—그리고 가치의 크기는 가치 일반과 양적으로 측량된 가치와의 쌍방이다—을 상의上衣로 표현함으로써 자신의 가치 존재에 자신의 직접적인 정재定在와는 구별되는 가치형태를 제공한다. 린네르는 이렇게 자신을 자신에게서 분화한 것으로 표명함으로써, 자신을 비롯하여 현실에 상품—동시에 가치이기도 한 유용한 사물[Ding]로서 표명하는 것이다.(pp.149-150, MEGA Ⅱ/5.S.29)

저자들이 말하는 것처럼 자신이 가치라는 점을 직접적으로 표명할 수 없는 상품은 "능동적으로 다른 이종상품을 자신에게 등치한다."(앞의 책). 이 매개관계 통해 즉 "능동이 매개를 거쳐 수동으로 변한다."는 복잡한 논리를 통해 상품이라는 점이 표명된다.

그런데 여기서 긴급히 부가해야할 사항이 있다. 이 등치식에는 <자연—사회적 관계>의 2중성과, <사적 노동의 사회화>과정이라는 또 하나의 2중성이 표현되어 있다.

상품A(린네르)가 상품B(상의)를 자신에게 등치함으로써, 상품 B를 만드는 구체적인 노동이 그것과 질적으로 다른 상품 A를 만드는 구체적 노동과 등치된다. 그렇게 함으로써 B를 만드는 노동의 구체적 유용성 · 자연적 규정성이 추상되어, 쌍방의 노동에 공통의 질인 인간노동으로 환원된다. 저자들은 이를 <자연적 규정성의 추상화>과정이라고 부른다(p.155). 상품 B는 원래 그대로의 현물 형태에서 추상적 인간노동이 대상화된 物Ding이라는 점이, 그에 의해 또한 상품 A도 추상화된 인간노동의 대상화라는 점이 표명된다. 제각각 현물 형태로서는 즉 그 사용가치로서는 서로 다른 상품이면서, 등치식을 구성하는 추상적인 인간노동의 응고물이며 가치, 곧 상품이라는 점이 표명된다.

이 <자연적—사회적>관계의 추상화에서 저자들이 주의를 환기하는 것은 이들 현실의 추상화가 분석적 사유에 의한 추상화는 아니라는 점이다. 추상화는 상품 A가 상품 B를 자신에 등치한다고 하는 '그 현실 그 자체'에 의해서 달성되고 있는 것이다. 그 등치는 또한 <사적노동의 사회화>과정을 성취하는 등치이기도 하다.

현실의 추상화 과정이란 구체적인 것이 추상적인 것의 실현과정이라는 것이다. 이 추상화 과정이 분석적 사유에 의해 인식 곤란하다는 점은 마르크스에 의해서 자주 강조되고 있던 내용이다. 다시 마르크스를 참조한다.

> 우리들은 여기서 가치 형태의 이해를 방해하는 여러 곤란한 분출점에 서 있다. [상품의 가치를 사용가치에서 구별하는 것, 혹은 추상

> 적 인간노동과 사용가치를 형성하는 노동에서 구별하는 일은 비교적 쉽다—인용자주]. 상품에 대한 상품의 관계에 있어서만 존재하는 가치 형태의 경우에는 그렇지 않다. 사용가치 또는 상품체는 여기서는 하나의 새로운 역할을 연출하는 것이다. 그것은 상품 가치의 현상 형태에, 따라서 그 자신의 반대물이, 되는 것이다. 이와 마찬가지로 사용가치 안에 포함되어 있는 구체적인 유용노동이 그 자신의 반대물로 추상적 인간노동의 단순한 실현 형태가 된다.(p.158, MEGAⅡ/5, S.31-32)

먼저 "감각적 구체적인 것이 추상적 일반적인 것의 단순한 현상 형태 또는 특정의 실현 형태"가 된다고 하는 '전도転倒'에 대해서 언급했다. 이 전도로서의 가치표현인 등가형태를 이해한다는 것은 <사적 노동의 사회화>과정을 이해하기 위해 중요한 전제가 된다. 여기서도 이 사태는 인간어에 의해서는 충분히 파악할 수 없는 상품어의 <場>에서 일어나고 있다. 왜냐하면 등가형태에 있는 상품B에 나타난 사적 노동이 그대로 사회적 노동으로 인정된다는 것은 "일거적으로(라기보다는 정확하게는 무시간적 혹은 다층시간적으로)"실현되기 때문이다. 그리고 저자들은 이 인식곤란한 과제를 해결하기 위해,『자본론』초판의 오역문제를 거론한다. 이는 저자들에 의한 마르크스 상품론의 검토 가운데에서도 정묘하며 예리한 분석 중 하나다. 이 오역 문제는 등가형태에 있는 상품이 직접적·비매개적 교환 가능성의 형태에 있다고 하는 내실을 포함하고 있다. "가치 관계: <상품A=상품B>에 대해서는,『상품A는 자신<u>에게</u> 상품B<u>를</u> 등치한다』고 파악해야 한다."(p.161). 그렇지만 이제까지 유포해 온 『자본론』이 미야가와 미노루宮川実, 히세베 후미오長谷部文雄 번역은 「상품A는 자신을 상품B로 등치한다」고 오역하고, 우노 코조宇野弘蔵도 동일한 오류를 범했다. 구루마 사메조久留間鮫造는 그 잘못을 지적하고 있다. 왜 구루마의 지적이 적확할까? 그것은 “자신을 현실적으로 상품으로 표명하려고 하는 상품 A는 어디까지나 자기자신 스스로 그 목적을 꾀할 수 없다. 따라서 상품 A는 상대적 가치형태의 위치에 위치하여, 다소간의 이종異種의 상품 B를 자신에게 등치하여, 이를 자신의 등가물로 삼”(앞과 동일)기 때문이다.

오역인 “상품A는 자신을 상품B에 등치한다.”에 따르면, 상품A는 자신이 이미 가치물이라는 점을 전제로 상품B를 가치물로 삼는다. 그러나 이는 상품교환이 아니다. 상품A는 상품B에 직접적 교환가능성을 제공하는 에이전트가 될 수 없다. 저자들은 이렇게 언급한다. “상품교환에서는 등치되는 쪽이 등치된다는 그 수동성에 의해 이 수동적인 관계 자체에 의해 상대와의 직접적・비매개적인 교환 가능성을 갖는다. 이 점의 이해가 포인트다.”(p.163) 상품A 자체는 직접적・비매개적 교환 가능성을 갖고 있지 않다. 어디까지나 상품B와 동일하다고 여겨지는 한, 간접적・매개적으로 교환 가능성을 갖는다. 그리고 등치관계가 발생함으로써 상품B가 직접적・비매개적 교환 가능성을 갖는 것이다.

이 문제가 중요한 이유는 화폐의 비밀謎性에 관계되기 때문이다. 저자들은 말한다.

> 등가물이 등가물인 한 갖게 되는, 이 직접적・비매개적 교환 가능성이라는 특질에 의해서, 완성된 가치형태의 결정적인 교환 가능성

> 이, 현세화現勢化한다. 즉 화폐 형태에 있어서는 화폐 이외의 모든 상품은 화폐와의 등치에 의해서 비로소 간접적 · 매개적으로 교환 가능성을 갖는 것이며, 화폐는 화폐라는 것에 의해 항상 직접적 교환 가능성을 갖게 된다. 여기에 화폐의 비밀이 있고, 신비성이 있다.(앞과 동일)

등가형태의 직접적 · 비매개적 교환 가능성과 간접적 · 매개적 교환 가능성은 동시에 또한 "대립적이며 불가분한 対"이다(p.165). 이 관계성을 마르크스는 "일방의 자극磁極의 양성陽性이 다른쪽 자극의 음성陰性과 불가분하다는 것과 같은 것이다."라는 비유를 사용하여 설명하고 있다.

다음으로 표명하는 것은 초판 본문 형태Ⅲ이다.

> [일반적 가치 형태의 일반적 등가 형태인] <u>어느 하나</u>의 상품이 모든 다른 상품과의 직접적인 교환 가능성의 형태를 취하고 있고, 따라서 또한 직접적으로 사회적 형태를 취하고 있다는 것은, 단지, <u>모든 다른 상품</u>이 그러한 형태를 취하고 있지 않기 때문이며, 또한 그 한에서만의 상황이다. 이는 상품 일반이 그 직접적인 형태는 사용가치의 형태이며, 가치의 형태인 것은 아니기 때문에, 애초에, 직접 교환될 수 있는, 즉 사회적인, 형태를 취하고 있지 <u>않기</u> 때문이다. /<u>일반적인 직접적 교환 가능성</u>의 형태를 보더라도, 그것이 하나의 <u>대립적인</u> 상품 형태로서 <u>비직접적</u> 교환 가능성의 형태와 불가분하다는 것은 한쪽의 자극의 양성이 다른 쪽 자극의 음성과 불가분하다는 것과 같은 것이다, 라는 것은, 실제로는 결코 이해할 수 없다.(p.165, 강조원문,

MEGA Ⅱ/5, S.40)

일반적 등가물로 나타난 사적 노동은 등가형태에서 직접적·비매개적으로, 사회적 형태를 취하며, 사회적 노동으로서 인정된다. 더구나 이것을 마르크스는 등가 형태의 「대립적이며 불가분의 対」를 통해, 다음과 같이 언급하고 있다.

> 상품은 본디 일반적인 교환 가능성의 직접적인 형태를 배제하고 있는 것이며, 따라서 또한 일반적인 등가형태를 단지 대립적으로만 발전시킬 수 있는 것이지만, 이와 동일한 것은 제 상품 속에 포함되어 있는 제 사적 노동에도 들어맞는다. 이들 사적 노동은 직접적으로는 사회적이지 않는 노동이라서, 제1로, 사회적인 형태는 현실의 유용한 제 노동의 제 현물 형태와는 다른, 이들과는 관계없는, 추상적인 형태이며, 또한 제2로 모든 종류의 사적 노동은 그 사회적인 성격을 단지 대립적으로만, 즉, 이들 모두 하나의 제외적除外的인 종류의 사적 노동에, 여기에서는 린네르 짜기에 등치됨으로써 얻는 것이다. 이에 의해 이 제외적인 노동은 추상적인 인간노동의 직접적이며 일반적인 현상형태가 되며, 따라서 직접적으로 사회적인 형태의 노동이 되는 것이다.(166쪽, MEGA Ⅱ/5, S. 42)

이러한 <자연적인 규정성의 추상화> 과정과 <사적 노동의 사회화> 과정은, 상품 A가 스스로에게 상품 B를 등치하여, 그것에 의해 상품 B는 '구체적인 것 및 사적인 것' 자체가, 그 자체로의 모습으로 '추상적인 것 및 사회적인 것'을 표현함으로써 실현되다. 상품B는 화폐의 원—형태가 되든가, 흡사 처음부터 추상적·사회적인 것으로 비쳐진다. 여기에 등가형태=상품 B의 비밀謎性이 드러난다. 즉 고도한 사회성이 자연적 속성으로 파악되는 것이다. 이는 "상품이라는 물상(Sache)은 자연소재로부터 만들어지는 物(Ding)에 보이는 까닭이다."(p.169). 이 사태에 임하여 상품은 상품어다. 마르크스는 이렇게 말한다.

> 만일 제 상품이 말할 수 있다면, 이렇게 말할 것이다. 우리의 사용가치가 인간의 관심을 끌지도 모르겠다. 사용가치는 물[Dingen]로서의 우리들에게 갖추어져 있는 것이 아니다. 그러나 物로서의 [dinglich] 우리들에게 갖추어져 있는 것은, 우리들의 가치다. 우리들 자신의 상품물로서의 관계가 그것을 입증하고 있다. 우리들은 단지 교환가치로서 서로 관계를 맺을 뿐이다, 라고.(p.169, MEGA II/5, S. 50)

저자들은 이 상품의 언어에 입각하여, "상품은 자신의 <体>을 <잊어버리는>"것에 거듭 주의를 촉구하고 있다(p.170). 그것은 상품화한 자본이라는 이자 생성의 자본에서, 가공자본까지 포함되는 "<미래>에 추상적인 <것>으로 전화하는 것을 기대한 가공의 운동 이외에는 없다."(앞과 동일). 이는 동시에 경험적 실제의 세계에서 내재적으로 실재화한 운동이라는 점도 부가할 필요가 있다. 상품 B 혹은 화폐는 그 수동적인 양태에 의해 자연적 속성을 갖추고 있는 것으로 비친다. 하지만 사회적인 존재라는 점에서, 일견하면 랩소딕한 존재로서 거기에 있다. 그럼에도불구하고 상품화에의 방향성밖에 갖지 않는다는 점에서, 반—랩소딕한 존재다.

## 마치며

이 글 모두에서 밝힌 1881년 3월 러시아의 베라 자스리치(Вера Ивановна Засулич, Vera Ivanovna Zasulich)로부터의 편지를 위해 준비된 회답 속에 결실하는 마르크스의 「알카이크(archaic, 역자)한 것과 근대적인 것의 새로운 총합」이라는 입장은 일거적다층적으로 단일한 가치화·상품화를 진행해가는 상품의 전개에 대항하고 있다. 또한 마르크스는 「고립성의 극복」을 지향하면서, 비서양과 서양, 내셔널한 것과 국제성, 노예제와 인종차별, 민족주의와 노동운동이 결합하여, 설사 그 자신 혁명적이지는 않더라도, 자본주의적 근대와 충돌함으로써, 라디칼한 변화를 거두고 있는 사회투쟁의 역사적인 방향에 주목하고 있다. 상품론과 가치론의 심화는 그러한 서양중심주의도 아니고 근대화론도 아닌 랩소딕한 결합에 의한 혁명론—여기에서는 소유와 생산의 분리와, 후자 및 이를 짊어질 전통적 유대에 역점이 두어져 있었다는 점 잊어서는 안된다—과 동시에 마무리되어 있는 것은 아닐까?

### 〔참고문헌〕

井上康・崎山政毅『マルクスと商品語』, 社会評論社, 2017.
桜井英治『日本中世の経済構造』, 岩波書店, 1996.
桜井英治『交換・権力・文化―ひとつの日本忠世社会論』, みすず書房, 2017.
関根康正『ケガレの人類学―南インド・ハリジャンの生活世界』, 東京大学出版会, 1995.
細川涼一『中世の身分制と非人』, 日本エデェタースクール, 1994.
Anderson, Kevin. B. *Marx at the Margins: On Nationalism, Ethnicity, and Non-Western Societies.* Chacago: The University of Chicago

Press, 2010. ケヴィン・アンダーソン『周縁のマルクス』平子友長監訳, 明石英人・佐々木隆治・斎藤幸平・隈田聡一郎訳, 社会評論社, 2015.

Gabriel, Markus and Slavoi Žižek, *Mythology, Madness and Laughter: Subjectivity in German Idealism.* NewYork: Continuum, 2009. マルクス・ガブリエル, スラヴォイ・ジジェク『神話・狂気・哄笑ドイツ観念論における主体性』, 大河内泰樹監訳, 堀之内出版, 2015.

Kant, Immauel, Kritik: Der Urteilskraft, Meiner Felix Verlag GmbH; Neuauflage, 2009. イマニユエル・カント『判断力批判』上・下, 篠田英雄訳, 岩波文庫, 1964.

# 동아시아 반일 무장 전선

# 무기를 들어라武器を取れ
## — 다이도지 마사시大道寺将司의 하이쿠俳句

### 1. 방법론

다이도지 마사시大道寺将司는 네 번째 구집句集『지새는 달殘の月』의 후기에서 다음과 같이 적고 있다.

> 모든 구는 구치소 병동에서 읊은 것들입니다. 컨디션에 기복이 있은 탓에 시간순으로 배열한 구의 수가 고르지 않습니다. 하루에 십여 구를 읊을 때도 있고, 일주일에 한 구도 읊지 못할 때도 있기 때문입니다.
>
> 또한 일반 독방도 마찬가지겠지만, 병동은 바깥 풍경이 차단되어 날씨가 좋고 나쁜 정도만 알 수 있습니다. 그런 사형수인 내가 구를 지으려 했던 것은 가해의 기억과 회오悔悟, 지진 재해, 원전, 그리고 수상쩍은 상황에 대해서였다고 할까요. (大道寺将司『殘の月 大道寺将司句集』太田出版, 2015, p.173)

다이도지의 구는 '다이도지 마사시 군과 사회를 연결하는 교류지『기타코부시キタコブシ』'라는 잡지에 그가 가족과 감옥 내외의 친

구들·지원자들에게 쓴 통신에 부쳐져 발표되어 왔다. 하이쿠俳句 의 뜻은 그 통신의 내용으로 추측할 수 있다. 그렇다고 해서 실린 구의 의미가 통신 본문의 내용과 항상 일치하는 것은 아니다. 일반적으로 하이쿠를 읽는 사람은 하이쿠 자체를 통해 구의 뜻을 이해한다. 구의 머리말을 개의치 않고 17글자의 완결된 표현으로 하이쿠를 감상하는 것은 당연하다. 그러나 이 점에서 다이도지 마사시의 경우는 다르다. 그는 자신의 하이쿠에 대하여 17글자 이외의 정보가 참조되는 것에 대해 부정하지 않았다. 오히려 적극적으로 그러한 정보를 참조해주길 요구했다. 위에 인용한 '후기'에도 그러한 점이 엿보이지만, 하이쿠 작품을 공개하기 시작한 1997년에 다음과 같이 솔직하게 이야기한 적이 있다.

> 나의 하이쿠가 "재미없다"거나 "딱딱하다"고 일부에서 비난이 일고 있다(!)고 하는데, 그런 의견이 나올 수는 있습니다. (…) 자신이 구를 지을 때, 사형수라는 입장과 처한 상황을 벗어나서 짓는다면 거짓말이 됩니다. (…) 내가 염두에 두고 있는 것은 경애파境涯派[1]라 불렸던 하이진俳人들입니다. 그중에는 장애나 병으로 누워 있던 사람이 적지 않았습니다. 마사오카 시키正岡子規도 만년에 결핵성 척추염에 걸려 몸져누워 있었다고 합니다. 청각장애인이었던 무라카미 기조村上鬼城나 가난한 집에 태어나 걷지 못하고 27세에 요절한 도미타 못포富田木歩의 하이쿠에 특히나 끌립니다.

1 역자 주 – 자신이 처한 환경과 생애를 하이쿠의 소재로 삼아 읊었던 하이쿠 작가를 가리킨다. 주로 질병이나 빈곤, 역경 등이 읊어졌다. 그러한 하이쿠를 경애하이쿠(境涯俳句)라고 한다.

지나온 길을 생각할 때가 있어 늦가을 밤비

(『기타코부시』VOL 73, 1997.11.18.)

다이도지 마사시는 1987년 대법원에서 상고가 기각되자 확정 사형수가 되었다. 당초에 면회나 서신이 가능한 것은 모친뿐이었는데, 사형수로 확정된 이후에는 두 명의 친족에 한해 월 2회의 면회와 서신 교환이 가능해졌다. 다이도지의 하이쿠를 읽는 사람은 이 제한적 상황에 대해 이해할 필요가 있다. 또한 다이도지 마사시가 동아시아반일무장전선 '늑대狼' 부대의 일원으로, 8명의 사망자와 385명의 부상자를 낸 1974년 8월 30일 미쓰비시 중공업 폭파사건三菱重工爆破事件을 포함한 기업・시설 폭파를 일으킨 당사자라는 사실도 참조되어야 한다. 게다가 2010년에 다발성 골수종이라는 암이 발병해 현재도 투병 중이라는 상황이 알려질 필요가 있다. 이렇게 하이쿠 작가의 처지가 정보로서 얻어지면 작품의 감상이 자유롭지 못하게 된다. 그러면 선입견이 없는 하이쿠 읽기는 어려워진다. 하지만 다이도지 마사시는 그러한 정보 위에 17자의 언어를 통해 감상할 수 있는 구를 짓고자 했다. 즉 동아시아반일무장전선 멤버라는 내력과 확정 사형수의 입장이라는 정보를 염두에 둘 것을 읽는 사람에게 요구하고, 그다음에 자율적으로 감상할 수 있는 작구作句의 역할을 자신에게 부여하고 있다. '후기'가 주장하는 것은 그런 것이다. 이 작가는 자기 하이쿠의 주제가 어디까지나 '가해의 기억과 회오, 지진 재해, 원전, 그리고 수상쩍은 상황'이라고 선언한 뒤에도 여전히 질리지 않고 읽히는 작품을 이어가겠다는 것이다. 당연한 이야기겠지만, 이러한 주제가 하이쿠라고 하는 단시형의 필요조건인 계어를 크게 규정한다는 것이 다이도지에게는 자명한 일이다.

그런데 단가短歌와 <정치>라는 주제에서 하이쿠의 '정치화'라는 주제는 논하기 어렵다. 그러므로 이 글에서 논의하고자 하는 것은 다이도지가 '정치'로의 초청이 가능한 구를 어떻게 지었는가에 대해서다. 다이도지 마사시의 방법론을 이해하기 위해 '지나온 길을 생각할 때가 있어 늦가을 밤비'가 실린 『기타코부시』VOL 73의 통신에 대해 생각해 보자. 사형수로서의 입장을 감안해서 읽을 것을 독자에게 요구하면서, 무라카미 기조, 도미타 못포, 그리고 만년의 시키의 이름을 나열하고 그 하이쿠 작가들의 계보에 자신을 자리매김하고 있다. 결론 부분에 실린 이 구는 그 앞의 문장들과 불가분의 구조를 이룬다. 여기에 나타나는 것은 산문과 운문인 하이쿠의 조합으로 이루어진 하나의 표현이다. 게다가 이 구를 읽을 때 겨울의 계절어인 '늦가을 밤비小夜時雨'를 음미해 본다면, 즉시 시키의 '늦가을 밤비 숙직주宿直奏의 목소리 아득히 들리네' '늦가을 밤비 우에노 산을 넘어 교시虛子가 오고 있네' 등의 구가 연상될 것이다. 시키의 구를 답습하여 과연 다이도지의 구에서도 '늦가을 밤비'라는 표제가 구 전체를 지배하고 있다. 하지만 또한, 여기서는 시키의 구로부터 일탈도 일어난다. 시키의 두 구에서 작자를 방문하는 것은 마음이 있는 주체이지만, 다이도지의 구에서 작자를 찾아오는 것은 어디까지나 상념이다. 거기에는 고독만이 남는다. 더구나 이 고독은 곧바로 다이도지의 '가해에 대한 회오'에 접속한다. 그로 인해 '늦가을 밤비'는 시키나 못포와 같은 병자나 장애가 있는 하이쿠 작가들이 듣는 겨울밤의 비에서 내면적인 '회오의 시간' 속에 마음에 내리는 차가운 비로 변모했다.

이러한 물리적이고 형이하학의 시간 형식이 아닌 내면적 시간 형식의 다양성이 다이도지의 하이쿠에는 여러 군데 나타난다. 비록 내면적 시간일지라도 그곳에도 비가 내리고 벌레가 울며 사계절이 바뀐다. 이러한 시공간 형식의 다양한 발견과 개발이 가능한 것은 이것이 계어를 필요조건으로 하는 하이쿠 형식을 따르고 있기 때문이다. 하지만, 이 계어가 가지는 효과는 우리가 통상 경험하는 천체와 계절이 변해가는 것을 안도하는 것과는 결정적으로 다르다. 물론 계어는 무한대의 용도와 기능을 가진 고도의 집적회로이다.[2] 다만, 다이도지의 하이쿠의 경우에는 우리가 어떠한 안도감을 공유하는 경우는 드물며 오히려 안도감과는 정반대의 '가해의 기억과 회오' '지진 재해, 원전, 그리고 수상쩍은 상황'으로 우리의 상념이 이어지게 된다. 이것을 늦가을의 계어인 '갈 곳을 잃은 뱀穴惑'을 읊은 구를 통해 생각해 보자.

## 2. '혈혹穴惑'

'여름 동안 활동하던 뱀은 늦가을이 되면 겨울잠을 자기 위해 구멍으로 들어간다. 가을 피안 무렵이라고 하지만, 실제로는 시기적으로 더 늦다. 어디선가 몇 마리에서 수십 마리가 모여 하나의 구덩이에 들어가 얽히고설키며 겨울을 난다. 피안이 지나도 구덩이에

2 기시모토 나오키(岸本尚毅) 『하이쿠의 역학』(ウエップ, 2008), 특히 '주제에 대하여—기제季題라는 질서', '기제를 연기하다', '기제와의 결합'을 참조.

들어가지 않고 남아 있는 것을 '혈혹'이라고 한다'(『가도카와 하이쿠 대세시기 가을角川俳句大歲時記 秋』角川学芸出版, 2006). 다이도지의 하이쿠에서 '穴惑'을 계어로 처음 읊은 구는 2003년에 만들어진 작품이다. '날뛰는 악령 주체하지 못하네 갈 곳 잃은 뱀'. 이해 가을, 제 2 구집의 제목이 된 다음의 구를 읊고 있다. '가을날을 비추는 어두운 까마귀의 눈'.

'악령'의 구가 실린 통신의 내용은 다음과 같은 것들이었다. 2003년 9월 12일 오사카 구치소에서 집행된 사형(무카이 신지向井伸二), 조일평양선언朝日平壤宣言의 1주년(같은 해 9월 17일), 그리고 미군과 영국군의 이라크 점령, 자위대 파병을 추진하는 당시 고이즈미 내각에 대한 비판(같은 해 9월 19일)이었다. 다이도지의 주제를 보면 '악령'은 무엇보다 사형제도, 파시즘, 전쟁국가를 가리키고 있어 통신의 본문과 하이쿠의 주제가 중첩된다. 그러나 그 '악령'을 '주체하지 못하다'고 할 때, 구의句意는 반성하는 우리가 자기 안에서 발견하는 '악령'으로 전환된다. 그 '악령'과 '구멍에 들어가지 못하고 허우적거리는' 뱀이 나란히 놓이게 된다. 다만 뱀과 자아의 '악령'이 동화되는 것은 아니다. 오히려 두 마디의 상구上句와 하구下句[3] 사이에는 단절이 있다. 그러나 그와 동시에 '구멍에 들어가지 못하고 허우적거리는' 뱀과 자신의 '악령'을 주체하지 못하는 자아가 단절된 거리는 확실하지 않다. '악령'을 자기 안에 두는 자는 그로 인해 먹혀버릴 것이다. 내면의 '악령'에 먹혀서 흩어져 무참히 시체를 드러내게 되는 자아와 둥지로 돌아가지 못하고 몸부림치는

3 역자 주－5.7.5.7.7로 이루어진 하이쿠의 앞의 5.7.5 마디를 상구(上句, 가미노쿠)로 하고, 뒤의 7.7 마디를 하구(下句, 시모노쿠)로 구분한다.

뱀의 모습이 겹쳐진다. 뱀은 대지에 속한 유정물이지만, 비참한 인간 세상에 대해선 무관심하다. 인간은 대지에 엄청난 해악을 끼치지만, 대지를 완전히 영유할 수 없다. 뱀이라는 생물을 소재로 삼음으로써 오히려 인간세계와 자연계를 연결하는 것의 폭력성이 드러난다. 역으로 말하면, 계어를 통해 자연을 공감의 대상으로 영유하는 전통적인 하이쿠의 작법을 이 시는 거부하고 있다. 즉, 대지를 영유 가능한 인식의 대상으로 삼는 행태를 부정하는 것이다. 뱀이라는 자연물의 몸부림치는 모습을 주제로 한 이 구는 이렇게 해서 어딘가 모르게 자본이 가진 근원적 축적의 폭력을 드러내게 된다. 대지에 속한 뱀이라는 주제가 더욱 변주되는 것은 2011년 3.11-3.12의 지진과 재해, 원전사고를 통해서다. 일련의 주제를 구성하고 있는 구를 열거해 보자. 모두 『지새는 달』에 실린 것이다.

> '아아 구렁아 목숨을 앗아가고 숨이 막혀서'
> 결국에는 하나의 흙덩어리 갈 곳 잃었네
> 뱀 구멍을 빠져나가다 오염된 흙에 막혀서
> 우리도 역시 갈 곳을 잃고 말았군요

'구렁아'라는 구는 봄에 포식하는 뱀을 읊은 것이지만, '숨이 막힌다'는 표기를 통해 원초적인 시원성始原性을 상징하는 구가 된다. 즉, 방사능 오염 지역에서 숨 쉬는 생명을 가리키는데, 방사능으로 인해 잃어버린 대지와 그곳에서 안정적으로 영위되는 생명활동이 대비되고 있다. 이로써 인간사와 그것과는 무관한 곳에서 일어나는 생태계의 일 두 가지가 원전 사고로 인해 얽히면서 발생한 비극이 드러난다. 하지만, 그 비극에 작가는 감상을 섞지 않는다. '결국에는'이라는 구는 흙덩어리에 동화되는 작가라고도 읽고 싶다. 하지만 이 '흙덩어리'를 공중에 흩어져 떨어진 방사성 물질이 스며든 흙덩어리라고 해석하면, 그것은 대지에 침입한 근원적인 이물질이 된다. 인간 또한 방사능으로 뒤덮인 흙덩어리가 될 수 있다. 하지만 '구멍에 못 들어간' 뱀에게는 그런 것이 중요하지 않다. '뱀구멍을 빠져나가'는 구는 다시 봄의 계절이지만, 그 생명 활동은 오염된 흙으로 인해 훼손되고 있다. 위의 세 구에 대해 '갈 곳을 잃은 뱀' 그 자체에 동화되는 '우리도 역시'의 구에서는 작가의 관점이 달라진다. 늦가을에 갈 곳을 잃고 겨울을 나지 못하는 뱀을 의미하는 '혈혹'에 동화되는 '우리'는 '악령'의 구가 그랬듯이 스스로를 주체하지 못하는 '우리'이다. 하지만 여기서 '어찌할 줄 모르는' 것 = 스스로를 주체스러워하는 것은 오염된 대지에 방치되어 있으면서도 생명이 욕망하는 대로 질서의 세계를 어지럽히는 '우리'가 된다.

## 3. '타墮'

척추종양으로 인한 자신의 신체마비 상태를 '필드 워크'식으로 기록한 문화인류학자 로버트 머피는 마비로 인한 신체 변화를 느낌과 동시에 정체성 자체를 부단히 갱신했다고 썼다(『바디 사일런트』 쓰지 신이치 역辻信一譯, 신주쿠쇼보, 1992). 다발성 골수종으로 투병 중인 다이도지 마사시에게도 해당될지 모른다. 이전 도쿄구치소에서는 사계절의 변화를 느끼면서 공기구멍으로 들어오는 벌

베나 구내를 가로지르는 고양이들과 교감할 수 있었다. 그에 비해, 개축으로 고층 건물이 된 현재의 도쿄구치소는 환경이 크게 바뀌어 외부와의 접촉이 거의 끊겼다. 그리고 구를 짓기 시작할 무렵에 비해 작가의 감성은 스릴 있게 변주되었다. 여기서 두 구를 들어보고자 한다(모두 '지새는 달'에서).

떨어질 때 귀뚜라미 소리를 들을 수 있을까
감 한 알이 캄캄한 밑바닥에 떨어진다

'떨어질 때'라는 구에 앞서 '고층 건물 뒷편은 캄캄한 어둠 속 귀뚜라미'라는 구가 있다. 고층 빌딩이 된 도쿄구치소와 그 안쪽에서 '카네타타키'(=귀뚜라미를 닮은 곤충, 메뚜기목 귀뚜라미과) 소리를 감지하고 있다. 그곳이 '캄캄하다'는 점에서 이 구가 형장에 관련된 상념이라면, '떨어질 때'의 구는 처형되는 순간에 '치치로'=귀뚜라미 소리를 듣게 될까 라는 추측의 뜻으로 해석하고 싶다. 그런데 여기서 문제가 되는 것은 '타墮'이다. '낙落'도 '추墜'도 아닌 '타墮'이라는 것은 어떤 의미를 담고 있을까. 작가는 사형수가 처형되는 순간 그가 접하는 유일한 외부의 소식은 '귀뚜라미' 소리뿐일 거라고 말한다. 물론 그런 소리조차도 실제로는 들리지 않는다. 수감된 사형수는 처형 순간까지 고립되어 있다. 형장의 이슬로 사라지는 그 순간에도 가족이나 지인의 배웅을 받지 못하고 절대적인 고독만이 있을 뿐이다. 그것을 매일 상상하는 것은 극도의 공포다. 사형이란 인간의 존엄성을 근본적으로 박탈하는 것이다. '타'의 의미는 그런 사형이라는 행위 자체에 대한 심정적 분노로서 이해하고 싶다. 낙하는 사형이라는 국가악에 의해 강요되는 것으로 '타'가 된다. '감 한 알이 캄캄한 밑바닥에 떨어진다'는 어떨까. '감'은 다이도지의 하이쿠를 읽는 독자들에게는 친숙한 주제다. 1997년 작품에 '독방의 점경으로 삼는 감 한 개'가 있다. 사형수의 '특권'으로 구입했는데, 실제로 보니 먹을 엄두가 나지 않아 만지작거리며 즐긴다는 내용의 통신에 붙여진 구였다(『기타코부시』VOL.73, 1997년 11월 12일). 이 외에도 '감'은 종종 작가의 계절적 소재로 등장하는데, 감을 좋아했던 시키와 관련하여 다음과 같은 구가 떠오를 것이다. '설날이구나 앙와망록仰臥 漫録 좌우에 두고'(『棺一基』, 2001). '캄캄한 밑바닥'이란 표현은 2002년에 지은 '만나게 되는 캄캄한 바닥도 흐릿해지네'라는 하이쿠에 사용된 적이 있다. '감 한 개'의 구가 환기시키는 것은 진공의 어둠 속에 '감'의 심상도 기억도 모두 낙하하는 이미지이다. 그리고 '어둠'은 더 이상 마음속에 있는 것이 아니라 그 마음까지도 지배해 버릴 것 같은 절대적인 진공이다. 그 어둠 속으로 다이도지의 경험 속에 있는 감뿐만 아니라, 계절의 기억을 지닌 감 자체가 떨어진다. 말하자면 하이쿠의 끝인 것이다. 그러나 또한 이 엄청난 하이쿠의 '정치화'는 다시 하이쿠의 시작이기도 하다. 회복될 연결고리가 거기에 있다.

## 4. 〈총괄〉

『기타코부시』는 하이쿠집의 간행 등을 통해 감옥 내외의 지기들과 시를 통해 교류하는 형태를 띠게 되었다. 여기에 하이쿠를 기고

한 시게노부 후사코重信房子와의 교류도 생겨났다. 끝으로 이러한 교류가 지니는 또 하나의 의미에 관해 언급해두고자 한다. 2015년 5월 24일자로 시게노부 후사코가 기고한 글에는 이렇게 쓰여 있다.

> 5.19가 일어났던 1975년으로부터 정확히 40년째로군요. 그것은 아시아 사람들과 연대하는 선구적이고 첨예한 투쟁이었습니다만, 또 하나 소중한 성과가 있습니다. 마사시 씨 동지들의 정신과 그들을 계속 지지해주고 계시는 가족, 그리고 벗들의 창의적인 노력으로 이루어진 40년간의 투쟁의 궤적이 지금의 '사형 제도 폐지' 투쟁의 보루를 쌓아온 것입니다. 만약 이런 투쟁들이 없었다면 분명 더 심각한 상태가 되었을 것이라고 단언할 수 있습니다. 투쟁을 이어가며 힘든 가운데서도 버텨왔기 때문에야말로 세계적인 사형 폐지 운동의 한 흐름을 이루어 왔고 앞으로도 이 운동에 큰 힘이 되리라 확신합니다. (『기타코부시』 VOL.167, 2015년 7월 25일)

상세한 언급은 없지만 시게노부 후사코의 출신과 관련된 공산주의자동맹적군파共産主義者同盟赤軍派, 연합적군連合赤軍, 일본적군日本赤軍, 그리고 다이도지 마사시 등 동아시아 반일무장전선이 주도한 운동노선에 대한 복잡한 <총괄>이, 이 사형폐지 운동에 대한 경의의 표현 안에 담겨 있다고 할 수 있을 것이다. 다이도지 또한 통신 속에서 일본적군은 물론 다른 신좌익당파의 운동노선에 대한 자신의 솔직한 견해를 숨긴 적이 없었다. 모두 상세한 언급은 비록 피하고 있다 해도 상호간에 작구作句나 작가作歌에 대한 공감과 더불어 현대세계 안에서의 신좌익운동과 무장투쟁에 대한 의견 교환이 <총

괄>적으로 이루어졌다. 그것은 하나의 공동작업의 작풍을 형성한 것이라고도 할 수 있다. 인륜일용적人倫日用的[4]인 사소한 일상사, 고도의 정치논쟁, 그리고 단시형 표현이 주로 다루어온 서정을 동시에 도마 위에 올리는 식의 작풍이다. 일찍이 다이도지는 이렇게 썼다.(1993년 2월 1일자)

> '반일을 생각하는 모임·미야기反日を考える会宮城' 동료들의 "반일"을 정치나 경제 영역으로 좁혀서 생각할 것이 아니라, 환경이나 음식 등 일상적인 차원으로 부연敷衍해 나가자는 데 공감합니다. (『기타코부시』 VOL.45, 1993년 3월 30일)

이 글의 첫머리에서 인용한 '가해의 기억과 회오' '진재, 원전, 그리고 수상쩍은 상황 등'에 대해 자신의 생각을 표현하고자 했던 다이도지의 지향성은 하이쿠를 짓기 전부터 일관되게 이어져 왔음은 의심할 여지가 없다. 그것은 하이쿠 작구를 시작하기 전부터 '일상적인 차원'으로 <반일>의 문제 의식을 확장해가고자 한 지인과 친구들에 대한 공감의 표명이었다. 그 지향성은 또 이러한 지인과 친구들 사이의 벽을 뛰어 넘는 교류 안에서 의식화되고, 강화되어 간 것이라고 할 수 있을 것이다. 하이쿠 창작은 그러한 의식 하에서 이루어지고 신체화되어 간 것이라고 생각하고 싶다.

단시형 문학 중에서도 계어에 의해 지탱되는 하이쿠는 산문에

4 역자 주－'人倫日用の道'란 에도 시대 전기의 유학자인 이토 진사이(伊藤仁斎)가 한 말로, 일상생활에서 자연스럽게 선(善)이라고 느끼는 것이 바른 삶의 방식이라는 의미이다.

요구되는 구성이나 전개를 회피하면서 비망록처럼 그날 그날의 잡감雜感을 표출할 수 있다. 더구나 계어와의 관계성이 전해주는 다양한 심상心象은 그 계어와 더불어 많은 독자를 획득한다. 그것은 '정치나 경제 영역으로 좁혀서' 표현되는 말과는 다른 위상으로 전달된다. 그 위상이 만들어 내는 공감이나 연대가 반드시 <반일>일 필요는 없다. 하지만 그렇더라도 다이도지 마사시의 표현은 구심력을 지니며 강력한 자장磁場을 형성하고 있다. 국내외 형무소에 수감되어 있는 정치범・형사범까지 포함해 무장과 무장해제, <정치화>와 탈<정치화>라는 이율배반을 동시에 수행하는 하이브리드한 사상운동이 이 복합적인 자장 안에서 전개되고 있는 것이다. 이 표현투쟁은 근원적이다. 그것은 구체적인 우리들의 일상에 대한 부드럽고 자율적인 시선과 극악한 정치로서의 국가에 대한 비판을 항상 연결하고 있다는 의미에서 근원적이다.

나는 여기에서 『하라하라시계 도시 게릴라 병사 독본腹々時計 都市ゲリラ兵士の読本』 VOL.1 (동아시아반일무장전선 "늑대狼"병사 독본 편찬 위원회, 174년 3월 1일) 공동집필자로서의 다이도지 마사시가 보여주었던 표현 투쟁의 연속성을 발견한다.

* 이 글의 초고에 대해 꼼꼼하게 코멘트를 보내준 키스・빈센트Keith Vincent에게 감사한다.
(다이도지 쇼지는 2017년 5월24일 도쿄구치소에 수감된 채 병사했다.)

# 해설 기리야마 가사네桐山襲
# 『빨치산 전설パルチザン伝説』

## 1. 들어가며

1982년 문예상의 최종 선고에 남은 기리야마 가사네桐山襲의 『빨치산 전설パルチザン伝説』은 비록 낙선하기는 했지만 잡지 『분게이文藝』 1983년 10월호에 게재된 작품이다. 그러나 선고위원 중 한 명인 고지마 노부오小島信夫의 선고평選評 「천황이라는 본명実名」에 『주간 신초週刊新潮』가 반응하여 취재를 개시하고, 1983년 9월 29일의 『주간 신초』 10월 6일호가 '제2의 『풍류몽담風流夢譚』 사건을 유발할 수 있는 소재'로서 다룸으로써, 우익 단체에 의해 가와데쇼보신샤河出書房新社에 대한 항의 행동과 회사 앞 시위가 일어나기에 이르렀다. 그 때문에 동년 10월 이미 결정된 단행본화를 중지한다는 취지를 가와데쇼보신샤는 작자 기리야마 가사네에게 통고한다. 동 작품은 작가의 동의 없이 다이상쇼칸第三書館의 『천황 앤솔로지天皇アンソロジー』에 수록되어 간행되는 비정상적인 사태는 있었지만, 우익의 공격을 표현의 자유에 대한 침범으로 파악하고, 이에 항의하여 작가가 원하는 형태로 출판할 의사를 표명한 '<빨치산 전설> 간행위원회'의 손에 의해 사쿠힌샤作品社로부터 『빨치산 전설 기리야마 가사네

작품집』으로 출판되었다. 그리고 기구한 운명을 거친 이 작품은 지금, 최초로 그 가치를 발견하고 그 작품 세계를 사회화하는 데 가장 깊이 관여한 출판사로부터 비로소 단행본화된다. 그런 의미에서 이것은 역사적인 간행이 된다.

1949년에 도쿄도 스기나미구 아사가야東京都杉並区阿佐ヶ谷에서 태어나, 1992년에 그 이른 죽음을 맞이한 기리야마 가사네라고 하는 작가의 배경과 작품군의 상세한 소개에 관해서는 진노 도시후미陣野俊史의 『테러의 전설テロルの伝説 기리야마 가사네 열전』(河出書房新社, 2016)이 있다. 부디 참조하길 바란다. 『빨치산 전설』의 해설자로서 내 역할은 그 작품 세계를 제재가 된 동아시아 반일무장전선의 폭탄 투쟁과 연합적군 사건, 그리고 조금 긴 사정거리에서 반일사상, 동아시아 혁명이라는 역사 속에 되메우면서 작가 기리야마가 창조한 표현 투쟁을 2017년이라는 현재 시점에서 재고해보는 데 있다.

## 2. 이야기의 혁명

그런데 문예상 선고위원들은 이 작품과 문체에 대해 다음과 같이 선정평을 남긴다. 에토 쥰江藤淳은 작품에 나타난 전시 중 일본의 모습이 허상에 지나지 않는다고 비판하고, 이를 낙선의 이유로 들기는 했으나, 또한 '정돈된 문체와 언뜻 단정한 작품 모양새라는 점에서 말하자면 후보작 4편 가운데 으뜸이라고 해도 좋다고 생각했다'라고 적었다. 두 세대에 걸친 반일 · 반천황 투쟁이라는 작품 구성의 요지에 대해 '아버지들의 부정한 피를 씻는 일'에 붙들려 거기에서 전쟁 세대에 대한 모멸과 혐오를 읽어낸 시마오 도시오島尾敏雄와 "이 가공할 만한 제재에 강렬하게 다가간 작가에게 경의를 표한다."라고 한 노마 히로시野間宏 두 사람 또한 작가의 전시 중을 이해하는 방법에 의문을 표명한다. 그런데 『주간 신초』 보도와 우익의 공격이라는 문제의 발단을 만든 고지마 노부오의 발언은 '이 작품이 수상했을 때 선고위원의 한 사람인 내게 무턱대고 협박 전화가 걸려 와 번거로워지는 일은 피했다'라는 선정평 포기라고도 받아들여질 수 있는 변명이었다. 다만 고지마는 재차 '나는 이 작품의 문체가 입간판 격문과 비슷한 것을 소설의 문체로 살린 최초의 사례라고 생각했다'라고 서술한다.

문예상이라는 점에서 말하자면 1980년 제17회 수상 작품 중 하나는 다나카 야스오田中康夫의 『어쩐지 크리스탈なんとなく、クリスタル』이었다. 다나카 야스오의 경우도 그렇듯이 작품 수만큼 문체 실험은 이루어지기 마련이지만, 기리야마의 문체도 실로 특징적이었다. 거의 매행마다 그대로 도시적인 문화상품의 캐치프레이즈로 쓸 수 있을 법한 무국적이고 때로는 이국적인 형용 표현이 구사되어 있다. 그리고 '세 명의 빨치산三人のパルチザン' '열 개의 폭탄十個の爆弾' '양철통 제10호ブリキカン第拾号'처럼 숫자를 상징화한 신화 이야기적인 정형구가 다용된다. 또한 기리야마의 『스타바트 마테르スターバト・マーテル』의 문고판 해설자인 간노 아키마사菅野昭正의 말을 빌리자면 작품마다 배치된 '배경막'과 같은 효과인 『빨치산 전설』의 그림, 『바람의 연대기風のクロニクル』의 바람, 『스타바트 마테르』의 눈. 게다가 이러한 배경막은 작품의 스토리라인조차도 덮어 경질硬質한 주제에 항상 전기伝奇적인 색채를 부여한다. 작품의 성패조차도 이 전기적이고 신화적인 표현의 운동으로 규정된다. 실제로 가장 빨리, 그리고 적확한 평론을 쓴 이케다 히로시池田浩士는 폭탄 투쟁 끝에 오폭으로 인해 한쪽 눈과 한쪽 손을 잃고 '쇼와의 단게 사젠丹下左膳'이 된 '나僕'가 멀리 도망쳐 정착해 '남도南島의 유타'의 '통역'이 되어 죽음을 맞이하고자 하는 이야기의 결말에 대해 이는 신화에 의한 이야기의 회수回收이며, 동아시아 반일 무장전선이 제기한 동아시아로부터의 '반일' '반천황'이라는 시점을 내포하지 못하며, 비판해야 할 천황제 권력 그 자체에 붙들려있다고 냉엄하게 논한다(池田「小説『パルチザン伝説』によせて」, 反天皇制運動連絡会議「『パルチザン伝説』出版弾圧事件」1984. 4. 20).

이케다 논평의 적절함을 인정하면서도 기리야마가 신화적이고 전기적인 구성을 골라 취했다는 점에 나는 의미가 있었다고 생각한다. 그 이유를 기술하면 나의 해설은 끝이다. 다만 이를 서술하기 위해서는 다소 번거롭고 답답한 사실확인과 논증이 필요하다. 그리 들어가기 전에 여기서는 기리야마의 표현전략이 혁명운동의 본질적인 전략과 겹친다는 점을 지적해두고 싶다.

혁명운동이란 자본제 사회가 그 내부에서 배태하는 적대적인 세력의 반란으로 수행된다. 이때, 이 반란을 어디까지나 자본제 사회의 내재적인 모순에 대해 경향적으로 조직된다고 이해할지, 그렇지 않으면 그 반란을 자본제 사회로부터의 분리에 역점을 두고 이해할 것인가라는 쟁점이 발생한다(アルベルト・トスカーノ『コミュニズムの争異―ネグリとバディウ』長原豊訳, 航思社, 2017). 주체적인 혁명세력이 된다는 것은 지배적인 생산양식과 이데올로기로부터의 분리를 조건으로 하므로 경향적인 이해와 분리의 강조가 전혀 단절

된 것은 아니다. 그러나 여기서 1968년 혁명은 <분리>의 강조—거부—를 나서서 취해갔다. 그리고 기리야마의 표현 투쟁이 그러한 선택에 기인한다는 점은 작품 속 다음의 말을 통해서도 알 수 있다.

> 세상에는 대략 두 종류의 인간만이 존재할지도 모른다. 한쪽은 전혀 붓을 쥐지 않는 인간 혹은 세계와 발버둥 치는 일 없이 붓을 쥘 수 있는 인간이고, 다른 쪽은 세계와 타자의 존재를 모조리 배반해야지만 붓을 쥘 수 있는 인간—.

세상과 타자의 존재를 배반하는 것으로밖에 붓을 쥐지 못한다는 것은 표현전략 측면에서는 현실과는 별개의 가능 세계를 구축하는 일과 비슷하다. 다음은 도미오카 고이치로富岡幸一郎와의 인터뷰다.

> (…) 제 자신 안에는 분명하게 두 가지 지향이 있습니다. 한 가지는 언어가 항상 시를 향해가도록 하는 것이 제 안에 있습니다. 다른 하나는 이야기를 만들고 싶다, 그 이야기로 인해 현실과 대립하려는 욕구가 역시 있습니다. 그래서 저는 그런 점에서 두 가지 정 반대 방향으로 분열되고 있다고도 할 수 있습니다(「桐山襲との一時間」, 富岡幸一郎『作家との一時間』日本文芸社, 1990, p.204).

이 두 개로 분열하는 지향을 종합하는 것이 산문이라는 실천이며, 신화적이고 전기적인 이야기의 구성이 된다. 다만 기리야마에게는 현실과 대립하는 이야기란 현실보다도 래디컬한 좌파로서의 가능 세계를 구축하는 것이 아니라 죽음으로 인해 유한해진 물리적 세계와의 대립이며, 더 나아가 말한다면 산 자를 승자로, 죽은 자를 패배자로 만들어버리는 위계와의 대립이었다. 죽은 자의 권리를 지키는 일은 살아남은 이가 죽은 자를 크게 목청 높여 이야기하는 것이 아니다. 이는 산 자에 의한 죽은 자의 횡령일 뿐이다. 기리야마가 통절하게 찾던 현실 세계와의 대립은 산 자의 권리를 부단히 박탈하는 행위로밖에 완수되지 못하는 죽은 자의 존재론을 쓰는 일이었다. 그것은 혁명운동의 산 자와 죽은 자를 둘러싼 또 하나의 혁명운동이다.

## 3. 동아시아 반일무장전선

기리야마가『바람의 연대기』와『스타바트 마테르』또는『도시 서경 단장都市叙景断章』등 주제는 같아도 더 단정하고 지적인 구성의 작품을 데뷔작으로 골랐더라면 그의 작가 생활은 다른 궤적을 그렸을지도 모른다. 그러나 기리야마에게 데뷔작은『빨치산 전설』이 아니면 안 되는 필연성이 있었다.

기리야마의 주요한 작품 주제는 전공투 운동부터 연합적군 사건, 그리고 신좌익 당파 간의 우치게바[1]사건까지 1960년대 후반부터 70년대 전반까지의 신좌익 운동의 부채이다. 동시대 지식인으로서는 다카하시 가즈미高橋和巳가 이러한 신좌익 운동의 귀추에 대해 일본 근대 정신사에서 본질적인 사항으로써 정면으로 논하면서

1 역자 주－우치게바는 신좌익 당파 간의 폭력을 사용한 항쟁이다.

러시아혁명과 중국혁명에 기초해 모색해가며 일본에서의 혁명 복권을 위한 조건을 고찰하고자 했다. 진노 도시후미도 상술한 바와 같이 기리야마의 작업은 『우리 해체わが解体』에 담겨있는 다카하시 가즈미의 논고와 중첩되는데, 하지만 또한 다카하시 가즈미와는 달리 기리야마가 똑똑히 본 신좌익 운동의 부채의 집약점은 천황제에 있었다.

『빨치산 전설』이 주요한 제재로 삼은 건 동아시아 반일무장전선 '늑대狼' 부대에 의해 1974년 입안되어 미수로 끝난 쇼와 천황 암살 계획인 '무지개 작전'이다. '늑대' '대지의 엄니' '전갈' 세 부대로 구성된 동아시아 반일무장전선은 직접적으로는 전공투 운동과 1969년 가을에 집중된 오키나와 투쟁 및 70년 안보투쟁에서의 신좌익 운동의 패배와 그에 대응해서 시작된 폭탄 투쟁의 경험을 출자로 한다. 그러나 그 사상적인 원류에는 60년대 안보투쟁 이후의 비일본 공산당계 지식인에 따른 '자립학교' 운동, 거기서 탄생한 도쿄 행동 전선, 그리고 무기생산기업을 목적으로 한 베트남 반전 직접행동위원회 등의 실천이 존재했다. 덧붙여 1967년에 설립된 레보르트토샤レボルト社의 잡지 『세계 혁명운동 정보世界革命運動情報』와 이가 낳은 세계 인식의 확장이 있었다. 그리고 '늑대'의 다이도지 마사시大道寺将司가 대학 입학 전에 오사카의 가마가사키釜ヶ崎에 체재했었던 일이나 '전갈'의 구로카와 요시마사黒川芳正와 우가진 히사이치宇賀神寿一가 가마가사키나 산야山谷 등의 인력시장의 일용직 노동자 운동, 그중에서도 폭력 알선업자 추방 가마가사키공투회의(가마공투), 산야 악질업자 추방 현장투쟁위원회(현투위) 등의 운동으로 촉발되어 그 사상을 형성했듯이 1968년 혁명의 여파 속에서 새로이 시작된 인력시장 노동자의 운동도 또한 그 출자와 이어져 있다. 더욱이 제3세계 해방전쟁과 제국주의 비판이라는 시점의 공유는 철저한 일본의 식민지주의 비판이라는 강한 동기를 형성했다. 다이도지는 홋카이도 구시로釧路시 출신이며, '대지의 엄니'의 사이토 노도카齋藤和는 무로란室蘭 출신으로 근세·근대 일본의 식민지주의와 동화주의가 만들어지고 현재도 재생산되고 있는 아이누 민족에 대한 차별을 자라나는 동안 체험해왔다. 그리고 예를 들자면 사이토 노도카는 무로란시 이탄키노하마イタンキの浜(아이누어로 '사발'을 의미)에서 살해당하고 유기된 중국인 노동자의 조사를 시작으로, 강제 연행된 조선인·중국인 실태조사, 한국으로의 조사 여행도 거듭하고 있었다.

많은 희생과 억압을 거듭해 온 근대 일본의 제국주의·식민지주의의 최고책임자는 메이지明治 헌법을 토대로 통치권과 통수권을 부여받은 천황이었다. 따라서 동아시아 및 일본 국내의 서벌턴 계급 사람들의 해방을 실현하기 위해서는 천황제 비판과 이를 지탱하는 일본 중심주의에 대한 근본적인 이의제기가 필요했다. 조직명이기도 하고 투쟁과제이기도 한 '반일'이라는 시점은 이렇게 획득했다.

니혼대학 투쟁과 도쿄대학 투쟁을 대표로 하는 전공투 운동은 대학 경영상의 문제를 중심으로 조직되었는데, 동시에 전술한 광범위한 사회문제에 대한 관심을 공유했다. 그리고 가두에서의 직접행동이 기동대의 물리력에 의해 억제된 결과, 급진적인 당파나 운동의 화살은 경찰로 향했고, 파출소나 기동대 청사, 경찰 관료에 대한 폭탄 투쟁이 이어졌다. 여기서 동아시아 반일무장전선의 폭탄 투쟁이 달랐던 점은 그 대상을 전전·전후를 통해 아시아에 진출한 일본기업이나 근대일본국가에 의한 아시아 침략·식민지주의의 문화적 상징으로 정했다는 점이다. 또한 동아시아 반일무장전선의 조직은 기본적으로 비밀리에 구성된 유지有志에 따랐으며, 전위당前衛党형 조직을 거절했다. 공공연하게 등장하는 대중운동과 관계를 갖지 않은 건 비합법 투쟁을 위한 조건이기도 했지만, 지도—피지도라는 관계가 초래하는 억압적인 전위당의 모습을 부정했기 때문이기도 하다. 그런데 기리야마는 신좌익 운동의 부채로써 연합적군에 따른 동지 린치 살인사건이나 당파 간의 우치게바 사건의 궁극적인 원인을 천황제적인 공동성共同性에 두고 있어, 그 점에서도 동아시아 반일무장전선에 대한 공감이 있었다고 할 수 있다. 게다가 그것은 근대일본의 민중에게까지 미치는 심성으로 파악했다. 기리야마의 문장을 참조하겠다.

> [호쓰미 잇사쿠穂積一作는 아라비아 커피를 꺼내며 이야기한다] 근위 사단에 동향 출신 남자가 있는데. M이라는 이름의 대위인데, 그 남자가 구해줬어. (…) 참으로 농부 같은 얼굴을 한 마음씨 좋은 남자인데, 군복을 입으면 잔인해져. 뭐, 일본인은 다들 그런 부분이 있잖아. 권력과 이어지면 잔인해지고, 권력을 갖지 못하면 비굴해지고, 어느 쪽이 되었건 한이 없지……

역사적 시설이나 기업 폭파를 통해 동아시아 반일무장전선이 표적으로 삼은 것은 시정 사람들의 일상의식이기도 했다. '늑대'부대의 전신은 1971년 12월 12일에 시즈오카静岡현 아타미熱海시 이즈

야마伊豆山의 흥아관음상興亜観音像과 순국칠사비殉国七士の碑를 폭파했다. 전자는 전범으로 처형된 마쓰이 이와네松井石根(전 육군대장)가 일본 · 중국의 전몰장병을 위령하기 위해 건설했고, 후자는 마쓰이도 포함된 A급 전범의 유골을 매장한 것이다. 더욱이 1972년 4월 6일에는 가나가와神奈川현 요코하마横浜시의 조동종 대본산曹洞宗大本山 소지사総持寺 납골당이 폭파되었다. 그곳에는 일제 통치 하의 조선 재주在住 일본인 약 5천 명의 유골이 매장되어있기 때문이다. 이어서 같은 해 10월 23일에는 삿포로札幌시 홋카이도北海道대학 문학부 북방자료관과 아사히카와旭川시 도키와常盤공원의 '풍설의 군상風雪の群像'이 폭파되었다. 전자는 다카쿠라 신이치로高倉新一郎 등 아이누 연구자의 자료와 홋카이도 개척사 시대에 수집한 유산을 보관하고 있는데, 신야 교新谷行가 고발했듯이 그러한 자료 수집은 아이누 문화의 수탈이며, 아이누모시리 식민지화의 책임을 지지 않은 채 '홋카이도사史' 이데올로기를 형성하는 지적거점이 되었다(新谷行『アイヌ民族抵抗史』, 河出書房新社, 2015[복간]). 후자는 조각가 · 홍고 신本郷新이 제작했는데 홋카이도 개척 100년을 기념해 농민, 어민, 광부, 아이누, 유형의 수인囚人을 상징적으로 배치하면서 제작했다.

그리고 1974년 8월 30일 '늑대'는 미쓰비시三菱 중공 본사 빌딩 폭파를 시행한다. 사건 후 범행성명에서 '사업이라는 가면 뒤에서 송장을 먹는 일제의 기둥'으로 지명된 미쓰비시 중공은 무기산업 메이커로 전시 중 성장했고, 전후에도 중공업 메이커로 자위대의 호위함부터 에너지 플랜트까지 건설해왔다. 그리고 일찍이 미쓰비시 중공은 시위대에 의한 습격도 경험한 바 있다. '늑대'는 폭탄은 미쓰비시 중공 빌딩과 미쓰비시 전기 빌딩 두 곳을 폭파하기 위해

2개의 폭탄을 설치했다. 그러나 미쓰비시 중공 폭파는 사망자 8명, 부상자 385명이라는 실행자들이 전혀 예상하지 않았던 결과를 가져왔다. '늑대'는 5분 전에 예고 전화를 걸었으나 그 통고는 전혀 기능하지 않았다. 애초에 이 작전에 사용한 폭탄은 같은 해 8월 14일에 결행되었어야 할 아라카와荒川 철교에서의 천황의 '오메시御召[2] 열차' 폭파를 위해 제조했으며, 이를 그대로 빌딩 폭파에 사용하는 실패를 저질렀다. 사건 후, 3주가 지나고서 보내온 범행성명에서는 '제국주의자=식민지주의자를 처형한다'라고까지 잘라 말하며 미쓰비시 중공 폭파를 정당화했지만 '늑대'의 멤버들은 희생자에 대한 한없는 속죄를 짊어지게 되었다.

미쓰비시 중공 폭파 후, 동아시아 반일무장전선은 1975년 5월 19일의 일제 체포까지 '늑대'에 합류한 '대지의 엄니' '전갈' 은 각각 폭탄 투쟁을 전개해간다. 그중에는 3부대 합동으로 결행한 1975년 2월 28일 도쿄도 미나토港구의 하자마구미間組 본사 6층 해외사업본부, 9층 전산기 컴퓨터실, 그리고 사이타마埼玉현 요노与野시의 하자마구미 오미야大宮공장 동시 폭파 작전도 포함된다. 이는 전전戰前, 하자마구미가 중국인 노동자를 사역해 시행했던 일본발송전력 주식회사 온타케御嶽 수력발전소 건설과 전후 하자마구미가 수주해서 1972년에 완성한 말레이시아 수력발전 댐 건설지의 이름에서 유래해 '키소다니 테멘고르 작전'이라고 명명했다.

동아시아 반일무장전선의 투쟁은 1975년 5월의 일제 체포—이때 사이토 노도카는 청산가리로 자살했다—후에는 다이도지 마사

2 역자 주–왕실 전용.

시와 가타오카 도시아키片岡利明에 대한 사형 구형, 그 외 멤버에게 내려진 중형구형에 대한 옥중 재판 투쟁으로 이행하며, 형 확정 후는 사형폐지 운동도 함께 전개했다. 더욱이 일본적군에 의한 두 번째 하이재킹 사건으로 인해 다른 세 명의 멤버는 초법규적 조치를 통해 국외로 탈출한다(사사키 노리오佐々木規夫는 쿠알라룸푸르의 대사관 습격 사건으로 출국. 다이도지 아야코大道寺あや子·에키다 유키코浴田由紀子는 다카 항공기 납치 사건으로 출국).

『빨치산 전설』의 배경을 이해하기 위해 더 덧붙여야만 하는 것은 '5.19' 이후의 동아시아 반일무장전선이다. 1975년 7월 19일에는 홋카이도 경찰본부 폭파, 1976년 3월 2일에는 홋카이도 도청 폭파가 일어나며(직원 2명이 사망, 95명이 부상), 양쪽 다 '동아시아 반일무장전선' 이름으로 범행 성명을 발표했다. 그리고 후자의 용의자로 체포된 오오모리 가쓰히사大森勝久는 1983년에 삿포로지방재판에서 사형판결, 1994년에 사형 확정이 되었으나 누명의 의혹이 짙다.

또한 가토 사부로加藤三郎는 '세계혁명전선·대지의 돼지世界革命戦線·大地の豚' '어둠의 땅거미闇の土蜘蛛' 등의 이름으로 1975년 봄 이후, 사가노우에노 다무라마로坂上田村麻呂의 묘, 메이지明治 천황 관련 시설에 페인트를 칠하는 게릴라 활동, 1976년에는 헤이안平安 신궁 방화, 1977년에는 교토·나시노키 신사梨木神社를 비롯해 6건의 폭탄 투쟁을 일으켰다. 그러나 1978년 1월에 도쿄도 이타바시板橋구의 아파트에서 메이지 신궁 폭파를 위해 분뇨를 이용한 '황금 폭탄' 제조 중 오폭, 그대로 도주해 전국에 지명수배되었다(1983년 5월에 체포).

픽션이라고는 하지만 아파트에서 오폭해 '아야야, 아파라'라며 도망치는 『빨치산 전설』의 '나'는 가토 사부로와 중첩된다. 그러나 오폭사건으로 말하자면 역시 1975년 9월 4일에 발생한 요코스카横須賀시의 아파트 '미도리소緑荘' 오폭사건을 참조해두었더라도 괜찮았을 것이다. 혁명적 공산주의자동맹 중핵파가 했다고 여겨지는 이 사건은 쇼와 천황 방미에 맞춘 폭탄제조 중에 일어나 중핵파 활동가 3명과 전혀 관계가 없는 바로 윗집 모녀 2명을 포함해 합계 5명이 사망하고 8명이 다쳤다.

## 4. 기리야마 가사네의 반일혁명

그런데 1974년 8월 14일에 아라카와 철교를 통과한 쇼와 천황 히로히토는 『빨치산 전설』에서는 1945년 8월 14일, 호쓰미 잇사쿠가 숨겨둔 양철통 폭탄 '제10호'의 폭발에서도 벗어난다. 사실과 픽션이 교차하는 이 아공간亜空間 속에서 'A신문사 외신부 기자 호쓰미 잇사쿠'가 반일 · 동아시아 혁명 운동사에 이름을 남긴 오자키 호쓰미尾崎秀実와 중첩된다는 점도 지적해둔다. 호쓰미穗積가 아닌 호쓰미秀実는 조르게 사건[3]에 연좌해 사형되었는데, 그 원점은 아사히신문 특파원으로 부임했던 1930년대 상하이에서 행동을 함께한 중국 좌익작가연맹과 24인의 청년 혁명가가 체포 학살된 백색테러사건인 룽화竜華 사건과 조우한 경험이다(이때, 오자키는 시라카와 지로白川次郎라는 이름으로 글을 남겼다). 일본군에 의한 무

3 역자 주 – 1941년 제2차 세계대전 중에 독일 리하르트 조르게와 전 아사히신문사 오자키 호쓰미 중심의 국제첩보단이 일본의 정치, 외교, 군사 등의 정보를 소련에 제공한 스파이 사건.

차별 폭격과 공격으로 1932년 1월 28일부터 시작된 상하이사변의 전화戰禍 속에서 오자키는 귀사명령을 받고 오사카로 돌아가는데, 돌아가는 길에 아그네스 스메들리에게 들린 조르게와 오자키는 "우리는 할 수 있는 일을 하겠습니다."라는 말을 남기고 간다(尾崎秀樹『上海1930年』, 岩波新書, 1989). 오자키는 정보전으로 일본제국을 고립시킴으로써 자기비판과 패배를 기약했다. 이에 대해 우리의 호쓰미穗積가 선택한 투쟁은 천황에 대한 직접 공격을 통해 내전의 구실을 만드는 것이었다.

그렇지만 호쓰미穗積의 전후戰後에 대해서는 주의가 필요하다. 천황 폭살에 실패하고 한쪽 눈과 한쪽 손을 잃고 '벙어리'가 되고 '오이 히지리大井聖'로 이름을 바꿔 '나'와 '형'(그리고 '여동생')의 아버지로서 전후 6년을 살아온 호쓰미=오이 히지리는 오자키 호쓰미가 또 다른 가능 세계로써의 전후에 살아남은 모습이 아닐까.

'오이 히지리'가 된 '호쓰미 잇사쿠'임을 알면서 '오이'의 아내로 살아온 어머니의 수수께끼, 그리고 아버지가 사라진 후의 어머니와 형의 근친상간적인 관계까지도 암시하면서, 다시 말해 몇 겹이나 그 존재를 부정당하고 거세된 아버지='오이 히지리'는 1951년 가을에 한쪽 신발만을 남기고 바다로 사라져버린다. 그리고 이 마무리를 짓는 방식에 남도에서 스스로 죽음을 기다리는 '내'가 겹친다. 둘 다 빨치산으로서의 삶을 선택하면서 폭탄으로 '대실패'하고 한쪽 눈과 한쪽 손을 잃었으며 '죽으려고 한다'.

시마오 도시오가 선정평에서 생리적인 혐오를 표현한 이 결말을 짓는 방식에 다이도지 마사시는 옥중에서『빨치산 전설』의 평가를 구하는 이들에게 '전공투 운동을 패배라고 총괄해 반일혁명의 전망을 도출해낼 수 없다'라는 '결론을 성급히 내려서는 곤란하다'며 불만을 말했다(전게서 「『빨치산 전설』출판탄압사건」). 다이도지의 통찰은 정곡을 찔렀다. 최후의 빨치산으로서 천황 폭살을 결기한 혁명가가 오욕에 휩싸여 전후를 살아가는 일의 의미로 생각할 수 있는 것은 한 가지—전설화의 부정이다. 오이디푸스이건 리어왕이건, 심신에 상처를 입은 등장인물의 역할은 사람들 대신에 신벌을 받고 속죄하는 일을 떠맡는 데 있다. 그리고 그렇기 때문에야말로 이 아버지는 '히지리聖'라고 이름 붙여진 것이다. 천황 폭살에 실패한 일은 반일혁명을 성취하지 못하고, 지금까지의/앞으로의 천황제의 이름 아래서의 범죄를 그만둘 수 없음을 의미하며, 산 자는 장래를 향해 그 책임을 짊어져야만 한다. 혁명이 성취되지 못한 한, 산 자는 스스로를 승자라고 자처해서는 안 된다. 더 나아가 말하자면 전후, 혁명을 실현하지 못한 채 살아남은 '일본인'은 자신의 속죄를 다 하지 못하였음에 생각이 미쳐야만 한다. 그리고 실제, 한국으로 추정되는 땅에서 창부로 살아가는 '여동생'은 그 일을 통해 살아가면서 속죄를 실천하는 역할을 부여받았다. 속죄를 실천하지 않는 산 자='일본인'에게는 일절 평화를 주지 않겠다는 기리야마의 영속 혁명적인 표현전략이 여기에 있다.

## 5. 연합적군 사건

또 하나의 '전설'을 다루어야만 한다. 그것은 연합적군 사건이다. 1969년 가을 정치투쟁으로 체포되어 1972년에 출옥한 '형님'

은 '결의한 벙어리'로서 '우리' 앞에 나타난다. 그 이유는 '형님'이 '가장 급진적이길 목표로 했던 당파—우리의 60년대가 낳은 당파 중의 당파'(강조 원문)에 소속되어 있었으며, 그 당파는 산악지대에서 10일간의 총격전을 관철했고, 또한 그곳에 도달하는 과정에서 산악 베이스에서 동지들 '병사' 14명을 처형했다. 게다가 처형된 1명은 '형님'의 연인이었다. '타오르는 듯한 무지개의 헬멧'을 쓴 이 당파는 공산주의자동맹 적군파를 모델로 삼았으며, 그렇기에 산악 베이스 사건(실제 산악 베이스에서의 희생자는 12명), 아사마 산장 사건이 그대로 참조되었다. 기리야마는 이 주제에 대하여『도시 서정 단장』에서 주요하게 다루며, 거기에서는 14명의 죽은 이가 중단된 혁명전쟁을 계속하게 된다. '나'로부터 '형님'에게 보내는 편지로 구성된『빨치산 전설』의 경우는 '형'과 그 당파가 일으킨 사건의 취급은 어디까지나 한정적이었지만, 형이 벙어리가 된 이유를 기리야마는 '죽이고 죽는 자로서의 절망'이라고 기술한다. 혹은 도미오카 고이치로와의 인터뷰에서는 산악 베이스 사건을 '가해자와 피해자의 관계가 아닌 어떤 의미에서는 자상행위'로 평가한다(富岡, p.198).

'자상행위'라는 말에서 기리야마가 의식하는 것은 연합적군 사건이 자본제 사회의 거부와 그것으로부터의 주체적인 '분리'를 강조하는 혁명운동이 해결 불능한 과제로써 끌어안은 아포리아라는 점이다. 자본제 사회를 거부하려면 자신을 구성할 힘과 하기 위한 주체적인 압력이 필요하다. 그런데 사회적 생산과정이라는 객관적 조건을 제외하면, 대항적 세력이 주관적으로 스스로를 구성할 주체로써 자기 형성하는 것은 지극히 당연하다. 악명 높은 1942년의

'근대의 초극' 프로젝트도 그랬듯이 파시즘도 역시 같은 역학으로 자기 형성할 것이다. 주관적이고도 주체적인 구성하는 힘을 형성하고자 하는 운동은 항상 이 오류에 직면한다. 그러나 이러한 주관적인 대항적인 힘을 형성하는 운동에서는 주어진 조건의 강한 거부 혹은 분리야말로 강한 힘을 만들어내기 위한 계기로써 선택되어 버린다. 실제로 거부당하는 것은 객관적인 조건의 약함을 직시하는 일이다. 직시하지 않을 뿐만 아니라, 그것을 바꿔 읽어서 극복해야 할 목표로 삼아 버린다. 이리하여 주체적이고 구성적인 주체를 권력으로 형성하기 위하여 리스크를 나서서 계속 긍정하게 되고 만다.

실제 연합적군 사건에서 모리 쓰네오森恒夫의 논리를 생각해보자(永田洋子『十六の墓標』下, 彩流社, 1983, p.111). 모리는 (나가타의 기술에 따르면) 최초의 희생자인 오자키 미쓰오尾崎允男의 처형에 앞서 나메카타 마사토키行方正時를 상대로 다음과 같은 논리를 전개한다. "<적 권력과의 섬멸전을 맡은 혁명 전사라는 것>이 <레저의 수단으로써의 총>의 <섬멸전의 총>으로의 전화를 가능하게 한다." 이 '총에 의한 섬멸전'론의 논리 전개에서는 총이 목적으로, 전사는 그 수단이 된다. <총>이라는 도구가 지닌 사용 가치로 주어진 조건을 부정함으로써 <총>은 그 성격을 바꾼다. 그러나 그것이 가능해지는 것은 정신주의의 힘이다. 왜냐하면 레저의 도구에서 섬멸전의 도구로 총의 성격을 바꾸기 위해서는 살인을 긍정한다는 주체의 비약이 필요하기 때문이다. 여기서 '총에 의한 섬멸전'이라는 리얼리티가 결여된 객관적인 조건의 약함은 자신의 주어진 의식의 부정을 반복하는 정신주의적인 주체의 결의를 통해 보완된다. 노동과 노동력의 분리에 따라 잉여가치가 채취되는 논리를 반복해서 정신으로부터 무한의 정신력=노동력을 끌어내고자 하는 논리가 전개되고 있다. 산악 베이스에서 주장된 '공산주의화 사상'을 위한 '총괄 요구'란 주관적이고 주체적인 구성하는 힘을 산출하기 위한 조건으로써의 <거부> 혹은 <분리>라는 계기를 무리하게 주체에 설정하는 것이었다. 그리고 산악 베이스에서는 이렇게 해서 객관적 조건을 뺀 채로 구성적 권력 창출을 위한 당과 군의 건설이 목적화되어, 끝도 없는 폭력을 초래하게 되었다. 더욱이 이 끝없는 거부=자기부정이라는 운동은 혁명 좌파가 중시하던 여성해방운동과 성차별 규탄 투쟁을 '공산주의화'를 위한 비약의 논리에 횡령한 것이었다. 그러나 차별 · 피차별 관계의 구체적 조건은 그곳에서는 거절당했다.

'죽이고 죽는 자로서의 절망'과 '자상행위'라는 기리야마의 말로 돌아가자. 전공투 운동은 자본제 사회로부터 분리해 자신을 '구성하는 힘으로써의 주체'로 삼는 사회운동 · 사상운동이었다. 그곳에서는 끊임없이 지배적 가치관의 거부가 집단적/개인적을 따지지 않고 반복되어 왔을 것이다. 주체의 자연적 조건의 거부는 가해와 피해가 서로 입장을 바꿔가며 일어나게 될 것이다. 그리고 객관적 조건을 빠트리면 빠트릴수록 거부해야만 하는 주체의 부채는 늘어나게 된다. 끝도 경계도 분명하지 않은 채, 자신의 신체와 내면을 필사적으로 무언가로부터 분리해 거부해야만 하는 이 충동은 확실히 '자상행위'에 가깝다. 그리고 이 자상행위라는 충동을 멈추기 위한 벽을 주체는 내면에 형성하고 있지 않았다. 그 운동은 '권력으로 이어지면 잔인해진다, 권력을 갖지 않으면 비굴해진다' 구조와 상관相關적이다. 천황제의 그림자는 이렇게 연합적군 사건에서 찾아낼 수 있다.

연합적군 사건에는 또 덧붙여야 할 에피소드가 있다.

공산주의자동맹 적군파와 혁명 좌파가 합동해 연합적군을 결성한 것은 1971년 7월로, 1971년 11월에는 공동군사훈련을 개시하고 12월 말부터는 폭력적 총괄 요구를 시작하며, 12월 31일에서 1972년 2월에 걸쳐 12명의 멤버가 살해당했다. 그리고 1972년 2월 19일부터 10일간에 걸쳐 아사마 산장에서의 총격전이 일어났다. 한편 아랍으로 탈출해 팔레스타인 해방인민전선에 합류한 적군파 멤버들은 1972년 5월 30일에 이스라엘의 리다 국제공항(이스라엘명 로드)에서 공항 점거 작전을 계획, 공항경비병과 총격전이 전개되었다. 그 결과, 실행부대였던 일본적군 3명 가운데 2명이 사망, 한 명이 붙잡혔다. 일본적군의 요시무라 가즈에吉村和江를 위시한 멤버들의 증언에 따르면 이 총격전은 '공항 무차별 난사'가 아니며, 공항 내 다수의 이용자를 죽인 건 오히려 당황한 공항경비대의 난사에 따른 것이라고 한다(실제로 사건 후에 앰네스티의 진상조사 요구를 이스라엘 정부는 거절한다)(吉村和江「日本赤軍とは何か—これだけは知ってほしい」, 『KAWADE 夢ムック 文藝別冊 赤軍1969→2001』, 河出書房新社, 2001). 게다가 리다 투쟁을 결의한 3명을 포함한 일본적군에는 잘못된 '총괄'로 인해 적과 싸우기 전에 자폭을 초래하고 만 연합적군 사건의 관계자에 대한 생명을 건 메시지가 담겨있었다.

## 6. 죽은 자들

이 글의 2절에서는 이케다 히로시의 적절한 논평을 인정하면서도 기리야마가 신화적이고 전기적인 구성을 선택한 점에 대해 의미를 인정한다고 서술했다. 그것은 이미 앞서 서술했지만 산 자를 승자로, 죽은 자를 패배자로 만들고 마는 히에라르키와의 대결이라는 표현전략이 기리야마에게 있었다고 생각하기 때문이다. 기리야마 가사네에게 전공투 운동이란 죽은 자의 존재론을 그릴 필요가 있다는 충동이 부여한 것이다. 그것은 산 자와 죽은 자의 불평등을 전복하는 혁명운동이다. 그리고 그것이 현실 세계의 혁명 운동 밑바닥에 여전히 남아있기를 기리야마는 기대한 게 아닐까.

산문의 세계에서 혁명을 수행하고자 한 기리야마와는 달리 2017년 5월 24일 급서한 다이도지 마사시는 확정 사형수 입장에서 하이쿠 짓기를 통해 피안에서 끊임없이 현실 세계를 공격함으로써, 그리고 죽은 자에게 속죄하는 삶을 극한까지 살아내는 것으로 현실의 거부와 그곳으로부터의 분리를 실현하고자 했다. 이야기의 가능세계를 형성하는 싸움과 피안에 머무르는 싸움이라는 둘 사이는 크게 동떨어져 있지 않다. 라기보다도 오히려 다이도지의 옥중에서의 표현 투쟁=혁명운동이 기리야마가 추진했던 '1968년의 혁명'의 질을 명확하게 했다고 말하는 편이 나을지도 모른다.

『빨치산 전설』이 앞으로 획득할 독자는 예전보다도 직각적으로 그 가능성을 받아들이게 되리라. 즉, 영속 혁명에 대한 의지를.

# 육조 문학六朝文學과 게릴라
## — 다카하시 가즈미高橋和巳 『스테코 모노가타리捨子物語』

### 1. 문체론

중국 문학의 육조문체 연구자였다는 사실이 다카하시 가즈미의 소설에 규범을 부여했음은 의심의 여지가 없다. 「육조 문학론六朝文学論」 모두冒頭에서 이렇게 말한다.

> 문체라는 건 말하자면 인식의 저항을 지탱하는 틀과 같아서 안에 담긴 정신의 보배는 틀의 형상에 따라서만 밖으로 꺼낼 수 있다. 일정한 버팀목의 범위 안에서 이루어지는 인식의 심화가 극한에 달해 틀 자체의 변용이 필연적으로 강요되는 이질적인 광맥 발견에 도달하기까지 일단 정립된 문체는 거의 자율성을 갖고 계승되는 것이 문학사의 정상 상태이다[1].

문학에서 문체는 '인식의 저항을 지탱하는 틀'이다. 그것은 '인식의 심화'의 길이며, 서양 문학에서 말하는 스타일Style에 그치지

1 高橋和己 「六朝文学論」, 『高橋和巳全集』 第15巻, 河出書房新社, p.45.

않고 '징크'까지도 포섭하는 개념이다. 게다가 그것은 대상으로 하는 사물 그 자체의 변화까지도 촉구한다. 이어서 이렇게 말한다.

> 문체의 역사는 그러니까 무엇보다도 문체에 의해 세상에 드러난 인식의 역사이며, 거듭 일정한 문체를 계속 선택하면 머지않아 사물 주위의 변화와 알력을 일으키게 되고 한번 자기 폭파하고 거듭 재생하고자 하는 문인의 문학적 태도의 역사다.[2]

문체 유지가 '사물 주위의 변화와 알력'을 초래하고, 문인의 '자기 폭파'를 일으킨다는 문체사·문학사의 이해가 지닌 중대한 안목에 대해서는 후술하겠다. 그렇지만 우선 문체와 논리의 결합이 문학작품의 구성 그 자체를 규정한다는 점을 확인해두고자 한다. 육기陸機[3] 「문부文の賦」의 46변려체의 대구표현을 인용하면서 구체적인 기능에 대해 다음과 같이 말한다.

> (…) 가장 오래된 궁정 의사儀事 연대기인 『상서尙書』에 이미 대구는 여기저기서 보이며, 또 『시편詩篇』의 시편 각 소절 간의 관계도 대부분 곧 더 정비된 대구를 낳게 될 반복적 '첩영疊詠'으로 구성된다. 한대의 부가賦家[4]들은 이를 형식적으로 정비했다. 육조의 문인들은 그 유산을 받아 중국어가 지닌 본래의 운명을 말하자면 연명적인 미美로 보

2 同前.

3 역자 주－중국 서진의 문학자.

4 역자 주－부(賦): 『시경(詩經)』 육의(六義)의 하나로, 직접적인 서술 수법, 또 이를 사용하는 문학 장르.

> 편화해, 더욱 다양하고 풍요롭게 만들고자 한 것이다. 한결같이 서술 거듭하기 내지는 수사의 강조적 반복이었던 것을 사상事象의 유비類比로, 사상의 유비로부터 사념思念의 대응으로, 그리고 대응에서 대비의 긴박으로, 결국에는 대극화를 통해 사물과 사념의 핵심을 암시하는 상징적 변증으로 대구対句의 영해를 확대했다.[5](밑줄은 인용자).

대구가 사상의 유비를 통해 사념의 대응을 유도하고, 그에 따라 긴박상태를 만들어내면서 '사물과 사념의 핵심'의 암시에 이른다. 말하자면 역사적 시간과 주관적인 시간 · 경험과의 상호 일방적이고 비非 화해적인 무—관계성에 대하여 주체적인 대구표현의 비약을 거듭함으로써 역사적 시간 그 자체의 관념적인 횡령을 가능하게 한다, 그러한 차원에 도달했다는 것이다. 다카하시의 장편 처녀작인 『스테코 모노가타리』[6]는 이 방법론의 구체적인 응용이 아니었을까. 화자가 병상에서 친구들과 나눈 철학 · 사상 문답을 상기하는 모두 부분으로부터 인용하겠다.

> 남녀의 육체 교접이 양의 굴욕과 고뇌, 음의 체념과 무관심에서 벗어날 수 없는 한 불운은 존재하며, 원제와 그 벌은 생활의 하층下層에 언제나 감돈다. 불행은 멘델의 법칙보다도 확실하게 이어진다.
>
> 논의는 처음 기독교인이 말하는 저 '불멸'에 관해서였는데, 빈곤과 풍요의 사이에서 태어난 에로스의 성격으로 이야기가 벗어났을

5 同前.

6 역자 주—스테코는 내다 버린 아이라는 뜻.

즈음부터 명제는 느닷없이 지상의 '저주' 혹은 '운명'으로 전환되었다.[7]

여기서 바로 문체가 각각의 사념을 다음 스테이지로 옮긴다. '남녀'의 육체 교접은 '음양'과 그 사념으로 치환되고, '원죄'와 '벌', 감수성을 걸친 '불운' '불행'이라는 긴박상태에 놓인다. 게다가 이 대구표현이 기독교인의 '불멸'을 매개해서 '빈곤과 풍요' '에로스의 성격'을 참조하면서 일거에('느닷없이') '지상의 '저주' 혹은 '운명'이라는 고차원의 긴박상태가 도입된다. 이 모두 부분은『스테코모노가타리』그 자체의 주제를 상징적으로 제시한다. 민속습관 속 '스테코'라는 원시적인 소외를 세 가지 주제로 이루어지는 만담三題噺처럼 이용해 현실 세계로부터 내쳐진 일에 대해 미적인 몽상으로 살아남은 '나私'=아라이 구니오荒井国雄 소년이 가족에게 버림받고, 또한 가족(어머니와 여동생)을 못 본 체하고 적극적인 소외 상태가 되는 것으로 흡사 구세주처럼 재생再生하여 현실 세계에 대치하게 되는 그 순간까지가, 오사카 대공습이라는 카타스트로피를 클라이맥스에 두고 그려진 작품이다. 게다가 작품 모두의 이 암시는『스테코모노가타리』에 그치지 않고, 다카하시의 이후 장편 작품군의 주제까지도 포섭한다. 아라이 구니오의 분신은 가령『슬픔의 그릇悲の器』의 마사키 덴젠正木典膳,『일본의 악령日本の悪霊』의 무라세 겐스케村瀬狷輔,『우울한 당파憂鬱なる党派』의 니시무라 고이치西村恒一, 그리고『자슈몽邪宗門』의 지바 기요시千葉潔로 분화해갈 것이다. 물론『스테코 모노

7 高橋和己『捨子物語』, 河出文庫, p.7.

가타리』의 아야코綾子와 미유키美之, 그리고 기노시타 히후미木下ひふみ가 『자슈몽』의 고쿠보 아레小窪阿礼, 교토쿠 아키行徳阿貴, 호리에 다미에堀江 民江 등 여성의 성격묘사에 부분적으로 분류되어 있듯이 그 '대구의 영해'를 다른 작품군 속에서 반복하면서 확대해간다.

게다가 또한 음과 양, 원죄와 벌, 빈곤과 풍요, 그리고 저주와 운명과 같은 대구는 『스테코 모노가타리』의 작품 그 자체의 구성에서도 일관된다. 「서장 신화序章 神話」는 병상의 화자를 통해 작품 전체가 암시되면서 젊은 부부의 희망과 타락의 대우対偶적 관계가 제시된다. 제1장에서는 음과 양의 성격이 상호 전환하는 아라이 구니오의 가족이 소개되며, 제2장에서는 어머니와 아야코綾子, 「직각 선생直角先生」 등의 여자들과 '나'=구니오의 사이에서 비슷한 전이, 제3장은 이세 신궁伊勢神宮으로의 수학여행과 급우・히사마쓰久松와의 대우적 관계, 제4장은 가족 사이에서 분류된 대구적 성격이 어머니의 비밀=중절과 아야코의 실종에 따라 긴박해지고, 그것은 제5장에서 어머니의 광기를 거쳐 최종장인 오사카 대공습과 미유키美之의 죽음에 도달한다. 게다가 몇 가지 이야기상의 주제도 대구적으로, 발전적으로 제시된다. 제1장의 괴담 이야기나 '룸펜' 노인이 이야기하는 철도 자살은 최종장에서 '나'가 미유키를 연루시켜 시도하는 철도 자살로 반복된다. 괴담 이야기의 뒷부분을 "그래서, 그래서?"라고 '나'에게 재촉하는 미유키의 '나'를 향한 무구하고도 순종적인 의존은 또한 최종장에서의 미유키의 죽음과 이를 초래한 '나'의 원죄를 구성하게 된다.

## 2. 미문체美文体 전략

더욱이 대우적 · 대구적 구성에 그치지 않고, 다카하시 소설의 미적인 비유는 육조 문체 연구가 밑받침했다는 점에도 의심의 여지가 없다.

다음은 『스테코 모노가타리』에서 소학교 5학년까지의 동급생이자, 최후의 시기에 '나'와의 약간의 친밀의 시간을 공유한 '절름발이 소녀' 기노시타 히후미木下ひふみ가 학예회 종료 후에 '나'에게 보인 <등나무 시렁의 춤藤棚の舞> 묘사이다.

> 나는 저녁 무렵 뒤뜰의 등나무 시렁에서 찾던 모습을 확인했다. 그녀는 어느 정도 심각한 듯 생각에 잠겨 있었다. 가까이 다가가자 그녀의 시선은 조용히 내 위에 머물렀다. 그녀는 무언가 신호를 한 듯 했다. (…) 그리고 무엇을 생각했는지 목발을 담장에 기대 세우고 우스꽝스러운 내 몸짓을 흉내 내더니 춤을 추기 시작했다. (…) 그녀가 팔을 허공에 휘두르자 단정한 스커트 자락이 물결쳤다. 온화한, 거의 우아한 춤 동작이 그녀 육체의 결함을 보완하고, 파랑과 주황색의 교차가 상감 세공象嵌細工의 흔들림을 떠오르게 했다. 등나무 시렁으로부터 늘어진 꽃의 잔해와 작은 잎이 고독한 요정의 광란에 따라 아래위로 움직인다. (…)
>
> 무릎을 꿇어 땅에 대고 고개를 하늘로 젖힌 채, 양손을 비상을 꿈꾸는 오리처럼 흔든다.
>
> 돌연 의표를 찔려 소녀는 일어나자 짧은 스커트 자락을 걷어차고, 병든 다리는 지상 가까이에 원을 그렸다. 원시민족의 제전, 무녀의 희

> 생[산 제물]을 앞둔 광란과 같이. 남모르는 깊은 산 속 연못 가에서 그림자를 수면에 떨어트리고 갈대 피리에 맞춘 노탐미파老耽美派, 사곡邪曲과 쇠퇴의 교만함이 하늘을 찌르는 무용처럼. 기도의 해 질 녘은 멀리 서쪽으로 달려가고, 갇힌 정적은 그 은밀한 연회宴로 금빛으로 빛난다. 이윽고 환상의 북소리가 난다. 가슴이 두근거리듯 격하고 텅 비게. 소녀는 세상의 비참함, 인간 세상의 모든 오뇌懊悩를 짊어진 자처럼 춤춘다. 내 귀는 기차가 달려간 선로에 몸을 뉘었을 때, 그때 느끼는 두려운 지축을 흔드는 소리로 가득했다.[8](밑줄은 인용자)

여기서는 많은 이미지를 참조하고 있는데『이상은李商隠』부터, 우선「모란牡丹」의 번역을 참조해보자. 원시詩의 일본식 읽기는 '손을 늘어뜨리고 흩날리는 패옥雕玉을 두르고, 허리를 굽히고 경쟁하는 울금빛 치마'가 되는 2행이다. 다카하시는 이를 다음과 같이 번역한다. "이윽고 바람이 불기 시작하자, 정원에서 꽃의 무용이 시작된다. 미풍의 가락에 맞춰서 떨군 손의 춤에 흩어진 경옥硬玉처럼 이슬이 반짝이는 길쭉한 모란 잎이 흩날린다. 다소 강한 바람에는 허리를 꺾어 몸을 굽혀서 은은한 황색 치마처럼 모란꽃이 경쟁하듯 춤춘다."[9]

히후미의 춤은 등나무꽃과 중첩되어 묘사되는데, 이상은의「모란」은 모란꽃을 춤에 비유해서 즐기는 시구이다.「모란」은 위공衛公의 아름다운 부인 난시南子의 후원자였던 영호초令狐楚의 연회 석상에

8 前掲,『捨子物語』, pp.135-137.

9 高橋和己『李商隠』, 河出文庫, p.93.

서 내시하는 기녀를 조롱하며 작성했다고 다카하시는 주석을 달았다. '무녀의 희생'의 춤으로 비유되는 2번째 강조 부분은 『시경詩経』의 「저구雎鳩」 시구에 있는 선조 제사의 춤을 나타내는데, 여기서 교감의 대상은 선조가 아니라 '나'이다. 히후미의 춤을 눈앞에 두고 '나'는 몸을 움직이는 일은 허락되지 않으리라 느낀다. 그것은 두 사람이 심적인 친밀감情誼을 나누었기 때문인 긴장이기도 했다.

> 내가 펼친 상념의 거미줄을 스칠 듯이, 그러나 그녀의 손끝은 결코 그것에 닿는 일은 없었다. 그래도 나는 숨을 죽이고 가만히 기다렸다. 그때 소녀의 감정과 긍지, 고독과 슬픔이 하나의 작은 돌로 응결할 수 있었더라면. 아마도 그녀도 그것을 바랐을 것이다. 인종忍従 속으로부터 일순 떠오른 그 꿈이 설사 잡초 그림자의 조약돌에라도 머무를 수 있었더라면.[10]

다카하시가 「육조 미문론」에서 말하듯이 "미문이 지닌 제1의 특색은 아낌없는 개인의 감정 강조에 있다."[11] 여기에 정감을 깊게 적시고 있는 것은 이별의 감정인데, 그 감정은 흘러넘치고 '잡초 그림자의 조약돌'이 되기를 기대할 정도로, 즉, 물리적으로 형이하形而下의 세계를 움직일 뿐이다. 이는 대구를 반복하는 것으로 전개한 일정한 문체의 유지가 '사물의 변화와 알력'에 달한 순간이다. 게다가 이 작용을 통해 '나'에게 교감을 가져오고자 한다. 그러나 이 교

10 前掲, 『捨子物語』, p.137.

11 前掲, 『六朝美文論』, p.46.

감은 덧없이 무너진다. "소녀의 에고이즘은 소녀의 민첩한 감성과는 결국 일치할 수 없었다. 내가 원했을 때 이미 소녀는 하나의 빈 껍데기에 지나지 않았다."[12] '나'가 소녀와 일치한다면 '나'는 나 이외의 다른 무엇이 될 예정이었다. 광의의 문학 운동과 구별되는 개별 작품 각각 속에서 일어나는 '자기 폭파와 재생'이 여기에 있다. 그리고 그것은 타자로의 융합의 가능성을 의미한다.

더욱이 '내 귀는 기차가 달려간 선로에 몸을 뉘이'고, 그 지축을 흔드는 소리를 듣는다는 세 번째 강조 부분은 작품의 최종부, 미유키를 동반해 철도 자살하려다가 '나'만이 가까스로 구출되는 그 순간의 묘사가 예시적으로 차용되어 인용된다.

육조 미문체에서 차용한 '사물의 변화와 알력' '자기 폭파와 재생' 표현의 예를 한 가지 더 들어보자.

쪽문 유령의 '유령인지 도깨비불'의 기색으로 시작되는 제4장에서는 중절 수술을 위해 2주일간 집을 비운 어머니가 돌아오고, 아야코가 실종되고, '나'의 '젊은 꿈에 대한 이별'이 완료된다.[13] 실종 전 마지막 시간에 동생인 '나'에게 이별을 고하기 위해 아야코는 '나'를 데리고 흉가로 도망치고, 전에 방문한 적 있는 산기슭의 수도원으로 간다. 수도원으로부터는 불안한 떨림을 동반한 노랫소리가 들려온다.

"저 정자에 앉으렴."

12 前掲, 『捨子物語』, p.137.

13 同前, p.198.

> 푸른 이끼와 흰 돌층계가 대소되는 사이를 아야코는 뛰어서 갔다. 나는 지금 들려오는 노랫소리가 얼른 가지 않으면 사라지지 않을지 안절부절못했다. 정자의 축축한 의자에 앉자 아야코는 나를 물끄러미 바라보며 이제부터는 미유키를 더 잘 돌봐줘야 해, 라고 같은 말을 반복했다.[14] (밑줄은 인용자)

여기서 '푸른 이끼와 흰 돌층계'는 이상은의 「중과성녀사重過聖女祠(다시 성녀사를 지나다)」로부터의 차용이다. 「중과성녀사」는 일본의 다케토리 모노가타리竹取物語의 원형 중 하나이기도 한 「두난향杜蘭香」 전설과 연관된 시로 이 성녀를 기리는 사당이 이렇게 묘사된다. '흰 돌이며 바위 사립문에 푸른 이끼 무성한데'. 다카하시의 번역은 이하와 같다. "동천東川에서 장안長安으로 돌아오는 도중, 이곳 봉주鳳州의 태강산泰岡山의 낭떠러지, 성녀를 기리는 사당에 다시 들리게 되었다. 그것이 출입문이기도 한 하얀 돌 문은 시간의 빛에 낡아, 푸른 이끼가 돌의 흰색과 대조되어 선명하게 돋아나 있다."[15] 선녀·두난향은 상강湘江 기슭에 버려져, 어부의 집에서 길러지고 성장해 천상으로 돌아간다. 두난향의 전고典故[16]를 참조하면서 신선계에 대한 동경을 노래해, 천상의 환영을 받고자 하는 강력한 현실도피에 대한 갈망이 나타난다. '나' 또한 수도원의 '푸른 이끼와 흰 돌층계'라는 '성녀사'로부터의 표현 차용으로 현실의 아야코와의 이별을 직시하려 하지 않고, 그 대신 신선계에 대한 갈망을 찾으려 한다.

14 同前, p.286.

15 前揭, 『李商隱』, pp.53-55.

16 역자 주-전거가 되는 고사.

실제로 '나'는 수도원 안을 '성녀사'의 전고에 따르기라도 하듯 방랑한다.

'안녕히'이라는 남과 같은 인사를 남기고 아야코가 '나'에게서 떠나간 후, '나' 홀로 출입문을 빠져나와 수도원으로 뛰어든다. 그곳은 '전체가 있어도 부분은 없는, 말하자면 빈사賓辭가 없는 풍경이었다.'

> 산의 표면이 민둥민둥하다……. 자갈길이……. 사당으로 잘못 본 숯막이……. 바람과 냉기가…….
>
> 그 황량한 풍경 속에 한 사람의 인물이 내가 가는 쪽 오솔길에 서 있는 것이 보였다. 그것은 어부도 나무꾼도 아니었다.(…) 이것이 인간인가. 인간이라고 직관적으로 깨닫는 편이 이상할 정도로 이 자는 기묘한 모습을 하고 있었다. 이끼와 고사리로 된 깔개 위에 그자는 기묘하게 몸을 꿈틀대며 똑바로 서 있었다.[17]

'전체가 있고 빈사가 없는 세계' 즉 일본어로서의 통사가 완성되지 않은, 게다가 대상적인 현실성을 지니지 못한 몽상의 세계에서 '나'가 만난 '침묵의 나상裸像'은 '어부도 나무꾼'도 아니다. 물론 전고에 따르면 이 나상은 어부이다. 어부는 오른쪽 다리로 서서, 왼쪽 다리는 허벅지를 가슴에 대고 발목을 목덜미에 감고 뒤꿈치를 어깨에, 발가락을 오른쪽 귀에 걸고 양손을 허공으로 번쩍 들어 올리고 있다. 그것은 천상으로 가버린 선녀 · 두난향을 쫓아 자신의 다

17 前掲, 『捨子物語』, p.287.

리를 하늘로 향해 들어 올린 채 굳어버린 조각상이다. '나'는 이 남자에게 공감을 품고서 말을 거는데, 그것이 둘 다 사랑하는 자에게 버림받았다는 슬픔에 있다는 것을 깨닫고 '통감'이 몸 안에서 용솟음친다. 다음으로 이 침묵의 나상으로부터 멀어져 '나'는 노랫소리의 주인인 신선녀를 만난다.

"—여" 나는 일부러 온 힘을 다해 불렀다.[18]

'나'는 이 선녀에게 두난향의 어부가 그러했듯이 '물방울에 젖은 얇은 옷을 벗기려 덤볐다'. 그러나 그녀의 '그것만은 아니 됩니다'라는 격한 거절과 '온 얼굴을 주름투성이로 만든 그 비애의 표정'을 만나 '마음을 면도칼로 찢는' 충격을 받는다. 뉘우침에 사로잡힌 '나'의 앞에서 노랫소리는 사라지고, 물웅덩이는 가스를 뿜어 올리는 흙탕물로 변해있었다[19]. 이렇게 '나'는 몽상과의 동화同化를 다하고자 '자기 폭파'를 일으킨 것이다. 그리고 또한 아야코의 모습이 사라지고, 공습에 대비한 '가옥 강제소개家屋強制疎開'를 위해 빈집이 된 흉가와 거리에서 '나'는 한 세계의 소멸을 경험한다. '나는 천천히 눈을 이동시켜 그 건물이 사라짐에 따라 꿰뚫어 볼 수 있게 된 뒷골목 거리의 조선인 연립 주택長屋의 기와지붕에서 여전히 푸르게 맑은 하늘의 캔버스 위를 몇 가닥이고 몇 가닥이고 포물선을 그리며 달려가는 전화선과 전등선을 보았다'. 그러한 사물은

18 同前, p.292.

19 同前, pp.295-296.

‘자기 자신의 생명을 주장하는 생물과도 같’았다.[20] 나는 아직 대상적 세계의 현상학적인 실존에 흥미를 품고 있지 않다. 그러나 ‘사물’은 그 방향을 향해 변화를 이뤄내고 있었다.

『스테코 모노가타리』 후, 다카하시 가즈미는 유년 시절을 보낸 인력시장・가마가사키釜ヶ崎를 『타락堕落』이나 『자슈몽』의 주인공의 종언의 장소로 설정하게 된다. 그것은 이 장편 처녀소설의 뒤를 계승해가는 문인・다카하시 가즈미의 ‘자기 폭파와 재생’ 이야기와 다름없다.

대구적 반복이 필연적으로 선행하는 형식을 폭파해버리는 육조문체의 문학 운동사가 단순한 학문적 안목에 머무르지 않고, 실생활에서의 다카하시 가즈미의 행동과 발언까지도 규정했었다는 점에도 의심의 여지가 없다. 그것은 교토대학京都大学에서의 중국 문학의 은사・요시카와 고지로吉川幸次郎와의 관계의 ‘폭파’도 포함한다. 게다가 이와 관련해 구세주로서의 ‘새로운 아버지’와의 예정된 배신에 대해서도 『스테코 모노가타리』의 최종 부분에 쓰여있다는 사실에 우리는 놀라움을 금할 수 없다[21]. 즉 다카하시는 문장과 인격적 존재와의 일치에 있어서 운명적인 각오를 품고 있었다는 것을 의미한다.

20 同前, p.298.

21 同前, p.421.

## 3. 게릴라

육조 미문체의 역사를 공부한 다카하시는 이를 통해 더욱 보편적인 국가와 문명 인식의 역사를 체득했다. 그것은 문학 고유의 주제로써 개인의 내면적인 갈등의 무게에 대한 적절한 평가를 동반한다. 『이상은』 「곡강曲江」의 말미의 2연과 그 번역을 참조하자. '하늘이 무너지고 땅이 뒤집혀 마음 부서지는데 봄을 잃어버리는 것에 비길 수 있으랴' 다카하시의 번역은 아래와 같다. "가령 천재지변과 같은 격렬한 혁명이 이렇게 계속되어, 마음은 천 갈래, 만 갈래로 부서지더라도 한 여성의 무참한 죽음을 들어 알게 되면 봄으로도 비유할 법한 그 사람의 죽음을 아픈 마음에 비교한다면 계속되는 동란에 꺾인 마음의 슬픔도 별일 아니라고 생각되는 것이다".[22]

혁명이나 동란이 초래하는 비극과 마찬가지로, 아니 그 이상으로 한 사람의 죽음에 대한 상심은 무겁다. 그것이 미문체의 전개를 낳은 만당晩唐[23] 중국 문학의 정치성과 문학성이다. 그러나 이 미문체의 역사는 앞서 인용한 바와 같이 '일정한 문체를 계속 선택하는 것이 머지않아 사물 주위의 변화와 알력을 일으키게 되고, 한번 자기 폭파해서 거듭 재생하고자 하는 문인의 문학적 태도의 역사다'라고 하는 사물과 주체의 관계에 대한 중대한 논점을 제기한다. 이 문체사론을 「곡강」과 중첩해 해석한다면 사랑하는 한 사람의 죽음에 대한 상심을 표현하는 미문과 이를 지탱해 온 문학적 레짐이 대상적 세계와

22 前揭, 『李商隱』, pp.49-52.

23 역자 주 – 당대(唐代)를 넷으로 나눈 그 마지막 시기. 836~907년.

문장의 작자 쌍방에게 갈등과 변혁을 일으킨다는 것을 의미한다. 바꿔 말하자면 사랑하는 한 사람의 죽음에 대한 탄식도 또한 하나의 혁명을 초래하는 것이며, 그것은 대상적 세계를 영유해버리게 된다. 『스테코 모노가타리』의 몇 장면을 통해 이 글이 논해온 논지는 이상에 달한다. 이를 조금만 더 부연하고 이글을 마치도록 하겠다.

한 여성의 무참한 죽음을 들어 알게 되고, 그 사람의 죽음을 마음 아파하는 것은 단독자이다. 영원한 이별의 탄식은 그것이 단독자와의 관계이기 때문에야말로 깊다. 단독자는 그 탄식이 너무도 깊기 때문에야말로 언설 권력의 중추를 향해 직접적이거나 혹은 상징적으로 효과적인 공격을 해서 그 탄식에 많은 사람을 동원하고자 한다. 게다가 그 탄식이 역사적인 기억으로 후세에 남게 되기를 바란다. 그렇기 때문에 미문체라는 문학적 레짐을 숙지하는 것이 조건이 된다. 이리하여 탁월한 수사 기술과 문체사의 지식을 구사해 수행하는 그 문학적 투기投企[24]는 문학제도 속 정치적 프로파간다와 비등해진다. 따라서 이렇게 바꿔 말할 수 있다. 미문체 전략이란 단독자에 따른 문장이라는 최소 유닛을 이용한 권력 중추에 대한 직접적인 공격이자, 동시에 더욱 광범위한 대상의 동원을 목표로 발신하는 정치적 프로파간다다. 이를 수행하는 작자는 틀림없이 한 사람의 게릴라다.

1950년대부터 70년대의 시공간에서 이윽고 정치투쟁의 분야에서 많은 게릴라가 최소한의 조직과 극소 유닛을 구사해서 권력에 대한 직접적인 공격과 정치 프로파간다를 마음먹게 되었다. 이는

24 역자 주－현재를 초월해 미래에 자신을 맡기는 일.

전후 일본에 한해서도, 정치와 정신의 현상학에서 하나의 공통 양해의 형성이었다. 다카하시 가즈미가 정치적 정신현상학의 과정에서 공산주의자동맹 적군파의 결성과 '소수자의 혁명'이라는 이미지에 관심을 두게 된 것은 잘 알려진 사실이나, 그때 그는 자신이 사는 동시대의 운명을 만당 중국 시인들의 문화적 투기에 겹쳐보았으리라고 짐작한다.

# 기기기
## — 사투私闘하는 테러리스트 만화

자신이 피폭자라는 사실을 숨기고 살아온 나카자와 게이지中澤啓治는 1968년부터 『검은 비를 맞고黒い雨にうたれて』를 첫 작품으로 하는 '검은 시리즈'를 통하여 피폭자의 삶을 억압하려고 하는 일본 사회를 고발하기 시작한다.

정확히 같은 움직임이 1960년대부터 1970년대까지 이어진 제2차 민화民話 붐에서도 일어났다. 1969년 마쓰타니 미요코松谷みよ子가 피폭된 의자를 모티브로 한 『두 명의 이다二人のイーダ』를 발표했다. 마쓰타니는 그 뒤로 '나오키와 유코直樹とゆう子' 시리즈 다섯 작품을 계속 써 나간다. 참고로 또 하나의 마쓰타니 걸작 민화 『도둑 너구리와 할아버지ほっかむりたぬきとじっさま』도 1972년 발표되었다. 줄거리는 다음과 같다. 수박과 멜론을 먹어치우는 너구리 피해를 막기 위한 대책으로 밭에 카바이드 램프를 설치하고 그것을 K국 밀항선의 신호로 의심하는 신고 전화가 걸려와 소동이 벌어진다. 그러자 누군가 그 전화를 건 것은 너구리가 아닐까라고 말한다. 야마가타山形 지방의 쇼나이庄内 해변에서 채록된 '현대의 민화'이다. 할아버지는 "너구리들도 인간에게 산을 빼앗겼으니, 이 주변은 원래 우리의 산이라고 말하고 싶은지도 모르겠군[1]"이라는 말로 소동을 끝맺는다.

원래의 소지자·소유자는 우리였다고 주장하는 것과 당사자가 전쟁과 피폭의 경험을 복권復權하고자 하는 것은 마찬가지다. 양쪽 모두 오래전부터 그곳에 존재했지만, 존재한 적 없는 취급을 받고 있다. 토지와 기억의 소지자는 기억에 대한 모든 권리를 상실했다. 토지에서 일어난 비극도 함께 말이다. 총력전과 패전의 시대가 지나고 다시 일본국토가 렌트화될 때 그 토지의 기억(전쟁과 피폭의 기억) 또한 억압당했다. 그랬던 1960년대 후반, 소년 소녀 독자를 대상으로 한 만화와 민화의 세계에서 전쟁 경험의 억압을 고발하는 작품이 발표된 것은 우연이 아니다. 아이들은 아무것도 소유한 것이 없어서 직관적으로 가진 사람과 가지지 못한 사람 사이의 적대적 관계를 인식하기 때문이다. 그리고 그러한 직관을 표현 방법론의 핵심으로 삼은 나카자와 게이지와 마쓰타니 미요코는 모두 일본 사회에 날카로운 신경 자극을 주어 그 경험을 발굴하는 데 성공했다.

## 1. 민화적 운동

나카자와 게이지의 『맨발의 겐はだしのゲン』은 선행하는 '검은 시리즈'와 피폭이라는 주제를 공유하고 있지만, 표현 형식은 전혀 다르다. '나카오카 겐中岡元'이라는 소년의 세계에 관한 이야기는 의성어와 의태어가 대사를 채우고, 에피소드 시퀀스를 게이샤의 고우타小唄[2],

1 松谷みよ子「ほっかむりたぬきとじっさま」,『松谷みよ子の本』第二巻, 講談社, 1994, p.457.

2 역자 주-에도 시대 유행한 속요의 총칭.

로쿄쿠浪曲[3], 수많은 창가와 유행가를 개사한 노래로 연결한다. "새벽 5시 반 도시락 들고 집 나서는 아빠의 모습… 점심은 지렁이 국수, 떠돌이 생활 왜 이리 힘들어, 매일같이 벼룩만 들끓는구나" "온 세상 싸다니는 각설이~ 쪽박 하나 들고 대문 앞에 서서~ 아저씨이~ 밥 좀 주우~ 배 터지게 밥 좀 주우~" "안녕 삼각, 사각은 두부, 두부는 하얘, 하얀 건 토끼, 토끼는 깡총, 깡총 뛰는 건 개구리, 개구리는 파래, 파란 건 바나나, 바나나 껍질은 벗겨져…". 끝 없이 이어지는 소년들의 일상 시간을 구성하는 노래들과, 분명하게 구분해 묘사되는 선인과 악인. 전쟁협력자 일본인들은 모두 도깨비 형상으로 묘사되고, 저항하는 겐의 가족은 사정없이 두들겨 맞아 이마와 입에서 피를 흘리며 "기기기"하며 이를 간다. 대사 마지막 부분은 때때로 두 번씩 다그쳐 묻는 것처럼 반복된다. "무슨 일이야? 무슨 일이야?" "참고 견뎌. 참고 견뎌". 수탈과 분노, 르상티망이 반복되면서 노래가 충동을 부드럽게 억제하고, 비일상을 일상의 리듬으로 흡수함으로써 겐과 등장인물들은 처참한 날들을 살아갈 수 있다. 이러한 민화적 리듬은 『맨발의 겐』에서 확립된 고유한 표현으로, 오즈 야스지로小津安二郎와 잉그마르 베르히만의 영화처럼 비서양 또는 비주류적 세계에서 유래한 표현인 이 만화가 세계적 보편성을 획득한 이유 중 하나이다. 『맨발의 겐』은 이러한 민화적 세계의 형식에 힘입은 만화인 것이다.[4]

---

3 역자 주－전통악기 샤미센(三味線) 반주에 맞춰 부르는 노래.

4 『맨발의 겐』과 '민화적 수법'에 대해서는 이미 오지영(呉智英)이 언급하고 있다. 呉智英「『黒い雨にうたれて』解説」, 中沢啓治『黒い雨にうたれて』ディノボックス, 2005.

## 2. 이미지 공간

나카자와 게이지의 표현상의 달성이 '괴물'로 변한 피폭자들의 비인간적인 형상을 만화화한 것이라는 점은 말할 필요도 없다. 고열로 인해 등의 피부가 훈도시처럼 늘어져 있다. 박힌 유리가 몸의 표면을 뒤덮고 있다. 그곳에는 인간 이외의 존재가 인간의 움직임을 연기하고 있다. 추상화되고 비개인화된 희생자들. 그러나 이러한 추상화와 유형화를 통해서 생생한 차별화가 컷과 컷, 장면과 장면의 이미지 운동 속에 표출된다. 생생한 차이 때문에 만화의 운동이 우리의 신체로 침투 작용을 일으킨다. '눈을 가리고 싶어진다'와 같은 묘사는 우리에게 눈을 돌리거나 책장을 빨리 넘긴다는 '관련성'을 부여한다. 겐의 등장인물은 때때로 이러한 피폭자의 형상을 트라우마적으로 반복하며 상기(act-out)한다. 이러한 이미지 공간을 통해서 우리도 겐의 경험을 공유한다.

피폭자 서발턴으로서의 나카자와 게이치의 직접적 경험만이 이러한 표현상의 성공을 만든 것은 아니다. 만화 표현이 가지고 있는 고유한 제약을 통제함으로써 가능했던 것이다. 그것은 페시미즘 시대의 표현이라는 과제에 대한 의식적 대처이기도 했다. 앞에서도 언급했지만, 기억의 억압자들이 활개를 치던 1960년대 후반이라는 상황 속에서 나카자와 게이지가 원폭을 만화의 대상으로 삼기 위해서는 몇 가지 결정적인 표현상의 연출이 필요했다는 점에 유의해야 한다. 페시미즘 시대의 정치적 표현은 정치적 메타포를 뛰어넘지 못하는 한 패배하고 만다. 표현자는 패배하지 않기 위해 노력해야 한다. 한때 발터 벤야민이 다음과 같이 논단한 그대로이다. "페시미즘을 조직화한다는 것은 곧 정치로부터 도덕적 메타포를 추방하고 정치 행동의 공간에서 100%의 이미지 공간을 발견하는 것이다[5]".

그러나 이미지 공간과 집단적 신체와의 직절적直截的 결합에 의한 혁명을 꿈꾼 벤야민이 성공 사례로 분석한 것은 고도자본주의와 파시즘이었다. 마이너리티이면서 스스로를 타자에 의한 부정적 정의로밖에 표상하지 못하는 서발턴은 정치 행동 공간을 뒤덮는 '100%의 이미지 공간'을 만들 수 있을까? 바꿔 말하면 기억의 억압자들을 역으로 지배하는 표현은 어떻게 구축할 수 있을까?

나카자와 게이지의 대답 중 하나가 '괴물'로 변한 피폭자들의 형상 창조였다. 그리고 나카자와가 준비한 또 하나의 대답에 대해서는 피폭자들의 형상만큼 주의를 기울여야 한다. 그것은 르상티망을 품고 사투私闘를 벌이는 테러리스트들을 창조하고, 그 신체성으로 이야기를 지배하는 것이다.

## 3. 사투私闘

'검은 시리즈'의 하나인 1972년 작품 『검은 흙의 외침으로黒い土の叫びに』는 나카자와 게이지의 켈로이드 묘사가 완성된 작품으로도 기억되는 작품이다. 마지막 부분에서는 피폭자 유골을 '검은 흙'에서 파낸 주인공 류지隆二가 피폭자의 원통한 유지를 이어받아, 창밖

5 ヴァルター・ベンヤミン, 浅井健二郎編訳「シュルレアリスム」,『ベンヤミン・コレクション一 近代の意味』, ちくま学芸文庫, 1995, p.516.

으로 후지산이 보이는 신칸센 안에서 옆자리 승객이 읽는 신문 기사의 제목 "중국 또 핵실험" "제4차 방위력정비계획 결정"을 보면서 검은 분노를 느끼는 클로즈업 장면을 그리고 있다. 한 사람의 테러리스트가 탄생한 순간이다. 이런 이미지는 시리즈의 첫 번째 작품 『검은 비를 맞고』에서는 마치 고르고 13[6]을 연상시키는 킬러로, 『검은 침묵 끝에黒い沈黙の果てに』에서는 미쓰바공업三葉工業이라는 틀림없이 미쓰비시 중공三菱重工에서 모티브를 가져온 군수기업의 사장을 암살하는 언어장애인 청년으로 반복된다. 특히 후자는 이미 시작된 동아시아 반일무장전선의 침략기업을 향한 폭탄투쟁에 대한 연대를 표명한 것인가 싶은 생각마저 들게 한다. 한편 침략기업과 군수기업에 대한 보복 행동("우리를 전쟁과 원폭으로 괴롭힌 원수를 갚아주겠다")은 『맨발의 겐』에서도 되풀이된다.[7]

『맨발의 겐』에서 르상티망이 조직되는 것은 소년들 놀이의 연장으로서의 절도나 강탈을 통해서이며, 그것은 항상 신체적이고 정동적이다.

영양실조로 죽어가는 어린 여동생 도모코友子의 목숨을 구하기 위해서, 겐은 친한 동생 류타隆太와 미군 비축기지를 습격하기로 한다. 겐은 "빌어먹을 우리는 절대 죽지 않아! 어떤 일이 있어도 살 거야"라고 말하고, 류타는 "그래, 형, 개를 죽이든 살인을 하든 도둑질을 하든 뭐든지 하자"라고 대답한다. 먼저 도둑질을 하러 들어갔지만 도망치지 못해 총에 맞은 부랑아 동료 '쇠머리'를 만나 결의는

6 역자 주－1968년부터 연재 중인 만화의 주인공. 뛰어난 실력의 스나이퍼.

7 中沢啓治『はだしのゲン』第六巻, 汐文社, 1990, p.170.

더욱 단단해진다. 류타는 "혀, 형아, 훔치러 가자. 쇠머리 원수를 갚자" "그렇지 않아도 양키들이 원폭을 떨어뜨려서 우리가 이렇게 고생하는데" "양키놈들 우유나 식량을 훔치는 건 죄도 아냐!"라고 부추긴다.[8]

겐의 세계에서 살아가는 것은 처음부터 사투私闘였다. 반전사상을 기탄없이 공언한 아버지 때문에 전쟁 중에는 도나리구미隣組[9]의 박해를 받고, 아버지, 누나, 여동생을 원폭으로 잃은 전후에는 벌이도 집도 땅도 없는 가족이었다. 아무것도 가진 것이 없는 자들은 살기 위해 가진 자들로부터 더 많이 빼앗을 수밖에 없다. 더 많이 가진 자들은 동정조차 나누기를 거부한다. 도움을 구했지만 작은 배려도 받지 못할 때 사투私闘는 정당화된다. 그리고 사투私闘는 집합적 신체를 조직한다. 집합적 신체로 형성됨으로써, 그 집단 내 다른 신체도 자신의 신체 일부가 된다. 한 곳을 찌르면 나머지도 고통을 느끼는 하나의 신경 조직이 형성된다. "원수를 갚자"는 집합적 신체를 형성하는 이니시에이션이자 슬로건이다. 실제로 성장함에 따라 분별력이 생기는 겐에 비해서, 겐의 신체성을 계승한 류타는 원수를 갚기 위해서 두 번이나 야쿠자를 죽인다. 사투私闘는 또한 자신과의 투쟁이기도 하다. 중학교 동급생 아이하라相原는 원폭 고아이며 원폭증 때문에 죽을 자리를 찾으러 다니는 궁극의 테러리스트로 그려진다.

사투私闘의 논리에 대한 제동이 작품 안에서 작동하지 않는 것은

8 同前, 第四巻, *汐文社*, 1975, p.65, p.70.

9 역자 주－제2차 세계 대전 당시, 국민을 통제하기 위해서 만들어진 최말단의 지역 조직.

아니다. 중학생 겐은 공산주의자이자 은사인 오타太田 선생님에게는 드물게 어른이라는 평가를 한다. "사랑이니 상냥함이니 하는 말들은 하기 쉽지만, 진정한 분노에 대해 말하는 사람은 드물어… 오타 선생님은 진정한 분노를 말하지.[10]" 더욱이 겐의 형 고지浩二는 가족과 함께 외출한 교토에서 죽어버린 어머니를 등에 업고 일왕의 사과를 요구하기 위해서 도쿄행을 강행하려는 겐을 때리며 충고한다. "할 수만 있다면 나도 하고 싶어" "그렇지만 단지 한 사람의 힘으론 어쩔 도리가 없지 않니…" "일본인 한 사람 한 사람이 너와 같은 마음이 돼서 점점 큰 소리로 말해야 해" "전쟁과 원폭의 연기가 피어오르면 일본인 모두가 힘을 합쳐 불을 꺼야 해."[11]

그러나 겐의 결기를 무한 연기하려는 고지의 입장은 사투私闘의 논리를 중단하지도 중화하지도 않는다. 앞에서 소개한 궁극의 테러리스트 아이하라의 에피소드는 교토에서 일어난 고지와의 사건 직후에 등장하기 때문이다. 나카자와 게이지는 사투私闘의 무한 연기, 다시 말해 대기주의待機主義를 인정하지 않는다고 할 수 있을 것이다.

## 4. 노동=무한의 날치기

태평양전쟁이 끝나고 신좌익 운동 조직자로 활동하며, 다니가와

10 同前, 第八巻, 汐文社, 1993, p.102.

11 同前, 第七巻, 汐文社, 1990, p.252.

간谷川雁 등으로 알려진 다이쇼大正 행동대에도 참가한 아나키스트 야마구치 겐지山口健二에게는 1962년에 쓴 사투私闘와 날치기에 대한 소탈한 에세이가 있다.

> '자기 소외로서의 노동' 같은 스마트한 표현이 많다. 어느 탄광 광부에게 이 단어를 겨우 설명했더니, "요컨대 석탄 캐고 있는 내가 날치기를 당했다는 거야? 무슨 소리야, 날치기꾼은 나라고. 일은 전부 날치기야"라고 단호하게 내뱉었다. (…)
>
> 안보 투쟁이라는 것이 있었다. 지금은 이제 없어졌나? 지금은 '사투私闘'로서만 존재한다. 그렇다고 하는 것은 안보투쟁은 애초에 사투私闘로서만 존재할 수 있었던 것이 아닐까?
>
> 사투私闘는 계속되고 있다. 예를 들어 지금 6·15 재판이라는 것이 있고, 당연히 피고라는 사람들이 있다. 이 사람들의 투쟁은 바로 사투私闘이다.(…)
>
> '잃을 것은 쇠사슬뿐'이라는 쇠사슬은 나 자신밖에 없다. 결국 아무것도 잃을 것 없는 봉기 현장의, 그것은 한 덩어리의 벽돌이며, 그 안에 나의 모든 시간=공간이 굴러다니는 것이다. 봉기 현장에서 벽돌은 그 어떤 것에게 어떤 것도 위탁할 수 없으며, 위탁될 수 없다. 적과 아군의 머릿수를 세는 것이 아니다. 단지 적과 아군의 머리를 부수는 것이다. 다시 말해 즉석의 노동이며, 무한의 날치기로서의 그것은 사투私闘 이외의 아무것도 아니다.[12]

12 山口健二「俺の敵はお前だ—あるアジテーション」『白夜評論』第七号, 現代思潮社, 1962, pp.34-37.

날치기는 사투이며, 그것은 눈앞이 저에게 보복하는 즉석의 노동이다. 생산적 노동에 종사해도 노동은 항상 신체적이고 도구적이라는 의미에서 즉석적이다. 봉기 때 던지는 벽돌은 부유한 자에 대한 사사로운 원한에 불과하다. 그것이 사사로운 원한을 품은 사투私闘인 이상, 정치적 메타포나 공적 논리를 가탁할 필요는 없다. 아무것도 소유하지 않은 자의 노동은 노동력을 착취당하는 임금노동일 수 있지만, 렌트화된 토지와 자본을 가진 자에 대한 생존 투쟁이다. 겐의 세계에서는 소유한 자들이 세상을 송두리째 빼앗은 것이 전쟁이고 원폭이며, 일본 제국주의이고 미국 제국주의이다. 소유자들은 게다가 원폭증이라는 재앙을 짊어지게 했다. 그리고 아무것도 소유하지 않은 어린이들의 '소유'인, 토지와 사람들과 관련된 민화적이고 증여호수적贈与互酬的 관계라는 생존 조건을 파괴했다. 그러한 생존 조건을 빼앗긴 어린이들에게 애당초 노동이란 사사로운 원한이고 사투私闘이다. 그러한 생존투쟁으로서의 겐의 노동은 전적인 소유자에 대한 전적인 무산자의 싸움이다. 따라서 그 투쟁은 정당한 보복이다. 그렇기에 『맨발의 겐』에는 날치기와 보복에 대한 속죄 의식이 존재할 여지가 없다.

겐의 세계관이 옳다는 것은 이 세상이 이미 전부 수탈당해 렌트화되어 있다는 대전제에서 출발한다는 것을 의미한다. 우리는 뭔가를 소유하고 있다고 생각하지만, 실은 아무것도 가지고 있지 않다. 그러나 그러한 직관을 획득할 수 있는 것은 현상세계에서는 아무것도 소유할 수 없는 어린이들과 전부를 빼앗긴 서발턴뿐이다.

## 5. 마치며

도쿄를 목표로 간판 가게로 자립해 나가는 겐과 야쿠자를 죽이고 도쿄로 도망가는 류타와 가쓰코勝子에게는 후회도 르상티망도 정치적 의미 부여도 없다. 그뿐 아니라 가쓰코는 도망을 다음과 같이 정당화한다. "정의의 탈을 쓰고 전쟁에서 돈벌이 한 놈들도 모조리 형무소에 들어가야 해. 정의라는 말만큼 무서운 말은 없어" "전쟁의 희생자인 류타가 형무소에 들어간다는 건 불공평해" "일왕이 먼저 들어가야 해". 게다가 겐도 거듭 이렇게 말한다. "넌 원폭의 공포를 증언할 수 있는 귀중한 본보기야. 앞으로 세계의 인간을 구할 수 있는 증언자야. 일왕보다 훨씬 도움이 되는 위대한 인간이야" "널 형무소에 가둬놓는 건 너무 아까운 일이야. 당당하게 도망가"[13].

수탈자는 합당한 보복을 당한다. 그 보복은 사투私闘를 통해 이루어지기 때문에 다른 누군가에게 부탁하거나 조직화 일정을 조정할 필요가 없다. 지금 되돌려줄 수 없어도, 내일은 되돌려줄 수 있다. 자기 몸뚱이 하나만 있으면 그렇게 할 수 있다. 여러 시련이 겐과 류타, 가쓰코를 덮치고 예기치 못한 만남과 이별이 있지만, 그것이 그들에게 부가하는 바는 없다. 여기에서는 낮은 단계에서 높은 단계로 지양되는 변증법은 쓸모없다. 그들은 성장해 나가지만, 신체성과 속도는 이야기의 시작부터 끝까지 한결같다. 날치기=사투私闘라는 직절성을 갖춘 몸이 겐을 비롯한 등장인물의 미래 가능성을

13 同前,『はだしのゲン』第十巻, 汐文社, 1987, p.242.

개척한다. 게다가 그것은 만화라는 미디어의 고유한 운동이기도 하다. 만화는 언제나 등장인물=히어로의 시점에서 전개되며, 이야기는 언동에 의해서만 진행된다. 어디까지나 개인적인 신체를 중심으로 전개되는 미디어인 것이다. 나카자와 게이지의 『맨발의 겐』의 핵심에 테러리스트가 위치한다면, 그것은 영웅을 그리기에 적합하다는, 만화라는 미디어가 필연적으로 필요로 하는 고유한 조건과 일치하고 있기 때문이다. 이렇게 주제와 방법이 완전히 일치했기 때문에 『맨발의 겐』은 성공했고, 뛰어난 정치적 이미지 공간으로 현실의 정치적 공간을 극복할 수 있었다.

# 서벌턴과 부락사

# 서벌턴과 종교
## — 피차별부락의 경험에서

### 0. 들어가는 말

종교에 의한 부락차별 양상을 제기하는 논점으로서 '차별 계명戒名'에 관한 일련의 문제들이 있다.[1] 피차별부락민(이하, 부락민)의 장송葬送에 관한 불교 각 종파의 계명 지침서는 진언종의 『정관정요격식목貞観政要格式目』(1539=天文8)을 비롯하여 전부 6종의 텍스트가 알려져 있다. 다시 말해 『제회향청규諸回向清規』(임재종臨在宗, 1566=永禄9), 『무연자비집無縁慈悲集』(정토종, 1626=寛永3), 『이원지도泥洹之道』(정토종, 1634=寛永11), 『정관정요격식목승관貞観政要格式目僧官』(선종, 1648=慶安元 간행), 『진언인도요집편몽真言引導要集便蒙』(진언종, 1684=貞享元 간행)이다. 이 가운데 『무연자비집』이 나타내는 바는 『관무량수경観無量寿経』의 "불심은 대자비가 곧 그것이다. 무연자비로 모든 중생을 거두신다"에 따라 피차별부락(이하, 부락)에

1 仲尾俊博『宗教と部落差別―旃陀羅の考察』, 柏書房, 1982. 선구적으로는 시바타 미치코(柴田道子)가 나가노현내의 차별 계명을 소개한 저서(『被差別部落の伝承と生活―信州の部落・古老聞き書き』, 三一書房, 1972)와 고바야시 다이지의 조사보고(長野県小県郡丸子町公民館内部落解放墓碑研究会『小県郡依田窪 被差別部落の墓標―調査報告書』, 1980)가 있다.

대해 자비를 가지고 장의를 치른다는 것이다.[2] 자비에 따라 위패에 사용하는 어조사를 위계화하여 차별화하는 이 작법에는 동시에 불교 교단이 가지고 있던 게가레 관념이 그 유래와 함께 기록되어 있다. 그것은 진언종계에서 전승되던 부적御札의 문언에도 공통된다.[3]

불교 교단이 부락민을 신분 차별 체계 안에서 위계화하는 사상적 근거는 이렇게 부처의 자비라는 대의에 의해 보장되었지만, 동시에 이 대의는 부락민 구제의 근거이기도 했다. 차별과 구제, 말하자면 위계화에 의한 배제와 포섭을 동시에 수행하는 불교 교단과 부락의 이러한 양가적 관계는 부락민이 근세의 '평민사회'로 포섭될 수 있는 근거를 제공하기도 했다. 그리고 이 관계는 근대 이후의 부락과 종교의 관계에서도 기본적으로 계속되어 현대에 이르렀다고 생각한다. 불교 교단에 의한 부락의 위계화에 의한 배제와 포섭, 이를 바탕으로 구제라는 계기는 제도화되고 관습화되어 지역사회에서의 부락을 규정하고 있다. 현대로 이어지는 이러한 논점은 최근 연구가 진전되고 있는 정토진종 교단내 및 해당 지역사회의 부락사찰에 관한 연구의 관심과도 겹칠 것이다.[4]

이 글에서는 이런 양가적인 부락과 불교 교단과의 관계를 그려

2 藤井正雄『戒名のはなし』, 吉川弘文館, 2006, pp.163-167

3 門馬幸夫「「穢れ」と差別」, 赤坂憲雄他編, 『いくつもの日本V 排除の時空を超えて』, 岩波書店, 2003

4 安達五男『被差別部落の史的研究』(明石書店, 1980). 이후 근세정치기원설의 틀 안에서 부락사원 연구에 문제를 제기하고 정토진종 교단 내 부락사원 연구를 크게 진전시킨 연구로 야마모토 나오토모(山本尚友)(『被差別部落史の研究—移行期を中心にして』(岩田書院, 1999)가 있다. 또한 야마모토의 연구를 비판적으로 계승하면서 야마토지방을 대상으로 진행하고 있는 오쿠모토 다케히로(奥本武裕)(「「部落寺院」の本末・寺檀争論をめぐって」 奈良県同和問題関係資料センター『研究紀要』 5, 1998) 등 일련의 논고가 있다.

나가면서 그것을 자율적인 자기 구제의 계기로 바꿔간 부락민의 주체의 실천을 기술하고자 한다. 이를 통해 서벌턴 연구에서의 논의를 참조하면서, 보다 넓은 의미의 서벌턴 계급과 종교와의 관계에 대한 논점을 제기하고자 한다.[5]

## 1. '자비'의 제상諸相

기내機內 지방 및 서일본 부락의 보리사菩提寺에는 정토진종이 집중되어 있지만 동일본에서는 사정이 다르다. 다음은 근세 조소常総 지방(현 이바라키현茨城県)의 부락과 사원의 사례이다. 조소 지방은 고가古河, 유키結城, 마카베神壁 등 부락의 대부분이 시종時宗의 단가檀家[6]이다. 이러한 경향은 시모쓰케下野 부락에도 해당된다.

부락과 사원과의 관계에서 흥미로운 관례가 유키초結城町(현 이바

5 '서벌턴(subaltern)'이란 이탈리아 마르크스주의자 안토니오 그람시의 용법에 기초한다. 그람시는 원래 군대의 '하사관'을 뜻하는 '서벌턴'을 농민을 포함한 하층민중 등의 남아시아 비엘리트 종속적 피억압집단을 지칭하는 용어로 사용했다. 이 단어를 키워드로 1980년대 초 인도 출신의 역사학자 라나지트 구하, 파르타 채터지 등을 중심으로 '서벌턴 스터디스'라는 연구 그룹이 창설되었다. 식민주의의 역사를 식민지화된 피억압계급 측에서 기술하는 것을 목표로 한 이 연구그룹의 활동은 국제적으로 영향을 미쳐 각 지역의 서벌턴 연구의 전개를 촉진하고 포스트 콜로니얼 연구 발전에 공헌했다. 이러한 서벌턴 스터디스의 이론사・연구사에서 큰 결절점이 된 것은 가야토리 C. 스피박의 에세이 「서벌턴은 말할 수 있는가」이다. 1980년대 중반 초안이 발표된 이 에세이에서 스피박은 주로 서양 지식인들에 의해서 서벌턴의 역사가 기술되고 회자되는 것의 인식론적 폭력을 문제 삼았다. ガヤトリ・C・スピヴァク, 上村忠男訳『サバルタンは語ることができるか』, みすず書房, 1998. ラナジット・グハ他, 竹中千春訳『サバルタンの歴史—インド史の脱構築』, 岩波書店, 1998.

6 역자 주－일정한 절에 속하여 시주를 하며 절의 재정을 돕는 집 또는 사람.

라키현 유키시結城市)에 기록되어 있다.

유키초 산 밑 부락의 보리사는 시로가네초白銀町의 시종 조코지常光寺의 말사末寺로, 연중행사로 소작의 직납이나 연초의 연례행사가 있었다. 유키초・시로가네초의 시종 조코지의 연중행사 기록인「조코지연중행사조변록常光寺年中行事早弁録」(1863=文久3 성립)에 따르면, 그믐날까지 말사 야마카와山川 조쇼지常照寺의 소작인으로부터 연공을 직납받았다. 그리고 정월 3일에는 "야부시타에타藪下穢多 단가들이 부엌까지 참배하고 제각기 48문씩 준비해 연중행사에 참배하는 동안 납소納所에서 물러나는 답신을 했다"라고 되어 있다.[7] 여기서 '야부시타 에타'란 유키초에 위치하는 에타[8] 부락으로, 새해 인사차 방문한 부락의 단가에게 말사 조쇼지는 종문개장宗門改帳[9]에 '극락'이라는 도장을 찍는 습관이 있었다.[10]

말사 조쇼지의 단가인 야마카와 에타 사람들의 종문개장 이름 아래 부분에 '극락'이라고 도장을 찍었다는 것이다. 그러나 이 '극락'도장 관례는 1865년(慶応元) 미부壬生 사사봉행寺社奉行으로부터의 지시에 따라 이후로는 본사本寺 조코지의 도장으로 전환한다는 조치가 내려졌다.[11]

---

7 結城市史編さん委員会『結城市史』第二巻(近世史料編), 1979, p.663. 이 사료는 友常「茨城の部落」東日本部落解放研究所編『東日本の部落史 I 関東編』, 現代書館, 2018에서도 소개하고 있다.

8 역자 주－천민의 한 계층. 도축과 피혁제조 등에 종사하는 경우가 많았다.

9 역자 주－에도시대 지역 구성원의 불교 종문을 기록한 장부.

10 下寺山川常照寺穢多旦中宗判印形願来候ハゝ、頭え名々印形致し、尚又実名之下
常光寺之寺印用申事
え同ク印形致し候、右印形之義ハ皆常照寺印ニて極楽と申候印形也(同前, p.664.)

11 是迄は極楽ノ印用来候得共、慶応元乙丑年宗判ヨリ常光寺印致呉候様申来候故、相用遣候、後年為見合記置候

조코지의 과거상過去帳[12]과 계명을 상세히 검토하고 있는 『유키시사結城市史』 제5권 「제4편 종교와 문화」(1988)에 따르면, 1681년부터 1700년 정도까지 사자계명四字戒名이 일반 민중에게도 보급된다. 사찰 경영의 관점에서 보면 조코지는 '사원에 속하지 않은 수행승聖', '맹인 비파법사座頭', '하녀' 등의 하층민까지 과거장에 기록하고 있고, 폭넓은 단가를 거느림으로써 사찰 경영이 성립되고 있었다. 그런데 말사인 조쇼지에서는 에도 말기부터 메이지 초에 걸쳐 다음과 같은 차별계명을 확인할 수 있다. "춘린혁문春隣革門"(1866=慶応2), "원서혁녀源瑞革女"(1869=明治2)가 그것이다.

여기서 조코지가 부락 사람들의 종문개장에 '극락' 도장을 찍는 행위는 부락민에 대한 특별한 조치임이 틀림없다. 본사인 조코지의 의사에 따라 관례화된 것으로 보이는 이 행위는 위패와 묘석에 '차별계명'을 새기는 것과는 정반대의 행동이다. 여기에서는 광의의 의미에서의 '자비'를 부락민에게 베풀고자 하는 사원 측의 대응

---

例年同寺旦中宗門改之節頭形仕候控

常光寺旦極楽誰
同々
同々

右之者拙寺旦中ニ一

常光寺
実　名　　極楽

如此頭印同様常照寺印形ヲ拙寺実名え押候、是ハ先年右様仕来候事也、為念相印置是迄常照寺印形ニて差出来候由候事、前後記置候、後日代印ニ候間常光寺印形ニて差出候様、寺社奉行所より沙汰之由来候、尤之事ニ候、兼帯中ハ常光寺印也、慶応元乙丑五月記之(同前, p.670.)

12 역자 주－절에서 죽은 사람들의 속명・법명・죽은 날짜 따위를 기록하여 두는 장부.

을 엿볼 수 있다. 그러나 '극락'의 도장을 찍는 행위도 부락의 차별화를 위한 관행으로 해석한다면, 양극단으로도 보이는 '차별계명'과 '극락' 도장은 모두 '자비'가 가지는 위계화에 의한 배제와 포섭으로 규정된다. 이는 조쇼지에서 차별계명이 발견되고 있는 것을 고려하면 더욱 명확할 것이다. 또한 에도 말기 1865년에 변경된 것은 '극락' 도장을 찍는 주체가 말사인 조쇼지에서 조코지로 바뀐 것이지, '극락' 도장의 관행 자체가 수정된 것은 아니다. 인상적인 '극락'이라는 도장에 대해 어떤 적극성을 인정하고 싶지만, 그것이 부락 사람들의 요구로 시작되었는지 아니면 사원 측에서 시작한 행위인지는 특정할 수 없다. 또한 말사에서 본사로 도장의 책임 주체가 바뀜으로써 무엇이 바뀌었는지, 그것이 에도 말기·메이지 초에 성립한 차별계명과 관계가 있는지 자세한 내용은 알 수 없다. 여기에서는 앞서 언급한 부락에 대한 불교 각 종파의 계명 지침서와는 다른 작법이 시종 교단에 있었음을 확인할 수 있을 뿐이다.

한편 부락민이 구제를 요구하며 교단에 강한 기대를 나타낸 사례가 정토진종의 단가 집단에서 확인된다. 이는 『갑자야화甲子夜話』에 기록된 잘 알려진 사례다. 다음을 살펴보자.

> 하야시林가 말하기를, 이 11월 15일 수도의 히가시혼간지東本願寺가 화재로 소실되었다. 최근 그곳에서 온 사람의 이야기를 들으러, 본당에 불이 옮겨붙었을 때, 신자 에타 2백여 명이 모여 불을 껐지만, 불길이 거세 잡기 어렵고, 그 주변을 왕래하기도 힘들어졌다. 인원 절반은 문밖으로 도망치고, 남은 백여 명은 본당과 함께 잿더미가 되어 자라졌다. 그 뒤 살아남은 에타, 또한 그 자리에 없던 자들은 모두 후회하

니, 본당과 함께 타죽은 자는 진실로 성불하여 내세에는 에타에서 벗어나 평민으로 태어날 것이라고 모두 부러워했다.

또한 말하기를, 그 불은 한밤중에 시작되어 새벽녘에 꺼졌는데, 수도 안의 신자가 한밤중에 모여 각자 금은을 가지고 왔다. 날이 밝을 무렵 2천 금으로 가득 차니, 당장 필요한 데 쓰기 위해 주지스님에게 가져가 바쳤다. 이렇게 인심이 쏠리는 것은 이 종문만의 일이니 신기하다고 할 만하다.[13]

저자 마쓰라 세이잔松浦静山이 하야시 줏사이林述斎로부터 전해들었다는 이 사건은 1823(文政6)년의 화재를 가리킨다. 이때 양당両堂과 여러 기록이 소실되었다. 또한 히가시혼간지의 화재는 1788(天明8)년 교토 대화재의 소실도 유명한데, 세이잔은 앞서 기술한 내용에서 한때 하야시 가문에서 일한 야마이 도쿠로山井藤九郎의 이야기로서 덴메이天明 대화재로 히가시혼간지가 불타고, 니시혼간지西本願寺에도 비슷한 화재의 우려가 있었을 때, "에타들 다수 모여, 각자 소지한 동물가죽을 내어 지붕의 처마끝 또는 처마창 등 대강 불이 들어갈 곳들을 싸서 막았다"라고 피차별 부락 사람들의 동서 혼간지에 대한 헌신적 활동이 사건이 일어나고 4반세기 이상이 지나도 사람들의 기억에 남을 정도로 인상적이었음을 소개하고 있다.[14]

세이잔이 전하는 일화는 자력에 의한 노력을 다해 타력 구제에 의한 정토왕생을 기다리는 신도들의 신앙심을 잘 나타내고 있다.

---

13 松浦静山『甲子夜話』第三巻, 東洋文庫, 1977, p.145

14 同前.

"내세에는 에타에서 벗어나 평민으로 태어날 것"이라고 기원한 부락민이 실제로 얼마나 있었는지 확실치 않다. 그러나 세이잔의 기술은 피차별부락 사람들의 정토진종에 대한 독실한 신앙을 상징적으로 전하고 있다. 아울러 자기희생적이고 지나치게 독실한 신앙의 근거를 신분제와 차별과 연결 지어 이해하는 부락 외부인들의 부락에 대한 인식에 대해서도 잘 전하고 있다.

그런데 이 동서 혼간지의 화재 현장으로 달려간 부락민 중에는 18세기 전반의 개발 이전移転으로 지역을 형성하여 현재의 도카이도선東海道線 교토역 동쪽에 자리잡고 있는 구舊 야나기하라쇼柳原庄(현 스진지구崇仁地区) 주민도 상당수 포함되어 있었을 것이다. 히가시혼간지에서 직선거리로 1km가 채 안 되는 거리에 위치한 야나기하라쇼의 부락은 개발 이전이 이루어지기 전의 로쿠조무라六条村 때부터 아마베무라天部村와 함께 교토부 산하 유수의 부락으로서 형리刑吏 업무와 니조성二条城의 청소 업무를 담당했고, 근세 중기 이후에는 셋타雪駄[15]제조업 확대를 배경으로 피혁업의 융성을 실현했다. 그러한 경제적 사회적 실력을 스스로 인정하고 있던 부락민과 아미타여래에게 귀의함으로써 내세에서 '평민'으로 다시 태어나기를 기대했다는 부락민은 쉽게 연결지어지지 않는다. 경제적 · 사회적 활동에 근거한 계급적 집단으로서의 부락과 자기희생적 신도집단으로서의 부락 사이에는 거리가 있는 것이다.

여기서 종교적 귀속의 표명이 지배적 문화와 대항하는 서벌턴 계급의 전략으로 이해할 수 있다는 점을 지적하고자 한다. 여기에

15 역자 주-대나무 껍질로 만든 신발 밑바닥에 가죽을 대고 뒤꿈치에 쇠붙이를 박은 눈이 올 때 신는 신발.

서 참조하고 싶은 것은 남아시아 연구자인 제임스 C. 스콧이 서벌턴을 둘러싼 언설의 정치를 해독하려고 한 논의이다.

## 2. '전통'을 둘러싼 서벌턴의 정치

근대적 지식에서 소외된 '서벌턴'(=종속적 피억압계급)은 지적 체계적으로 스스로에 대해 말하는 방법을 가지고 있지 않다. 서벌턴 또는 하층민중은 대신 통계적인 데이터나 인류학자, 역사학자의 모노그래프 속에서 엘리트 지식인들에 의해 대리 표상되었다. 그것이 비록 양심적인 지식인의 행위라고 할지라도, 아니 오히려 양심적으로 당사자에게 '다가가려는' 지식인이야말로 자신의 인식론적 폭력을 자각하지 못한 채 서벌턴의 대리 표상을 반복했다. 그것은 1980년대 중반 최초의 초안이 발표된 가야트리 C. 스피박의 에세이 「서벌턴은 말할 수 있는가」로 문제화되었다.[16]

제임스 C. 스콧은 '서벌턴은 말할 수 있는가'라는 아포리아에 대해서 우선 주체의 정체성을 등록하려고 하는 근대 프로젝트 역사의 새로움을 지적하는 것에서 시작한다. 그리고 서벌턴의 자기 표출에는 이종습합적인 다양성과 중층성이 존재하기 때문에 오히려 그곳에서 지배적인 규범과의 항쟁을 찾고 있다.

개인의 정확한 동일인 증명이란 그 유래를 단독으로 다루는 것은

16 前掲、スピヴァク『サバルタンは語ることができるか』.

> 역사적으로 말하면 지극히 새로운 현상이다. 이해할 수 있고 기준을 갖춘 주민등기가 결여된 근대 초기의 유럽 국가에서도 보리 수확을 징수하고 가축과 병사를 징발하기 위한 지침으로서, 간신히 허용할 수 있을 정도로 정확한 인구조사와 주민등기조사를 하는 것이 고작이었다. 개인의 증명이란 본래 지방 수준으로 한정되었으며, 그런 경우 국가는 지역 협력자의 뜻대로 움직였다. 설령 항상적 부칭父稱이 확립되었더라도 그 기록, 기준, 복제, 다양한 표기로 인하여 인구 이동은 물론이고 주민들의 정확하고 특별히 토착적인 존재 증명은 지극히 의심스러운 것이었다.[17]

애초에 전근대 사회(그리고 지역적 관계성이 존속하고 있는 현대의 지역사회에서도) 자립한 개인의 등록이라는 제도나 습관은 확립되어 있지 않았다. 그런 상황에서 굳이 사람들이 자기 표상을 하는 이유는 항상 지배적 제도나 경쟁 공동체에 대항할 필요가 있기 때문이다. 그러한 자기 표상의 작법은 스콧이 지역 하층계급 농민들의 '작은 전통'이라고 부르는 것의 일부이다. '작은 전통'에 대해 스콧은 다음과 같이 정의하고 있다.

> "[멕시코 혁명에 대한 사파타 군대 병사의 증언] 원래 나는 평범한 사코레로=농부이다. 공유지 농지에서 옥수수를 기르고 있다. 하지만 농림국이 방해를 해서 우리로부터 일을 빼앗았다. 놈들은 농림은 나라에서 정한 공원으로 우리가 개척하면 안 된다고 한다. 그러나 우리에게는

17 James C. Scott, *Decoding Subaltern Politics: Ideology, disguise, and resistance in agrarian politics* (Routledge, 2013), p.130.

조상이 그렇게 했던 것처럼 할 권리가 있다." (강조는 본문 그대로)

이 사례에서는 마을은 자신들의 법을 지키기 위해서 싸울 용의가 있었지만, 농림국 관리는 교묘하게 뇌물을 받고 농사를 계속하도록 허락했다. 여기에 농민 지역주의 정치의 궁극적 요점이 있다. 작은 전통적 권리는 거의 변하지 않고 지방적이며, 그것들은 다른 마을들이나 국가, 지주들로부터 보호되어야 한다. 이러한 전통의 특이성에는 다음과 같은 두 의미가 있다. 첫째, 마을은 크고 강력한 전통과 직접 대결할 수 있는 제도적 수단을 가지고 있지 않다. 농민들은 지방적 사회를 구성하거나 기껏해야 최소의 행정구를 구성한다. 한편 정치적·경제적 상위자는 광역적이고 국가적인 차원에서 서로 네트워크를 형성하고 있다. 충돌이 발생했을 때, 작은 전통의 역사적 강점은 분산적이고 파행적이며 수동적이고 비순종적 태도에 있다. 둘째, 그런 이유에서 농민은 더 큰 목적을 위한 국가적 투쟁을 유지하기에는 지식과 이해 관심에 있어 충분히 준비되어 있지 않다. 따라서 사파타 군대의 예처럼, 농민운동이나 농민의 군대는 지방적 집단의 집합으로 지방적으로 행동하고 지방적 이해利害에서 승리하지만, 상대적으로 국가적 문제에 대해서는 그것이 지방적 전투에 영향을 주지 않는 한 무관심하다. 스페인 시민전쟁에서 지방의 아나키스트 집단은 같은 마음가짐을 보인다. 그들의 지방적 행동이 인상적이었던 것은 전선前線의 병사들을 위해 관대하게 음식과 돈을 나누지 않는 것은 말할 것도 없이, 다른 마을들을 돕도록 설득하기가 대단히 어려웠다는 점이다. 작은 전통의 모럴 경계가 지방적으로 그 땅을 지킬 힘을 주는 반면, 그것은 큰 전통과는 전략적으로 일치하지 않는다.[18]

지역 공동체의 '작은 전통'에 의한 '큰 전통'에 대한 투쟁은 직접적이지 않고, 자신의 이해利害에 규정되어 한정적이다. 참고로 이러한 지방적 공동체의 신앙 형태의 특징은 구승적 전통에 기초한 습합성syncretism이다. 베트남 촌락에서는 "불교, 애니미즘, 조상숭배 그리고 그 밖의 보다 명확한 분류가 마을 사람들에게는 특별한 의미가 없다. (…) 게다가 새로운 종교 실천이 외부에서 들어와서는 그 이전의 실천을 바꾸지 않고 적용된다.[19]" 하나의 교의나 신조 체계로 회수할 수 있는 것처럼 보여도 구승적 전통에 기초한 서벌턴의 종교실천은 본래 습합적syncretic이고 유연한 구조를 가진다. 그 안에는 기성종교뿐만 아니라 민간신앙이나 관습이 융통성 있게 얽혀 있다. 그리고 공유지와 자원, 관행에 대한 공동체의 사용권과 같은 '작은 전통'은 이러한 유연한 구조에서 발현하는 모럴 이코노미이다.

그러나 식민지주의적 통치나 국민국가를 전제로 하는 주체의 등록register라는 제도 및 제도적 언설 아래에서, 상위의 권력적 존재에 의해서 대리표상되는 서벌턴은 '작은 전통'으로서의 구승적 종교실천이나 공동체적 관행을 통해서 자기를 표출하고 있다. 이른바 서벌턴은 직접 말하고 다양하게 스스로를 표현하고 있다. 근대적 주체성을 전제로 한 골조를 회피하면서, 스콧은 이러한 고찰을 통하여 서벌턴의 대리표상을 둘러싼 아포리아를 풀어내고 있다.

그런데 서벌턴의 대리표상 아포리아에 대해 문제를 제기한 사람

18 *Ibid.*, p.41.

19 *Ibid.*, p.28.

은 가야토리 C. 스피박이지만, 스피박 자신도 남아시아의 서벌턴 여성들의 구승정형시라는 표출행위 속에서 세계화되지 않고 내셔널리즘으로도 회수되지 않고 이루어지고 있는, 차이와 타자를 가치등가적으로 받아들이는 열린 등가성equivalence을 발견하고 있다.[20] 스피박은 콜카타의 서벌턴 여인들의 구승정형시 속에서 노래되는 콜카타 토지의 기억이나 왕의 이름이 사실은 다른 토지의 이름이나 기호로 대체할 수 있는 기호표상으로서 사용되고 있다는 사실을 깨닫고 놀란다. 축제 행사나 멀리에서 온 손님 환대의 필요성에 따라 융통성 있게 변용하는 그 태도에서 토지나 왕의 이름은 절대적 귀속성을 지니지 않는다. 다시 말해 근대적 내셔널리티로부터 자유로운 것이다. 스피박이 이야기하는 등가성이란 이렇게 융통성 있는 태도이다. 그리고 스콧의 '작은 전통'은 폐쇄적이고 국소적이지만, 유연한 구조에 있어서는 스피박이 발견한 등가성의 방향으로 다시 이해할 수 있다. 왜냐하면 공동체 구성원의 정체성은 '작은 전통'의 범위 안에 있고. 역시 종교는 절대성을 가지고 있는 것처럼도 보이지만 습속과 관습 또한 마찬가지로 중요하기 때문이다. 그러한 문화적 가치들은 '큰 전통'과의 대항 관계 속에서 어디까지나 상대적이고 자의적으로 선택되는 것으로, 항상 유일한 절대적 가치가 존재하는 것은 아니다.

스콧과 스피박의 논의를 바탕으로, 부락과 불교사원과의 관계에 대한 논의를 다음과 같이 전개해 보고자 한다. 부락민에게 '큰 전통' 가운데 하나인 불교사원은 부락민들의 '작은 전통'이 신분제

20 ガヤトリ・C・スピヴァク, 鈴木英明訳『ナショナリズムと想像力』, 青土社, 2011, pp.23-30.

사회의 '큰 전통'에 접속하는 회로이다. '작은 전통'으로서의 관행이나 기득권익, 신분 의식은 '큰 전통'을 담보로 하고 있다. 하지만 여전히 불교사원과 단가 사이의 관계와 함께 신분으로 규정된 죽은 소와 말의 처리와 취득의 권능, 그러한 직능과 깊이 관련된 습속과 관행이 융통성 있게 존재한다. 물론 두 가지 '전통'을 연결하는 회로와 그것을 담보하는 구조가 조소 지방의 유키초 부락민에 대한 '극락' 도장처럼 항상 양가적이며 긴장을 내포하고 있다는 점을 잊어서는 안 된다. 그러나 사원과 단가 관계에 규정된 긴장 관계는 종교 측의 일방적 지배관계만은 아니다. 그것은 부락의 정토진종 단가들의 처신처럼, 신분적 주체적 실천에 종교적 강도를 덧붙이는 것이기도 하다. 종교적 강도는 또한 부락민에게 신분제 사회 속에서의 대항적 존재감을 보장한다. 히가시혼간지 화재에서 남긴 부락민의 강렬한 이미지는 부락 외부에 그들을 얕보아서는 안 된다는 인식을 심어주었다.

불교사원에 신도 혹은 단가로 등록register된다는 것은 '큰 전통'으로의 회수이며, 부락민을 지극히 수동적이고 보수적 주체로 한정하게 된다. 종교와 부락 · 부락민에 관한 문제에서 부락민이 틀에 박힌 수동적 존재로 축소되는 것은 그 탓이다. 그러나 과연 부락민의 종교실천이 '큰 전통'의 지배적 가치체계 속에 딱 들어맞는지에 대해서는 검토가 필요하다. 여기서 쟁점은 스콧이 이야기하는 습합성, 또는 스피박이 발견한 등가성을 어떻게 이해하는지에 달려 있다. 서벌턴으로서의 부락민의 종교실천을 단일 종파의 관점에서 파악할 것이 아니라 '분산적 파행적 그리고 수동적 비순종적'인 실천의 다양한 형태 속에서 이해할 필요가 있다. 이것을 부락의 종교인이자 예능인이었던 쓰지타 료젠逵田良善이 종교 활동을 기술함으로써 살펴보고자 한다.

## 3. '신도'로서의 주체 형성
### —「불교강담로쿄쿠연화절仏教講談浪曲蓮華節」 쓰지타 료젠의 사례

쓰지타 료젠은 1890(明治23)년 구舊 오사카부 센보쿠군 미나미오지무라大阪府泉北郡南王子村에서 태어나 1963(昭和83)년 세상을 떠났다. 『쓰지타 료젠 일기逵田良善日記』(部落解放・人権研究所編, 2001) 연보에 따르면, 생후 7일 만에 병으로 오른쪽 눈은 실명하고 왼쪽 눈은 근시가 되었다. 심상소학교를 4학년 만에 퇴학하고, 1901(明治34)년 아호다라쿄阿呆陀羅経[21]의 가도즈케門付[22] 예능인 미야가와 요시마루宮川由(善)丸의 제자가 되었다. 이듬해 1902년에는 로쿄쿠시浪曲師[23] 미야가와 야스마루宮川安丸의 제자가 되어 1903년부터 미야가와 미쓰토宮川光登라는 예명으로 스승을 따라 전국을 돌며 공연했다. 이 순회공연에 대해서는 료젠이 남긴 『료쿄쿠세쓰 흥행일기浪花節興行日記』가 무대순서, 공연장소, 공연지, 장주場主와 좌주座主의 성명, 구연자를 상세하게 기록하고 있다. 로쿄큐시로서의 쓰지타 료젠은 1911년 미야가와 야스마루의 예명을 이어받아 좌장으로서 극단을 이끌었

21 역자 주—불경의 훈독을 본떠 세태를 풍자한 익살스러운 속요.

22 역자 주—집을 돌아다니며 볼거리를 제공하고 돈을 받는 예능인.

23 역자 주—전통악기 샤미센(三味線) 반주에 맞춰 부르는 노래인 로쿄쿠를 업으로 삼는 예능인.

지만, 1912년부터는 다른 극단에 가입 또는 혼자 순회공연을 하게 되었다. 1913(大正2)년부터 쓰기 시작한 『일기』는 매일의 순회공연과 수입을 상세하게 기록하여 장부의 성격도 갖추고 있다. 또한 1919년부터 정토진종의 설교사로 활동하기 시작했다. 생가 근처 혼간지파 사원인 사이쿄지西教寺에서 할머니의 영대경永代經[24]에서 법사를 담당한 것이 그 시작이었다.

일반 신자에서 설교사가 된 쓰지타 료젠의 특이성은 그가 아호다라쿄의 가도즈케 예능인으로 출발하여 로쿄쿠시로 전업하고, 그 생활을 계속하면서 예능을 통해 포교 활동을 전개했다는 점이다.

1919(大正8)년부터 기록이 남아있는 쓰지타 료젠의 공연 목록에는 일찍이 1902년부터 「신란대사 하코네 이별親鸞上人箱根別れ」이 추가되었고, 나아가 「렌뇨대사蓮如上人」와 「이시야마 전투石山合戦」 등의 성인들의 일대기가 간판공연으로 공연되었다. 독실한 신자로서의 활동과 더불어 료젠의 활동은 그가 '구즈노하 자식과의 이별葛の葉の子別れ'로 유명한 셋쿄부시說経節[25] 「시노다즈마信太妻」의 발상지인 미나미오지무라 출신임을 빼놓고는 논할 수 없다. 료젠은 매일 가도즈케와 근행勤行[26]과 함께 「시노다즈마」의 전승을 전하는 히지리신사聖神社에 대한 참배를 게을리하지 않았다.

[1920(大正9)년] 10월 5일, 오늘은 우지가미氏神[27] 히지리신사의 대

24 역자 수—죽은 사람을 위하여 달마다 한 번씩 제사를 지내며 경전을 읽는 행사.
25 역자 주–곡조를 붙여 악기에 맞추어 낭창(朗唱)하는 이야기나 읽을거리의 일종.
26 역자 주–시간을 정하여 부처 앞에서 독경하거나 예배하는 일.
27 역자 주–고대에는 일족의 선조신 또는 수호신을 의미했으나, 중세 이후 토지

> 제大祭이다. 이에 마을 안 공동욕탕은 이른 아침부터 끓고 있어, 일동 다 같이 아침 목욕을 하고 와카야마和歌山의 부모나 여동생과 함께 즐겁게 주연과 아침 식사를 끝낸 뒤, 오는 7일 영대경에 공양할 만주를 시노다무라信太村의 만주가게에 주문하고 우지가미 히지리신사에 참배했다. 더구나 올해는 우리 마을의 9년에 한 번 돌아오는 당번이다. 이에 마을 사람들과 함께 미코시御輿[28]를 메고 즐겁게 하루를 보내고, 밤에는 계부 집에서 놀다 잠자리에 든 것은 9시였다.[29]

히지리신사는 미나미오지무라의 부락 형성 그 자체와 관련된 연기담을 가지고 있다. 애초에 미나미오지무라는 원래 히지리신사의 영지에 위치하고 있었으며, 1698(元禄11)년 현재의 위치로 이전한 바 있다. 미나미오지무라의 지구내 사료군인 『미나미오지무라 문서南王子村文書』의 「聖大明神供奉者・村由緒書上」에는 부락이 신사에 소가죽으로 만든 활쏘기 과녁을 봉납해 온 것, 신체神體를 옮길 때 공봉한 자의 자손 '箭取株七軒'이 계속 봉사해 온 것, 매년 7월 28일 신전에 스모를 봉납할 때는 '箭取株七軒'들이 씨름판을 만들어 봉사하고 있는 것 등을 기록하고 있다.[30] 히리지신사가 위치한 '시노다 숲'은 아베노 세이메이安倍晴明의 출생과 성장과정을 소재로 한

의 수호신 개념으로도 사용.

28 역자 주－제례 때 신체 또는 신위를 태운 가마.

29 部落解放・人権研究所編『遠田良善日記』, 解放出版社, 2001, p.97. 인용에 있어서는 이즈미시 인권문화센터 소장의 쓰지타 료젠 일기에 근거하여 적당히 오자와 결락을 보충했다.

30 南王子村文書刊行会編『大阪府南王子村文書』第五巻, 解放出版社, 1980, p.296. 盛田嘉徳他『ある被差別部落の歴史―和泉国南王子村』, 岩波新書, 1979.

셋쿄부시 「시노다즈마」의 성립지로 알려져 있다. 그러나 그 제례를 위해 봉사해 온 미나미오지무라 부락은 에타라는 이유로 근대에 이르기까지 미코시를 짊어지지 못한 채, 우지가미로 삼는 것이 허락되지 않았다. 대신 야사카신사八坂神社를 우지가미로 모셨던 경위가 있었다.[31] 앞의 인용문에서 료젠의 "우지가미 히지리신사"라는 기록에서는 이러한 역사와 미나미오지무라 부락의 자부심을 엿볼 수 있다.

또한 료젠의 『일기』에서 제례에 대한 배려와 아울러 유의할 점은 육친과 친족에 대한 언급이다. 『일기』는 가도즈케 방문처와 그 사이사이에 친족을 부지런히 방문하는 료젠의 일상을 적고 있지만, 계부나 계모와의 관계는 뒤에서 참조하듯이 반드시 좋은 것은 아니었다. 그러나 료젠은 친족들 살피기를 게을리 하지 않았다. 그런 작은 일화가 반복되는 『일기』의 기술은 제례, 근행, 친족과의 관계를 항상 등가로 다루는 료젠의 태도를 전하고 있다. 그것은 많은 삽화와 연기담이 원형을 해치지 않고 축적되어 있는 셋쿄부시 같은 기술 스타일이다. 게다가 료젠은 당시 발흥한 수평사水平社[32] 집회에도 참가하고 있었다. 료젠이 수평운동에 공감했는지는 알 수 없으나, 그것도 히지리신사의 제례나 이웃들의 소식과 거의 같은 취급을 하고 있다. 료젠의 일기에서는 이렇게 위상이 다른 사항들이 균등하게 거리를 두면서 기술되어 있다. 그 결과, 위상이 다른 여러 사건이 등가의 사실이 되어 반복된다. 그러한

31 前掲, 『ある被差別部落の歴史』, pp.194-205.

32 역자 주 – 피차별부락 해방을 목적으로 피차별부락 사람들이 자주적으로 결성한 전국조직.

균등하게 거리를 둔 사실의 축적에 의해서 료젠의 생활은 성립되고 있었다.

## 4. 종교적 전회

료젠의 일상에 비범한 성격을 부여한 것이 정토진종 종교인으로서의 활동이었다. 공연된 렌뇨대사의 일대기는 '비천한 출신'이라 전해지는 렌뇨 어머니에 대한 이야기와 렌뇨 자신의 불우한 성장 과정에 료젠 자신의 어린 시절 고생을 겹쳐 구연되었다. 아울러 료젠이 포교자가 된 것은 1919년 공연차 방문한 장소에서 그가 겪은 생명의 위기와 위기에서 벗어난 기묘한 경험이 크게 관련되어 있다. 이것은 료젠에게 있어 종교적 전회를 의미했다.

앞서 언급한 바와 같이 1919년 2월 23일에 쓰지타 료젠은 할머니의 영대경 불사를 개최했다. 그 후, 같은 달 27일 센보쿠군 군수에게 '선행자'라고 표창을 받는다. 이렇게 공사에 걸친 충실함의 여세를 몰아서인지 3월의 순회공연은 1일부터 연일 이어지며 효고현兵庫県의 간자키神崎, 스마須磨, 아이오이相生, 가미고리초上郡町를 거쳐 오카야마현岡山県의 미쓰이시초三石町, 와케초和気町, 세토초瀬戸町를 돌고 오카야마시에 숙박했다. 료젠의 순회공연에서는 가도즈케와 숙소에서의 강연이 이루어졌다. 3월 중순의 『일기』는 매일밤의 피로에 대해 적고 있다. "3월 14일 저녁 무렵부터 8시 30분까지 마을 안을 돌며 1엔 19전을 벌었는데 마침 세차게 내리는 비에 특히 매일 밤 피로 때문에 목소리도 많이 상해서 일찍 숙소로 돌아가 그 집

사람들과 잡담을 나눈 후 잠자리에 든 것은 9시 30분이다."[33]

그리고 몸의 이변을 느낀 것은 3월 22일이었다.

> 3월 22일, 오늘은 아무래도 지난 1일 이래 연일연야 길을 걸은 데다 하루도 일을 쉬지 않는 탓인지, 몸은 왠지 나른하고 또한 심장 고동도 빨라서 기분이 평소 같지 않다. 그러나 이곳에 발이 묶여도 가망이 없으니, 오늘은 오카야마까지 가고자, 오전 8시 05분 세토초 도테마치土手町 미요시야카타三好屋方를 출발해 신체의 피로함을 참고참으며 약 4리를 보행하여 본현 제일의 도회지라고 들은 그 제17사단의 본영지인 오카야마시에 이르러, 시내 고바시초小橋町의 싸구려 여인숙 빗추야카타備中屋方에 투숙한 것은 11시 55분이었다.[34]

이때는 깊은 피로를 느낀 데 그쳤지만, 다음다음 날인 24일 몸 상태가 급격히 악화된다.

> 3월 24일, 오늘은 이른 아침부터 비가 거세게 내리기 시작했지만, 이곳에 머물러도 가망이 없으니 오늘은 '니와세'라는 거리까지 가고자 오전 7시 20분 오카야마시 고바시초 빗추야카타에서 출발하여 (…) 오후 1시 45분 오카야마시 다이쿠大供 가지와라梶原 OO야카타를 출발하여 아직 주룩주룩 내리는 비를 양산으로 견디며 약 10리 정도 갔다고 생각했을 때, 갑자기 눈이 침침해지고 몸 상태는 갑자기 변해

33 前掲, 『遠田良善日記』, pp.83-84.

34 同前, p.84.

> 도저히 한 걸음도 내딛지 못하고 길가 풀 위에 털썩 주저앉았다. 점점 몸에 이상이 생겨 고통스러움이 이루 말로 다 할 수 없으니 죽기 직전의 고통은 이러리라 생각했다. 더욱 세차게 내리는 비로 몸은 젖은 쥐처럼 되고, 내 몸은 괴로워도 어찌할 바 없으니 아아 한심한 일이다. 벌써 이곳에서 죽으면 뜻을 이루지 못한다. 어디에서 죽든지 이것은 전생에서 정해진 인연이라고는 하지만, 내가 지금 이곳에서 죽으면 누가 고향의 할머니와 부모님께 알릴 것인가. 특히 어릴 때부터 열두 살 봄까지, 오랜 세월 그동안 바다보다 깊고 산보다 높은 은혜를 받은 할머니와 부모님을 보내드릴 때까지는 죽고 싶지 않다. 아아 바라옵건데 나무아미타불 일본 85개 지방 방방곡곡에 계시는 신들이시어 부디 갑작스럽게 죽음에 처한 일생의 신세를 구하시옵소서.

숨이 거의 끊어질 뻔한 이 와중에, 료젠은 오카야마 시내 공원에서 약장수에게 곰의 위를 강매당해 샀던 일을 떠올렸다. 그래서 그것을 복용하고 휴식을 취하자 기분이 좋아졌다. 그 후 다시 움직이려 하자, 이번에는 앞으로 나아갈 수가 없었다. 그러나 왔던 길로 돌아가려고 하면 아무 이상이 없다는 기묘한 경험을 한다. 그래서 이것는 '신불의 계시'가 틀림없다고 생각한 것이다..

> 괴로운 가운데, 여러 신불에게 빌 때, 생각난 것이 바로 어제 오카야마의 공원에서 약장수의 권유를 받아 억지로 구매한 곰의 위 효능서의 위병, 유행병 또는 어지러움 등에 효험이 있다는 기록이었다. 그래서 가지고 있던 곰의 위를 복용하려고 작은 조개에 담긴 곰의 위를 남김없이 핥아먹고 그 자리에서 약 1시간 남짓 쉬자, 여러 신불보살

> 들의 은혜인지 기분도 좋아졌다. 이에 감사하며 그곳을 떠나 나아가려고 하면 이상하게도 왠지 나아갈 수 없었다. 그러나 뒤로 돌아가려고 하면 아무 일도 일어나지 않았다. 참으로 신기한 일이다. 내가 생각하기에, 여기서 앞으로 나아가면 천재지변이 있거나, 고향에 뭔가 일이 생길 것이다. 그렇지 않다면 일단 고향에 돌아가 느긋하게 쉬지 않으면 생명에 지장이 있더나, 셋 중 하나 뭔가 문제가 있는 것이다. 신불님께서 알려 주시는 것이 틀림없다. (…)

이 기묘한 경험 이후에도 심장발작을 겪었기 때문에 4월 4일에는 천리교의 '기도'를 받고, 같은 달 7일에는 할머니가 아는 와카야마현 다이지초太地町 출신의 오쿠노奥野라는 사람이 시코쿠四国 순례 때 고보대사弘法大師의 계시로 얻은 약을 복용하고 심장병이 나았다는 이야기를 듣고, 와카야마의 친아버지에게 같은 약을 보내 달라고 부탁했다. 한편 본업에 있어서는, 선행자 표창을 받은 료젠은 14일에는 센보쿠군 요코야마초横山町의 교원 주택 준공 축하회의 여흥으로 강연회를 의뢰받아 "미야가와 야스마루"의 이름으로 「고로효자전 야규의 명예(五郎孝子伝柳生の誉れ)」 등의 "강연"을 실시하고 있다. 일기에 "강연"으로 기술되어 있는 활동은 예명으로 이루어졌다는 점에서 야담이었다고 생각된다. 동시에 3월 24일 기묘한 경험 이후, 사이쿄지에 매일 참배하고(5월 23일자), 「진종정신염불게 게이코 와산真宗正信念仏偈けいこ和讃」 책을 받아 매일 아침 사이쿄지에서 "승려님들의 근행을 들으며" 와산[35]을 계속 읊었다. 그 결과 6월 14일

35 역자 주 – 일본말로 된 경문의 게(偈).

에는 와산 근행도 가능하게 되었다. 그리고 10월 14일에는 와카야마현 구스미무라楠見村에서 부처님의 영전 공양을 위한 독경을 의뢰받게 된다. 료젠은 "승려가 아니지만 (…) 존귀하신 아미타의 자비 모두 기쁘게 하겠다"라고 거절하면서도 이를 승낙한다. 게다가 그 자리에서는 독송 후에 나니와부시浪花節[36]도 선보여야 했다. 일기에 명기된 것은 아니지만 '불교강담로쿄큐연화절仏教講談浪曲蓮華節'의 탄생이었다.

1919년 료젠은 센보쿠군에서 '선행자'로 표창받고 위독한 상황과 기묘한 경험을 겪으며 신불의 가호 아래 종교적 전회를 경험했다. 그리고 예능인이면서 정토진종의 포교자라는 자기 형성을 완성했다. 승려를 대신해 독경을 의뢰받아 "존귀하신 아미타의 자비 모두 기쁘게 하겠다"라고 적고 있듯이, 료젠의 종교인으로서의 자기형성은 아미타의 자비를 중생과 함께 누리고자 하는 자세의 획득이다. 게다가 여기서 료젠이 의뢰를 받아 독경과 강연을 한 중생은 그 자신의 부락이었다. 다시 말해 료젠의 종교활동이란 부락의 중생에게 아미타여래의 자비를 베푸는 역할에 한정되어 있었다. 그렇다고는 해도 료젠은 득도 경험도 없는 일반 신자에 지나지 않는다. 따라서 료젠에게 독경을 의뢰하는 일도, 그것을 수락하는 일도 정토진종 교단의 조직 원칙에서는 억지와 다름없었을 것이다. 이후 1924(大正13)년 4월 10일, 료젠은 사이쿄지에서 혼간지 주지 주관으로 삭발식을 하고 어머니와 함께 귀경식을 시행했다.

료젠이 승려의 자격을 갖추지 못한 상태로 종교활동을 실천한

36 역자 주-샤미센을 반주로, 주로 의리나 인정을 노래한 대중적인 노래.

것에 대해 교단과의 긴장 관계가 전혀 없었다고 생각하지 않는다. 넓은 지역에 걸친 순회공연 네트워크를 가지고 있는 료젠의 행동은, 엄격한 교단의 규율에 규정되면서 지역사회에 뿌리를 내리고 있던 각 사원의 움직임을 초월하고 있었기 때문이다. 료젠이 태어난 미나미오지무라 부락의 보리사인 사이쿄지는 부락사원이다. 그 역사는 혼간지 교단 내에서의 차별에 저항하면서 사이쿄지를 자립한 절로 성립시켜 운영해온 부락민들의 노력의 축적이다.[37] 그러나 그러한 역사를 지닌 사이쿄지 같은 부락사원의 활동을 초월해 료젠 같은 민간 종교인이 등장하고 요구된다는 것의 의미를 생각해야 한다. 이 글의 취지에서 말하면, 그곳에서 등가성을 발휘한 서벌턴의 종교적 실천을 찾을 수 있다. 그러한 함의를 담아서 여기에서는 1919년대 후반부터 1920년대에 걸쳐 두드러지게 전개된 료젠의 활동을 사상사적으로 평가한다는 과제가 있음을 확인해 두고 싶다.

## 5. 『렌뇨대사 어실전견문집蓮如上人御実伝見聞集』 제1권

'진종정신염불게 게이코 와산'을 물려받아 와산 연습을 실천하던 료젠은 호넨法然 · 신란 · 렌뇨 등의 텍스트에 대한 이해를 야담과 강연으로 표현하면서 심화시켜 나갔다. 성전 텍스트의 이해로서는 이질적이지만, 설법으로 교의를 풀어가는 정토진종의 스타일

37 前掲, 盛田『ある被差別部落の歴史』, pp.185-194.

에 부합했다. 그러한 야담을 통해 얻은 스타일을 바탕으로 쓰인 텍스트에 『렌뇨대사 어실전견문집蓮如上人御実伝見聞集』 제1권(이하, 『견문집』)이 있다. 세상을 떠나기 전 마지막 해에 작성된 『견문집』은 렌뇨의 생애를 야담 설교 나니와부시로 이야기하기 위한 대본의 체재를 취하고 있으며, 요시노吉野의 긴푸센지金峰山寺에 봉납하려고 했던 것으로 추측된다.[38]

렌뇨의 생애에 자신의 인생을 덧입혀 이야기하는 이 스타일은 료젠의 야담 설교 방식을 잘 보여준다. 아울러 이것은 성전 텍스트 및 성인들의 설화와 대화하면서 사상 형성을 꾀하고자 하는 료젠의 사색을 알 수 있는 단서이다. 그것은 아미타여래의 자비에 대한 이해의 한 형태이다. 『견문집』은 렌뇨의 일대기이지만, 료젠이 퍼포먼스에 자신의 이야기를 삽입하는 것은 렌뇨가 어려움을 겪는 장면이다. 그것은 텍스트에 의해 촉발되는 듯한 말투이다. 먼저 혼간지 교단이 쇼렌인青蓮院의 말사로 극도로 쇠퇴했던 시대의 장면이다.

> 혼간지에서는 바닥도 바닥 진정으로 영락 곤란한 와중에 출현하신 분이 본산의 제8대 주코대사中興大師, 다시 말해 렌뇨대사셨다. 아버님께서는 말씀드릴 것도 없이 혼간지 제7대 상속의 손뇨대사存如上人이시며, 어머께서는 그 당시 명성이 자자한 대납언大納言 오에 노부타카大江信高 공의 따님이신 렌노마에蓮前妃라고 하신다. 이분은 황공하게도 고슈江州 이시야마데라石山寺의 본존 구세관세음보살의 대리라고 전해진다. 이시야마데라의 본전이 혼간지에서 데리고 간 호테이마루

38 前掲, 『逵田良善日記』, 「解説」, p.338.

布袋丸가 여섯 살 때 헤어졌다고 한다.[39]

렌뇨의 어머니는 시노다의 부락 출신이라는 설이 있다. 이와 관련해서는 렌뇨를 가까이에서 모신 호센보法専坊 구젠空善의 기록「구젠문서空善聞書」가 1746(延享3)년에 '蓮池堂釈法沢'에 의해 출판되어 현재에 전해지고 있는데, 간행시 렌치도가 쓴 것으로 보이는 '면지面紙'에 렌뇨대사어모공어가蓮如上人御母公御歌와 그 유래가 기록되어 있다. 다시 말해 "그리우면 아이 찾아 오시오. 가라사키의 돌산의 구세의 맹세를 / 이 어머님은 후지와라노 노부타카藤原信高 공이 이시야마石山 관음에게 빌어 얻은 아이이다. 이름을 렌노마에蓮の前라고 한다 (…)"라고 적혀 있다.[40] 이 노래가 설교부시「시노다즈마」의 노래 "그리우면 찾아와 보시오. 이즈미 시노다 숲의 한맺힌 구즈노하"에 빗대어 작성되었음은 분명하지만, 료젠의 이야기는 후세에 구성된 전승에 의거하고 있다. 그것이 후세의 이야기일지라도 무엇보다 실제로 미나미오지무라 부락 형성에 빗대고 있다는 점에 의미가 있다. 그리고 료젠은 바로 이 전승을 참조하면서 야담설교를 만들어내는 것이다.

렌뇨의 생모는 렌뇨가 호테이마루라는 아명으로 불리던 여섯 살 때 혼간지를 떠났다고 전해진다. 이후 렌뇨는 계모 뇨엔니如円尼와의 불화에 시달리게 된다. 이 대목에서 료젠은 "어린 시절보다 어리석은 소승이 말씀드리기 황송합니다만, 오늘 우리 생활에 비해 말도

39 同前, pp.242-343.

40 大谷暢順全訳注『蓮如上人・空善聞書』, 講談社学術文庫, 2005. p.311.

인 될 만큼 많은 어려움을 겪으셨다”라며, “우승愚僧”이라 자신을 낮추며 본인의 이야기를 곁들인다. 그리고 계모의 괴롭힘을 견디는 호테이마루의 어린 시절 고생을 이야기한 뒤에, 거듭되는 곤고함을 겪은 반생을 거쳐 그 끝을 맞이하고 있는 료젠 자신의 신세를 이야기하기 위해서 렌뇨의 ‘문장’에서 “三首詠歌章 四帖目 第四通”을 인용한다.

> 무슨 일이든 자신이 그것을 체험하지 않으면 진실로 이해하기는 어렵습니다만, 지금 여기 불심을 일으킨 호테이마루님의 유년 시절 고생을 듣고 떠오르는 것은 저의 유년 시절의 상황입니다. 원래 제가 태어난 곳은 과거 오사카부 이즈미군 미나미오지무라, 오늘의 이즈미시 오지초, 아버지는 이발사 쓰치다 구니요시土田国吉의 아들로서 메이지明治 23년 5월 16일에 태어나, 쇼와昭和 38년의 오늘 우리 나이로 74세를 맞이했습니다. 렌뇨대사님이 저술한 문장 제4첩에 다음과 같은 이야기가 있습니다. “가을도 가고 봄도 가고, 세월을 보내니, 어제도 지나고 오늘도 지나간다. 어느새 모르는 사이 노인이 되어버렸다. 그러나 그동안에는 자연히 어떤 날은 화조풍월 놀이에도 섞여 있었다. 또한 환락고통의 희비도 마주했지만, 지금은 생각나는 일이라곤 하나도 없다. 그저 부질없이 살며 흰머리 노인이 되어버린 몸뚱이가 서글프다. 그러나 오늘까지는 무상의 거친 바람에도 휩쓸리지 않았으니, 이 한 몸을 곰곰이 생각하니 그저 꿈만 같고 환영 같다. 이제는 오직 생사출생의 길이 아니고는 바랄 것은 하나도 없고, 또 둘도 없다. 이에 여기에 미래 악세悪世의 우리 같은 중생을 쉽게 도와주시는 아미타여래의 본원本願이 있다고 들으니, 참으로 든든하고 감사하게

생각한다. 이 본원을 그저 한결같지 의심하지 말고 마음을 다해 귀명歸命하면 번뇌도 없고 그때 임종하면 왕생치정할 것이다. 만약 생명이 늘어나면 한평생 부처님 은혜에 보답하기 위해 염불하며 생을 마쳐야 할 것이다. 이것은 곧 평생업성平生業成[41]의 마음을 가져야 한다고 확실히 들으니, 그 결정의 믿음대로 지금도 퇴전退転하는 일은 없다. 감사하다는 것도 어리석은 일이다."[42]

무슨 일이든 스스로 체험하지 않으면 이해하기 어렵다. 그렇게 말하고 자력수행이 미흡하더라도 아미타여래의 본원이 반드시 존재하기에 왕생은 이미 결정되어 있다는 '문장' 말씀을 그대로 전한다. 이것에 의해서, 렌뇨=호테이마루의 생애를 가져다가 그것을 자신에게 맞춰 소원을 이루었을 때, 료젠에게 렌뇨는 자신의 분신이거나 혹은 동반자와 같은 존재가 된다. 이처럼 아미타의 본원에 몸을 맡긴 경지를 설명하고, 렌뇨=호테이마루를 참조하면서 자신의 반생을 이야기하는 것이다. 그러나 『견문집』은 종종 그러한 깨달음의 경지에 안주하지 않는다. 렌뇨의 '문장'에서 아미타의 자비에 감사드리는 말씀을 인용한 직후에 다시 그의 생애에 걸쳐 겪었던 생활고와 그 이유 중 하나였던 양부모의 괴롭힘이 상기된다. 앞의 인용문에 이어서 다음과 같이 적고 있다.

41 역자 주－임종을 기다리지 않고, 아미타불의 본원에 의한 성불에 대한 믿음을 갖게 된 순간 정토에 태어남이 확정되는 것.

42 前掲, 『逵田良善日記』, pp.350-355. 또한 렌뇨(蓮如) 「御文章」부분은 인용함에 필요에 따라 구독점(句読点)을 보완했다.

이 글을 숙독할 때마다 주고대사中興上人의 초타이마루라 불리던 유년 이래 얼마나 고생했는지를 생각하면, 거기에 이 몸의 유년 시절부터 중년에 이를 때까지의 고난을 생각하게 되어 (…) 나는 태어나서 겨우 7일째에 눈병을 앓아, 결국 오른눈은 멀고 왼쪽눈은 근시가 되었습니다. 다음 해에 이르러서는 가정의 사정으로 정성을 다하는 어머니는 이혼하게 되어 아버지는 후처를 맞이하고 어머니는 재가해서, 저는 겨우 2세 무렵부터 할머니가 기르게 되었습니다. 8세에 입학하여, 12세 심상소학교를 졸업하기 전에 생활 사정으로 퇴학하고 할머니의 곁을 떠나 자활의 길을 찾아 여러모로 궁리한 결과, 예능의 길에 들어가 살아가는 것이 가장 지름길이라고 생각하여, 그 무렵 아호다라경 예능인 미야가와 요시마루의 제자가 되었습니다. 그로부터 약 반년 뒤, 13세 메이지35년 10월 28일에 이르러 오늘의 로쿄쿠를 당시의 미야가와 야스마루에게 배우고, 여러 해 동안 격랑에 힘들게 고생하며 겨우 오늘에 이르렀습니다. 그런데 아마 메이지 시대의 사람은 몰라도 다이쇼와 쇼와 시대의 요즘 사람 가운데 나처럼 생활고를 겪은 사람은 없다고 해도 과언이 아닐 것입니다. 앞에서 이야기했듯이, 계모 밑에서 자라지는 않았지만 유년 시절에는 상당히 괴롭힘을 당했습니다. 게다가 계부와 계모는 차이가 있습니다 (…). 계모의 험담이라면 구석구석 신경을 쓰고 세 끼 식사에 이르기까지 젓가락과 밥그릇에 맞아 괴롭힘을 당하기 때문에 그것은 꽤 괴로운 일입니다. (…)[43]

연여도 계모에게 홀대받았음을 인용하는 '우승' 료젠은 여기서

43 同前, pp.354-355.

또 다시 계모가 자신을 엄하게 대했음을 상기하며 말하지 않을 수 없었던 것이다. 흥미로운 점은 료젠은 용서와 분노가 번갈아 찾아오는 이런 자신의 이야기를 해결하려 하지 않는다는 점이다. 여기에는 번뇌를 억제하거나 금욕하는 마음의 작법과는 다른 자기긍정의 작법이 있다고 할 수 있을 것이다. 자기 자신의 일이라도 감정의 응어리나 희로애락에 대하여 각각 일정한 거리를 두고 대하는 작법이다. 여기에는 마음을 다스리는 기술이 존재한다.

## 6. 맺음말

이 글에서는 습합적인 종교적 실천과 자타에 대한 등가적 배려와 관계 형성이라는 작법에서 서벌턴의 종교적 자기 표출을 확인했다. 그리고 그 한 사례로서 쓰지타 료젠이라는 종교인=예능인의 종교적 전회와 그 후의 실천을 살펴봤다. 부락 경험에서 확인되는 종교와의 관계는 종교 교단과 서벌턴이 보여주는 양가적인 관계로 일반화할 수 있을 것이다. 아울러 '평민사회' 또는 근대사회라는 '큰 전통'에 등록되어 포섭되는 서벌턴이 '작은 전통'을 지켜내는 작법에 주목했다. 쓰지타 료젠에 따르면, 그것은 저항이라기보다는 자신들에게 어울리는 구제의 형태를 추구한 결과, 퍼포먼스로 실천된 작법이라고 하는 편이 적절할 것이다.

료젠의 삶을 가능하게 한 것은 아미타여래의 본원을 보장받은 데서 오는 안심이었을 것이다. 하지만 그 작법은 수동적인 삶의 태도를 의미하지 않았다. 반대로 위상이 다른 다양한 사건에 대해서 적극적으로 등서티를 마주하는 작법이었다. 그것을 통해 모순으로 가득 찬 삶의 모습은 주체적 긍정이 가능해진다. 그렇기에 료젠에게는 피차별 예능인이라는 점이나 히지리신사의 신자로서의 계보에 교단의 질서를 융통성 있게 뛰어넘는 부분이 포함되어 있다고 하더라도 모두 등가적이고 빠뜨릴 수 없는 사상적 근거였다고 생각한다.[44]

## 〈보충〉

쓰지타 료젠의 종교적 활동과 주 활동 무대였던 미나미오지무라(현 이즈미시和泉市)의 근세 상황의 관계에 관한 최근의 연구 성과를 언급하면서 부연해 두고자 한다.

『이즈미시의 역사 4 시노다야마 지역의 역사와 생활和泉市の歴史4 信太山地域の歴史と生活』(和泉市史編さん委員会編, ぎょうせい, 2015)에 수록된 논고 「시노다야마와 마을의 형성信太山と村むらの形成」은 19세기

44 이러한 태도는 오에 겐자부로(大江健三郎)가 과거 마사오카 시키(正岡子規)의 병상일기를 평가한 표현 '데모크라틱(democratic)'을 상기시킨다. '데모크라틱'이란 "자신을 종합적, 전체적으로 제시"하고 모든 대상을 상대화하고, 그런 이유에서 "모든 다른 사람들에게 전체적, 종합적인 모습을 자못 자연스럽게 드러낼 수 있다"라는 것이다. (大江健三郎「子規の根源的主題系」,『子規全集 第11巻 随筆一』「解説」, 講談社, 1975). 죽음에 즈음하여 정점에 이른 시키의 방법론으로서의 '사생(寫生)'은 19세기 후반의 국민주의적 역사주의나 낭만주의를 조건으로 가능해졌다. 이 글은 스피박이 말하는 서벌턴의 언어실천으로서의 '등가성'에서 료젠의 작법을 이해하려고 하는 점에서 오에의 논의를 단순히 료젠에게 적용할 수 있다고는 생각하지 않는다. 그러나 시키와 료젠을 연결지어 생각하는 것은 의미가 있다. 시키의 사생론에 대해서는 이 책의 마지막 장에 수로록된 졸고(「痛みの「称」—正岡子規の歴史主義と「写生」」) 참조.

미나미오지무라의 생활 상황에 대해 다음과 같이 기술하고 있다.

> 19세기에 들어 미나미오지무라에서는 인구 증가가 더욱 진행되었다. 19세기 초에는 230집 · 1100명 정도였지만, 에도막부 말기에는 거의 350집 · 2000명에 달했다. 이 기간에 무타카無高(소작농/차가인) 가구의 수는 거의 두 배로 늘었다. 이 시기 마을에 셋타 산업이 정착하면서 고마모노야 고헤小間物屋五兵衛와 스미요시야 야스에몬住吉屋安右衛門 등 마을에는 부유한 셋타 상인도 등장했다. 일부 무타카도 오사카大坂 도매상 등과 셋타 관련 거래를 했기 때문에 '무타카'가 모두 영세한 것은 아니었다. 오히려 다카모치高持[45]라도 그 대부분은 집만 있거나, 또는 집과 얼마 안 되는 농지를 소유하고 있는 영세한 하층민이었다. 18세기 단계와의 결정적인 차이는 마을 내부의 하층민이 아마도 한계점을 넘어 증가한 것이었다. 덴포天保기근 때는 마을 전체의 4분의 1 이상인 480여 명이 아사하는 비참한 상황에 처했다. 이는 마을 사람들 상당수가 식량을 구매해야 했던 계층으로, 물가 급등이 생활로 직결됐기 때문일 것이다.(p.303)

또한 이 책은 '경지의 주택지화'의 진행도 지적하고 있다. 인구 증가에 따라 마을 안에 소규모가옥이 가득 차게 된 것이다. "무타카의 경우, 대들보 길이 1.5간×도리 2-2.5간 정도(1간=약 1.82m)가 평균적인 가옥이었던 것 같다".(p.304) 셋타 상인들이 유력한 다카모치로 성장해 나가는 것과 대조적으로 하층민들에게는 도박

45 역자 주－에도 시대, 논밭과 주택을 소유하고 연공과 역의 부담자로 등록된 농민.

과 무숙無宿 문제가 발생한다. 계속해서 다음을 참조하자.

> 미나미오지무라에서 사료상 최초로 도박의 적발이 이루어진 것은 1800(寛政12)년의 일이다. 처음에는 사카이堺 부교쇼奉行所[46]에 의한 적발도 많았지만, 점차 히토쓰바시一橋 가문의 가와구치 관청에 의한 '감시중 마을에 위임(吟味中村預け)'이라는 조치가 증가했다 (…). (p.307)

부교쇼에 의해 적발되면 본인 체포, 사카이에 투옥(2주 정도), 재결로 진행된다. 이 책은 체포 비용, 감옥 식대, 마을 관리의 출장 경비 등이 늘어나 마을에 큰 부담이 되었다고 지적하고 있다. 이 책의 도박 발생 상황에 따르면, 사카이 부교쇼 체포 : 1800(寛政1)년 6명, 가와구치 관청에 의한 마을 위임 : 1802(享和2)년 7명(여자 4, 남자 3), 동일 마을 위임 : 1809(文化6)년 11명, 사카이 부교쇼에 의한 체포: 1810(文化7)년 1명, 1818(文政元)년 가와구치 관청에 의한 마을 위임으로 9명이 감시중 가타이테조過怠手鎖[47](도박) 그리고 4명이 감시중 쇠고랑, 1820(文政3)년은 16명이 감시중 가타이테조로 기록이 계속된다. 1835(天保6)년에는 27명의 마을 위임이 기록되어 있다. 이러한 사례로부터 이 책이 주목하고 있는 것은 '무숙 네트워크'이다.

> 19세기에는 종종 도박으로 마을에 처분이 위임된 사람이 장물 매

46 역자 주－에도 시대 행정 사무를 담당한 관청.

47 역자 주－벌금형을 받았으나 벌금을 낼 수 없을 때, 대신 일정 기간 쇠고랑을 채우는 형벌.

> 매 등에 관여하게 되고, 나아가 마을 외부의 무숙자와 함께 불법행위에 저지르다가 결국 본인도 무숙자가 되는 사례가 있다. 그렇게 되기까지의 경위는 가난한 집에서 태어나 끼니를 마련할 수단이 없었거나, 장년이 되어 갑자기 생활 기반을 상실하는 등 비참한 경우가 많아 부득이한 사정 속에서 선택한 살아남기 위한 수단이었다. 그렇게 무숙자가 된 존재는 도망자와는 달리 마을 근처에 체류하면서 불법행위를 반복하며 생활했다. 인근의 에타 마을에서도 비슷한 사태가 진행되고 있었던 것으로 보이며, 19세기에는 '에타 마을 사이의 네트워크'를 기초로 하는 '에타의 무숙 네트워크'가 존재했다. 이로써 무숙자가 되어도 살아남을 수 있었던 것이다. (p.310)

이러한 무숙outlaw 네트워크 이론에 근거하여 다음 사례도 참조할 수 있다. 1830(天保元)년 무숙자 소시로惣四郎가 죽은 소를 구입해 마을 사람들과 해체하는 일이 일어났다. "원래 죽은 소는 무상으로 초장에 대한 권리草場株를 소유하고 있는 미나미오지무라의 집단(19세기에는 番郷이라 불렸다)의 것이 되지만, 권리가 없는 소시로가 구입해서 해체까지 하는 행위는 초장의 원칙에 저촉되는 것이었다"는 사례이다(p.310).

무숙이 횡행하고 도박이 성행하고, 그 도박=무숙인이 마을의 풍기와 관습을 파괴하는 상태는 어딘가 나카가미 겐지中上健次의 소설을 연상시킨다. 미리 말하면, 쓰지타 료젠의 일기도 다이쇼大正 기간 미나미오지무라 내에서의 상해사건이나 살인사건을 기록하고 있어 (그 내용은 간행된 『쓰지타 료젠 일기』에는 수록되어 있지 않다), 이것은 다음 과제로 삼으려고 생각 중이다. 다만, 도박—무숙

—초장 관습이라는 스토리에는 의문이 있음을 지적해 두고 싶다. 문제는 '무숙'이라는 표상이다. 마을 측면에서 보면 그것은 마을의 하층민이지만 마을 사람임에는 변함이 없다. 그리고 마을 내에 가족도 인척 관계도 존재한다. 그것이 근세 시대 지방의 지배제도에서 공동책임을 지게 함으로써 골칫거리로 나타나지만, 무숙자가 된 것도 도박에 관련된 것도 농밀하고 지연적인 인간관계에서 발생하고 있음을 간과해서는 안 된다.

나 역시 나라현과 오카야마현의 사례에서 초장=죽은 마소의 처리 관행이 에도 말기에 다양한 일탈이나 위기에 노출되는 것을 검토해왔다. 그것은 보다 광역의 마소시장과 피혁시장 상황을 살펴봐야 비로소 파악할 수 있는 사태이다.

다시 말해 『이즈미시의 역사 4 시노다야마 지역의 역사와 생활』에서 묘사된 표상에 대해서는 그 데이터를 근거로 하면서 다시 한 번 사료를 따라서 그리고 관련 사료를 이용해 재구성할 필요가 있다. 그리고 그러한 재구성에 따라 마을 안팎의 풍기와 질서의 회복이라는 과제를 의식한 쓰지타 료젠의 종교 활동을 평가할 수 있지 않을까 생각한다.

# 〈야타矢田 교육 차별사건〉 재고

## 0. 들어가는 말

이 글에서는 1969년에 발생한 <야타矢田 교육 차별사건>을 검토한다. 이 사건을 계기로 동화교육은 학교 현장에서 요원의 불길처럼 번져나갔다. 동시에 이 사건은 그 이전부터 표면화되고 있던 부락 해방동맹과 일본공산당 간의 심각한 대립을 한층 격화시켜, 1969년 10월의 부락 해방동맹 정상화 전국 연락 회의, 그리고 1976년의 전국 부락 해방운동 연합회 결성이라는, 부락 해방운동에 있어서 결정적인 조직 분열의 한 원인이 되었다.

또한 이 사건이 '야타矢田 사건'이라고도 불리는 것처럼, 거기에 차별행위가 있었는지 아닌지에 대한 정반대의 해석이 존재한다. 필자의 입장은 본고의 표제가 나타내듯, 사건에는 <차별>이 있었다고 보는 것이다. 이하, 이 사건의 명칭에 대해 괄호를 생략한다

하지만 다음 사항을 유의할 필요가 있다. 과거, 에하라 유미코江原由美子가 <차별 문제의 구도>로서 지적한 것처럼, 차별받는 측과 차별하는 측 사이에는 인식의 비대칭성이 존재한다.[1] 피차별을 당

1 江原由美子『女性解放という思想』, 勁草書房, 1985.

하는 측은 그 비대칭적인 차별을 차별하는 측에 호소하려 하지만, 비대칭성 때문에 차별하는 측은 자신의 인식 안에서 공약수처럼 참고해야 할 항목을 찾아내지 못한다. 여기에 차별—피차별의 심각한 단절이 존재한다.

이 사실은, "무엇이 차별인가"라는 물음도 규정한다. "이런 게 차별이다"라는 피 차별자의 주장에는 시민적 제 권리의 침해와 그로부터의 소외 같은, 지배적인 체제 규범에 비추어 봤을 때의 배제부터, 대면적인 관계에서의 모욕과 무시, 혹은 그 반대되는 과잉 대응까지를 포함한 차이가 포함될 수 있다. 하지만 그것은 차별하는 측에 있어서는 혼란의 요인이 된다.

예를 들어, '결과적으로 차별로 이어진다'라고 하는 경우, 차별하는 측은 그 '이어진다'가 이해되지 않는다. 다른 한 편으로, 차별받는 측에 있어서는 상대에게 전달되지 않는 것 자체가'차별'이다. 이 비대칭적인 편차의 존재는, 규탄행위도 포함하는, 차별받는 측으로부터의 문제 제기에 있어서 고려되지 않으면 안 된다.

하지만 한편으로는 이런 점도 사실이다. 경험의 비대칭성을 돌파하기 위해, 규탄은 <강제성>을 필연적으로 수반한다. 그렇지 않으면 비주류가 받는 상처를 주류가 돌아보는 일은 없기 때문이다.

야타 교육차별 사건에서는 부락 해방동맹 오사카후大阪府 연합회 야타 지부원 두 명의 감금죄 여부를 다툰 1심 재판인 오사카 지법 판결이 두 사람을 무죄로 판단하였고, 문제가 된 기노시타 기요시木下浄의 입후보 인사말—오사카시 교직원 조합 동남지부 서기 차장 선거大阪市 教職員組合 東南支部 書記次長 選挙 입후보 인사말(역자 주－이하 본문대로 인사장이라 칭함)이 결과적으로 차별 조장으로 이어지는 내용을 포함하는 차별문서라고 규정지었다. 1심 판결을 부분적으로 파기하고 유죄를 인정한 항소심 판결에서도 '인사장'에 대한 이 해석은 유지되었다.

연구사에 있어서는, 모로오카 스케유키師岡佑行가 『전후 부락 해방 논쟁사戦後部落解放論争史』 제4권 제Ⅳ장 「해방동맹과 공산당의 적대시—야타 교육차별 사건」에서, 사건의 주요 원인이 된 '월경 문제越境問題(역자 주－부락민 자녀들이 다니는 학교를 기피, 부모들이 자기 자녀를 이웃한 타 학군 주소지로 위장 전입시키는 문제)'와, 그 해소를 둘러싼 오사카 일교조日教組(역자 주－좌파 계열의 일본 교직원 노동 조합으로 한국의 전교조에 해당)에 있어서의 일본공산당과 부락 해방동맹 오사카후 연합회 간의 대립 경위를 기술하면서, '인사장'을 '악질적인 도전장'으로 규정, 일본공산당에 대한 비판적 관점에서 사건을 논하고 있다.[2]

이에 대해 사건 당시의 『적기赤旗』 보도와 나루사와 에이주成沢榮寿 편 『표현의 자유와 부락문제』(부락문제연구소, 1993)는 '인사장'은 차별문서가 아니라는 전제하에 1969년 3월부터 4월에 걸쳐 일어난 '체포・감금'을 문제시하고, 부락 해방동맹에 대한 비판을 기조로 삼았다.

이러한 연구에 대하여, 본고에서는 이 사건의 발단을 행위 수행의 관점에서 다시 바라볼 필요가 있으며, 거기에 중요한 논점이 남아 있다고 생각한다. 그 논점이란, 실제로는 규탄의 장이었던 1969년 3월 18일의 '대화'가 정치적인 적대적 대립의 틈바구니에서도

2 師岡佑之 『戦後部落解放論争史』 第四巻, 柘植書房, 1984, p.272.

규탄하는 측과 당하는 측 사이의 비대칭성이 무너지고 차별—피차별 관계가 갖는 원리적인 구조가 공유된 순간이 있었다는 사실이다.

본고의 과제는 이 논점을 제기하는 것이다. 동시에 이 제기를 통해 규탄 그 자체가 가지는 의미를 다시금 고찰하는 것이다.

## 1. 사건의 경과와 '인사장'의 논점

### 1-1. 경과

야타 교육 차별사건은, 1969년 3월의 오사카시 교직원 조합 동남지부 임원선거에 입후보한 중학교 교원 기노시타 기요시의 입후보 인사말(인사장을, 부락 해방동맹 오사카후 연합회 야타 지부이하, 야타 지부라 칭함)가 차별문서라고 규탄하며 자아비판을 요구한 것이 발단이다.

같은 해 3월 18일, 기노시타 기요시 및 기노시타의 추천인이었던 오카노 간지岡野寛二, 야마모토 가즈오山本和雄, 이렇게 교원 세 사람은 야타 지부 집행부와의 '대화'에서 인사장의 차별성을 인정, 같은 달 24일에 예정된 규탄 집회 참가를 승낙했다.

24일의 규탄 집회에는 오사카시 교원 노원 위원장, 동남지부 임원, 교원이 참가했지만 출석하기로 한 세 교원 중 야마모토만 출석했을 뿐, 당사자인 기노시타 등은 출석하지 않았다. 오사카시 교조는 그 후, 기노시타 등 세 사람에 대한 설득을 계속했지만, 규탄 집회는 실현되지 않았다.

4월 9일, 야타 지부는 시민회관에서 규탄 집회를 열고 기노시타를 제외한, 그 자리에 출석한 교원 3명을 규탄했다. 규탄은 같은 날 오전 11시를 지날 무렵부터 다음날인 10일 오전 3시까지 계속되었다. 이 규탄에 대해 3명의 교원은 야타 지부 간부를 감금죄로 고소하였는데, 이 행위가 감금죄에 해당하는지가 쟁점이 되었다.

또한, 야타 지부 회원 2명을 피고로 하는 감금죄에 대하여, 오사카 지법 1심 판결 1975년 6월 3일은 무죄를 선고했지만, 오사카 고법의 2심 판결 1981년 3월은 원심을 일부 기각, 도다 마사요시戸田政義만을 유죄로 인정했다. 1982년 대법원 상고기각에 의해 유죄 확정 또, 민사소송에서는 규탄을 받은 교원들이 1973년 오사카시에 대한 민사소송을 제기, 오사카 지법에서 배상명령이 나왔고 그 후 오사카시의 패소가 확정되었다.

여기에서 잠깐, 이 사건의 쟁점이 된 월경 문제에 대해 사전 정보를 공유하고자 한다. 그것은 야타의 피차별 부락에 있어서 중대 현안이었던 학교 교육의 황폐와도 직결된다.[3]

1957, 58년에 아사히 신문에서'야타 중학교 폭력사건'이 3차례에 걸쳐 보도되었다. 당시, 수업 태도가 나쁘다고 주의를 받은 학생이 교원에게 폭력적으로 반항하는 등, 학생과 교원 사이의 관계가 악화해 있었고, 종종 교실 유리창이 깨지곤 했다. 동시기에 주택요구 기성 동맹과 생업자금 획득 기성 동맹에 참여하게 된 야타 부락 학부모들은 학교에서의 폭력 사건은 부락 차별에 기인한다고 인식했다.

3 여기에서는 부락 해방동맹 중앙 본부편 발행(部落解放同盟中央本部編・発行)『人間として―矢田教育差別事件の真実と虚構』, 1982을 참조하였다.

그리고 1959년에 부락 해방동맹 오사카후 연합회의 야타・히노데日の出・가지마加島・니시나리西成의 네 지부는 근평투쟁勤評闘争(역자 주－교원 근무 평정 반대 투쟁)에 즈음하여 '차별 교육 반대'를 위한 투쟁위원회를 조직, 오사카시와의 교섭을 진행하였다.

그 후, 1967년에 야타 지부의 제창으로 지역의 교육을 교사와 학부모가 함께 맡는 조직으로서 야타 동화교육 추진협의회가 결성되었다. 같은 해 고교진학률은 오사카후 내 전체가 82.3%인데 반해 야타 부락은 30%대였고, 부락 아이들에 대한 보충 수업, 보습 교실이 강하게 요망되고 있었다. 야타 중학교 관내에서는 36.7%에 달하는 학생이 통학구역 밖으로 월경하고 있었고, 야타 초등학교에서도 30.3%가 월경 통학을 하고 있었다.

이 문제는 1968년의 부락 해방 전국 연구집회에서 거론되었다. 그해에는 야타 지부와 시 교조 동남지부가 중심이 되어 야타 교육 공동투쟁 회의가 발족해 있었다. 그리고 1969년에는 야타 초등학교와 야타 중학교를 합쳐 30명의 동화 촉진 교원을 증원하는 걸로 되어 있었다.

### 1-2. 일본공산당 『오늘날의 부락 문제今日の部落問題』

그런데, 야타 교육 차별사건의 배경으로서의 부락 해방동맹과 일본공산당 간의 노선대립은 '국민융합론'을 둘러싼 1970년대 이후의 상황과는 상이하다. 1965년의 '동화대책 심의회 답신' 및 69년의 '동화대책 사업 특별조치법'에 대하여, 일본공산당은 처음부터 비판적이었다.

1969년에 공식 간행된 일본공산당 농민 어민부 편『오늘날의 부락 문제』는, 부락 해방동맹 내부의 '일본의 목소리' 파 비판을 목적으로 쓰여진 헤게모니 투쟁 서적이라는 측면을 지니는데, 동시에, '차별과 결부된 프롤레타리아화'가 진행되고 있는 피차별 부락민을 융화주의적으로 우경화시켜 계급적으로 분열시키기 위한 책동의 일환으로써'답신'과'조치법'을 규정짓고 있다.[4]

1969년의 이 입장은 '국민융합론'으로 이행한 1970년대의 일본공산당 운동방침과는 정반대이다. '일본 사회는 전근대적인 신분사회적 성격을 극복하고 근대사회로 진화해 가고 있다. 이상과 같은 변화는 부락 차별의 소멸을 촉진하는 객관적 조건의 성장이라 할 수 있다.'라고 파악한 기타하라 다이사쿠北原泰作의 주장을 '국민융합론'은 인용하고 있기 때문이다.[5] 그러기 위한 시도가 필요하다는 점에서는 일본공산당과 부락 해방동맹 사이에 상이점은 없었다.[6] 쟁점은, '답신'을 부락 해방운동의 성과 『무기』로 봐야 할지, 아니면 계급적 분열을 기도한 반동적 책동이라고 보아야 할지에 있었다.

4 日本共産党中央委員会農民漁民部編『今日の部落問題』, 日本共産党中央委員会出版局, 1969, pp.117-118.

5 北原泰作「部落問題の基本的認識に関する覚書」1967『北原泰作部落問題著作集』第2巻, 部落問題研究所, 1981, pp.143-144.

6 '국민융합론(国民融合論)'의 공적인 표명은 일본공산당의 이론정책부장, 적기 편집국장을 역임하고 부락문제의 이론적 정리를 한 사카키 도시오(榊利夫)에 의한, 1975년의 제4회 부락 문제 전국 연구집회에서의 기념 강연 榊利夫「『同和行政』と部落解放運動」,『国民的融合論の展開―部落問題と同和行政』大月書店, 1976을 참조.

## 2. '기노시타 인사장'과 1969년 3월 18일 '대화'

그럼 본론으로 들어가자. 기노시타 인사장의 본문은 이하와 같다.[7]

서기 차장 후보 한난 중학교 지회
기노시타 기요시이하 생략

조합원 여러분

① 노동시간은 지켜지고 있습니까? 자택 연수를 위해 오후 4시쯤 학교를 나설 수 있습니까? 일에 쫓기며 근무 시간 외의 일을 떠맡지는 않습니까? 진학 업무나 동화 업무로 아무리 해도 늦어지거나, 교육 간담회 등으로 인해 늦어지는 현실을 체념하고 말아야 하는 걸까요? 또 꼭 하고 싶은 일도 관둬야 하는 걸까요?

② 교육 정상화라는 이름을 빌린 쪼기와 관리는 없습니까? 월경, 보습, 동화 등, 모두 다 대단히 중요한 문제입니다만, 그러한 이름을 내세워 전근, 교원 충원 문제와 특설 방문, 연구회와 수업에서의 쪼기가 나타나 직장은 점점 더 고단합니다. (…)

③ 마지막으로 또 한 가지, 평화를 지키고 오키나와의 즉각적이고 무조건적인 전면 반환과 안보 조약 폐기를 위한 싸움을 위하여, 폭력집단을 제외한 전 민주 세력이 쟁취하는 도쿄도와 오키나와의 3대 선거 같은 통일 전선을 만듭시다. 이하 생략

7 전게서, 『人間として』 첫 표지 속 그림 사진 및 pp.34-36.

여기서부터는 전체 43장 86쪽으로 이루어진 1969년 3월 18일의 기노시타 일행 3명에 대한 야타 지부의 '대화' 기록 테이프 녹취문을 중심으로, 1, 2심 공판조서도 참조하면서 '인사장'을 검토하겠다.[8] '대화'의 장소는 야타 시민회관이었고 시간은 오후 4시 반부터 7시가 넘은 약 2시간 반이었다. 야타 지부 측에서의 참가자는 도다 마사요시 등 10명 남짓.

그 중, 규탄 요강에 해당하는 문서인 '차별자 기노시타 일파를 규탄한다'를 작성하고 '대화'에 임한 것은 무라코시 스에오村越末男로 당시 부락 해방연구소의 이사와 사무국장을 겸임하면서 야타 지부 교육선전부教宣部를 담당하고 있었다. 다른 한 편으로, 규탄의 대상이 된 교원 측 참가자는 기노시타 기요시와 그 추천인이었던 오카노, 야마모토의 두 사람이었다. 문서의 차별성 근거에 대해 도다는 다음과 같이 말한다.

> **도다**戸田 우선 하나는, 시작 부분은 좋습니다. (…) '노동시간은 지켜지고 있습니까? 이것도 뭐 좋아요. 묻는 방식도 좋고. 하지만, '진학 업무나 동화 업무로 아무리 해도 늦어지거나, 교육 간담회 등으로 인해 늦어지는 현실을 체념하고 말아야 하는 걸까요?'라고 쓴 부분, 그게 하나예요. (…) 이런 식으로 쓰면 뭐랄까 월경 문제를 언급하지만 역시 월경 문제는 우리 부락 해방동맹 오사카후 연합회의 지도를 따르자면, 차별로 이어진다고 하는 식으로 다루고 있거든요. 그런데 그

8 무제, 표지 없음. 최종 쪽에 '大阪市東住吉桑津町八丁目五八 有限会社大阪速記社篭本芳郎印'. 部落解放同盟大阪府連矢田支部所蔵. 이하, 이 테이프 녹취문의 인용은 본문 중에 쪽만 표시함.

걸 뭐가 교사 여러분들로서는 오히려 부락민 때문에 노동 강도가 강해지고 있다고 받아들이고 있는 거라면 이건 아니다 싶어요.(pp.5-6)

'인사장'은 노동 강도 강화와 교사 관리 감독 강화가 진행되는 현 상황을 호소하고, 그 근거로서 '동화 업무' '월경, 보습, 동화'를 열거하고 있다. 바꿔 말하자면 이 언급은 동화교육과 월경 문제 해소가 양쪽 모두 노동 강도 강화와 교사 관리 감독 강화의 요인이 되고 있다고 주장하는 것으로, "부담을 강요당하고 있는 교원"이라는 공감을 얻으려 하고 있다. 하지만 '교육 정상화라는 이름을 빌린 쪼기'라고 적고 있듯이, 관리직 측으로부터 떠밀려 관리되고 있는 상황을 문제시하고 있는 것도 사실이다. 이 점에 대해 오카노는 다음과 같이 해명하고 있다.

**오카노岡野** 나는 조합의 한 가지, 올해 야타 지역 공동투쟁이라는 형식으로 만사에 있어서 발전은 되고 있지만요. 그것도 역시 지부 말입니다만, 동남지부 여기에도 역시 약한 데가 있다고 생각해요. 나 자신이 집행위원을 하면서 실은 동화 문제에 대해 지부에서 다룬 것은, 일반지역에 대해 이를 언급한 것이 한 번, 지역 공동투쟁이 시작되기 전입니다만, 요전번 7월 단계에서 야타 중학교 관내에서 관외 초등학교와 중학교로의 월경이 일어나고 있는 부분을 중심으로 월경 문제를 이야기했습니다. (…)

하지만 그 부분이 약한 부분으로 중학교 단위 정도에서 그런 소집회를 열면서 좀 더 좀 더 생각해야 하지 않겠나 하는 걸 말한 적이 있습니다만, 말한 바와 같이 어쩌지도 못하고 답답하게 현재에 이르고

> 있고요. (…) 그런 중에 교장 선생님이 이미 10년 이상 여기 있었던 사람이, 중학교는 그런 일이 여태까지 있었고 결국은 바뀌 나갈 테니 미안하지만 좀 참고 마음 비우고 시끄럽게 만들지 말아 달라고 말하는 형국인 것이 역시 큰 문제점이 있다고.(pp.15-16)

결국 일교조 주도에 의한 동화교육과 월경 해소 문제가 아닌, 관리직인 교장으로부터 공적인 루트를 통하지 않고『마음 비우고 시끄럽게 만들지 말아 달라』는 대응을 요구받고 있다는 것이다. 이로 인해 조합원과 교원 개개인의 의식 개혁이 되어 있지 않은 데에 '동남지부의 약한 부분'이 있다는 것이다.

이 변명은 애초에 동화교육과 월경 문제에 대한 교원의 의식이 낮음을 입증한다. 그것은 또한 '인사장'이 사태의 일면밖에 문제시 삼고 있지 않음을 나타낸다. 즉, 동화교육과 월경 문제에 대한 조합원의 무관심과 소극성은 문제 삼지 않고, 노동 강도 강화와 관리 감독 강화에 대한 반감에 호소하여 그 부負의 감정을 조직화하려고 한 것이다. 그리고 차별성의 유무는 그러한 '부負의 감정'을 조직화할 때 부락에 대한 부정적 이미지가 작용하였는지에 달려 있다.[9]

그런데 이 '대화'의 소요 시간은, 오후 4시 반부터 오후 7시까지의 약 2시간 반이었다. 테이프 녹취문에 있어서는(p.62) 전체의 7할을 넘어간 부분에서 기노시타는'인사장'의 차별성을 인정한다.

9 1969년 3월 12일, '인사장'의 배포를 받은 오사카시 교조의 사이토 야히코(斎藤弥彦)는 이미, 기노시타 인사장이'교사들이 가지고 있는 뒤처진 인식을 조직화하고,『동화』교육에 찬물을 끼얹고, 해방운동의 발목을 잡는 그런 역할을 하는 것이기에 이것은 차별문서이다.'라고 지적하고 있다. 전게서,『人間として』, pp.42-43.

단순 계산으로 한 시간 반 전후가 경과한 부분으로 추정할 수 있다. 거기에 이르기까지의 기노시타의 발언을 확인해 보자.

오카노의 발언에서 명확해지는 문제의 뒤틀림—동화교육, 월경 문제에 대한 조합원인 교원의 무관심과 관리직에 의한 '쪼기'—가 '인사장'에 반영되어 있음은 기노시타도 인정하고 있다. 우선, 무라코시 스에오에 의한, '인사장'이 차별의식의 동원으로 이어지고 있는 것은 아닌가 하는 지적에 대한 답변을 보자.

> **기노시타木下** 처음에도 잠깐 말씀드렸지만, 결코 그런 의도가 아닙니다. 엽서로 썼지만, 문장 자체가 몹시 치졸하고 문제가 있었다고 생각합니다. 하지만, 나 자신이 그런 뒤처진 층들을 결집하려거나 그리고 그러한 뒤처진 층들의 표로 조합 임원이 되려는 그런 생각으로 쓴 건 아닙니다. 이 부분은 소위 불명 문서상으로는 알기 어려울지 모르겠습니다만 말의 진의는 결코 그런 게 아닙니다.(pp.7-8)

이 답변에 대해 무라코시는 현재의 야타 관내 초중학교 조합원과 교원에 의한 '인사장'의 수취를 문제시한다. 한편, 오카노는 동화교육을 진척시켜 나가는 어려움을 호소한다. 그리고 야타 지부의 고치河内 서기 차장, 당시는 '인사장'은 운동의 분열을 의미한다고 주장했다. 그에 대한 기노시타의 답변이다.

> **기노시타木下** 월경이라던가, 동화교육이라는 것은 해방동맹 쪽이 열심히 해 왔고 몹시 훌륭한 성과를 거두고 있는 것에는 경의를 표합니다. 하지만, 우리 주변으로 문제가 튀어나올 때는 몹시 뒤틀려져 있

습니다. (…) 그래서 우리는 싸우고 있는 겁니다. 뒤틀려져 있는 것을 바로 고치기 위해 우리가 노력하지 않으면 안 된다는 취지로 쓴 겁니다만.(p.40)

이 답변으로 인해 '대화'는 기노시타의 동화교육 경험 유무와 부락에 대한 인식 검토로 이행한다. 기노시타는 1959년부터 오사카에서 교원으로 근무해 왔는데 동화교육 경험은 없었다. '기노시타木下 소위 동화교육이라는 것은 한 적이 없습니다.' p.49 그러한 응수를 거쳐 기노시타는 '아까부터 이래저래 들어보니 역시 제가 경솔하게도 몹시 경솔히 쓴 건 정말 잘못했다고 생각합니다. (…) 몹시 부족했고 내용이 오히려 반대로 된 입장이 되고 말았다는 점 지금 저 자신 몹시 유감으로 생각하고 있습니다.'라고 사죄한다.(p.55) 그리고 '인사장'에 문제가 있었던 것은'사상적인 오만함'이 있었고, 또 월경해 오는 학생이 많으며 비조합원뿐인 학교 직장이 원인이었다고 말한다.

**기노시타木下** 그저 제가 사상적으로 오만해져 있는 점이 그건 있었는지 모르겠습니다. 분회 안에서도 역시 월경생이 많은 학교이고, 지금까지 소위 조합도 없이 비조합원뿐인 직장이었기에 그러한 영향도 꽤 크게 받고 있었다고 생각합니다. 그런 가운데 역시 사상적으로 오만해져 있거나 잘못되어 있었던 점도 있다고 생각합니다만.(pp.57-58)

근무하는 학교에 월경해 온 학생이 많다는 것은 관내에 부락을 포함하는 야타의 초중학교 같은 학교를 기피하는 학부모와 학생들로 둘러싸여 있다는 것을 의미한다. 더구나 조합원이 조직화 되어 있지 않다는 것은 노동문제뿐만 아니라 동화교육과 부락 문제에 대한 인식이나 접근 노력도 진척되어 있지 않다는 것을 의미한다. 그러한 환경으로부터의 영향을 '크게 받고 있었던' 것이 '인사장'으로 나타나게 되었다고 기노시타는 여기에서 인정하고 있다. 즉, 이 언급은 부락 문제와 동화교육을 기피하는 <부負의 감정>에 의거하여 '인사장'을 썼다고 인정한 것과도 같다. 그리고 기노시타는 '인사장' 그 자체가 차별문서라고 인정하고 있다.

> **무라코시村越** 그렇게 된 거군요. 기노시타 선생님. 당신 자신 이 문장이 차별문서라는 것을 알고 계십니까?
>
> **기노시타木下** 지금, 여러가지 이야기를 듣는 중, 분명히 그러한 면이 있었구나, (…) 여기[『차별자, 기노시타 일파를 규탄한다』를 가리킴]에 쓰여 있는, 쭉 쓰여 있는 그대로라 생각합니다.
>
> **무라코시村越** 차별문서라고 우리가 지적하는 것은 무리가 없다고 생각하지요?
>
> **기노시타木下** 예, 그렇게 생각합니다.(p.62)

기노시타는 이렇게 '인사장'이 차별문서라고 인정했다. 다만, 그의 인식은 어디까지나 자신이 처한 상황 속에서 '사상적으로 오만하게' 된 것이 동화교육과 월경 문제 해소에 부정적인 태도를 자신에게 허용했다고 하는 점에 머물고 있다. 이'대화'에서 언급된 동화교육의 경험 부재와 부락 문제에 대한 이해와 결부시켜 그의 인식이 통합된 건 아니다. 다만 이것은 차별—피차별 관계의 비대칭성이 깨지고 '인사장'과 부락 차별과의 관계가 이어진 순간이다.

하지만 또한 '부負의 감정'을 동원하려고 하는 데에는 이유가 있는데, 그것은 '사상적인 오만'이라는 설명으로는 불충분하다. 오니시 교진大西巨人이 '속정俗情과의 결탁'에서 표한 심리주의적인 분석을 참조한다면, 그것은 대중의 속정에 영합하여 대중을 조직하려는 정치 전술이다.[10]

이때, 기노시타 기요시의 정치활동을 감안하면, 일본공산당의 '답신' 비판과, 사건 직전인 1969년 2월에 발행된 일본공산당 편『오늘날의 부락 문제』에서 보는 운동노선이 '인사장'에 반영되어 있지는 않았는지, 그러한 정치적 판단이 기노시타의 교육 경험에 비추어 어느 정도 확고한 것이었는지, 이러한 점이 파헤쳐질 필요가 있었다. 그러한 내적 자성을 촉구하는 것은 부락 해방운동의 노선 논쟁을 정치 문화적으로 고도화할 수 있는 성과 있는 논의를 가능케 했다고 생각한다. 하지만, 이 규탄이 도중에 멈춰버린 것이다.

'대화'의 흐름으로 보자면, 이때의 야타 지부 규탄 방침은, 세 명의 자아비판에 그치지 않고 규탄대회에의 참가와 '인사장'회수라는 구체적 행동을 약속하는 것을 착지점으로 보고 있었다. 추궁은, 여기에서 성급하게 기노시타들에게 '대책'을 요구하고 있다. 실제, '대화'에서는 기노시타의 사죄 후에 격렬한 말들이 계속해서 나왔지만, 그 추궁은 '책임을 어떻게 질 것인가'라는 방향으로 이끌어 간다. 특히 그것을 주도하고 있는 것이 무라코시 스에오이다.

10 이 논점에 대해서는 다음의 졸고에서도 다뤘다. 본서 소수「<党>と部落問題—大西巨人『神聖喜劇』」

**무라코시村越** 차별문서를 쓰고, 뿌리고, 보관하고, 퍼뜨린 책임, 이것은 도대체 누가 질 것인가?(p.63)

**무라코시村越** 어떻게 하면 좋지요 이거? 이거 옛날 같았으면 정말 당신들 목이 잘렸어요. 수평사水平社 시절 같았으면 죽창으로 푹푹 쑤시지. 정말로.

'수평사 시절 같았으면'이라는 무라코시의 발언은 재판 과정에서 위협하는 말로 문제가 된다. 하지만 무라코시의 발언 다음에 '인사장'의 추천인인 야마모토는 서둘러 종착점을 제시한다.

**야마모토山本** 저기요. 나는 해야 할 일이 많이 있고, 해야 할 일도 많고, 그것을 어떠한 식으로 구체적으로 하면 좋을까 하는 점에 대해서는 곧바로 좋은 생각은 안 떠오릅니다만 적어도 우리 추천인 전원은 어딘가 곧 모여서 그러한 점은 자아비판을 해야 한다고 생각합니다. 적어도 그리고 나서 역시 내놓은 문서에 대해서는 전부 철회하고, 회수가 안 된다면, 그런 식으로 했으면 합니다.(p.77)

이 발언 뒤에, 야타 지부 간부는 기노시타 등 세 사람에 의한 '차별문서에 대한 자기비판서'와 '앞으로에 대한 방책'을 분명히 할 것을 요구한다. 그리고 '기노시타 인사장'은 가능한 한 회수할 것, 야타 지부에 의한 규탄 경과를 담은 자기비판서와 결의서를 분회에 배포할 것, 그것을 24일까지 인쇄하여 제출하도록 요구했다. 기노시타는 이때 침묵한 채였지만, 다음과 같이 야마모토와 오카노 두 사람에 의해 이 요구는 승인되었다.

**야마모토**山本 자기비판서라는 것은 공동으로 쓰면 될까요.(p.85)

**가와모토**川本 오카노 선생님, 다 제쳐 놓더라도 모두 나와 달라고 해야 합니다. 당신부터.

**오카노**岡野 알고 있습니다. 그저 문장적으로 확실히 해야 하지 말이죠.(p.86)

앞질러 말하자면, 차별행위를 인정했다, 혹은 인정하려고 하는 상대의 차별—피차별 관계에 대한 인식의 응당 그러해야 할 모습에 접근하는 것이 아니라, '향후에 대한 방책'을 성급하게 요구한 야타 지부의 방침은, 구체적인 책임을 대상으로 하여 요구하는 행정 투쟁에서의 규탄 투쟁 방식을 답습하고 있다. 그 의미는 후술한다.

## 3. 검증—1969년 3월 18일 '대화'와 공판 진술

이상의 경과로 1심 공판조서 및 '인사장'의 추천인이었던 다른 두 교원의 진술조서도 참조하면서 야타 지부와 기노시타 기요시와의 대화를 통해 명시화되지 않았던 부분을 보충하여 규탄의 다음 상황을 생각해 보자. 그것은 다음의 세 가지 사실로 좁혀진다. 즉, ① 관제 동화교육 비판 ② 부락 해방운동과 교육 투쟁의 관계에 관해서 ③ 규탄의 강제성이다.

우선, ① 관제 동화교육 비판이다. 테이프 녹취록 40쪽에서 기노시타는 '뒤틀린 동화교육'에 대해 언급하고 있다. 이에 대해 기노시타는 1974년 8월 13일의 1심 제30차 공판조서에서'관제의 동화

라는 의미로'라고 고쳐 말하고 있다.[11]

더구나, 이 답변의 의미를 재확인한 변호인의 질문에 대하여, 기노시타는 '교육위원회가 하는 관제 동화교육에는 반대입니다.'라고 답하고 있다. 공판에서의 기노시타는, '교직원 회의라는 것이 결정기관이 아니며 교장의 자문역이 되어 있거나, 혹은 교장의 전달기관이 되어 있습니다.' 라고까지 단정하고, 주체가 교원이 아닌 관리직 또는 교육위원회인 이상 모든 동화교육은 '관제 동화교육'이며, 조합 운동에 있어서 비판극복의 대상이 된다는 논리를 형성하고 있다. 하지만, 이 주장에 따르자면, 교원의 자주성에 의한 의사결정기관이 부재한 이상 모든 것이 다 거부의 대상이 된다.

이 극단적인 주장은 제30회 공판의 쟁점 중 하나가 되어, 재판장도, 교육내용을 교원이 실질적으로 결정하는 교직원 회의가 존재하는 학교가 있는지 기노시타에게 질문하고 있다. 그 질문에 대해 기노시타는 '그건 아닙니다.'라고 답하지 않을 수 없었다. '뒤틀린 동화교육'을'관제 동화교육'이라고 바꿔 말하는 것에 큰 어폐는 없다. 문제는 그렇다고 한다면 어째서 '관제 동화교육' 비판이라는 점을 '인사장'에서 설명하지 않았는가 하는 점이다. 그것은'관제 동화교육'을 비판하는 관점이'인사장'을 돌리는 시점에는 부재했다는 사실을 의미한다. 그것은 결국 '인사장'이 '동화교육'에 대한 일반적인 기피 정서에 기반하고 있다는 것을 의미한다.

다음으로 ② 부락 해방운동과 교육 투쟁의 관계에 관해서이다. 기노시타는 앞에서 '월경이라던가, 동화교육이라는 것은 해방동맹

11 1974년 8월 13일 1심 제30차 공판조서, 부락 해방동맹 오사카후 연합회 야타 지부 소장.

쪽이 열심히 해 왔고 몹시 훌륭한 성과를 거두고 있는 것에는 경의를 표합니다.'라고 말하고 있다. 하지만 이 주장은 공판 진술에서는 큰 수정이 가해진다. 이에 앞서, 변호인 야마시타 마스오山下益郎는 동화교육을 받는 주체가 누구인지를 묻고 있다. 동화교육의 진척 방식을 결정하는 것은 교원이나 조합원인가, 아니면 해방동맹지부 또는 부락 대중인가를 명확히 하기 위한 질문이었다.

이 질문을 보충 설명하자면, 교원에 의한 자주적인 동화교육이 존재하지 않는 한, 관리직이 주도하는 '관제 동화교육'을 활용한 운동방침도 가능하다는 전제가 있다. 이에 대해 기노시타는, 누가 동화교육을 받는가 하면'동화교육은 넓은 의미로 해석하면 많은 아동 학생이지요'그럼 동화교육을 철저히 하기 위해 일어선 건 누구인가라는 물음에 대해서는'교원 조합이고, 해방동맹이라고 생각합니다'라고 답하고 있다.

이 답변을 듣자 변호인의 질문은 해방동맹 운동에 대한 평가로 옮겨간다. 거기에 대해서 기노시타는, 스스로가 경험했던 1950년대의 근평 투쟁에 입각하여, '근평 투쟁에 부락 해방동맹 사람들이 대단히 큰 힘이 되었다는 점은 알고 있습니다'라고 대답, 그 이유로써 '역시 근평은 교사에 대한 차별이지요. 그것을 부락 사람들이 차별에 대해 소위 당한 경험이 있는 사람들이 그런 식으로 연대해 주었다고 생각하지요.'라고 진술하고 있다. 하지만, 그것이 현재의 평가는 아니라고 답변한다.

> 해방동맹의 투쟁에 대해 경의를 표한다는 것은 그 근평 당시의 투쟁에 대해서였고, 1969년의 이 문제가 일어났을 때, 내 엽서가 문제

가 됐을 때는 그렇지 않았던 것으로 생각하고 있기에 이 문제에 대해서는 의견이 다른 겁니다.

이러한 이해는 1969년 3월 18일의‘대화’에서는 언급되지 않았다. ‘내 엽서를 문제 삼은 때’즉, ‘기노시타 일파를 규탄한다’라고 하는 규탄 요강이 나온 1969년 3월 18일 전후나 그 이후일까, 어쨌든 이 시점에서 기노시타와 부락 해방동맹과의 관계는 비화해성을 띄고 있었다.

하지만 ‘인사장’에 대한 규탄 때문에 돌연, 기노시타가 부락 해방동맹과 그 운동방침에 대한 인식을 바꿨다고는 여겨지지 않는다. ‘인사장’이 언급했던 ‘동화 업무’가 ‘관제 동화교육’이고, 그것이 부락 해방동맹의 방침에 기초한 조합, 관리직을 포함함 동화교육 추진 방침을 가리키고 있었다고 한다면, ‘인사장’의 입장이 애초에 1969년 당시에 있어 해방동맹과는 달랐다고 생각된다. 근평투쟁 당시와 1969년 사이에 가로 놓여있는 것은 1965년의 ‘답신’과 69년의 ‘특별조치법’에 대한 평가를 둘러싼 부락 해방동맹과 일본공산당 간의 대립이었다. 따라서 ‘인사장’은 애초에 해방운동과 동화교육에 대한 노선대립의 산물이라고 여겨지는 것이다.[12]

그리고 마지막 논점인 ③ 규탄의 강제성에 대해서이다. 3월 22일의 규탄 모임 출석을 보류한 기노시타 기요시 등 세 교원은 일단은 인정한 자아비판을 사실상 철회했다. 그 과정에서 3월 18일의 ‘대

12 이 점에 대하여 모로오카 스케유키는 보다 명확히 월경문제해소를 둘러싼 오사카시 교조 집행부 내부의 항쟁 속에‘인사장’을 자리매김하고 있다. 모로오카(師岡), 전게서, p.164.

화'가 실제는 연금이며 자아비판은 강제된 것이었다고 주장했다. 그 주장의 근거 자료는 오카노 간지의 1969년 5월 22일 자 오사카 지방검찰청에서 작성한 진술조서이다.[13]

> 야타 지부원들로부터 차별문서라고 인정하는/것을 강요받았지만/그래도/그렇지 않다/라고 말하고 열심히 대응했습니다/질문을 하면 대답도 했습니다. 하지만 아무리 말해도 통하지 않았고, 답변하면 한층 더 다그치고 들어와 완전히 전의를 상실하고 말았기에/오후 7시쯤부터는/우리가 입을 꾹 다물자/해방동맹 쪽의 태도도 험악해졌습니다./고치 서기 차장은 험악한 표정으로 너희들 대갈통을 쳐 갈기고 싶은 심정이다/수평사 시절 같았으면 죽창으로 찔러 죽었다고/하며 위협을 가했습니다.

이 진술조서는 앞에서의 '대화' 테이프 녹취에서 확인했던 내용과는 다르다. 테이프 녹취 쪽에서는 '수평사 시절 같았으면 죽창으로 푹푹'하고 발언한 것은 무라코시 스에오이다. 하지만 이 내용은 자아비판을 한 뒤, 자기 비판서를 배포한다는 '대책'을 강요당하던 시점에서의 대화 과정에서 나온 말이었다. 즉, 위협 때문에 자아비판을 하게 되었다고 하는 것과는 순서가 다르다. 여기에서는 자아비판의 강제성을 강조하기 위해 오카노의 기억이 가공되어 있다.

어째서 야타 지부에서 격분했는가를 이해하기 위해서도 '대화'의 시간순서 배열이 중요하다. 차별은 행위를 통해 배상하지 않으

13 이하, '오카노 간지 진술조서 1969년 5월 22일'부락 해방동맹 야타 지부 소장.

면 안 된다. 행위가 수반하지 않는 자아비판은 무의미하다는 생각이 야타 지부 쪽에 있었고, 그것은 행정에 대한 규탄 투쟁의 전제였다. 하지만, 처음부터 행정 책임을 묻는 행정투쟁의 틀과는 달리, 이 사건은 발단에 있어서는'대화'의 장에서의 개인적인 자아비판을 목적으로 하고 있었다.

하지만 추궁 속에서 그것은 순식간에 구체적인 책임 추궁으로 비약되었다. 소위 자아비판의 비약도 '강제'적으로 요구되었다. 야타 지부로서는 이 비약이 당연했던 것이, 행정투쟁방식을 염두에 두고 있었기 때문이었지만, 사항이 동화교육과 관련되었기 때문이다. 그것은 개인의 책임으로 환원되는 차별과는 다르다.

이렇게 해서 더해진 <강제성>의 급격한 과부하와 오카노에 의한 기억의 가공 사이에는 중요한 연속관계가 있다고 추정해 두자. 본고 서두에서 논한 바와 같이, 피차별 측으로부터의 고발은, 본질적으로 <강제성>을 면할 수 없다. 그러하기에 주체적인 내적 자성이 수반되지 않는 한, 규탄이라고 하는 행위는 늘 비대칭적인 외재적인 압력으로서 받아들여지게 된다.

이 강제성과 외재성을 구실로 하여 기억을 가공하는 것은 손쉽다. 공판 과정에서 세 사람은 '대화' 때보다 훨씬 정치적인 판단에 기초하여 이론 무장하고 자기 입장과 견해를 정연하게 진술하고 있다. 그것이 가능했던 것은, 자아비판에 기초한 주체적인 내적 성찰을 방기하고 있었기 때문이다. 그리고 무엇보다도 규탄이 외적인 압력이라고 자신에게 강변함으로써 가능했던 것은 아닐까 생각되는 것이다.

## 4. 맺음말

'대화' 및 공판에서의 검토에 입각하여 '인사장'으로 되돌아가자면, 그것은 부락 해방운동의 노선대립을 배경으로 동화교육에 대한 기피 감정에 의해서 작성된 <부負의 감정>을 이용하려 한 정치적 의도가 있었다는 점에서, 거기에는 차별성이 존재했다. 하지만 기노시타 기요시 및 추천인 두 사람의 입장에서의 차별성과 정치성은, 야타 지부의 추궁 속에서 금세 흔들렸다.

'대화'가 보여주고 있는 자아비판은, 중간까지는 각각의 주체적인 내적 성찰을 통해 차별—피차별 관계의 원리적인 구조인식으로까지 나아갔다고 생각되기 때문이다. 이 내적 성찰 과정을 한층 진전시킬 수 있다면 세 사람과 야타 지부의 관계는 그 후의 실제 전개와는 달라졌을지도 모른다.

필자의 논점에서 보자면, 그러한 가능성이 상실된 요인으로, 행정투쟁 방식에 입각하여 진행된 규탄 투쟁이 있었다. 개인에 대한 규탄과 행정 권력에 대한 규탄의 구별이 없었던 점, 바로 거기에 이 문제의 총체적인 원인이 있다.

하지만 다음 사실도 잊고 싶지는 않다. 사회운동의 다이나믹함은 그 행위의 수행성에 있다. 그 행위 수행성은 <혁명>이 그러한 것처럼, 제도화되고 경직된 사고 정지상태를 단번에 뛰어넘는다. 전후 부락 해방운동에서의 규탄 투쟁은 피차별 부락민의 자기 회복 과정임과 동시에, 정치적 전위에 의해 대리 표상된 주체성을 재획득하는 영위였다. 일본공산당과의 대립과 그로부터의 이탈은 그 의미로 동시대적이고 보편적인 전개였다.

그러한 정치적 주체성의 획득을 지향하는 철저함과 전후 시민사회의 동질화 압력에의 저항이 겹쳐진 점에 종전 전의 수평사 운동의 규탄 투쟁과는 다른, 종전 후의 규탄 투쟁의 고유성이 있다. 부락 해방운동의 노선대립은 조직 분열을 낳았지만, 그것은 사회운동의 다이나믹함이 건전하게 기능하고 있었다는 증거이기도 하다.

야타 교육차별 사건에서 야타 지부와 세 교원 사이에는, 차별—피차별 관계에 대한 인식의 공유 순간이 존재했다. 그것은 정치적으로 비화해적인 타자와의 사이에서도 공동투쟁은 가능하다는 사회운동의 다이나믹함 그 자체가 가지고 있는 기적의 가능성을 보여준다.

부기－오가 마사유키大賀正行 씨, 히로오카 기요노부廣岡浄進 씨 및 자료 이용을 허가해 주신 부락 해방동맹 오사카후 연합회 야타 지부에 감사드린다. 말할 것도 없이 이 글에 대한 모든 책임은 필자 본인에게 있다.

# 부락 해방운동의 현재와 앞으로

## 1. 들어가는 말—오늘날의 피차별 부락

1970년대 후반의 최고 전성기에는 18만 명의 동맹원을 조직하고 있던 부락 해방동맹의 동맹원 숫자는 2002년의 동화대책사업의 법적 실효를 경계로 감소, 2012년에는 6만 명으로까지 격감했다. 이는 사회운동으로서의 부락 해방운동의 역량 저하를 의미한다. 동시에 이것은 피차별 부락−이하, 부락이라 함. 그 자체의 변화와도 깊이 관계하고 있다. 우선 그러한 부락의 변화부터 생각함으로써 필자에게 주어진 표제 테마에 따라 주어진 한정된 자료를 통해서이긴 하지만 가능한 한 건설적인 논점을 제시하고자 한다.

피차별 부락에 관한 전국실태조사는 1993년 이후 실시되지 않고 있다. 이 해의 조사에서는 전국 평균과 피차별 부락 간 분명한 격차가 존재하고 있었다. 고교진학률은 전국 평균이 96.3%인데 비해 부락은 91.8%였다. 취로에 있어서는 전국 평균 상근 고용이 65%인데 반해 피차별 부락은 58.2%였다. 빈곤의 관점에서 말하자면, 생활보호 세대와 주민세 비과세 세대를 합친 합계에서는 전국 평균이 15.9%이고 부락은 25.8%였다.[1]

취로 구조는 어떨까. 과거 부락의 주요 산업이라고 하면 피혁 산업과 식육 산업이 떠오른다. 하지만 실제로는 근대 이후, 높은 피혁 기술을 가지고 있던 일부 부락은 별개로 치고, 농촌 부락의 생업은 기본적으로 농업이었다. 그리고 그다음으로 높은 비율을 차지해 온 것이 토목건설업이다. 1971년에 총리부에 의해 전국 34개 도도부현都道府県 4,374개 지구에서, 1975년에는 32개 도도부현, 2,513개 지구에서 실시된 부락 실태조사에 의하면, 71년에는 지구 내 사업소 수의 40%인 1만 5,414개 사업소가 토목건설업이었다(75년 조사에서는 1만 1,498개 사업소로 전체의 38%). 피혁과 제화제품 사업소는 그다음으로 많은 전체의 19%였다(1975년에는 23%). 또한 비교적 근년의 조사 결과인 나라현奈良県에 있어서의 2000년과 2010년의 현내 열여섯 지구 조사에서는, 건설업은 '제조업' '도소매업'에 이은 2위의 비율을 점했고, 덴리시天理市와 교토京都 시내 부락에서는 1위의 비율을 점하고 있다(각각 5.2%, 18.6%).[2]

토목건설업의 비중이 높다는 것은 그 산업구조가 중층적 하청구조로 짜여 있다는 소리다. 토목건설업은 공사량의 증감이나 공사의 종류별 분업화에 따라 노동력과 자재 기자재가 변동하기에 이러한 부문을 미리 외주화시켜 둔다. 그럼으로써 종합 건설상사 및 계열 기업은 경영이 안정된다. 하지만 특수기술을 갖고 있지 않은 하청업자는 계약관계가 맺어지기까지 아무런 보증도 없는 불안정

1 部落解放研究所編『図説 今日の部落差別 各地の実態調査より』, 部落解放出版社, 1997.

2 井岡康時「国勢調査小地域集計にもとづく奈良県同和地区の変化と現状に関する考察」, 『奈良人権部落解放研究所紀要』第32号, 2013.

한 상황에 내몰린다.

30년 남짓 계속되어 온 동화대책사업에 의해 부락 내 토목건설업은 우대조치가 취해졌고 공공사업도 우선 발주되곤 했다. 하지만 결국은 대형 종합 건설상사가 지배하는 업계의 말단에 종속된 영세 하청이기에 동화 대책사업이 그러한 영세성이나 하청구조를 바꾸는 것은 아니었다. 그래도 1990년대 이후, 피혁업에서 토목건설업 노동 시장으로의 노동이동이 보고되고 있다.[3] 이는 부락 내의 산업구조 변화를 나타내는 것이다. 예를 들어 앞의 나라현 조사에서 피혁 관련 제화 관련업이 다수를 점하는 '도소매업'은 2000년부터 2010년까지의 기간 동안 30.2%에서 21.6%로 감소했다. 나라현의 부락은 피혁 관련이나 제화 산업을 중심 산업으로 해 온 걸로 유명하지만.

그러한 산업구조가 극적으로 변화한 결과, 다른 업종으로 노동력이 이동했을 것으로 추정된다. 하지만 토목건설업에 잉여 노동력이 유입되었다고 해도 그것을 충분히 다 받아들일 창구가 될 수는 없다. 그러한 산업구조의 전환과 주요 산업의 영세상태로 의해 부락 내에서는 새로운 일자리를 창출할 수 없다. 이것이 다음에 언급할 부락 인구 유출의 한 요인이 된다. 실제로 나라현 내의 열여섯 지구 인구와 세대는 2000년 1만 2,214명 4,360세대에서 2010년 1만 689명 4,229세대로 10% 이상 감소가 일어나고 있다. 또 65세 이상 인구는 9% 이상 증가하고 있고 고령화가 진행되고 있다.

3 吉村臨兵「土木・建設業」, 部落解放・人権研究所編, 『新訂 部落問題・人権事典』, 解放出版社, 2001.

## 2. 고향 떠나기棄郷化

일본 사회의 저출산 고령화는 전반적인 경향이다. 하지만 피차별 부락에서 진행되고 있는 인구 유출에는 일본의 저출산과는 다른 이유를 생각하지 않으면 안 된다. 더구나 도시 부락과 도시 근교 부락의 청년층과 노동 가능 연령층의 유출은 도쿄의 부락도 포함하여 전국적인 경향이다. 이 인구 유출 경향에 대해 히로오카 기요노부廣岡浄進는 '시민사회공간으로의 인구 유출'이라 부르며 그것을 피차별 부락 출신자의 '고향 떠나기=디아스포라'로 보고 문제 제기하고 있다.

> 2001년도 말을 끝으로 국가의 동화대책 사업의 법적 근거였던 시한입법인 지대재특법地対財特法(역자 주 - 지역개선 대책 특정 사업에 관한 나라의 재정상의 특별 조치에 관한 법률地域改善対策特定事業に 係る国の財政上の特別措置に関する法律)이 실효되었다.
>
> 이 전후로 동화 대책사업으로 건설된 개량주택의 월세에 '응능응익応能応益(역자 주 - 월평균 소득 기준 월세 부과)'제도를 도입하는 지방자치단체가 계속 늘었고, 특히 도시 부락에서는 비교적 안정된 소득이 있는 세대가 동화지구 지정이 되었던 지구 밖으로 자기 집 (…)을 구입, 전출해 나가는 현상이, 그 자체는 이전부터 완만한 경향으로 보고되고는 있었지만, 그 후 10년간은 극적으로 진행되었다.[4]

4 廣岡浄進「被差別部落の地名を言明すること」『週刊朝日』連載 'ハシシタ'打ち切りをめぐる政治', 畑中敏之・朝治武・内田龍史編著『差別とアイデンティティ』, 阿吽社, 2013, p.364.

동화대책 사업은 1965년의 '동화대책 심의회 답신'에 입각하여 2001년도 말까지 성립, 지속되어 온 피차별 부락에 대한 환경개선 사업을 비롯한 종합적인 행정시책이다. 그것은 기본적으로 속지 속인주의를 바탕으로 진척되어왔다. 즉, 사업을 행하는 법적 주체로서 피차별 부락이 '동화 지구' 지정을 받아 그 지구에 거주하는 피차별 부락 출신자에게 법적 사업이 실시되는 것이다. 하지만 2001년도 말의 법률 실효는 피차별 부락의 급격한 인구 유출을 낳았다. 하지만 그렇게 유출된 부락 출신자들은 당장 부락과의 관계를 끊은 것은 아니었다. 모로오카는 이렇게 말을 잇고 있다.

> 오사카 시내 등의 도시 부락에서는 이들 전출자가 종종 부락 인근에 개발되는 주택지와 아파트에 입주하여 부락 내 친족과의 관계를 유지하고 있으며, 그 한편으로 … 상대적으로 저소득층인 세대가 유입해 오는 실태변화가 현장에서 보고되고 있다. 부락의 경계가 모자이크 형태로 애매해지고 그와 동시에 결혼에 의한 혈연관계 형성으로 '피'의 주변 영역도 확대되고 있다.[5]

또한 모로오카는 이러한 모자이크화의 경향에 있어서 '부락민이면서 그 사실을 혐오하고 부정하는 경향'이 선행하여 존재해 왔던 것을 문제시하고, 오사카부가 2000년에 실시한 생활 실태조사 및 의식조사의 결과를 예로 들고 있다. 즉, 동화지구에 있어서 이미 주민의 4할 이상이 부락 출신자가 아니라는 '유동성'이 확인된다.

5 앞의 주석

다음으로 의식조사를 상세히 보자면, 부락 출신자에 있어서도 동화대책사업 혜택을 받음으로 인해 스스로 부락민 이라고 생각하는 자기 인식이 있겠지만, 사업이 끝나면 '그렇게 생각지 않는다'로 대답이 달라질 것으로 추측된다는 것이다.[6] 부락 출신자는 시종 출신지를 부정하기에 급급해 왔다는 것이다. 그러한 진로 선택은 몹시 공리적으로 보인다. 하지만 거기에는 동화지구에 거주하여 사업 혜택을 받으면서도 기회만 되면 자기규정에서 벗어나고 싶다는 강한 자기 부정이 있다.

필자는 도쿄의 피차별 부락인 피혁 산업지대의 역사를 조사해 왔지만,[7] 조사지에서의 도쿄 피혁업자 부락 출신자에 대한 인터뷰에서도 똑같은 자기 부정의 말을 듣고 있다. 모로오카가 '디아스포라'라고 부르기에 족한 만큼의 자기 부정적인 경향이 현재의 피차별 부락에는 내재해 있고, 법의 실효는 그 표출을 낳았다고 할 수 있다.

역사적으로는 '디아스포라화'라고 하는 잠재적인 유동의 실현을 억제해 온 힘이 동화대책사업이자 부락 해방운동이기도 했다. 부락의 인구 유출이 부락의 소실이 아닌 '모자이크화'인 것처럼, 마이너리티로서의 유대는 유동화 속에서 늘 유지되고 있다. 그러한 유대의 유지를 부락 해방운동과 동화 대책사업은 제도적으로 지탱하는 역할을 해왔다. 그럼으로써 피혁업자나 토목건설업에 종사하는 부락 출신자는 그 생활의 방향과 의의를 자기 긍정할 수 있

6 앞의 주석, p.365.

7 「荒川部落史」調査会『荒川の部落史 まち・くらし・しごと』, 現代企画室, 2001 및 木下川沿革史研究会『木下川地区のあゆみ・戦後編—皮革業者たち』, 現代企画室, 2005.

었다.

하지만 오늘날의 부락에 있어서는, 동화 대책사업의 실효와 부락 해방운동의 후퇴가 이러한 자기 긍정의 근거 상실로 이어진다. 더구나 현재는 부락의 모자이크화와 고향 떠나기라고 하는 사정 때문에 정주화와 안정 고용을 촉진하는 동화 대책사업이나, 부락 해방운동이 준비해 온 종래의 전략 내용에 대해 되묻지 않을 수 없게 되고 있다. 그 전략에서의 시민=양민이라는 모델의 배타주의가 문제가 되는 것이다.

### 3.하층 사회와 피차별 부락

동화 대책사업의 종언에 의해 인구 유출이 가속화되기까지 유동화에 대항하는 정주 커뮤니티로서의 피차별 부락은 보호되어왔다. 하지만 그것은 인접하는 하층 사회와의 차별화—때로는 적대적인 관계—를 수반하는 것이었다. 예를 들어, 교토 시내 최대의 피차별 부락이자 동화 사업과 해방운동의 선진 지역이었던 스진崇仁 지구의 경우가 그렇다. 이 지역에서의 1950년대 초반부터의 동화 대책사업의 진전은 인접하는 재일 조선인의, 동화 사업으로부터의 배제와 공간적인 압박을 초래했다. 이는 동화 대책사업이 '일본 국민'인 피차별 부락민을 대상으로 하고 있었기 때문이다.[8]

정주화를 지향하는 피차별 부락의 배타주의는, 부락과 '인력 시

8 友常勉『戦後部落解放運動史 永続革命の行方』, 河出書房新社, 2012의 특히 제1장을 참조.

장'과의 관계에서도 표출된다. 오사카의 구니시하마旧西浜 지구 현재의 나니와구浪速区의 히가시東, 니시 나니와초西浪速町, 아시하라초蘆原町, 구보요시초久保吉町 등은 종전 전부터 일본 유수의 피혁 산업 지대를 형성해 온 부락이지만, 인접한 니시나리구西成区에는 항만하역노동자와 토목건설업에 종사하는 일용 노동자의 하층 노동 시장='인력 시장'인 가마가사키釜ヶ崎 지구가 위치한다.

도쿄의 산야山谷에 버금가는 '인력 시장'인 가마가사키 문제에 있어서, 1950년대 후반에 가마가사키 노동자를 위한 독신자 숙소를 니시하마 지구 내에 건설한다는 오사카후의 계획이 부상했다. 하지만 당시의 부락 해방동맹 지부는 이를 반대, 계획을 철회시켰다. 그 이유는 니시하마 지구 내에 가마가사키의 노동자 독신 숙소가 생기면, 술집도 모이고 밤거리 술장사하는 여자들도 모이게 될 것이기 때문이라는 것이 이유였다.[9] 여기에는 유동성이 높은 일용직 노동자의 공간형성에 대한 부락 해방동맹 지부의 배타적인 감정이 있었다고 할 수 있다.

하지만 이 피차별 부락 출신자가 일용직 노동자 거리인 '인력 시장'=가마가사키에 존재하지 않는다는 것을 의미하지는 않는다. 통계적인 데이터는 없지만, 1970년대 초반에 가마가사키에서 발생한 몇몇 노동 쟁의와 폭동으로 인해 체포된 일용직 노동자 중에는 부락 해방동맹 구성원도 있었다.[10] 또 사례는 얼마 안 되지만 인접한 기나이畿内의 부락에서 가마가사키 지구 내로 옮겨 살게 된 피차

9 寺島珠雄編著『釜ヶ崎語彙集』, 新宿書房, 2013, pp.51-52.

10 앞의 주석, pp.207-208.

별 부락 출신자의 라이프 코스도 분명히 있었다.

특히나 원전 노동에 종사해 온 부락과 부락 출신자의 존재도 하층 사회와 피차별 부락을 분리할 수 없는 사례 중 하나이다. 2011년 3월 11일의 동일본 대지진과 그 직후의 후쿠시마 제1 원전 사고로 인한, 후쿠시마를 중심으로 한 원전 수습작업, 방사능 오염 제거 노동에 많은 액수의 국가 예산이 계상되면서 사고 이후 이미 수만 명의 노동자가 투입되고 있다. 이 원전 수습작업, 방사능 오염 제거 노동 노동자=작업원은 특수훈련을 받은 적이 없는 일반노동시장에서 모아 온 노동자이다. 그리고 이 원전 피폭 노동에 있어서 많은 불법 취로와 폭력적인 노무관리가 행해지고 있다.[11]

이는 토목건설업의 중층적인 하청구조 그 자체에 기인하고 있다. 그리고 원전 피폭 노동을 위해 노동자를 모으고 도호쿠東北 지방으로 이들을 보내고 있는 것은 가마가사키 등 '인력 시장'의 '인부 송출업자'라 불리는 업무청부업자들이다. 가마가사키에서 모집해서 보내진 노동자 중에 피차별 부락민이 어느 정도 있는지는 명확하지 않다. 하지만, '원전 긴자原発銀座(역자 주－원전이 집중적으로 건설된 지역)'의 한 축을 이루고 있는 호쿠리쿠北陸, 후쿠이현福井県에는 원전에 의지하여 생계를 이어 온 부락이 있다. 따라서 숫자는 적지만 원전 노동에 종사하는 부락 출신자가 제로라고 생각되지는 않는다.

불법 취로와 부당한 수탈, 쟁의에 대한 폭력적인 탄압을 되풀이 했던 종래의 인력 시장 업무청부업자의 다수는 야쿠자 조직을 상

11 被ばく労働を考えるネットワーク編『原発事故と被爆労働』, 三一書房, 2012, 또 같은 저자의 『除染労働』, 三一書房, 2014.

부 단체로 하고 있으며, 그러한 경영체질은 현재도 계승되고 있다. 그런데 오늘날 일본 사회에서의 하층 노동 시장의 확대는 이러한 구조를 재생산하는 중층적 하청조직이 확대되고 있다는 것을 의미한다.

마치 동화대책 사업의 종언과 교대하듯이 일본에서의 신자유주의적 경제와 새로운 하층 노동 시장이 출현한 것이다. 피차별 부락은 '디아스포라화'에 직면했지만, 가시적으로 대면적인 하층 노동 시장을 갖지 않는 노동자 군과 마이너리티가 흡수되고 있는 하층 노동 시장 전체가 '디아스포라' 적인 심리적 압박을 받고 있다. 피차별 부락의 현재를 둘러싼 분석은 이러한 노동 시장의 새로운 동향과 불가분한 것이다.

## 4. 시민=양민화에 대하여

부락과 부락 출신자가 하층 사회로부터 스스로를 차별화하고 자기 구별하려고 하는 시민화=양민화라는 압력은 근대사회에 있어서는 일반적인 기제이다. 그런데 이 압력은 부락의 <생生>을 규정해 왔을 뿐만 아니라 부락 해방운동의 노선대립도 규정해 왔다. 그 한 예로 '요카 투쟁八鹿闘争'을 보자.

1974년 가을, 효고현兵庫県 난탄南但 지방의 요카초八鹿町에서 '요카 고교 차별교육사건'이 발생했다. 이에 앞선 1973년 5월, 부락 해방동맹 효고현 연합회가 결성되어 난탄 지부 연락 협의회가 같은 해 7월에 결성되었다. 이때까지 '조직력도 약하고 융화 운동적이었던 운동'이 그 이후 활발해졌다. 이 시기에 부락 해방동맹이 학교, 행정에 대해 행한 확인, 규탄회는 1973년부터 74년 1월에 걸쳐 8회, 거기에다 74년에 결혼차별과 관련된 차별문서 사건이 일어나고부터는 45회나 폭증했다.

그간 74년 10월에 효고현 교원노조 아사고朝来 지부가 조직한 기타하라 다이사쿠北原泰作 강연회 개최와 행사장 사용을 둘러싼 부락 해방동맹과 일본공산당 간의 충돌이 몇 차례 발생했다. 아사고 사건 그리고 요카 고교에 부락 해방연구회를 만들려고 한 학생들(교감, 교장은 이것을 약속했다)과 이 요구를 거부한 요카 고교 교사들 간의 대립이 격화, 부락 해방동맹에 의한 요카 고교 교원들에 대한 규탄 투쟁이 조직되었고 이리하여 요카 투쟁이 일어났다. 요카 고교에는 이미 부락 문제연구회가 있었지만, 학생들에 의하면 그것은 일본공산당에 의한 반 해방동맹 캠페인의 장이 되어 있었다.

> **A—부락연** [부락 문제연구회] 안에서는 해방동맹에 대해 [해방동맹 아사다 일파의 폭력집단]이라고 공공연히 불리고 있어요. (…)
>
> **일반 학생의 증언③** 그 해방연을 만들었을 때 말이죠. 요카 고교는 교직원 회의의 전통이 있다면서요. 그걸 교장과 교감이 깼다고 그것만 말해요. 그리고 왜 해방연을 만드는 게 인정되지 못하는지는 전혀 말도 안 하고 그 말만 해요.[12]

확인회, 규탄회를 거부한 요카 고교 교원들은 집단출근하였고,

12 兵庫解放教育研究所編『凍った炎—八鹿高校差別事件』上, 明治図書, 1975, p54, 62.

해방연 설치를 요구하는 학생들은 항의 연좌 농성을 계속하는 가운데, 74년 11월 23일, 해방동맹과의 공동투쟁으로 교원들에 대한 확인, 규탄회를 학교 체육관에서 실시하였다. 당일, 부락 해방동맹 측과 공산당 양쪽이 전국 단위로 대집회를 요카초에서 개최하였다.

그리고 이 확인회, 규탄회에서 교사 측 부상자가 나오고, 요카 투쟁에서는 해방동맹의 폭력성이 강조되지만, 일본공산당도 아사고 사건에서 요카 투쟁까지의 사이에 해방동맹을 도발, 폭력을 끌어낼 방침으로 임하면서 전국 동원령을 발동했다고 추정된다.[13] 요카초에서의 규탄 투쟁은 종래의 융화주의적 지역사회 역사에 대한 부락민의 반동이었을 것이다. 하지만 일본공산당은 이를 해방동맹과의 조직대립의 절정으로 규정, 그 조직방침에 따라 사건은 전국화하였다.

그런데 '요카 사건'의 역사연구를 제기하고 있는 오모리 미노루大森実는 국민융합론의 입장에서 전국 총합 개발계획전총이 불러온 지역 간 격차라는 관점에서의 분석이 필요하다는 것을 지적하고 있다.[14]

---

13 당시 와다야마초(和田山町) 면장을 하고 있던 나미카와 미노지(並川実治)에 의하면, '우리 당은 요카를 텐모쿠잔(天目山)(역자 주－전국시대(戦国時代)의 영주 다케다 씨(武田氏)가 멸망한 지역)으로 보고 싸운다. 함정을 파고 꾀어 들여라'라는 정보를 들었다고 적고 있다. 並川『和田山雜記』, 北星社, 1993, p.420.

14 오모리 미노루는 그 결론에서, 스즈키 료(鈴木良)의 논문에서, 동화대책 사업 특별조치법 등의 제정이란, 당시 자민당 총무국장이었던 오쿠노 미노루가 '혁신자치체를 추진하는 혁신 공동투쟁을 저지하고, 이를 떠받치는 사회당, 공산당의 공동투쟁을 분단, 파괴한다.'라는 의도를 가지고 입법화를 추진하였다고 하는 논쟁을 참조하고 있다. 이 추론을 여기에서 기계적으로 적용하자면, 요카 투쟁은 또한 정부와 현이 혁신 공동투쟁 분단을 위해 해방동맹의 폭력을 방치

오모리에 의하면, 1963년에 요카초를 포함하는 난탄 지방은 전총을 보완하는 저개발지역 공업개발 촉진법의 적용대상이었다. 하지만, 당연히 저개발지역에 투하되는 공적 자본, 민간자본에는 한계가 있고, 더욱이 '중핵 농가' 육성을 축으로 한 농정과 맞물려, 고도성장기에 다지마但馬 지구의 인구 유출은 브레이크가 걸리지 않았다. 70년에는 인구 유출 과소지역 대상의 긴급 조치법 적용도 받았다.

오모리는 이렇게 해서 정부와 현에 대한 과소화 지역의 행정의존이 심화된 것으로 보고 있다. 정부와 현으로부터의 예산에 대한 기대는 아이들의 문집에도 나타나 있었다.[15] 그리고 요카 고교 사건이 긴박하게 돌아가고 있던 당시, 난탄 각 지역의 면장들은 하천개보수 예산의 증액을 위해 건설성과 국회의원, 그리고 현에 진정하러 다녔다. 즉, 어떤 수단을 써서라도 지역개발을 획득할 수밖에 없는 지역사회의 곤란한 입장이 존재했다.

이러한 지역사회에 있어서 동화대책 사업실시는 저개발 지역개발을 위한 재원확보를 의미한다. 그리고 실제 시행에서는 지역사회의 상도덕 관습과 역학관계가 기능하게 될 터였다. 그리고 이때 일본공산당은 동화 대책사업으로 이어지는 일체의 연대를 반민주주의 세력이자 혁신자치체를 추진하는 혁신 세력에 대한 분단, 파괴 세력으로 규정한 것이다.

---

했다고 하는 추정을 낳게 된다. 大森実「八鹿高校事件研究への課題」, 部落問題研究所編, 『部落問題解決過程の研究』第一巻(歴史編), 部落問題研究所, 2010, 362쪽.

15 앞의 주석, pp.60-361.

여기에는 일본공산당의 부락 문제 대책으로서의 국민융합론이 전제가 된다. 국민융합론은 근대화로 인해 부락 차별이 점차 해소되는 과정에 있었고, 동화 사업은 그 해소과정의 역코스라고 이해한다. 그럴 경우, 동화 사업과 부락 해방운동을 제기하는 건 혁신세력에 적대적인 반민주주의 세력으로 규정된다.

부락 차별의 해결을 선전하는 부락과 부락 해방운동에는, 존재이유도 아이덴티티도 필요 없다. 없는 것을 '있다'라고 하는 것은 반민주주의, 반시민적, 반양민적이고 반사회적인 행위가 된다. 이리하여 부락 차별과 부락 출신자라는 차이는 폭력적으로 지워지는 것이다.

역으로 말하자면, 일본공산당의 민주주의 이미지에 있어서는, 자립한 시민적 개인에 의한 근대적 사적 소유의 권리와 공정한 자유경쟁만이 허용되는 것으로, 그러한 근대적 원리와는 이질적인 지연, 혈연적인 관계가 개입될 여지는 없다. 어찌 되었든 부락의 표상은 이때의 일본공산당에 있어서는 '잠재적으로 재교육 가능한 대상'이 아니라 시민=양민과 공존할 수 없는 '잠재적으로 위험한 존재'로 간주가 된 것이다.[16]

요카 투쟁으로 이야기를 되돌리자면, 개발사업이든 동화 사업이든 실제 시행에 있어서 민주주의의 실현을 공동으로 진척시킬 수도 있었을 터이다. 하지만 실제로는 마치 민주주의 세력과 반민주주의 세력인 것처럼 그려지는 구도하에서 상호 섬멸전이 되고 만

16 Giovanni Picker and Gabriele Rocheggiani, "Abnormalising minorities: The state and expert knowledge addressing the Roma in Italy," *Identities: Global studies in Culture and Power,* 2014, Vol.21. No.2 185-201.

것이다.

하지만 시민=양민이라는 모습에 스스로 꿰맞추려 하는 것은 오늘날 고향 떠나기를 지향하는 부락 출신자들이기도 하다. 부락 차별이 더는 없다고 스스로 납득함으로써 말이다.

## 5. 차별규탄 투쟁과 임파워먼트Empowerment

이상, 부락 해방운동의 '현재'에 관한 논점을 제시해 왔다. 끝으로 '앞으로'와 관련된 논점을 들고자 한다. 하나는 차별규탄 투쟁과 관련된 것이다.

부락 차별을 개괄적으로 정의하자면, 부락 출신이라는 사실, 혹은 부락에 거주한다는 사실에 기반한 시민적 제 권리의 제한이고, 소외이다. 때문에 부락 차별에 대하여 피해자의 권리를 복원하는 것은 시민적 권리를 회복하는 것을 의미한다. 하지만 그럴 경우, '시민'이라는 이념적인 모델이 따로 존재하는 것은 아니다.

지연, 혈연, 직능 등 다양한 연결 고리로 살아가고 있는 인간이 그 다양함으로 연결되어 있다는 사실로 인해 보장되는 권리와 존경을 다양한 그 본연의 모습인 채로 회복하는 것이 요구되는 것이다. 그리고 차별규탄이란, 인간의 권리와 존경의 부정이 있는 한, 늘 필요로 하는 것이다. 그 회복은 누군가가 대신해 줄 수는 없다. 차별규탄 투쟁이 직접행동주의인 것은 그 때문이다.

전후의 부락 해방동맹에 의한 차별규탄 투쟁은 소정의 수순을 정하여 사회적 상식 범위 내에서 행해지게끔 되었다. 하지만 그 규던 투쟁은 종전 전의 수평사 이래의 부락 해방운동 속에서 계승되어 온 부락의 신체성에 기반하는 문화이다. 그것은 국가만이 허용될 터인 폭력을 민중이 공공연히 나눠 가지고 있는 것에 다름아니다. 요카 투쟁이 그 좋은 예이지만, 규탄은 종종 에스컬레이트 하곤 했다. 더구나 그 규칙을 정하는 것은 피차별자로 국가도, 제3자기관도 아니다. 그러하기에 권리회복 행위이면서도 차별규탄 투쟁은 늘 정치적으로 초점이 되어 왔다.

1980년대에 나카소네中曽根 내각의 '종전 후 정치의 총결산'노선은 오늘날로 이어지는 신자유주의의 선구였지만 과제로 남았던 것은 국철 분할 민영화와 더불어 동화 대책사업의 축소 폐지이고, 부락 해방운동의 시민화=양민화였다. 그 돌파구가 총무청 지역개선대책실을 통한 동화대책 사업에서의 부정과 사이비 동화행위 캠페인, 차별규탄 투쟁이라는 '민간폭력'의 억제에 있었다.

그리고 규탄=폭력이라는 캠페인은 성과를 거두었다. 무엇보다도 그 논리가 내재화함으로써 부락 해방동맹은 규탄을 행사하는데 있어 자기 규제를 하게끔 된 것이다. 이러한 사실은 현재, 국가보수주의를 수행하는 관료주도 정치에 의해 당사자의 자기 결정권을 박탈당한 국민의 신민화가 진행되어 온 과정과도 그 궤적이 일치한다.[17]

차별사건에 대해 말하자면, 도쿄도東京都의 연속 대량 차별 엽서 사건連続大量差別はがき事件 2003~4년(역자 주－식육 시장 도살업자와 부락 해방동맹 각 지부에 도쿄도 소인으로 발송된 차별 엽서 및 거

17 오늘날의 국가 보수주의에 의한 관료정치에 대해서는 나카노 고이치(中野晃一)『戦後日本の国家保守主義—内務・自治官僚の軌跡』, 岩波書店, 2013을 참조.

짓으로 동맹원 주소로 고액의 상품이 배달되도록 착불 주문하거나 전력회사에 동맹원 집의 전기를 끊어달라고 누군가가 거짓 신청한 사건), 그리고 아소 타로麻生太郎에 의한 노나카 히로무野中広務에 대한 차별 발언, 2001(역자 주－“노나카 같은 부락 출신이 일본의 총리대신이 되면 안 되지!”), 재특회在特会(역자 주－재일 조선인의 특권을 허용하지 않는 시민의 모임在日特権を許さない市民の会)에 의한 수평사 박물관 앞 차별 가두 선전방송 시위 사건, 2011 등이 상징하는 것처럼, 그리고 인터넷상에서는 ‘인터넷판 지명 총람(역자 주－과거 부락 지역 검색 확인 가능)’이 거의 열람할 수 있게 되고 만 것처럼, 감소하고 있다고는 할 수 없다.

부락과 부락 해방운동이 고립하지 않기 위해서는 대중노선과 직접행동에 의한 규탄 투쟁을 회피하는 정치 판단은 필요하다. 그리고 물론, 동화 사업의 지속과 전개에 도움이 되는 것을 목적으로 차별규탄 투쟁이 조직화 되도록 운동의 방법도 재검토하지 않으면 안 된다. 그것은 동화 사업의 부정행위를 근절하기 위해서도 필요하다. 하지만 규탄 투쟁을 일반적으로 회피해 버리는 것은 부락 해방운동에의 광범위한 공감을 만들어 낼 수 없으며, 부락 해방동맹의 조직 확대로 이어지지도 않는다. 차별과의 직접 대치의 회피는 오히려 부락 출신자의 고향 떠나기를 재촉하는 결과를 불러오고 있다고 하지 않을 수 없다.

그러나 앞에서 본 바와 같은 부락의 산업구조, 취로 구조를 참고하자면, 하층 사회와 유동하는 하층 노동자에 의하는 것이 지금의 해방운동의 과제가 될 터이다. 그것은 차별규탄 투쟁이 지향하는 것도 규정하고 있다. 동화 사업의 획득으로 결실을 얻는 행정투쟁보다도, 하층 노동 시장에서의 해방운동이라는 과제가 의식되어야 할 터이다.

이와 관련하여, 사야마狭山 투쟁(역자 주－1963년 5월에 발생한 사이타마현埼玉県 사야마 시 여고생 강간 살인 사건의 용의자로 체포된 부락민 청년이 1심에서는 범행을 자백했지만, 사형이 선고된 이후, 2심에서는 누명을 주장하며 재심을 요청한 사건)의 고양에 도화선이 된 1969년에 그 후의 우라와浦和 지방법원 점거 투쟁을 실행한 '전국 부락 청년 전투 동지회'가 부락 차별과 하층 사회, 고도 자본주의와의 관계를 강조하고 거기에 부락 해방의 핵심을 두고 있었던 것을 상기하고 싶다.

전투 동지회에 참가한 청년들은 실제로 행정투쟁과 해방동맹의 지부 활동을 맡으면서 계급투쟁과 부락 차별이라는 과제 의식에 기반한 투쟁 형태를 구상한 것이다. 필자가 말하고 싶은 것은, 지법 점거와 같은 실력행사를 기대한다는 것이 아니라, 차별규탄 투쟁과 부락 해방이 추구하는 이미지를 어디에 둘지와 관련이 된다.

이는 2001년에 남아프리카 다윈에서 개최된 '반인종주의 인종차별 철폐 세계 회의'에서 집안의 신분 혈통으로서의 달리트 불가촉천민 차별을 국제적인 인권 문제로 제기했다. 남아시아 달리트 해방운동의 현재적 과제와 겹친다. 오늘날의 힌두 카스트제도는 신자유주의적인 자본의 지배와 결합하여 달리트 차별을 재생산하는 것이다.

부락 해방운동의 '앞으로'와 관련하여 들고 싶은 또 하나의 논점은, 차세대 운동의 바람직한 모습을 어떻게 구상할 것인가 하는 점이다. 이에 대해서는 홍콩의 '우산 혁명'과 대만의 '해바라기 운동'

을 참고하고 싶다. 홍콩의 경우, 홍콩 행정장관 선거에서의 보통선거 요구이고, 대만의 경우, 중국과의 서비스 무역협정의 철회로, 각각 요구 내용은 달랐지만, 어느 쪽이든 중국에 의한 미디어 지배, 무역과 시장지배, 정치적 민주주의 지배에 대한 투쟁 운동이었다는 점에서 공통된다.

실제, 홍콩과 대만의 학생운동은 서로에게 지지를 보냄으로써 조직적인 운동을 전개했다. 동시에 중요한 것은 어느 쪽 학생운동도 그 부모들이 지지하고 때로는 운동 당사자로 참여했다는 사실이다. 학생 부모들은 홍콩 반환 이후의 '중국 형식'=차이나 모델에 의한 도덕 교육과 중국공산당 내셔널리즘의 보급에 맞서 광범위한 저항운동에 관여했던 세대이다. 가족이라는 연결 고리가 여기에서는 급진적 운동의 단위로 반전되는 것이다.

자립한 <개인>에 의한 자립적인 연대를 통한 사회운동 모델과 함께 다양한 연결 고리를 연대의 단위로 한 사회운동이 구상되어도 좋다. 그 점, 지연, 혈연, 가족 등의 연결 고리를 기반으로 해 온 부락 해방운동이야말로 그에 대응한 운동 모델을 생각해야 할 것이다. 여기에서 다시금 상기하자면, 부락 출신 작가로서 나카가미 겐지中上健司가 <노지路地>라는 키워드를 사용하여 집요하게 추구하고 반전을 지향했던 것은 양민=시민을 모델로 한 지배적인 문화였다. 생활 현장으로서의 연결고리 공동체에 집착하는 것은 그러한 반전을 전망하는 것이기도 하고, 하층 협치를 운동의 과제로 하는 것이기도 하다.

과거 부락 해방운동의 주체가 되는 걸 선택하기 위해서는 부락 부모들과 자식들 그 어느 쪽도 비약이 필요했다. 대면적인 차별사건이 생기면, 그에 대한 급진적인 규탄 투쟁이 일어나 그러한 비약을 가능케 했다. 노상에서 가족이 모이는 장까지, 이르는 곳곳이 운동의 현장이었다.

사회운동의 기폭제는 늘 분노이다. 차별에 대해 분노하는 것을 뒤로 미루는 것은 인간의 존엄을 스스로 빼앗는 것과 같다. 그것을 사회운동으로 키우기 위해서는 분노가 수반되는 폭력의 변증법과 그것을 힘으로 바꾸어 가기 위한 대화의 변증법이 필요하다. 그러한 불가피하고 몹시 자연스럽게 표출되는 폭력도, 그리고 폭력을 경험하면서 행해지는 대화에 대해서도, 일본 사회는 지금 제대로 공유하지 못하고 있다. 부락 해방운동의 '앞으로'라고 하는 물음이 직면하고 있는 과제는, 그저 단순히 부락 해방운동만의 문제가 아니다.

# 당党과 부락문제
## —오니시 교진大西巨人『신세이키게키神聖喜劇』

### 1. 도도타로東堂太郎의 '회생'

불기소처분으로 끝났다고는 해도, '좌익반전활동' 용의자로 검거되어 대학에서 퇴학을 당하고, 수감 되어 옥사하는 친구를 보고도 무력하게 신문사에 근무하면서 전향의 시대 상황을 살아온 도도타로는, 쓰시마요새중포병연대対馬要塞重砲兵聯隊의 교육보충병으로 3개월간의 교육 기간을 거쳐, '회생'의 첫걸음을 내딛었다. 고분샤光文社 문고판『神聖喜劇』제5권은 다음과 같이 이 이야기를 마친다.

> 나의 군 생활(나아가 나의 전후생활 내지 인간생활)은, 사실은 어쩌면 그것에서 비롯된 것이었다. 그러나, 비록 그 배태胚胎가 일생에 3개월의 생활이었다고 해도, 이제와서 그것은 새로운 이야기—우리풍我流의 허무주의 우리풍의 지양, '나는 이 전쟁으로 죽어야 한다'에서 '나는 이 전쟁을 살아내야 한다'로 구체적인 전심転心, '인간으로서의 안위와 겁약함과 비굴'에 대한 한층 더 실체적인 파악, '한 마리의 개'에서 '일개 인간'으로 실천적인 회생, ……, 그러한 일을 위해 전력적

으로 정진하는 이야기, ―별도의 긴 이야기여야 한다[1]

도도타로의 이 '회생'의 '전심'은, 군대 내에서 반 신분차별 투쟁, 그중에서도 부락차별과의 투쟁에 의해 수행되었다. 그것은 근대 자본제 사회의 지배를 순간적으로나마 정지시키고 파괴하는 반란과 봉기를 만들어내고 그 '삶'을 사는 것으로 이어져 있었다. 1848년 혁명이 도시의 직장인, 농촌에서 추방된 농민, 그리고 여성들의 폭력으로 인해 생긴 것과 같이, 반란과 봉기는 '프로레타리아트'라고 부르는 원초적인 반항자들의 탄생과 함께 수행되었다. 그리고 '조직자'들 또한 그 반란・봉기와 함께 탄생했다. 반란과 봉기, 원초적인 반항자 '프로레타리아트', 그리고 '조직자'는 항상 동시에 탄생한다. 쌀소동의 여성들이나 데구치 나오出口なお가 반란과 봉기의 에이전트이며 '조직자'였던 것과 같이, 근현대 일본 사회에서 반란과 봉기는 근대적 프로레타리아트의 투쟁이라기보다는 늘 어딘지 반 신분차별 투쟁의 양상을 띄고 있다. 다시 말하면, 근현대 일본 사회에서 반란과 봉기는 사회의 관계성을 근대사회 성립시의 모습으로 되돌려 보낸다.

그리고, 하나의 봉기에서 다음 봉기까지 사이에 단결을 지속시켜 헤게모니의 획득을 도모하는 '조직자'들의 집합을 '당'이라고 부른다면―'당' 또는 '결사'는 저절로 원초적인 반항자 '프로레타리아트'의 봉기와 반란에 대응해야 한다.[2]

---

1 오니시 교진(大西巨人)『신세이키게키(神聖喜劇)』第五巻, 光文社, 2002, p.495 (이하, 특별한 경우를 제외하고 신세이키게키(神聖喜劇)의 인용은 권수와 쪽수만 적는다.)

여기에서 『神聖喜劇』의 내용이 제시하고 있는 물음은 다음과 같은 것이다. 원초적인 반항자 '프로레타리아트'의 전열戰列은 얼마나 생성生成하는가, 바꾸어 말하면, '당' 내지 '결사'는 그 반란과 봉기를 얼마나 만들어내고 어떻게 그것을 유지할 수 있는가.

## 2. '권도權道'와 정감情感의 확충

스스로 의도한 것이 아니더라도 조직자로서의 역할을 담당한 도도타로가 만들어낸 반란과 봉기의 제1단계는 '좀 의심스러운' '권도'의 행사이다.[3] 군대 내에서 횡행하는 『군대내무서軍隊內務書』에 편승한 탈법적인 법 해석과, 거기에서 버젓이 통용되는 '책임 방해(회피) 논리'에 대한 초인적인 기억력과 법 논리에 의한 투쟁이다. 후쿠자와 유키치福沢諭吉의 『문명론 개략』은, 서양적 문명사상을 검토하다가 결국 근세적인 관습적 신분질서의 재생을 근대 일본의 '방편'으로서 정당화 한다. 그런 방편을 내용으로 하는 '권도'는 편의적이며 상대적 규준을 의미하는 '권'(저울秤과 도의) 이라는 원래 어의에 기초하고 있다. 이는 또 『순자荀子』가 왕제론에서 서술한 바와 같이 '왕도 · 패도覇道 · 강도彊(強)道'의 강도彊(強)道로 통한다. '왕은 이 사람(마음)을 빼앗고, 패覇는 이 여與(국國)를 빼앗으며, 강

2 나가사키 히로시(長崎浩) 『결사와 기술(結社と技術) 나가사키 히로시 정치론집(長崎浩政治論集)』, 情況出版, 1971, 특히 첫 번째 논문 '결사와 기술 반란의 조직 문제'를 참조.

3 第一巻, p.216.

彊(強)은 이 땅을 빼앗는다'의 강도彊(強)道이다.[4] '권도'(=강도)는 '땅'을 빼앗을 수는 있으나 인심이나 나라를 얻지 못한다. 어디까지나 그곳의 임시방편식 편법이기 때문이다. 하지만 적에 대한 아군의 진지를 확보하기 위해 '권도'는 필요한 것이다. 허세도 허위도 필요하다. 무엇보다도 대면 관계에서의 우위 획득은 불가결하다. 도도타로에게는 허세나 허위의 자진신고自己申告에 대한 결벽주의가 있다. 그러나 그러한 결벽주의가 손실을 초래한다는 것도 알고 있다. '이러한 결벽이, 여러 가지 조건 하에서는 그저 우스꽝스러움, 무의미, 민폐 혹은 타인에 대한 배려의 결여가 될 수도 있는 것이며, 특히 적과의 대립 관계 속에서는 사려 없는, 잘못, 자기 무장 해제 혹은 루쉰魯迅이 부정하고 배척한 종류의 「페어 플레이」가 될 수도 있는 것을, 신병인 나도 결코 모르지는 않았다.[5]'

이 '권도'는 조직자 도도타로에 있어서 조직 기술적 실천으로서는 첫걸음에 지나지 않는다. 더구나 형식논리의 구사는 교활하기 짝이 없는 적의 논리와 정신성에서 동일성을 공유하게 된다. 도도타로는 그것을 고등경찰特高警察의 심문으로 이미 체험하고 있었고, 게다가 도도타로를 모함하려는 가타기리片桐 하사伍長와의 대결에서 스스로도 또 심문자가 될 가능성을 깨닫는다. '건件의 심문자와 나, 또는 건의 심문자와 카타기리 하사와 나, 그들 양자 혹은 삼자에게 정해져 있는, 정신 기능상 닮은 것 같은 어떤 존재'를 지각하고, '삶과 존재와의 심연을 문득 들여다본 것 같은 떨림과 일종의

4 『荀子』上, 金谷治訳注, 岩波文庫, 1961, p.153.

5 第一卷, p.231.

오한 같은 경외감'에 사로잡혀 겁을 먹었던 것이다.[6] 즉, 이성을(그 폭주까지도) 지배하고 있는 것 같은 절대적인 존재라는 것을 깨닫는 것이다. 그러한 로고스의 절대적 동질성의 세계에서는 상술과 권모술수의 정치밖에 남지 않는다. 그러한 정치의 공범 관계가 자라나는 것이 스탈린주의다.

이에 비해, '권도'를 넘어서, 인심을 얻기 위해서는 타자의 촉발(자극)로 공감하는 정감의 확충이 필요하다(게다가, '國'의 획득을 위해서는 군사단체나 기술자 집단이 필요하다).

타자의 촉발로 확충하는 정감에 대해서는 『神聖喜劇』 전편을 채운, 정화精華를 모은 시가 이야기詩歌物語의 인용이 이를 증명하고도 남는다. 자발적으로 타자와의 관계성을 열고, 또 자기 세계를 보호하고, 이에 따라 타자에 대한 이화異和를 흡수할 필요가 있을 때, 고금의 문학 인용은 타자와의 그러한 매개가 된다. 사이토 모키치斎藤茂吉를 인용하여 전개하는 '메이지기 일본 인민'의 '부드러운 지휘력'에 대한 공감, 사이토 후미斎藤史의 단가短歌와 함께 분출하는 로맨티시즘, '11월 밤의 밀회'에서 인용한 앨런 시거Alan Seeger 등 제1차 대전 때의 영국 애국 시인들. '학살자' 오마에다大前田 중사의 전쟁 리얼리즘과의 대결에서는, 그 악역무도함을 군기 이야기軍記物語 『호겐모노가타리(保元物語)』의 다메토모為朝의 포학으로 전위転位하여 중첩시킨다. 방대한 인용·박증이 끊이지 않는 것도 무리가 아닌 것은, 항상 타자에 의해 촉발됨으로써 그 촉발에 어울리는 문학이 발견되고 있기 때문이다. 로맨티시즘이나 추모의 정, 나아가 혐오

6 第四巻, p.113.

와 증오마저도 문학이 언어로 보편화 된다. 동시에 그러한 촉발은, 시대의 언어와 정동情動으로서 오감으로 감수된다. 더욱이 무기와 무기조작기술에 대해 도도타로가 기억하고 있는 애착이다. 야포野砲에 '특별한 이성이 발휘되는 것 같은 관능적 매력'을 느끼고, 오마에다大前田 중사의 줄다리기에서는 '씩씩하고 화려한 모습' '때로는 예술적이라고도 불릴 만한 남성적 장대함과 화려함을 그 조작에서 찾아낸[7]'다. 개개에게는 멸시함이 없으며 개개의 무기 또한 질감을 갖는다. 기술을 평가하는 것은 감수성에 있어서 타인과 외부세계를 능동적으로 받아들이는 것이기도 하다. 주지하는 바와 같이 오니시 교진大西巨人은 노마 히로시野間宏와 미야모토 겐지宮本顕治에게 '세상 물정俗情과의 결탁'을 비판했지만, 오니시에게 세상 물정은 문학적으로 승화된, 타자에 의해 촉발된 정감 확충의 계기 만이 아니다. 타자, 나아가서는 다른 성 그 자체와의 열린 관계의 기반이다. 노마 히로시나 미야모토 겐지가 생각지도 못했던 것은, 오니시 교진의 '세상 물정'이란 인간, 자연, 기계에까지 미치는 것이다.[8] 그렇기 때문에 오니시 교진은 타자와의 이화異和를 능동적으로 긍정할 수 있다. 그것은 서로 이질적인 자들의 집단인 군대 내에서 유감없이 발휘되는 능력이었다. 그리고 그것은 아래로부터의 구성적 권력의 조건이기도 하다.

---

7 第一巻, p.382, p.383.

8 마찬가지로 다카사와 히데츠구 또한 오오니시 쿄진의 '세상물정'을 대수롭지 않게 이해하고 있다. 다카자와(高澤) 「『세상물정과의 결탁(俗情との結託)』재고(再考)—오오니시 쿄진과 노마 히로시(大西巨人と野間宏)」, 文学界, 2013년 5월호

## 3. 반 신분차별 투쟁

부친에게 물려받은 반 차별 의식이 복선伏線에 깔려 있다고는 해도, 부락민 후유키冬木와, 같은 부락민으로 묘지기隠亡 신분이었던 하시모토橋本를 차별한 것에 대한 항전은, 군대 내에서의 도도타로 투쟁의 기조를 이룬다. 그 항전은 도도타로가 소속된 제3반을 봉기하는 전열로 변모시켰다. 브로커 요시하라가 구성한 모의인 '검<칼집> 교체 사건'에 대한 도도타로·후유키의 의견구신意見具申·상신투쟁上申闘争을 거쳐 '진실의 간스이ガンスイ'—강자의 기술자·전투집단인 군대에서 '낙오자'—인 스에나가末永에게 자행된 '모의 사형'을 저지하기 위해 궐기한 도도타로와 후유키의 연속된 전열은 반란과 봉기의 성격을 잘 보여주고 있다. 최종권·제5권의 크라이막스인 '모의사형 오후(결)'의 장에서 무라사키村崎 고병古兵의 지원을 받아 도도타로와 후유키로 연결된 멤버에게 공통되는 것은 근대적 프롤레타리아로서의 성격이 아니다.

> "하시모토橋本 이병도 함께 대신합니다." "하치타鉢田 이병도 마찬가지입니다." "하쿠미즈白水 이병도 마찬가지입니다." "쇼겐지生源寺 이병도 마찬가지입니다[9]."

하시모토는 화장터에 종사하는 피차별민 묘지기隠亡 신분이며, 하치타는 갱부, 하쿠미즈는 사가佐賀 출신의 선반공, 쇼겐지는 신관

9 第五巻, p.326.

神官이었다. 또한 이 궐기로 이어가는 무로마치室町는 도장집印判屋, 소네다曾根田는 직공, 무라타村田는 이발사, 와카스기若杉는 스모力士를 한다. 거의 에도막부 말기 사회개혁 폭동의 빈농·빈민—요코하마 개항 후 생사生糸폭락으로 인한 궁핍을 발단으로 봉기한—이나, 메이지 유신 직후의 신정부 반대 운동에 무임승차한 무법자(outlaw)로 보이는 이 멤버는, 모두 근대 시민사회에서의 '시민'의 범주에서 추방된 직업과 신분의 모습을 띤 존재로서 적혀 있다. 그들은 제국대학 출신자의 학벌이나 향토 내셔널리즘으로 연결된 '이즈하라벌厳原閥', '농부土百姓' 출신 오마에다大前田와 같이 서열화된 하사관들인 직업군인들과 대항적으로 그려져 왔던 것이다. 이 원초적인 '프롤레타리아성'이야말로 이 궐기의 동기이자 조건이다. 오히려 그들은 여기에 이렇게 전열을 형성함으로써 새로운 자기인식을 한순간에 획득한 것이다. 직업군인 오마에다가 일관해서 적대시 한 '무시무시한 것들'로서. 그 현실화야말로 근대 세계의 지배를 정지시키는 봉기와 다름없다. 그리고 이 순간에 조직자 도도타로는 대중을 뛰어넘고 동시에 봉기를 유지해 간다. 하지만 그것은 한순간에 사라진다. 그것이 봉기의 연유였다.

## 4. 봉기 후

봉기와 봉기를 연결하기 위해 조직자 도도타로는 대중의 단결을 방해하는 장애물을 미리 제거해야 했다. 거기에는 하나의 유대가 필요하다. 『神聖喜劇』이 준비한 그 유대가 『쇼보겐조스이몬기正法

眼藏随聞記』의 다음 문장이다.

> 가령 우리가 도리로서 말을 하는데 사람들은 곡해하여 도리에 어긋난 말을 하는 것을 도리로 공격해 설복시키는 것은 옳지 않다. 또한 내가 도리에 맞다 생각을 하면서 바로 잘못을 인정하고 자리를 뜨는 것도 좋지 않다. 단지 사람들을 말로 이기려 하지 말고, 잘못 또한 말하지 않고 무위로 끝내는 것이 좋다. 귀에 남지 않게 하고 잊어버리면 다른 이도 잊어 화를 내지 않을 것이다.

도리를 지켜 승리하는 것은 질투와 속임수를 초래하므로 옳지 않다. 사실 도리가 있다고 생각하더라고 일찌감치 잘못을 인정하고 그곳을 떠나는 것도 좋지 않다. 말로서 상대를 꺾을 것이 아니라 비난도 입에 올리지 말고 그대로 두고 끝내는 것이 옳다. 상대에게 말이 남지 않도록 하여 잊어버리면 화근을 남기지 않는다.

도리에 따라 상대를 몰아붙여서는 안 된다는 도겐道元의 이 가르침에 따라 도도타로와 후유키는 '검<칼집> 교체 사건'의 진범 탐색을 목적으로 하지 않고 의견구신意見具申・상신투쟁上申闘争으로 일을 다스린다. 브로커로서의 사기가 발각돼 체포 수감된 요시하라吉原가 남긴 고백장도 도도타로는 몰래 태워버린다. 군대 내의 법무 투쟁에 있어서는, 예링(Rudolf von Jhering)의 '모든 사람이 사회의 이익을 위해서 권리를 주장해야 하는 타고난 전사이다'라는 말을 실천한 도도타로는[10], 그러나 권리주장이라는 목적을 이룬 후에는

10 第五巻, p.136. 또한『正法眼蔵随聞記』和辻哲郎校訂, 岩波文庫, 1982, p.26.

그 주장이 화살을 거두었다. 도겐이 '가장 명심해야 할' 가르친은 보복의 무한 연쇄를 회피하기 위하여 권도權道보다 우월한 윤리 규범이 설정되는 것이다. 보복의 연쇄가 초래하는 내분은 피해야 한다. 그리고 이에 따라 항쟁보다 단결을 집단 속에 남겨두었던 것이다.

이리하여 도도타로에 의해 제국주의 국가의 중추이자 최전방 권력인 군대는 '유책성'의 논리와 폭력이 교차하는 제국주의의 축도縮図이며, 동시에 항쟁하는 민중이 단결하는 분위기로 거듭나게 된 것이다.

## 5. 맺음말

도도타로는 직무이탈죄로 재판을 받는 오마에다를 전송하고, 다른 교육보충병보다 2주간 늦게 중대 편입을 명령받아 임시소집 신분이 된다. 호리에堀江 대장의 '본능(본성)을 보이지 마라'를 이별의 말로 삼고, 배속처의 포대砲台로 출발하는 도도타로에게는 2주일 늦은 배속 명령이 보여주듯 미리 요 감시대상으로서의 처우가 기다리고 있을 것이다. 배속처에는 더더욱 도도타로에 대한 엄격한 시프트가 깔려 있을 것이다. 조직자가 된 도도타로는 자신의 역할에 대해 아직 자각하지 못하지만 서두에 시사했듯이 도도타로는 봉기하는 '당'의 조직자로서 '회생'한 삶을 살아갈 것이다.

신분이 계층적 구조에 의해 지배되고 항쟁하고 대립하는 병사들 속으로 반 신분차별투쟁을 몰고 들어와 단결을 형성하고 봉기를 준비하는 조직자의 한사람. 그것은 일본의 공산주의 운동 및 부락 해방운동이 수없이 실패해 온 반 신분차별투쟁・반 제국주의투쟁・계급투쟁의 결합을 위한 머리로 상상만 하는 사고실험思考実験이다. 오히려 이렇게 말할 수 있을 것이다. 반 제국주의와 계급투쟁의 '당'은 반 신분차별투쟁에 의해 극복의 경험을 해야 한다. 그리고 반란과 봉기가 되돌리는 근대 세계를 성립할 당시의 모습과 마주하지 않으면 안 된다. 그 모습은 근대적 프롤레타리아에 의거한 '당'으로서도, 시민사회에 익숙해져 있는 반 신분차별의 해방투쟁에 있어서도 지극히 추문(scandalous)에 가까운 존재가 되는 것이다.

# 아이누민족

# 일본이 망한 뒤에

## 1.

1984년에 제작된 NHK『아이누 서사시 침묵의 80년—사할린 아이누 납관 비화ユーカラ 沈黙の八〇年—樺太アイヌ蠟管秘話』는, 나중에 사할린樺太 아이누 '최후의 이야기꾼'인 아사이 다케浅井タケ를 비롯한 사할린의 아이누 사람들이 80년의 역사를 넘어 사할린의 아이누어와 극적으로 재회하는 순간을 기록하고 있어 감명 깊다[1]. 이 영상이 취재팀의 앞에서 아이누어로 말하기를 거절하는 아이누 사람들을 기록했다는 것도 잊어서는 안 된다. 영상에 삽입된 하나의 거절 장면은 이 영상 제작 과정 전체가 직면했던 강한 거부와 금기를 시사하고 있다. 그러나 그렇다고 해서 이 영상의 기적적인 기록은 잊기 어렵다. 후에 기노시타 준木下順二 외의 감수『新訂中学国語』(교육출판)에도 교재로 수록된 그 영상제작의 과정은, 폴란드의 아이누 연구자이며 '사할린 아이누 통치법안'의 초안을 작성한 브로니스와프

1 그 만남의 자세한 내용과 아사이 다케의 기록은 아사이 다케가 구술하고 무라사키 교코(村崎恭子)가 편집하여 옮긴『사할린 아이누의 옛이야기(樺太アイヌの昔話)』, 草風館, 2001.『아사이 타케 옛이야기전집Ⅱ(浅井タケ昔話全集Ⅱ)』, 横浜国立大学, 1997에 자세히 나와 있다.

피우수드스키(Bronisław Piotr Piłsudski, 1866~1918)가 남긴 납관蠟管레코드의 재생작업을 통해 홋카이도 아이누, 치시마 아이누와 나란히, 사할린 아이누의 말과 이야기 세계를 현대에 소생시킨다.[2]

단, 그 '소생'은 조사 당시 1983년에 아사이 타케가 생존해 있었기 때문이며, 사할린 아이누의 무속인이었던 쓰카다 누사라 케마塚田ヌサラケマ의 유족이 그 목소리를 알아들었기 때문에 가능했다.

납관에 기록되었던 영웅서사시ハウキ나 목소리レクフカラ, 자장가イフンケ는 이중적인 의미에서 이방인의 음성이다. 첫째는 죽은 자들의 목소리라는 의미이다. 영상 속에서 취재반이 최초로 방문한 히라토리쵸니부타니平取町二風谷의 가야노 시게루萱野茂는, 히라토리平取의 방언과는 다른 방언이기 때문에 알아들을 수 없다고 말하는 동석하고 있던 아이누 후치フチ의 말에 대해, 이에 대답하는 대신에, 그 소리를 들으면 액막이가 필요한 '저승의 소리'라고 말하고 있었다. 거기에는 NHK와 연구자들에 의해 야기된 피우스츠키ピウスツキ의 녹음이라는 행위가 내포한 사망자 모독에 대한 비난이 암암리에 포함되어 있었다. 둘째는 그 소리는 아사이 타케나 쓰카다 누사라케마의 유족들을 통해, 또한 탁월한 아이누어 연구자이자 화자話者인 무라사키 쿄코의 통역을 통해, 우리를 보다 큰 힘 앞으로 이끄는 이방인의 목소리다. 일반적으로 이런 경우에는 이방인의 힘을 소유하려는 호스트=집주인의 폭력 위험이 존재하지만, 그러나 이방인의 목소리 존재는, 우리에게 무조건적인 수용을 강요하는 것이기

2 山岸嵩「よみがえったモノとコト、よみがえらせた物と者」,『研究報告集 ポーランドのアイヌ研究者ピウスツキの仕事: 白老における記念碑の序幕に寄せて』, 北海道大学, 2013년 10월.

도 하다. 그리고 그 목소리를 받아들이는 것은 우리가 표상으로서의 이방인을 향해 휘두르는 의식적・무의식적인 다양한 폭력을, 그리고 그 근거로서 우리 신체를 구성하고 있는 국가나 모국어를, 일거에 상대화한다. 그것은 놀라움을 동반하기 때문이다. 이 영상에서의 놀라움이란 우리에게는 어떻게 해도 불가능한, 아사이 다케나 쓰카다 누사라케마의 유족들의, 죽은 사람의 소리를 듣는 것으로 죽은 사람과 일거에 연결되는 그 관계의 모습에 대한 놀라움이다. 산 자와 죽은 자의 연결은 죽은 자에 대한 모독을 두려워하면서도 그것을 초월하고 있었다.

그런데 오늘날 아이누어 연구는 아이누사史・아이누 문학사 연구의 전제로서 지방의 차이를 고려한 아이누어의 구조를 배울 필요성을 지적하고 있지만[3] 이러한, 아이누어의 지방차・지역차에 의해 초래되는 것은, 에토스(ἔθος; ethos)라고 불러야 할 무엇인가이다.

'관습'과 함께 '출발점'이라는 의미를 지니며, '도덕' 등의 의미를 지닌 에토스에 대해서, 자크 데리다(Jacques Derrida)는 '언어에 깃들어 있는 문화의 총체, 가치, 규범, 의의 등'이라고 한다.[4] 언어는 에토스를 수반한다. 그 에토스에 따라, 특히 이방인에게 언어는 마지막 거처가 된다. 「『강제이주 당한 사람들 (…)』 즉 망명자, 강제수용소의 피수용자, 추방자, 실향민, 유목민 등은 두 가지 소원, 두

3 中川裕『アイヌの物語世界』, 平凡社ライブラリー, 1997, 동, 藤井貞和・エリス俊子編「口承文芸のメカニズム—アイヌの神謡を素材に」,『シリーズ言語態 創発的言語態』, 東京大学出版会, 2001.

4 ジャック・デリダ著, 廣瀬浩司訳『歓待について パリのゼミナールの記録』, 産業図書, 1999, p.136.

가지 향수를 지니고 있습니다. 그것은 자기의 죽음과 자기의 말입니다. 한편, 그들은 순교지로서라도 좋으니, 매장된 죽은자들의 최후 거처(=묘소) (…)가 있는 장소로 돌아가고 싶다고 생각하고 있습니다. (…) 한편, <이러한> 절대적 이방인들은 언어, 소위 모국어를 자신의 조국, 나아가 최후의 거처로 인정하는 경우가 많습니다[5]」. 하지만 모국어가 되는 언어는, '가장 지칠 줄 모르는 환상' 이다. '나와 분리할 수 없는 언어는, 실은, 그리고 필연적으로는 환상 저쪽에 있는 것, 나에 대한 포기를 멈출 수 없는 것입니다. 언어는 바로 나로부터 출발해서 사라져갑니다[6]'. 여기서 데리다가 말하고 있는 것은, 언어, 특히 모국어로 여겨지는 것이 일으키는 탈구축의 작용이지만, 아이누어와 연관시켜 말하자면, 그것은 야마토 국가와 화인和人에 의한, 언어=모국어라는 압력을 말하며, 그것이 아이누민족 자신의 자기억압으로 전화하는 폭력의 연쇄를 의미하고 있다. 다만 아이누어를 모국어로 갖는 것도, 갖지 않는 것도, 자기억압으로 바뀌는 이 사태에 대한 규탄이 내가 말하고 싶은 것의 전부는 아니다. 오히려 생각해 보고 싶은 것은 데리다가 말하는것과 같은 의미로 탈구축을 통해서밖에는 감옥으로부터의 해방이 없는 언어의 일반적인 특성을 바탕으로 구승 언어로서의 아이누어가 '마지막 거처'가 되는 조건이다.

5 同前, p.105, 방점은 원문.

6 同前, p.107, 방점은 원문。

## 2.

『아이누의 세계에 살다』(筑摩書房, 1984) 의 저자인 가야베 가노茅辺かのう(井上美奈子)는 전후 아나키즘 운동에 몸담았다. 60년 안보투쟁 후 세상이 안정되기 시작할 무렵에 생활과 의식의 차이를 느끼며 그대로 타성적으로 사는 것을 거부하고 홋카이도에서 계절노동에 종사하는 일을 선택했다. 그녀에게는 『계급 재선택』(文藝春秋, 1970) 이라는 좋은 저서도 있다.[7] 『아이누의 세계에 살다』는 1970년대 초에 도카치평야十勝平野의 북동쪽, 아쇼로마치足寄町의 '70세 가까운 아이누 토키トキ씨'의 아이누어를 구술필기 한 기록이다. 가야베는 '아이누 사람들과 (…) 생활에서 만났으면 하는 바람'이 있었다. '생활을 통한' 혹은 노동을 통한 만남을 추구하는 사상성은 홋카이도에 가기 전 가야베의 노동운동과도 일관되어 있었다. 생활과 투쟁을 일치시키면서도 스스로를 배신하지 않는 그 태도는, 학술적 흥미나 당파적 관심이 섞이지 않는 관계의 실천이었다. 가야베 가노는 1964년부터 67년까지 아칸阿寒호반의 기념품 가게에서 일했던 인연으로 아이누 청년들과 일본인 청년들이 결성한 '페울레 · 우타리 회'의 구시로釧路 지부에 찬조 회원으로 참여했다. '페울레 · 우타리 회' 구시로 지부 해산에 즈음하여 가야베가 기고한 글 '본부에의 직언'은 아이누족과 관련한 그녀의 원칙성을 잘 보여주고 있다.

7 가야베 가노 및 그 저작에 대해서는 오타 마사쿠니(太田昌国)씨의 교시를 받았다. 글을 통해 감사드린다.

> 구시로 지부 발족에 대한 특색은 두 가지다. 하나는 지부의 독자성과 자주성을 살리는 것, 즉 구시로의 풍토에 뿌리를 둔 활동을 하는 것이고, 다른 하나는 회원들이 각각 그때까지의 '페울레 · 우타리 회'의 방법에 상당히 비판적이었던 점이다. (…)
>
> 아이누 문제에 관심 있는 사람이라면 개인적인 친분이 없을 경우 아무래도 제한적이고 지명도가 높은 사람이라는 얘기다. 전 도서관장, 박물관 차장, 전 공민 관장 출신 인사들이 모임에 관심을 갖고 협력을 아끼지 않았다. 그러나 그것이 모임의 부담이 되었던 것도 사실이다.
>
> 특히 그중 고고학 연구그룹의 회원(고등학생)이 차지하는 비중이 커서 자연스럽게 그들의 연구 주제가 우선시되었고, 결과적으로는 그것을 위해 구시로 지부를 이용했다고 해도 좋은 예가 나타났다(조사 등). (…)
>
> 어쨌든, '페울레 · 우타리 회'는 학생의 연구 써클과 심정적으로 사이좋게 지내는 그룹, 이 둘로 분열된 채 하나의 이름으로 감각적 일체감을 지니고 있는 조직이라고 나는 생각한다.[8]

화인和人의 '선의의' 이용주의를 비판하는 것은 이해가 간다. 흥미로운 것은 구시로 지부로서의 독자성, 자주성, 구시로 풍토에 뿌리를 둔 활동에 대한 주의 환기이다. 이것도 당연하다면 당연한 일이지만, 아이누 민족 각각의 '에토스'를 생각했을 때, 여기에는 탁견이 있다. 두 그룹의 차이를 하나의 이름 하에서 '감각적 일체감'

8 『ペウレ・ウタリの会 三〇年の軌跡』, ペウレ・ウタリの会, 1998, pp.184-186.

으로 연결해 버리면 독자성, 자주성, 풍토에 기인한 활동에 대한 저해가 발생한다. 정당하게도 가야베 가노는 그것을 지적하고 있다.

그건 그렇고, 『아이누의 세계에 살다』의 '도키 씨'는 도카치十勝에 정착한 개척농가의 아이였다. 1906년 후쿠시마현 소마相馬와 가까운 농촌에서 태어난 '도키 씨'는 기아에 처해 있던 개척농가의 아기였을 때, 아이를 돌보는 남자 아이가 강물에 던져져 구사일생으로 살아났다. 그 사건을 들은 아이누 여성이 '도키 씨'를 양자로 들였던 것이다. 마찬가지로 아이누 민족에게 받기도 하고 사기도 한 일본인 아이들이 메이지 시대에 있었던 점, 개척 초기에는 옛 생활을 지키고 있던 아이누 민족이 이주해온 일본인들보다 홋카이도에서의 생활을 숙지하고 있었던 점, 그리고 개척과 개발로 아이누의 생활을 침범하고 있던 일본인을 마음속으로는 허락하지 않았던 점 등, '도키 씨'가 반생 동안 얻은 경험이 역사 과정을 배경으로 쓰여 있다. 더욱이 병명을 발설하면 역병신疫病神을 부르는 것이라고 생각해서 '괴상한 병'이라고 밖에는 말하지 않는 등 전염병에 대한 생활 지혜와 풍습. 그리고 아이누어의 구술필기이다. 이것은 저녁식사 후 '매일 밤 2시간', 20일도 안 되지만 매일 지속되었다. 밤에 하는 것은 '밝을 때 이런 것 (필기도구나 녹음기)을 펼쳐놓고 둘이서 지껄이고 있는 것을 사람들이 보면, 이상하게 생각해. (…) 만일이라는 것이 있기 때문에 낮에는 절대로 싫다'고하는 이유 때문이다.[9]

'도키 씨'의 아이누어 구술 목적은 '자신의 설명을 덧붙인 아이

9 茅辺かのう『アイヌの世界に生きる』, 筑摩書, 1984, p.88.

누어 단어집을 만드는 것'이었다. 그것을 후대 사람들이 아이누어 공부에 활용하고, 아이누에 대해서 관심을 가지게 하기 위해서이다. 그 전제로서 '인간과 생활을 모르면 언어를 이해할 수 없다.'는 당연한 말을 주장한다.

'아이누어를 들으러 오는 사람은 산의 이름이라든가 옛날이야기라든가 재미있을 것 같은 것만 알고 싶어 하지만, 가장 중요한 인간과 생활을 모르면, 진정한 의미는 모르는 거야. 인간과 생활의 언어를 알면 다른 말의 의미는 저절로 풀리는 것이다.'[10] 그래서, 처음은 인간의 몸 각 부분의 호칭부터 시작한다. 그리고 생활에서 집으로 진도를 나가고, 의식 · 도구 · 인간 관계 · 동식물 · 지형 · 기상으로 배워 나아가는 계획을 세운다.

가야노 시게루萱野茂가 이미 표현했듯이, '도키 씨'의 아이누어에 대한 이러한 신념은 아이누어의 구조에 기인하고 있다. '치셋=집'(ci=set)이 치=우리, 셋=침상의 복합어이며, '치푸チプ=배舟'(cip)는 치=우리, 오=타다, 푸=물건이 된다. 생활이나 일, 의식주가 언어요소를 형성하고 동물과 식물은 그것과 연관지어 설명한다.

'도키 씨'의 말을 기술하는 가야베는 그녀들의 공동생활 모습을 기술하기는 하지만 자신의 과거에 대한 언급이나 '도키 씨'의 해석 검토에 대해서는 시종 금욕을 지키고 있다. 그것은 가야베 자신이 책임질 수 있는 범위에서 활동하고, 그 영역을 결코 넘지 않는다는 사상성에 근거하고 있기 때문이다. 그런 점에서 생활과 일을 기초적인 시점으로하여 세계를 언어화해 나가는 아이누와 아이누어의

10 同前, p.92.

세계는 가야베의 사상 양식에 대응하고 있었다고 해도 좋은 것이다. 그러나 어느날 '도키 씨'는 '이것으로 끝냅시다, 아이누어 이야기는 그만두었다. 이제 절대로 아무 말도 하지 않을 것이다'라고 하고 구술필기를 중단했다.[11]

『아이누의 세계에 살다』는 '도키 씨'가 의도한 단어집을 포함하고 있으며, 도카치의 아이누 언어를 이해하기 위한 좋은 재료이다. 그러면서 아이누와 조선인과의 관계, 베트남전에 대한 '도키 씨'의 독특한 견해까지 아이누사관을 바탕으로 한 하나의 근현대사 기술을 시도하고 있다. 그 아이누사관의 유래와 개성을 가야베는 다음과 같이 적고 있다.

> 도키 씨와 양어머니와의 강한 결속은 두드러진다. (…) 그것은, 인간으로서 이렇게 있고 싶다는 소망이고, 이상이며, 양어머니가 가지고 있던 아이누의 자랑이라고 말해도 좋다. 도키 씨는 양어머니 곁에서 알게 모르게 그것을 체득하고 주어지는 것을 남김없이 흡수하려 했다. (…)
>
> 도키 씨는, 실감이나 경험으로 파악할 수 없는 것은 존재하지 않는 세계에 살아온 사람이다. 있는 것은 눈에 보이는 자연이며, 개개인의 얼굴이며, 일본인이냐 아이누냐보다는 선악이나 직접적인 이해로 판단하며 살아왔다. 생활을 둘러싼 세상의 움직임과 정치는 어쩔 수 없는 강제와 운명으로서 자신의 생활에 맡겨져 온 것이다. (…) 나는 그것을 안타깝게 생각하지만, 생활 그 자체를 철저히 함으로써 몸에 익

11 同前, p.143.

> 힌 도키 씨의 날카로운 감각과 자립심이란, 어떤 현실에서도 살아날 만한 힘으로 축적되어 있다. 관념에 얽매이지 않는 생활의 저력이라고도 할 수 있다.[12]

양어머니와의 강한 결속과 화인和人의 신이 아니라 아이누 신カムイ의 도움을 받았다는 감사, 그리고 아이누어 세계로의 동화. 여기 있는 것은 이방인이 '노스탈지nostalgie'로서 품는 언어와의 관계는 아닐 것이다. 그러므로 이 경우에는 '습관' '출발점' 그리고 '도덕'의 어의를 갖는 '에토스'라는 표현도 맞지 않을 것이다. 신체가 느끼는 실감이나 경험이 언어와 분리되어있지 않기 때문이다. 하지만 물론 그러한 아이누어 세계의 우위성을 보유할 수 있는 것은 '도키 씨'가 참조항을 일본어로 말하는 일본어 화자話者이기 때문이며, 반대로 아이누어의 파괴를 막고, 자신의 내면을 지킬 수 있기 때문이다. 그로 인해, 두 개의 언어 세계는 아이누어 세계 아래에서 조화를 이루고 있는 것이다. '도키 씨'는 '거처'로서의 아이누어 세계에서 나와 가야베 가노에게 아이누어를 전하고, 다시 그 '거처'로 돌아갔던 것이다.

가야베 가노의 『아이누의 세계에 살다』에 대해서 쓰루미 슌스케鶴見俊輔는 '일본이 멸망한 후의 일본을 가리키고 있다'고 평가하고 있다.[13] 말이야 바른말이지만, 쓰루미의 의도는 알수 없다. 나는 같은 평을 다음과 같은 의미로 평하고 싶다. 그것은, 국가가 소멸한

12 同前, p.174.

13 那須耕介・鶴見俊輔『ある女性の生き方 茅辺かのうをめぐって』, SURE, 2006, p.44.

후, 언어와 생활과 노동만으로 사람들이 연결되어 있는 사회를 그리고 있는 것이다. 아나키스트 출신인 가야베 가노는, 그녀의 사상성을 그 저작으로 수행했다고 생각하지만, 그것이 아이누의 세계와 겹쳤던 것이다.

## 3.

'도키 씨'가 일본어의 세계가 미치지 못하는 아이누어 세계를 내면에서 지키고 있던 그 태도는 스콧(Scott, James C)이 '조미아(Zomia)론'에서 그린 동남아 고지민高地民의 탈국가 기법을 떠올리게 한다.[14]

> '조미아'는 베트남의 중앙고원에서 인도의 북동부에 걸쳐 펼쳐지며 동남아시아 대륙부의 5개국 (베트남, 캄보디아, 라오스, 타이, 버마)와 중국의 4성 (윈난, 구이저우, 광시, 쓰촨)을 포함한 광대한 구릉지대를 가리키는 새로운 명칭이다. 표고 약 300미터 이상인 이 지역 전체의 면적은 250만 평방킬로미터에 달한다. 약 1억의 소수민족 사람들이 살고 있으며 언어적으로나 민족적으로나 눈이 부실 정도로 다양하다.
>
> (…) 조미아는 국민국가로 완전히 통합되지 않은 사람들이 아직도

14 J・C・スコット著, 佐藤仁監訳『ゾミア―脱国家の世界史』, みすず書房, 2013. 원제목은 *The Art of not Being Governed: An Anarchist History of Upland Southeast Asia* 이다.

> 잔존하는 세계에서 가장 큰 지역이다. (…) 산지민山地民 이란 지금까지 2000년 동안 노예, 징병, 징세, 강제노동, 전염병, 전쟁과 같은 평지에서의 국가건설사업에 따른 억압에서 피해 온 도망자, 피난민, (…) 마룬(Maroon) 공동체 사람들이다. (…)
>
> 조미아 사람들의 생업, 사회조직, 이데올로기, (…) 구승 문화까지도 국가와 거리를 두기 위해 선택된 전략이라고 해석할 수 있다.[15]

스콧은 문자언어의 거절과 서기화書記化되지 않은 언어의 사용을 포함한 이 '조미아' 사람들의 탈국가 기법을 문명화에 항거하는 '자기야만화'로 규정한다.[16] 스콧의 조미아론은 수도水稲국가 형성에 따른 문명화를 기축으로 설명하고 있어서 보다 보편적인 국가와 비국가적 영역과의 관계에 적용할 수 있다. 그러나 실체적 '도망자' '피난민'이라는 규정은 아이누족에겐 해당되지 않는다. 하지만 문자언어와 중앙집권적 국가의 결합이 추진하는 식민지화 과정에는 리얼리티가 있다. 그것은 아이누 민족, 아이누어, 그 이야기 세계가 대항해 온 것의 정체正体이기도 하기 때문이다. 이와 관련하여, 침묵교역과 코로폭쿠루(아이누 소인족)와의 관계를 둘러싼 세가와 타쿠로瀬川拓郎의 문제 제기를 참조하자.[17] 세가와는 치시마 아이누의 관습이라고 생각되는 '침묵교역'이란 '문명화'되어가고 있던 도토道東아이누와의 접촉을 피하려고 한 결과가 아닐까 추정하고

15 同前, pp. ix - x .

16 다만 스콧은 '조미아'의 공간에 대해 '이 책에서 전개되는 논의는 제2차 세계대전 이후에는 거의 통용되지 않는다'고 서술하고 있다. 同前, p.xii.

17 瀬川拓郎『アイヌの沈黙交易』, 新典社, 2013.

있다.

'침묵교역'은 교역하는 양자가 결코 모습을 드러내지 않고 교역품과 그 대가를 중간 지점에 두고 하는 교역이다. 이에 대해, 코로폿쿠루 전승에서는 코로폿쿠루=소인이 절대 모습을 보이지 않고 아이누에게 음식을 보내는데 그것을 보려고 하면 소인들이 멀리 떠난다는 것이다. 여기에서 '외부와의 교류에 이상하리만큼 겁이 많고 신경질적이었던 치시마 아이누'야말로 코로폿쿠루의 모델이 아닐까 하고 세가와는 생각한다.[18] 세가와가 이 추정의 근거로 삼는 것은 마쓰미야 칸잔松宮観山 『蝦夷談筆記』(에조담필기, 1710)에 있는 기타치시마北千島 울프섬得撫島의 아이누들이 구시로釧路와 앗케시厚岸의 아이누들과 해달 교역을 할 때 '출입을 3년 거듭한 후'부터 교역을 허락했다고 기술되어있는 부분이다. 그것은 기타치시마의 아이누들이 외부로부터의 병마에 대해 강한 두려움을 갖고 있었다는 해석을 가능하게 한다. 이로 인해 문화인류학이 코로폿쿠루나 완카시椀貸전설과 연관지어 해석해 온 침묵교역론에 하나의 새로운 해석을 추가하면서 중요한 문제제기를 하고 있는 것이다. '치시마 아이누의 침묵교역은 케가레ケガレ 기피를 목적으로 한 것이었는데, 어쩌면 거기에는 시장사회와의 교역으로 특화되어 증여贈与 정신을 벗어나려는 도토 아이누에 대한 위화감이 포함되어 있었던 것은 아닐까.'[19]

아이누의 전승에 있어서 호소疱瘡신(pa-kor-kamuy=년年을 지배

18 同前, p.95.

19 同前, p.119.

하는 신, 유행신流行神; payoka-kamui=병든 신)은, 천연두의 의미뿐만이 아니라, 유행遊行하는 신의 의미도 있으며, 게다가 악신이라고도 할 수 없다. 그런 의미에서 호소신의 전승을 중세 일본의 케가레론論과 연결시키는 세가와의 추론에 이론異論이 없는 것은 아니다. 그래서 케가레론論보다는 오히려 '증여의 정신을 벗어나' 문명화해 가는 것에 대한 기피라는 관점으로 주목하고 싶다.

어찌되었든 탈국가 기법이라는 관점에서 서기화書記化되지 않는 언어로서의 아이누어의 전략적 위상을 상정할 수 있지 않을까. 그렇게 생각하면 아이누족에게 아이누어는 향수 속의 '마지막 거처'가 아니라 전략적으로 선택된 현실적 기법이라고 할 수 있다. 그것은 일본이 망한 후의 사회를 살아가는 사람들의 모습을 선점하고 있다.

## 4.

마지막으로 다시 한번 가야베 가노를 참조하고 싶다. 가야베 가노가 목표로 한 것처럼 생활 및 노동을 통한 아이누 사람들과의 만남은, 학술적인 조사나 정치투쟁을 통해서는 실현되지 않는다. 그러나 생활과 노동의 장이 행복한 만남을 약속하는 것도 아니다. 아이누 민족이 처한 상황을 가장 날카롭게 제기해 온 것은 하층 노동의 현장이었다. 1972년 시라오이초白老町 출신인 아이누 하시모토 나오히코橋根直彦는 차별 발언을 당했다는 이유로 잘 알고 있던 친구인 재일조선인을 술을 마시고 찔러 치사상을 입혔다.[20] 그리고 그

직후, 1973년 월동투쟁에서 하시네 나오히코橋根直彦의 아이누 모시리モシリ재판 지원을 위한 입간판에 '멸망해가는 아이누민족'이라는 문구가 있었기 때문에, 타마히메玉姫공원의 모닥불 속에서 자고 있던 마쿠베쓰초幕別町 출신의 아이누 사카이 마모루酒井衛는 여기에 강력한 항의를 했다. 사카이는 이를 계기로 산야山谷 현투위(악질업자 추방 현장 투쟁 위원회) 활동에 참여한다.[21] 사카이 마모루는 1987년에 익사체로 발견될 때까지 산야 투쟁에 관여하고 아이누 해방운동을 조직해 나갔다.

하층 운동의 영역에서 하시네나 사카이가 제기한 상황은 현재도 변함없을 것이다. 정치적 언설로 무장해야 하는 국가의 한복판에서, 그리고 그 국가와의 투쟁에서 아이누의 사람들과 우리는 어떻게 만남을 지속할 수 있을까. 그리고 국가가 소멸된 후 생활과 노동을 통해 사람들이 연결되어 있는 사회를 우리가 그릴 수 있을까. 그때 우리는 어떻게 언어를 사용하고 있을까. 그런 사회에 대해 얼마나 이야기할 수 있을까. 먼 미래의 일 같은 그러한 과제들은 사실상 기다림 없는 것이다.

20 橋根直彦『蝦夷地滅びてもアイヌモシリは滅びず』, 新泉社, 1973.

21 イフンケの会『イフンケ<子守歌>あるアイヌの死』, 彩流社, 1991.

# 신야 교新谷行『아이누 민족 저항사』를 읽기 위해

## 1.

이 책의 저자인 신야교에 대해서, 히다카日高문예 특별호 편집 위원회(편)『日高文芸』특별호「하토자와 사미오鳩沢佐美夫와 그 시대」(2013.12.20.)에 수록되어있는 모리 요시아키盛義昭씨의「회상『日高文芸』」중에 1장이 있다. 모리씨는 1969년 히다카문예협회의 창립 멤버 중 한 명으로, 1975년 종간終刊까지『日高文芸』의 발행·편집에 종사했다. 이 특별호 편집위원회의 대표이다. 이하, 모리 씨의 회상에서 인용하겠다.

> 신야교(본명 아라야 히데유키新屋英行)는 1932년 호카이도 루모이留萌 오히라小平에서 말 거간꾼을 의미하는 바쿠로馬喰의 자식으로 태어났다. 근처에 아이누 부락이 있어, 그곳은 비가 내리면 쓸려 내려가 버리는 토지였다. 차별이 만들어낸 빈곤, 그 환경에서 만들어지는 차별을 눈으로 보며 자랐다. 소학교에서 동급생 아이누 소녀가 이지메를 당한 일을 계기로 아이누 문제에 관심을 갖게 되었다고 한다. 신야뿐만 아니라 이런 이지메에 가담하거나 방관자로서 속수무책으로 그 자리에 있었던 경험을 가진 사람은 많이 있을 것이다. 그는 아이누의

문제는 자연에 대한 인간의 가치관의 문제라고 말한다. (…)

신야 교의 저서는,『아이누 민족 저항사』(1972)를 시작으로 하여 모두 아이누의 편에서 국가와 소수 민족의 문제에 대해 계속 주시해 왔다고 해도 과언이 아니다. (…)

신야가 사망한 것은 1979년(쇼와 54년) 이다. 그에게 아이누의 피가 흐르고 있는 것을 아는 사람은 몇 안 된다.

1972년 11월 16일자 북해타임스(석간) 문화란에,「나의 일『아이누 민족 저항사』를 정리한 신야교씨」라는 기사가 있는데, 그 중에서 자신의 출신을 '나에게 아이누의 피가 약간 흐르고 있는 것은 확실하지만…'이라고 전제하고 인터뷰에 응했다.

또 신야 교의 부인이자 시인인 우에스기 히로코上杉博子는「신야교에 대해」(『북방문예』 1980년 6월호)에서 다음과 같이 쓰고 있다.

"병을 무릅쓰고 그는 그 후에도 아이누 관계의 저작에 전념했다. (중략) 그의 복잡한 성격의 일면에는 자신의 할머니가 아이누임을 소년 시절부터 숨기며 성장한 그의 가슴 깊은 아픔이 있었다. 그는 그 일을 평생동안 사람들에게 말하지 않았고 나에게도 애매한 모습을 보였다. (…)"

아이누는 망하지 않는다. 아이누 복권復權은 아이누 자신이 해야 한다고 열렬히 주장한 신야교가 사망한 것은 1979년 3월 18일, 46세. 청빈하며 가혹하고 맹렬한 생애였다. '장례비 없이 병원 영안실에서 밀장密葬. 친지나 일부 지인 외 그 죽음을 아는 사람이 적어 지금도 젊은 독자로부터 편지가 온다'고, 사망 얼마 후 신문에 보도되었다. (…)

인용문 중에서는 할애했지만, 아이누 해방동맹 대표 유키 쇼지結城庄司 등의 권유로 1979년 6월 11일에 열린 '신야 교 씨를 추도하는 모임의 권유'에서도 신야 교는 아이누 민족 복권을 요구하며 '아이누 측에서 아이누 민족사를 연구 발표한 몇 안 되는 일본인和人(샤모シャモ) 중 한 명이었다.'라고 소개되고 있다. 출신을 둘러싼 신야교의 선택은 복잡하다. 그것은 저항사에 일관하여 기술되고 있는 이 책은 완전히 다른 각도에서의 읽을 수 있다는 것을 우리에게 시사하고 있다. 저항사라는 과잉 기술 너머에 더 중요한 무언가가 가로놓여 있는 텍스트, 그 무언가가 아직 잘 알려지지 않은 텍스트로서.

## 2.

모리 씨의 회상과 신야교 부인 우에스기 히로코씨의 기술을 통해 이 책의 초판 420장은 1972년 봄부터 8월 사이의 짧은 기간에 썼다는 것을 알 수 있다. 우에스기 씨에 따르면 1972년 봄, 신야는 '있는 대로 돈을 모아' 나갔는데, 2주일 정도 지나 삿포로에서 구입한 듯 한 아이누 관련 자료가 집으로 보내졌다고 한다. 게다가 그 취재로 처음으로 신야는 유키 쇼지와 야마모토 다스케山本多助, 하토자와 사미오의 어머니를 만난 것 같다(하토자와는 1971년 8월 1일에 사망했다). 게다가 1972년 8월 25일에는 삿포로에서 열린 '제26회 일본인류학회 · 일본민족학회연합대회'에서 유키 쇼지를 대표로 한 아이누 해방동맹과 신야의 북방민족연구소가 '공개 질문장'

을 제출했으며, 같은 해 9월 20일에는 히다카 시즈나이초日高静内町(당시) 마우타真歌언덕의 샤쿠샤인シャクシャイン상像 대좌에서 마치무라 긴고町村金五(홋카이도 지사, 당시)의 이름을, 신야, 유키 쇼지, 아다치 마사오足立正生, 아키야마 히로시秋山洋, 오타 류太田竜 이 5명이 삭제했다.

전게한 모리 씨의 회상에 의하면 1972년 4월 초순, 신야는 시즈나이를 돌아보고 모리의 시계점을 방문하여 모리 요시아키씨를 만났으며, 6월 26일의 니부타니二風谷 아이누 문화 자료관 낙성식, 8월 13일의 하토자와 사미오 유고집『젊은 아이누의 영혼』 출판기념회에 참석했다. 그리고『日高文芸』11호(1972. 7.)에「페우탄게ペウタンゲ의 정념」을 기고, 그 체험을 기초로 시집『노츠카맙푸ノッカマップ언덕에 불타라』를 썼다. 비라토리平取에서는 카이자와 타다시貝沢正, 카와카미 유지川上勇治 씨와 함께 마을 내에서 아이누의 역사 조사를 실시했다. 1972년, 분명히 신야의 혼령에는 불이 붙어 있었다. 그리고 그때, 아이누 민족 해방이라는 과제 또한 단번에 시대의 중심으로 밀어 올릴 수 있었던 것이다.

## 3.

본서의 간행 이후, 아이누 연구는 매우 진화하고 확대되었다. 그 결과 본서의 기술의 대부분은 오늘날의 연구 성과에서 볼 때 이미 논의되어 있다. 특히 고대사에서 '샤크샤인의 독립전쟁' '노예 섬 쿠나시리(국国 이후), 그리고 '유카라 땅속으로부터의 노래'는, 저항사로서의 세계관을 전개하기에 급급한 나머지 독단적이고 낭만주의적이며 착오를 포함한다.

최근의 연구 성과를 보면, 쉽게 찾을 수 있는 것으로 아이누학의 통사로서 세가와 다쿠로瀬川拓郎의 일련의 저작이 있다(『아이누의 역사 바다와 보물의 유목민』, 『아이누의 세계』, 모두 고단샤講談社 선서메체選書メチエ에서, 또 최근 저작물로 고단샤 현대 신서 『아이누학 입문』이 있다). 구나시리 메나시 전투를 포함한 18~19세기 아이누 사회연구에 대해서는 이와사키 나오코岩崎奈緒子 『일본 근세의 아이누 사회』(校倉書房, 1998), 구승문학으로서의 아이누 문학 연구에서는 사카타 미나코坂田美奈子 『아이누 구승문학의 인식론(에피스테몰로지)—역사방법으로서의 아이누 산문설화』(御茶の水書房, 2011)이 있다. 아사히카와旭川・지카부미近文에서 전국 수평사의 자극을 받아 결성된 '해평사'와, 아사히카와의 아이누 근현대사에 대해서는 가나쿠라 요시혜金倉義慧 『아사히카와 아이누 민족의 근현대사』(高文研, 2006)이 있다. 아이누어에 대해서도 가야노 시게萱野茂의 『카야노시게의 아이누어 사전』(三省堂, 1996)이 핸디 사전으로 출판되고 있어 아이누어와의 인연이 꼭 먼 것만은 아니다. 사료도 『북방사료집성』(홋카이도출판기획센터, 1989), 오가와 마사토小川正人・야마다 신이치山田伸一편 『아이누민족 근대의 기록』(草風館, 1998) 등이 발행되고 있다.

그리고 아이누 민족에 대한 헤이트스피치 비판을 위해 편찬된 오카와다 아키라岡和田晃/마크 윈체스터(Mark Winchester) 『아이누 민족부정론에 항거한다』(河出書房新社, 2015)도 지금까지의 연구사나 쟁점을 파악하는데 필요할 것이다. 물론 연구는 항상 쇄신되고 시점도 갱신된다. 이렇게 업데이트 되고 있는 성과를 토대로 하는 것은, 아이누 민족의 역사와 문화를 바로 알리기 위해 필요한 일이다.

## 4.

그러나 그런 과오를 안고 있는 책임에도 불구하고 오늘 다시 읽을 필요가 있는 것은 왜인가. 1972년 신야의 영혼은 연옥의 불에 타고 있었다고 생각한다. 그의 응축된 시간은 그 이전부터 시작되고 있었는지도 모르고, 머지않아 정신없이 맞이한 죽음까지 계속되고 있었을 것이다. 하지만 세계관의 쇄신에는 반드시 피크가 있다. 신야는 그가 찾아다니며 들은 아이누 사람들의 목소리에 동화되었고, 그것이 그의 몸에서 넘쳐 나왔기 때문에 쓰지 않으면 안 되었고, 직접 행동의 수단으로 공격하며 나온 것이다. 이 책은 1972년 그의 투쟁과 분리하여 읽어서는 안 된다. 그리고 1972년 10월 23일(샤쿠샤인의 기일)에 아사히카와시 조반常磐공원에 건립된 홋카이도 개척 백년 기념비인 '풍설의 군상風雪の群像'과 홋카이도 대학의 북방문화연구시설이 폭파된 사건 또한 이 책과 무관하지 않다. 잇단 직접 행동과 폭탄투쟁은 아이누 민족 해방이라는 과제에 무거운 사슬을 걸게 되었고 개개인이 짊어질 수 없는 책임도 가져왔다. 다만, 그 역사의 일체에 대해서, 자신이 무연하다고 생각할 수는 없다. 그런 읽음과 상황에 대한 투기投企를 우리에게 촉구하는 것이 이 책이다.

# 표현과 혁명

# 국가의 암흑과 심사 문화
## —JAL 123편 추락사건과 사고조사위원회

### 들어가는 말

2017년 여름에 출판되어 베스트셀러가 된 아오야마 도코青山透子의 『JAL 123편 추락의 새로운 사실—목격증언을 통해 진상에 접근하다』(河出書房新社)는 1985년 8월 12일에 발생한 사상 최악의 항공기 사고에 관한 여론을 환기시키고 국가에 의한 조사보고인 운수성의 사고조사위원회 보고서에 대해 다시 많은 의문을 제기했다. 본 논문에서 나는 저자 아오야마 토우코 및 몇몇 민간의 조사가 시사하는 진상 그 자체의 추구 대신에, 사고조사위원회의 '심사문화'(audit culture)가 지니고 있는 검열(제도)에 초점을 맞추고자 한다. 그때, 아오야마도 인용하고 있는 JAL기 추락 지점인 군마현群馬県 우에노무라의 초등학교·중학교 학생들의 증언과 전직 미 공군 대위의 증언을 참조하겠다. 사고 조사위원회 이야기에 대한 검토뿐만이 아니라, 심사 문화의 비판을 목적으로 하는 것은, 그 조사보고가 동일본 대지진 후의 후쿠시마 제일 원자력 발전 사고의 사고조사위원회 보고와 공통된 문제를 안고 있기 때문이다. 즉 밀실화된 과학주의, 전문가 집단에 의한 피해자·피해관계자에 대한 압력,

그리고 미·일 관계에 의해 규정된 폴리틱스(politics)이다. 여기서 논하는 것은, 즉, 학술적인 조사연구를 은폐하고 있는 폴리틱스이기도 하다. 그것은 지적 생산에 대한 자기 언급과 자기 심사를 통해 해결할 수 없는 어둠을 만들어 내는 것이다.

## 1. JAL 123편 추락사고—경과와 논점

우선 사고의 경과를 돌이켜 보자.

1985년 8월 12일, JAL 123편, 보잉 747이 하네다 공항에서 이륙한지 12분 후에 고도 720미터에서 컨트롤을 상실했다. 그리고 32분간의 더치·롤(Dutch roll) 비행 후, 군마群馬현 우에노무라上野村의 오스타카御巣鷹산에 추락했다. 이 사고로 524명의 승무원·승객 중 520명이 사망했다. 단독 비행기 사고로는 사상 최악의 숫자다.

그런데 비행의 경과에는 이 추락사고의 진상에 접근하는 많은 논점이 내포되어 있다. 여기에서는 운수성 항공사고조사위원회(AAIC)에 의한 '항공사고조사보고—일본항공주식회사 소속 보잉식 747SR-100형 JA8119 군마현 타노군 우에노무라 산중 쇼와昭和 60년 8월 12일'(이하, '사고조사보고서'라 함)과, 여기에 현재 공개된 보이스·레코더의 기록(이것도 이미 편집되어 있다고 해석된다)과 목격 증언으로 보충하면서 타임 라인을 재현해보겠다. 그리고 '사고조사보고서' 자체에 대한 의문점도 지적하고자 한다.

123편이 하네다 공항(도쿄국제공항)을 떠난 것은 18시 12분이다. 18시 24분 35초에 이즈伊豆반도 남부의 동해안에 접근했을 때

기체에 이상이 발생했다. 생존자의 증언에 의하면 이때 위험을 고지하는 경보가 울리기 시작했다. 18시 24분 39초에, 기장은 '뭔가 폭발했어'라고 말했다. 18시 24분 42초에 기장은 긴급사태발생을 알리는 '스코크 77'을 발신했다. 18시 24분 48초, 항공기관사가 언어를 발신했다. '사고조사보고서' 등에서는 이것을 '올 엔진'이라고 문자화하고 있으나, 공개되어있는 보이스 · 레코더에서는 '오렌지'라고 들렸다. 18시 25분 21초, 기장은 하네다의 관제탑에 트러블 발생으로 인해 하네다로 돌아가겠다고 요구한다. 18시 30분, 미 공군 C130 수송기가 오시마大島 상공 EMG 관제탑에서 123편 기장이 발신한 긴급사태를 포착한다—이것은 미군 요코타横田 기지 근무자인 안토누치 공군 중위의 증언이다. 안토누치와 다른 사관들은 상황에 주목해 즉각 구호 준비 태세에 들어갔다. 그렇지만, 그 후 21시 5분에, 미군 상관으로부터 요코타 기지 귀환 명령을 받는다. 18시 45분부터 53분에 걸쳐 하네다의 관제탑에는 몇 번인가 '기체는 컨트롤 불능'이라는 통신이 보내졌다. 그리고 18시 56분 28초, 기체는 마침내 오스타카御巣鷹산 등성이에 격돌했다.

그리고 AAIC의 '사고조사보고서'는 1987년 6월 19일에 제출되었다. 이에 따르면 후방압력 격벽의 피로 균열이 수직꼬리날개의 구조적인 파괴를 가져왔고 그것이 유압계통의 컨트롤 상실로 이어져 추락의 원인이 되었다고 한다. '사고조사보고서'는 추락 원인을 다음과 같이 밝히고 있다.

> 이 사고는 사고기의 후방압력 격벽이 손괴되고, 이어 꼬리동체 · 수직꼬리날개 · 조종계통의 손괴가 일어나 비행성 저하와 주 조종 기

> 능 상실을 초래했기 때문에 발생한 것으로 추정된다.
>
> 비행 중 후방압력 격벽이 파손된 것은 이 격벽 웹 접속부에서 진행되던 피로 균열로 동 격벽의 강도가 떨어져 비행 중 객실 여압을 견딜 수 없게 된 데 따른 것으로 추정된다.
>
> 피로 균열의 발생, 진전은 1993년에 실시된 동 격벽의 부적절한 수리에 기인하고 있으며, 그것이 동격벽의 손괴로 진전된 것은 동 균열이 점검정비에서 발견되지 않았기 때문이라고 추정된다. (「사고조사보고서」, p.128)

'사고조사보고서'의 내용에 의하면, 후방압력 격벽의 균열·손괴가 수직꼬리날개의 파손에 이르게된 경과는, 기장에 의한 18시 24분 39초의 발성 '뭔가 폭발했어' 및 18시 24분 42초의 '스코크 77'의 발신에 대응된다. 그러나 이 점에 대해, 4명의 생존자 중 한 명인 오치아이 유미落合由美의 증언을 참조하면 어떻게 될까. 그녀는 비번인 승무원으로서 가장 뒷쪽 좌석에 앉아 있었는데, 기체 천장의 뒤쪽에서 '펑' 하는 큰 소리—권총을 쏜 듯한 소리—를 들었다(青山, 2018, p.46). 그러나 오치아이의 경우 아무런 흔들림도 진동도 느끼지 못했다. 그는 또 자동으로 산소마스크가 내려와 녹음된 음성으로 '현재 긴급강하중'인 방송도 들었다. 그때 '귀는 아픈 정도는 아니고 찡하고 막힌 느낌으로', 그것은 엘리베이터를 탔을 때와 같았다고 한다. 더구나 한순간 하얀 안개가 발생했지만 그것은 즉시 사라졌다고 한다(吉岡, pp.69-70).

오치아이의 증언은 '사고조사보고서'의 내용에 직접적인 의문을 던진다. 만약 실제로 후방압력 격벽의 손괴가 일어났다면 기내에서 급격한 감압이 발생하고 있었을 것이다. 그러나 증언에 따르면 그런 급감 압력이 있었다는 증거는 없다. 오히려 급감 압력이 없었다는 점은 압력 격벽의 파손이 사고의 직접적인 원인이 아니라는 점, 그리고 수직꼬리날개의 파손에 이르기까지 일련의 파괴가 기체 내부 요인으로 생긴 것이 아님을 시사하고 있다. 물론 '사고조사보고서'를 대체할 원인 규명을 위해서는 더 많은 증거들이 모아져야 한다. 그리고 수직꼬리날개의 많은 부분은 가장 중요한 증거 중 하나이지만, 그것들은 여전히 사가미만相模湾 해저에 가라앉아 있다. 여기서 내가 문제시해 두고 싶은 것은, '사고조사보고서'가 왜 오치아이 및 다른 생존자의 증언을 전혀 다루지 않았는가 하는 것이다. 교통성 사고조사위원회의 언설 형성 폴리틱스에 대해서는 추후 검토하겠다.

기체에 일어난 비정상적인 사태의 원인이라는 논점만이 아니라 이 사고 자체의 중대한 의심은, 구조대 도착이 사고 발생으로부터 14시간 후였다는 것이다. 추락이 일어난 18시 56분 28초 뒤에, 123편의 이상 비행을 추적하던 자위대 및 미군 레이더는 추락 지점을 지목하고 있었다. 게다가 현지 주민들이 이상 비행을 목격하고 있었고, 추락 지점의 위치도 인식하고 있었다. 그러면서 자위대를 비롯한 관계 당국이 발신한 정보는 몇 번이나 바뀌었다. 그러나 구조대 도착의 지연에 대해서 '사고조사보고서'는 다음과 같이 기술하고 있다.

> 방위청기防衛庁機에 의해 19시 21분에 추락 현장으로 생각되는 장소에 연기가 확인되어 곧 추락 지점 및 기체 확인을 위해 수색이 개시

> 되고, 8월 13일 새벽에 방위청기 및 나가노현 경찰기에 의해 추락 지점, 기체가 확인되었다.
>
> 추락 지점은 수목이 빽빽한 산악 중첩 지역에 있고 야간 수색이라는 점 때문에 지점을 확인하기까지 시간이 필요한 것은 어쩔 수 없었던 것으로 생각된다(同前, pp.120-121).

추락 직후에는 추락 지점이 지목되었음에도 불구하고 왜 구조대 도착에 14시간이 필요했는가. '사고조사보고서'는 이에 대해 일절 언급하지 않았다. 여기에도 많은 '왜'가 있다.

## 2. 목격 증언

사고조사보고서는 구조대 도착 지연의 이유를 다음과 같이 밝히고 있다.

> 추락 지점은, 이 비행기의 사고대책본부가 설치된 우에노무라上野村 관청에서 남서쪽 도로 약 26Km에 위치하고 혼다니린도本谷林道 간나가와神流川를 따라 거슬러 올라가면 등산로로부터 약 4Km, 표고차 약 600m의 위치이다. 또 현장 부근은 등산로가 없고 낙석 위험이 많은 산악지역이어서 구난 활동에 어려움을 겪었지만 참가 기관들에 의해 최대한의 노력이 이뤄진 것으로 인정된다(同前, 121쪽).

'사고조사보고서'는 추락 지점이 산악지대여서 구조대는 많은 어려움을 겪었음을 강조하고 있다. 그러나 이 '이유'는 생존자 증언 및 현지 주민의 증언과는 크게 다르다. 생존자 중 한 사람이자 당시 12세였던 가와카미 게이코川上慶子는 20시 33분경 그녀의 주변에서 많은 생존자의 목소리를 듣고 있었다. 그리고 한밤중에 투광되는 서치라이트를 보고 있었다. 그러나 아무도 구조하러 오지 않았고 그녀는 의식을 잃었다. 오치아이 유미 역시 주위에서 많은 숨소리를 듣고 있었다. 결정적인 것은, 그녀는 위에서 나는 헬리콥터 소리를 들었고 그것이 다가왔다는 것, 그리고 그녀는 소리가 나는 방향을 향해 손을 흔들며 '살려달라'고 외치고 있었다는 것이다. 후술하는 안토누치 증언에 비추어 보면 그것은 20시 40분경으로 생각된다. 그러나 헬기의 소리는 점점 멀어졌다고 증언했다.

마찬가지로 중요한 증언이 있다. 그것은, 현지 우에노무라上野村의 초등학교·중학교의 아이들이, 오스타카산御巣鷹山으로 선회하여 가는 기체를 목격하고, '쾅' 소리를 들었던 것이다. 여기서 두 개의 문집에서 증언을 소개하고자 한다. 하나는 우에노 초등학교 학생들 148명의 문집 『JAL기 추락사고에 대한 문집 작은 눈은 보았다』이며, 다른 하나는 역시 우에노 중학교의 학생들 87명의 문집 『간나가와かんな川 5』이다. 모두 아오야마 도코青山透子에 의해 소개되었다. 우선 초등학교 1학년의 증언이다.

> 월요일 밤, 6시 반쯤 아버지가 "번쩍거렸다." 라고 말해서 밖에 나가 보니 "왠지 천둥 번개가 치려나." 하고 말했다. 그랬더니 아빠가 "비행기다."라고 외쳤다.
>
> 아버지는 소방관이기 때문에 산으로 가셨다.

> 밤에 뉴스를 보고 있는데 비행기 추락 사고가 났어요. 그날 밤은 엄청난 헬리콥터 소리가 났습니다. 저는 걱정이 되어서 잠을 잘 수가 없었습니다.

> 8월 12일 밤, 우에노 마을의 오스타카산으로 비행기가 떨어졌습니다. 모두 함께 텔레비전을 보고 있었는데, 비행기가 미아가 되었다고 뉴스에서 말했습니다. 그리고 어머니가 비행기 소리가 나서 밖으로 나가보니, 이상한 빛이 난나고 말해서 모두 밖에 나가보았습니다.
>
> 반짝반짝 빛을 내며 산 위를 빙빙 돌고 있었어요. 미아 비행기를 찾고 있었어요. (이상, 『작은 눈은 보았다』)

다음은 중학교 1학년 학생들의 증언이다.

> JAL기 추락
>
> 오후 7시가 되기 조금 전, 누에에게 뽕나무를 주고 있을 때 천둥 같은 소리가 났습니다. 저희 아랫집 사람은 새빨간 비행기를 봤다고 했어요. 저는 그때 비행기가 왜 이런 쪽으로 날아왔나 생각했어요. 그것도 새빨간 비행기가. 저는 그때 안 좋은 일이 안 일어나면 좋겠다고 생각했어요. 『かんな川 5』

이러한 증언에서 아이들은 수많은 헬기와 오스타카산으로 올라가는 자위대의 자동차, 기동대를 목격했다. '8월 12일 … 창을 열고 하늘을 보니 헬리콥터가 10대 정도 날고 있는 것이 보였습니다' '8월 12일 밤 11시경 <우~> 하는 소리가 나서, 화재일까 하는 생각에

밖에 나가 보니, 왠일인지 차량 행렬이 와서 깜짝 놀랐다. 나는 우에노무라에서 처음으로 이런것을 보았다' '밤, 10시경, 차가 가득 오르기 시작했다' '8월 12일 밤 내가 잠든 후, 11시경에 15대의 기동대 버스가 지나가고, 12시경에는 20대 정도였다고 어머니가 말씀하셨다' (『かんな川 5』). 여기에서 분명한 것은 자위대, 경찰 당국, 그러므로 즉 일본 정부도 추락 지점을 사고 직후 혹은 그 밤사이로 특정하고 있었을 것이다. 그러나 이미 제시한 바와 같이 '사고조사보고서'는 구조대가 1988년 8월 13일 이른 아침에 현장에 도착했다고 밝히고, 그 이유에 대해 '추락 지점이 수목이 밀집한 산악 중첩 지역에 있으며, 야간 수색이라는 점 때문에 지점 확인까지 시간이 많이 소요된 것은 어쩔 수 없었던 것으로 생각된다.' '현장 부근은 등산로가 없어 낙석의 위험이 많은 산악지역이기 때문에 구난활동이 매우 어려웠다'고 말한다. 우에노무라 아이들의 증언은 공적으로 남겨진 이 보고 및 그 이유가 허위임을 보여준다. 어린이들 및 생존자의 증언은 다음 일련의 의문을 환기시킨다. 추락 직후 14시간 동안 현장에서 무슨 일이 일어났던 것일까? 자위대와 경찰은 왜 그 일을 숨겼을까?

이 의문에 이어 충격적인 증언이 1995년에 전 미해병대 사관 안토누치에 의해 밝혀졌다. 그는 1985년 8월 12일 18시 30분에 미 공군 중위로서 미군 요코타横田기지에 있었다. 그리고 JAL 123편의 기장이 발신한 긴급사태 통신을 포착하고 구조에 나섰다. 그러나 결국 21시 5분 상관에 의해 요코타 기지로 돌아가라는 명령을 받았다. 안토누치의 증언은 1995년 8월 27일, 미국 국방 총무성 내에서 발행되고 있는 미군 관계자의 독립 언론인 도쿄판 일간지 「퍼시픽

스타즈 앤드 스트라이프스(Pacific Stars and Stripes)」(성조기 신문사)에 게재되었다. 여기에서 그는 다음과 같이 증언했다.

10년 전 1985년 8월 12일에 JAL 123편은 혼슈 중부 산간에 추락하여 520명이 사망하였다. 단독 항공기 사고로는 항공 사상 최악의 희생자를 낸 결과가 되었다. 일본 구조대의 현장 도착이 늦어진 것 아니냐는 논란이 일었다. 첫 구조대가 JAL기에 도착한 것은 추락 후 12시간 뒤였다. 사실 만약 일본 당국을 당황시키지 않으려는 의도가 없었다면 최초의 구조대 미 해병대 팀은 추락 후 두 시간 이내에 추락기 수색을 할 수 있었을 것이다. 생존자는 4명이었다. (그러나) 그 이상의 많은 사람이 살아났을지도 모른다.

123편 추락사고의 여파에 대해 내게는 독자적인 견해가 있다. 사고 당시, 나는 그것에 대해 발설하지 말라는 명령을 받았었다. 그러나 대형사고로부터 10년이 지난 지금, 내가 그날 밤 도쿄에서 서쪽으로 35마일 (약 56Km) 떨어진 요코타 기지로 향하는 미공군 C130의 네비게이터로서 본 것, 들은 것을 말하지 않을 수 없다.

(···) 요코타 관제는 123편과 교신하려 했지만 소용없었다. 우리에게도 (요코다 기지) 진입 허가를 내 주었지만, 정확히 7시가 지나 123편이 레이더로부터 사라졌다고 전해 왔다. 그리고 123편을 수색할 수 없느냐고 물었다. 우리는 앞으로 두 시간은 더 날 수 있는 연료를 가지고 있었으므로 기수를 북쪽으로 돌려 수색에 나섰다.

(···) 오후 7시 15분, 항공기관사가 1만 피트 부근에서 구름 아래로 연기 같은 것이 보이는 것을 발견하고, 천천히 왼쪽으로 선회해 그쪽으로 방향을 틀었다. 오스타카산 주변은 매우 기복이 많았다. 지표에

서 약 2000피드까지 강하하는 허가를 받았다. 추락기 잔해를 발견한 것은 주위가 점점 어두워지기 시작할 때였다. 산비탈은 대규모 삼림 화재로 검은 연기가 치솟아 하늘을 뒤덮고 있었다. 시각은 7시 20분이었다.

(…) 당 비행기는 8시 30분까지 선회를 계속했다. 그때 해병대 헬기가 구조 중이라며 방향을 알고 싶어 한다고 해서 추락 현장까지의 방위를 가르쳐주고 당 비행기의 레이더로 지상에서 공중까지 찾아보았다. 8시 50분까지 구원 헬기의 라이트를 눈으로 확인할 수 있었다. 헬기는 정찰을 위해서 강하 중이었다.

오후 9시 5분에 연기와 화염이 심해 도저히 착륙할 수 없다고 해병대가 연락해 왔다. 위치를 조금 이동해 두 명의 승무원을 호이스트(윈치로 매달아)로 지상에 내릴 생각이었다. 우리에게 사령부에 연락해 달라고 부탁했다. 내가 사령부에 연락을 취했다.

장교가, '즉각 기지로 귀환하라' '일본 측이 오고 있다.'고 해서 '사령부, 해병대는 구조속행을 희망한다.'고 했지만, '되풀이한다. 즉각 기지로 귀환하라. 해병대도 마찬가지다.'라는 명령을 받았다. 나는 '알겠다. 기지로 귀환한다.'고 응답했다. (요네다, pp.105-107, 방선은 인용자. 또 번역문을 일부 변경)

여기에 나타나 있듯이 사고로부터 10년이 경과하여, 사고 직후에 안토누치는 발설하지 말라고 명령받았음을 인정하고 있다. 더 충격적인 것은 기지로의 귀환을 명령한 상관이 '일본측이 오고 있다.'고 했다는 점이다. 그것이 의미하는 바는 추락 직후 14시간의 공백을 둘러싼 이상한 구조대의 행동은 기본적으로 미공군과 일본

정부 당국에 의해 관리됐다는 것이다. 그리고 그 관리 아래 추락 후 몇 시간 동안 생존했을 적지 않은 승객들이 사망하게 되었다는 것이다.

이 사고의 재판으로 1988년 12월 1일, 군마현 경찰은 JAL의 간부 12명, 운수성 간부 4명, 그리고 보잉사 간부 4명을 불구속 입건하였다. 마에바시前橋 지검 및 도쿄 지검은 동시에 조사를 시작했고, 도쿄 지검은 미 법무성을 통해 보잉사의 사정 청취를 요청했다. 그러나 그것은 거절당했다. 결과적으로 마에바시 지검은 1989년 11월 22일, 20명의 피고 기소를 단념하였다. 기소의 시효 만료는 1990년 8월 12일이었다. 여기서 안토누치 증언의 기사가 1995년 8월 27일에 공개되었다는 것에도 주목해야 한다. 그것은 곧 시효가 만료된 5년 후인 것이다. 공소시효에 관련해서 말하면, 이 사건에서는 아무에게도 형사 책임을 묻지 않았다. 그리고 그 판단이야말로 '사고조사보고서'의 논리와 구성에 의해 보증되고 있다는 것도 강조해 두고자 한다.

추락 후 14시간 동안 도대체 무슨 일이 있었던 것일까. 자위대와 경찰은 왜 이들의 행동을 비밀에 부쳐야 했을까. 이 점에 대해 아오야마 도코는 추락 지점 반경 3 · 3 헥타르가 모두 탔다는 점에 주목하고 있다. 추락 직후 현장에 도착한 현지 소방관들은 그곳에서 휘발유와 타르 냄새가 진동했다고 증언했다. 또한 아오야마는 군마현 의사들의 보고서에 사체를 감정한 의사들이 증언으로, 추락 지점 부근의 사체가 마치 두 번 태운 것처럼 완전하게 탄화되어 있다고 기술하고 있는 것에 강한 주의를 촉구하고 있다. 제트기의 연료는 케로신으로 그것이 우리 몸을 완전히 태워버릴 수는 없다. 이러한 사실관계로 미루어 아오야마가 추정하고 있는 것은, 시신이 화염방사기 같은 것으로 태워졌다는 것, 그것은 진정한 사고 원인을 나타낼 증거를 없애기 위해서였던 것이 아닌가 하는 것이다. 즉, 공백의 14시간은 당국이 진실을 말소하는 데 소비한 것이 아닌가 하는 것이다.

## 3. 심사라는 검열과 문화

'사고조사보고서'와는 달리 아오야마를 비롯한 사고에 대한 조사연구는 수직꼬리날개가 외부의 힘에 의해 손괴되었다는 가설을 제기하고 있다. 그 근거는 사고 당시 같은 시각에 사가미만相模湾에서 행해지고 있던 해상자위대의 호위함 '마쓰유키'가 시운전 중이였으며, 그것이 함대공미사일의 수직발사장치 시험 중이었으므로, 거기에서 발사된 훈련용 미사일에 의해서라고 생각하는 것이다(青山, 2017, pp.164-171). 또는 미국의 공군이 발사한 연습용 유도미사일이라는 추정이다(吉原, pp.74-80). 이 같은 훈련용 미사일과 유도미사일은 붉은색으로 도장 되어있다는 점에서, 123편에 이상이 발생한 18시 24분 48초 항공기관사의 '오렌지'라고 들리는 보이스레코더의 기록에 대해서, 미리 주의를 환기한다(전술한 바와 같이 '사고조사보고서'에는 '올 엔진' 이라는 문자로 되어있다). 이들 추정은 확실히 추락시 · 추락직후 구조에 있어서의 일련의 이해 불가능한—비밀주의, 14시간의 공백, 구조대의 도착 지연—것에 대해 합리적인 설명을 해 준다. 다만 본 글에서 내가 추구하고 싶은 것은 사고 원인의 구명이라기보다는, '사고조사보고서'의 언설 분석에 의한 그 폴리틱스의 해명이다. 그것은 사가미만에 가라앉아 있다고 생각하는 수직꼬리날개 등의 중요증거가 발견되지 않은 현시점에서 사고 원인론에 그치지 않는 쟁점에도 관심을 기울이고 싶기 때문이다.

'사고조사보고서' 언설의 폴리틱스에서 다루지 않으면 안 되는 것은 그것이 생존자 및 현지 주민들의 증언을 완전히 무시하고 있다는 것이다. 이런 편향적 구성에 따라 '사고조사보고서'의 관찰과 분석은 합리화되어 있다. 이러한 공적인 사건 · 사고의 이야기를, 학술조사 연구나 그 심사 문화라고 하는 맥락에서 생각해 보고 싶다. 이 심사 문화(audit culture)를 둘러싸고 외부세계의 풍요로움에 반비례하여 종종 한정적이고 빈곤한 자원에 근거해 학술적인 논의가 성립되고 있다고 하는 앰비발레트(ambivalent)에 대해서, 아난다 · 기리アナンタ・ギリ는 생물학적 시스템을 모델로 하는 오토포이에시스(autopoiesis)를 참조하면서 다음과 같이 말하고 있다.

> 심사 문화란 생물 시스템의 자기조직화와 오토포이에시스의 언어에 대한 기술이라고 해도 좋다. 그러나 생물 시스템인 오토포이에시스의 인식이 중요한 역할을 차지하고 있다는 것이 잊혀진다면 세계의 자기형성(본래의 '오토포이에시스'의 의미)에 있어, 문화와 사회의 영역에 있어, 인지와 인식이야말로 중요한 의미를 갖게 된다. 하버마스가 말하는 것처럼 사회적 오토포이에시스의 이름으로 진행되고 있는 것은 '상호 불투명한 암흑'이며 그 아래에서는 '외부관찰과 자기관찰이 모두 항상 시스템 그 자신의 자기관찰이 되어버린 것이다.'

> 이 맥락에서 규격화된 시스템의 시선을 초월한 창조성, 확대, 그리고 실천에 대해 심사할 필요성이 존재한다.
>
> (…) 내가 말하고 싶은 것은, 체계적인 심사 문화의 '자기 관찰'이 지극히 가난한 자원에 근거하고 있는 것에 대해서, 사건의 창조적인 세계를 인식할 필요성이 있다는 것이다.(Giri, pp.174-175)

예를 들어 학술조사의 심사보고는 당연히 조사비용, 득실, 그리고 결과에 규정되어 있어 그 조사에 대한 투자의 비용대비 효과가 기대된다. 그리고 전문적인 지식과 경험적인 기술을 요하는 심사 문화와 심사 과정은 항상 그 시스템 자체에 의한 제한을 받는다. 설령 그러한 학적인 디시플린discipline이야말로 항상 다양한 사건의 비교와 판단을 가능하게 하는 조건이라 해도 기대되는 성과에 규정되어 있다는 점은 변하지 않는다. 또한 조사자가 그 조사 프로젝트의 이해에 대해 긍정적인 경우에는 조사자들은 정책 결정자나 스폰서에게 아부하는 것처럼 행동하게 될 것이다. 오히려 전문가로서의 윤리에 따라 스폰서의 요청에 대해 조사자들은 최선을 다하려는 것이다. 이 점에 대해 메리 스트라잔Strathern은 심사문화에서의 심사/정책/윤리의 삼위일체적인 관계로 논하고 있다.

> 사례를 통해 정책과 심사는 프로세스의 목적에 반하는 것처럼 작용하고 있다. 다른 누군가가 누군가를 제도화하는 한편, 당신은 계획과 목적(정책)이라는 발단을 다루고 있다. 정책 결정자는 그들의 틀 안에서 심사 실천을 구축하고, 심사 실천은 그 효과의 기반을 정비하려고 응한다. (정책결정과 심사 실천의) 쌍방에 관련된 조사 주체는

> 윤리적으로 행동하려 하며, 보다 나은 실천은 그 프로젝트로서 '윤리적'인 것이 된다. 그런 의미에서 윤리적 실천이란 회사나 관료의 공적인 평가를 높여줄 것이며, 동시에 정책 책정을 뒷받침 하고 있는 것이다.[1](Strathern, p.282)

이것은 학술조사 연구가 참아야 할 과오나 오해는 아니다. 학술조사의 평가가 그 외부가 아니라 시스템 내부의 가치에 의해 결정되고 있다는 것을 입증하는 것이다. 단, 또한 스트라잔이 심사/정책/윤리의 삼위일체는 사회에 대한 책임과 설명 책임과의 균형으로 바뀔 수 있다는 점에도 유의하도록 촉구하고 싶다.

이 글의 주제로 돌아가면, AAIC 사고조사 보고서는 실증적인 관찰에 기초한 전문적인 문서로서 작성되었다고 할 수 있다. 다만 생존자나 지역주민의 증언과 목격 증언을 완전히 무시하고 더 이상의 조사를 단념함으로써 검열된 증거를 둘러쳐 논리적인 연관을 형성한 것이다. 그 결과, 정책 결정자와 이해관계자의 이익에 부합하는 조사보고로 했다. 그것은 사회에 대한 책임과 설명 책임에 적대하는 것이며 돌이킬 수 없는 암흑을 만들어 낸 것이다.

나는 여기서 항공기 사고에 대해 검열한 심사문화란 그때그때의 상황에 규정되어 있음을 덧붙이고 싶다. 다음으로 참조할 1971년

1 또 심사 문화(audit culture) 비판의 좋은 예로 필 코언의 *On the Wrong Side of the Track?: East London and the Post Olympics* (Lawrence & Wishart, 2013)을 들어둔다. 국가에 의한 메가 이벤트로서의 올림픽은 전쟁과 함께 자기언급적인 심사 문화를 최고도로 구사하여 실현된다. 코엔 같은 책 제6장의 번역「고마워요, 그렇지만 이제 됐어—올림픽 협약의 증여와 부채」(小美濃彰・友常勉訳／小笠原博毅・山本敦久編著『反東京オリンピック宣言』, 航思社, 2016)도 참조.

의 경우는 1985년의 JAL 123편과 비빌주의라는 점에서 공통된다. 그러나 그것은 1980년대와는 달리, 그때는 여기에서 말하는 의미에서의 '심사 문화' 자체가 존재하지 않았다. 1971년 7월 30일, '시즈쿠이시 사건'이라는 이름으로 알려진 항공기 사고가 발생했다. 전일본공수 58편이 항공자위대의 제트기와 충돌했다는 것이다.

1971년 7월 30일, 전일본공수 58편은 155명의 승객과 7명의 승무원과 함께 하네다 공항을 목표로 하여 1시 33분에 홋카이도北海道의 지토세千歳공항에서 이륙했다. 같은 시각, 항공 자위대의 훈련기가 이와테岩手현의 모리오카盛岡 부근에서 공중전 훈련을 실시하고 있었다. 훈련생 이치카와 요시미市川良美는 전일본항공기를 눈치채지 못했고, 58편이 가까워졌을 때는 이미 늦어 급히 제트기로부터 비상 탈출했다. 고도 2만8천 피트에서 자위대 항공기의 오른쪽 날개가 전일본항공기의 꼬리날개에 충돌하였고 전일본항공기는 조종 불능으로 공중 분해되어 이와테현 시즈쿠이시 부근 마을에 산산 조각난 기체와 시신이 분산되어 낙하했다. 제트기는 논바닥에 추락했고 162명의 승객 승무원은 전원 사망. 그러나 이치카와 훈련생은 살아남았다. 재판에서 이치카와 훈련생과 스미다隅太교관 이 둘이 과실치사죄에 의해 기소되었으나, 1983년 최고재판소에서 이치카와 훈련생은 무죄, 스미다 교관은 징역 3년에 집행유예 3년의 판결이 내려졌다. 또 사고의 책임을 지고 방위청 장관과 항공막료장(공군참모총장)이 사임했다. 이 사고조사는 '시즈쿠이시 사고조사위원회'에 의해 이루어졌다. 아직 국회에서 운수성 관할 사고조사위원회를 설립하지 않았기 때문이다(이 사건을 계기로 설립하였다). 쟁점은 항공자위대 조종사 2명이 전일본항공기를 눈으로 볼 수 있었는지 여부였다. 후에 항공자위대는 조사와 재판에서 자기 책임을 인정했지만 공식 기록에서는 훈련생과 교관 간의 통화 기록 전체를 밝히지 않았으며, 게다가 두 사람은 보이스 레코더도 탑재하지 않았다고 주장했다. 명백히 항공자위대와 당국은 필요한 사실을 은폐하고 있었다. 또한 충돌 기록으로 사고조사위원회에 제출한 증거에서 항공자위대의 레이더 사진 위조가 있었다. 그 일은 국회의 증인 소환으로 밝혀졌던 것이다. 사고조사위원회의 공식 보고는 최종적으로 사고의 원인을 자위대 소속 교관의 실수로 인한 항로 이탈과 그에 따른 민항기 공역 진입에 있었다고 밝혔다. 전일본공수 조종사는 자위대 항공기의 충돌을 예기치 않았지만, 전일본공수 58편에 대한 교관의 확인이 늦어진 것이 사고 원인이라고 결론지었다. 비공식 조사에 따르면 실제로는 훈련 중인 자위대기가 민간기를 가상적으로 간주하여 연습을 반복하는 것이 습관화되어 있다는 지적이다(요시하라, pp.100-105).

증거 분식과 위조에도 불구하고 시즈쿠이시 사건 조사에서는 목격 증언을 무시할 수 없었다. 사고가 대낮에 일어난 데다가 많은 사람들이 충돌 순간이나 공중 분해되어 잔해가 떨어지는 것을 촬영했다. 거기서 사고조사위원회는, 이 사고의 교훈으로서 제삼자 기관의 창설을 제언했던 것이다. 당시 심사 문화의 이름에 걸맞는 심사/정책/윤리 지식의 네트워크는 존재하지 않았으며 은폐와 위증이 공공연하게 이루어졌다. 한편, 1985년의 경우에는 그러한 치졸한 은폐 공작이 자취를 감추었지만, 그 대신 밀실에서의 심사 문화 형성은 철저히 이루어졌다고 생각한다. 국가의 악의는 보다 교묘하게 비인격적인 시스템을 통해 실현되게 된 것이다.

123편 추락사고는 또 민간기의 공역이 항상 미일 군사동맹을 우선해 결정되고 있다는 국민국가 일본의 끔찍한 모습을 보여주는 것이기도 하다. GHQ에 의한 일본 점령 이래, 안보조약에 의한 미일 지위 협정에 근거해 계속되고 있는 미군의 항공 관제권(간토関東에서는 요코타横田 공역)의 존재는, 미군에 의한 항공의 주권 지배를 의미하고 있다. 2020년 도쿄 올림픽・패럴림픽에 즈음하여 예상되는 항공 수요 급증을 앞두고 일본 정부는 민간기가 요코타 공역을 통과하는 새로운 루트를 요구하고 있으나, 공역의 전면 반환은 아직 멀었고, 민간 공역과 군용 공역이 복잡하게 교차하는 위험천만한 상황은 보다 악화될 것으로 예상된다(「羽田増便 新ルート『横田空域』通過」 朝日新聞, 2017년 1월 16일). 이와 같이 심사/정책/윤리의 지식 네트워크로서의 심사 문화는, 미・일 관계라는 구체적인 기반을 지니고 있다.

## 4. 맺음말

중대 사고에 대한 사고조사보고는 심사/정책/윤리의 삼위일체가 구성하는 지식을 어레인지하기 위한 기법을 나타내고 있다. 조사주체와 연구주체는 이 삼위일체를 통해 각각이 속한 아카데미아에서의 과학적이고 공정한 조사연구라는 유령에 사로잡혀 있다.

본 논문의 결론으로서 후쿠시마 제1원전 사고의 교훈을 참조함으로써 우리의 지적 생산에 있어서 사회적 책임/응답 책임을 실현한다는 목적 아래에서 우리가 어떠한 조사 문화를 만들어 내야 하는지를 논해 두고자 한다. 2011년 3월 12일에 발생한 후쿠시마 제1 원전 사고 원인 조사에서는 언제 어떻게 원자로의 모든 전원 상실이 일어났는가 하는 점이 쟁점의 하나가 되고 있다. 즉, 전원 상실과 그 후 원자로의 완전 분리(Melt down)를 일으킨 것은 지진인가, 그렇지 않으면 해일인가 하는 점이다. 사고 후, 네 개의 조사위원회—국회 도쿄전력 후쿠시마 원자력 발전소 사고조사위원회(국회사고조), 도쿄전력 후쿠시마 원자력 발전소에서의 사고조사 · 검증위원회(정부사고조), 후쿠시마 원자력 발전소 사고 독립 검증위원회, 후쿠시마 원자력 사고조사위원회(도쿄전력사고조)—가 설립되었다. 이에 더해 일본 원자력학회에 의한 사고조사위원회가 있어 공적으로 보고를 발표하고 있다.

4개의 사고조사위원회 가운데 이른바 국회사고조는 이 원전 사고를 자연재해가 아닌 인재라고 명확히 규정하고 있다. 즉, '당 위원회는 본 사고의 근원적 원인은 역대 규제 당국과 도쿄전력의 관계에 대해 「규제하는 입장이라고 하는 입장이 『역전관계』가 되는 것에 의한 원자력 안전에 대한 감시 · 감독 기능의 붕괴」가 일어났다는 점에 있다고 인식한다. 몇 번이나 사전에 대책을 세울 기회가 있었던 점을 감안하면 이번 사고는 자연재해가 아니라 분명 인재이다'(국가사고조 「결론과 제언」). 나머지 3개의 보고가 모든 전원 상실의 주원인을 해일에서 찾고 있는 것에 반해, 국회사고조의 보고는, 해일이 직격하기 이전에 자신에 의해서 원자로가 대미지를 받고 있던 것을 추정하고 있다. 이하에 인용하자.

2011년 3월 11일 도호쿠 지방 태평양 앞바다 지진 발생 시의 후쿠

> 시마 제1원전이 큰 해일에 견딜 수 없을 뿐만 아니라, 장시간 동안의 강대한 지진동에도 견딜 수 있다고는 보장할 수 없는 상태였다. 1~3호기 설치허가 신청이 이루어진 1965년대 초반에는 지진과학이 미숙하여 부지 주변의 지진 활동이 낮다고 생각했었다. 이를 위해 원전의 내진 설계에서 안전 기능 유지를 확인해야 하는 지진 진동 (흔들림)의 최대 가속도는 불과 265Gal(Gal은 가속도의 단위)로, 내진 성능은 현저하게 낮았다.(국회사고조「1.1 본사고직전의 지진에 대한 내구력부족」)

뿐만 아니라 국회사고조는 이 보고서를 작성함에 있어서 2012년 3월 상순에 후쿠시마 제1원전 원자로 건물 1호기 4층의 조사를 신청했지만, 도쿄전력의 허위 설명으로 현지에 들어가는 것을 방해한 것이 밝혀졌다. 이것은 1호기 4층의 비상용 복수기의 조사가 목적이었지만, 도쿄전력의 다마이玉井 기획부 부장은, 동 위원회의 다나카 미쓰히코田中三彦 위원 등에 대해, 1호기 건물 4층의 영상을 보여주면서, 건물 커버가 설치되어 있기 때문에 '지금은 캄캄하다'고 하는 허위의 설명을 하고, 또 건물 커버를 통해서도 태양광을 통과시키는 것이나, 폭발로 파손되어있던 4층의 천정에서 불이 켜지는 상태에 있는 것, 수은등이 켜져 있던 것 등을 속였다고 하는 것이다. 이렇게 과거 중대 사고에서 반복되어 온 조사방해와 비밀주의가 여기서도 되풀이된 것이다.

그러나, 3 · 11 후에 상황 변화도 생기고 있다. 정부 및 도쿄전력은 해일과 원자력 발전 사고가 '상정외'라고 주장해 왔지만, 그것은 원자력 발전 사고의 책임과 배상 요구로 인해 일어난 재판에서, 현시점에서 모두 부정되고 있는 것도 지적하고 싶다. 2017년 3월마에바시前橋 지방법원, 제11월 지바千葉 지방법원의 판단이 그렇다(添田). 이 사법판단의 영향은 20을 넘어 전국에서 1만2천명의 원고를 헤아리는 앞으로의 재판에서 큰 의미를 갖는다고 생각된다. 더구나 이들 재판과정에서 조사보고 경위는 거듭 검증된다. 이러한 집단적인 검증작업은 심사/정책/윤리의 삼위일체로 이루어진 '학술조사'를 바꾸고 있다. 이들 전문가 집단에 의해 독점되어 온 언설 편성의 폴리틱스를 바꾸는 것은 곧 '사회'다. 그것은 우리들의 지적 생산을 항상 엄격한 검증에 노출시켜, 우리들의 시대에, 우리들의 '지'에 대한 진지한 관여를 촉진시키고 있다.

* 이 글은, Tsutomu Tomotsune, "Examining Darkness of Audit/ Policy/ Ethics in Investigations of the Incidents," *JSN Journal*, vol.7-2, pp.1-12, 2018의 일본어번역에 가필한 것이다.

〔引用·参考文献〕


青山透子『日航123便墜落の新事実—目撃証言から真相に迫る』, 河出書房新社, 2017.

同『日航123便 遺物は真相を語る』, 河出書房新社, 2018.

小笠原博毅・山本敦久編著『反東京オリンピック宣言』, 航思社, 2016.

添田孝史『東電原発裁判 福島原発事故の責任を問う』, 岩波新書, 2017.

吉原公一郎『新装普及版ジャンボ墜落』, 人間の科学社, 2017.

吉岡忍『墜落の夏—日航123便事故全記録』, 新潮文庫, 1989.

米田憲司『御巣鷹の謎を追う 日航123便事故二〇年』宝島社, 2005.

上野村立小学校『日航機墜落事故についての文集 小さな目は見た』, 1985.

上野村立中学校『かんな川5』, 1985.

Marilyn Strathern, "Introduction: new accountabilities," in Marilyn Strathern [ed.], *Audit Cultures: Anthropological studies in accountability, ethics and the academy,* Routledge, 2000.

Ananta Giri, "Audit accountability and the imperative of responsibility: beyond the primacy of the political" in *Audit Cultures: Anthropological studies in accountability,* ethics and the academy.

Phil Cohen, *On the Wrong Side of the Track?: East London and the Post Olympics,* Lawrence & Wishart, 2013.

「航空事故調査報告書」, http://www.mlit.go.jp/jtsb/aircraft/repacci/62-2-JA8119.pdf

「国会事故調東京電力福島原子力発電所事故調査委員会報告書」, http://dl.ndl.go.jp/view/download/digidepo_3514603_po_naiic_honpen.pdf?contentNo=1

## 마르스와 비너스
### —이시무레 미치코石牟礼道子와 미나마타병 투쟁

### 1.〈백치白癡〉

<백치>에 대해서 들뢰즈+가타리는 '공적 교수公的 教授'로 대치되는, "한 개념을 누구나 각각의 입장에서 권리상 소유하고 있는 생득적인 여러 힘에 의해 형성하는", '사적 사상가'라고 정의했다. <백치>는 기독교적 문맥 하에 중세 스콜라 철학에서 가치를 부여받아 나타나며, 그 후 도스토예프스키의 러시아적 문맥 속에 나타난다. 그 자체가 '사적 사상가'인데, <백치>와 같은 인물 이미지는 새로운 철학 개념, 새로운 사고 이미지와 함께 나타나는 <개념적 인물>이기도 하다. 철학에서도 문학에서도 걸출한 사상, 사고 이미지는 항상 인물 형상을 동반한다. 플라톤에게는 소크라테스, 니체에게 디오니소스 혹은 짜라투스트라. 멜빌의 에이헙 선장 혹은 백경. 그 인물 형상은 그 사상과 함께 새로운 지평을 연다. 그런데 옛 <백치>와 새로운 <백치>의 차이에 대해서 들뢰즈+가타리는 이렇게 서술한다.

> 오래된 백치는 무엇이 이해 가능한지, 혹은 가능하지 않은지, 무엇

> 이 합리적인지 아닌지, 무엇을 잃고 있는지 또는 구출되고 있는지를 자기 스스로 깨닫기를 바랐지만 새로운 백치는 사람이 그가 잃어버린 것, 이해 불가능한 것, 부조리한 것을 되찾게 해주는 것을 욕망한다.[1]

오래된 <백치>의 원형은 기독교이다. 이에 대해 새로운 <백치>인 도스토예프스키의 <백치>로부터 약 100년 가까이 지나, "잃어버린 것, 이해 불가능한 것, 부조리한 것을 되찾기" 위해 우리 시대에 새로운 <백치>를 발견한 것은 이시무레 미치코였다. 그러하기에 우리에게 이시무레 미치코는 3 · 11 이후의 세계를 바꾸기 위해 그 작법을 배우는 사상적 무기가 되었다. 본 고에서는 그 근거를 보이려고 한다.

이시무레 미치코에게도 <백치>가 나타난다. 그것은 『고해 정토』 제3부 「하늘의 물고기天の魚」이다. 1969년에 미나마타병[2] 환자호조회水俣病患者互助会가 보상문제로 분열하는 한편, 가와모토川本輝夫의 구호로 미인정 환자들이 결성한 '인증촉진회'는 짓소와의 자주 교섭 투쟁을 개시하여 1971년부터 73년 12월까지 1년 반에 이르는 짓소 동경 본사 앞에 앉아 투쟁에 돌입했다. 그때 상경한 환자들은 산책하는 황거 앞 광장에서 많은 비둘기가 무리 지어 있는 '한 창백한 부랑자'에게 친근함을 느낀다.

> (…) 미나마타에서부터 멀리 찾아온 환자들은 비둘기를 안고 있는

1 ジル・ドゥーズ＋フェリックス・ガタリ, 財津理 訳『哲学とは何か』, 河出文庫, 2012, p.111

2 역자 주－미나마타병, 1953년경부터 구마모토현(熊本県) 미나마타(水俣)시 해변 주변에서 집단 발생한 수은 중독성 신경 질환. 미나마타만에서 잡힌 물고기 · 조개를 먹은 사람의 신경이 침범당해, 마비 · 언어 장애 · 운동 장애 · 시야 협착 · 난청 등 증상을 일으켰는데, 중하면 죽음에 이른다. 공장의 폐수가 원인.

> 이름도 모르는 한 부랑자를 만났다. 아니 만났다기보다 봤다고 해야 할 것이다. 단 한 번 보고 친근함이 느껴지는 인간이었다. 그러한 친근함에 이끌려 우리는 정말로 거기에서 꼼짝할 수 없었다. 그가 비둘기들에 둘러싸여 그곳을 움직이지 않는 것처럼.
>
> 미친 인간과 백치로 불리는 인간과 고향에서는 신경전神経殿이라 불리며 '혼이 나가서 떠도는' 인간 부류에 그는 속해 있었다. 완벽하게 살아있으면서 이 세상과 단절되어 갈 곳 없는 인간으로서 오직 홀로 그는 거기에 있었다. 아니, 비둘기들과 함께. 유달리 멍해 보이는 성스러운 표정은 그러나 보이지 않는 어둠 깊은 곳에 숨어있는 악의 같은 것에 위협당하고 있는 듯도 보인다. 그는 미소짓고 있었지만 그 미소는 옅었으며 죽어가고 있었다.[3]

"미친 인간과 백치로 불리는 인간과 고향에서는 신경전으로 불리며 '혼이 빠져나가 떠도는'인간 부류"는 미나마타병과 환자들을 만나기 이전에 이미 작가 이시무레 미치코의 세계를 구성하고 있던 사람들이다. 그러한 사정은 『고해 정토』 제1부 '돈톤 마을', 혹은 『동백의 바다 기록椿の海の記』에 상세하다. 이시무레 미치코의 가족이 조부의 개발업으로 빚을 떠안고 재산을 차압 당하여 '격리 병원'과 화장장, 화장터에서 시체 화장을 직업으로 하던 사람들이 살던 마을로 이사할 수 밖에 없었던 일. 미치코가 눈이 먼 광녀로 '신경전'으로 불린 조모의 손녀로서 인신 일여人神一如와 같은 신적 세

3 石牟礼道子『苦界浄土』第三部「天の魚」,『石牟礼道子全集 不知火』第三巻, 藤原書店, 2004, p.163. 이하 특별한 표기가 없는 한 같은 전집 인용은『全集』巻數, 쪽 번호로 생략하여 표기한다.

계와 익숙해졌던 것 등이다. 다만, 피차별민과 조모를 둘러싼 정상인들, 장애가 없는 사람들의 '제정신' 세계가 이형異形의 사람이라는 <광기>의 세계에서는 악의 덩어리에 다름 아닌 것을 체득하는 것은 사건 발생 이후 미나마타병과 환자들의 세계에 몰입하는 것을 통해서이다. 거꾸로 말하면, 자신의 유년기의 의미를 더듬는 것은 미나마타병 환자들의 삶의 의미를 해명하는 것이었다. 그것은 바로 이시무레 미치코에게 '잃어버린 것, 이해 불가능한 것, 부조리한 것을 되돌리는' 여정이었다. 그것으로 이시무레 미치코는 우리 대신에 미나마타병과 환자들의 생의 의미가 무엇인지 묻는 물음에 답하는 것을 그 사명으로 여겼다.

미나마타와 환자들의 생의 의미는 해명되어야 했다. 우리의 정서는 미나마타병 환자들이 받는 고통을 마주하려는 것이다. 그렇지만 바로 그것이 불가능한 것을 안다. 왜 이러한 고통이 존재하는가. 심하게 파괴되고 왜곡되고 그리고 빼앗겨갈 뿐인 그 생을 긍정하는 것은 도대체 가능하단 말인가. 그 실마리조차 우리는 몰랐다. 그리고 이 물음에 답하는 것으로 <미나마타병 환자들>은 이시무레 미치코에게 있어서 <개념적 인물>이 되었다.

## 2. 프로메테우스, 전쟁 기계

매뉴얼・양[4]은 프로메테우스를 상징으로 해서 자본주의란 그 생

4 역자 주—マニュエル・ヤン. 일본여자대학 교수, 역사사회학, 민중사 전공. 미국과 환태평양/대서양 역사를 계급투쟁의 관점에서 연구.

성 시부터 자연환경 파괴와 생명의 유기를 동반하고 있었다는 것을 이해했다. 16세기에 우라늄 광산을 채굴한 현 체코 지역 보헤미아 왕국의 요아힘스탈(Joachimsthal), 볼리비아의 포토시 광산, 전국시대 일본의 이와미 은산石見銀山, 시마네현島根県 오모리大森에 있던 은광, 그리고 21세기 후쿠시마 제1원전 사고까지 관철하는 '본원적 축적'으로서 올바르게 그것을 갈파했던 것이다.

> '축적' 자체를 '본원적'이라고 형용한 이유는 거기에 있다. 자본주의의 생성에 따르는 학살과 강탈의 역사는 인간의 본질적 '탐욕'이란 '서양적 근대문명'의 합리주의적 가치관(혹은 동양의 유교적 직업윤리)을 주축으로 성립하고 있는 것이 아니다. 우연히 도태되지 않고 살아남은 유럽에서 유래된 세계 자본주의 시스템은, 개인과 문화의 다양한 요소를 흡수해서 자기 증식할 수밖에 없는 생존의 '본원'에 의해 작동하고 있는 것이다. 어느 생물이든 조직이든 자멸을 의도적으로 선택하는 것은 없다. 그 생존을 위협하는 것이 있으면 총력으로 그것을 저지하려 하고 그것이 무리라면 위협하는 것에 순응할지 죽음을 선택할 수밖에 없다. (…) 원자력은 그 좋은 예이다.[5]

프로메테우스의 생존본능으로서의 방사능—그 계보에는 아시오 구리광산足尾銅山[6]과 미나마타병도 추가된다. 매뉴얼・양은 지당하

5 マニュエル・ヤン「プロメテウスの末裔―放射能という名の本源的蓄積と失楽園の史的記憶」現代理論研究会編,『被爆社会年報』, 新評論, 2013, p.63

6 역자 주 – 닛코시 아시오(日光市足尾町)에 있던 광산. 근대 일본의 최초의 환경오염 사건으로, 관동 북부 지역인 토치기현 아시오에 있던 동광산에서 유출된 독극물인 아초산과 암모니아 등이 하천에 유출되어 인체에도 나쁜 영향을 미쳤

게도 이 자본주의적 프로메테우스에 대항하는 '혁명적 프로메테우스'—새로운 프롤레타리아트—의 형성도 기술한다.

여기에서 조금 보충하자면 자기 증식하는 생존본능 그대로 확대해가는 세계자본주의 시스템이 종종 대량학살로 이어지는 것은, 그것이 <전쟁 기계>와 결합하고 있기 때문이다.[7] 짓소에 의한 자연과 인간의 본원적 축적이라는 수탈이 이렇게까지 부조리한 이유이다. 일절 공생을 거부하는 그 폭주. 바다, 대지, 생물을 모두 품고 사랑하고 축복하는 신=비너스를 무력하게 만들고 마는 군신軍神 마르스Mars. 제국이 길러서 기술을 맹세한 전문가 집단이 이토록 괴물이 되다니 아무도 예상할 수 없었을 터이다. 실제로 그 유목적인 가동성 때문에 짓소의 원형을 이룬 일본 질소라는 조직은 시라누이카이不知火海[8]에 그리고 한반도에 대규모 콤비나트, 전력개발, 그리고 조직된 산업집단을 만들어냈다. 국가의 외부에 원리를 가지고 출현한 조직체이기 때문이야말로 유연한 이동과 자연적 지형의 점거를 가능하게 했다.

미나마타병 투쟁은 국가 및 본원적 축적과 결합한 이 <전쟁 기계>를 상대로 한 근대일본사에 있어서 몇 번인가의, 그러나 전면적인 전쟁이었다. 다만 그것은 어디까지나 환자들의 무참한 신체 위에서 시작된 것이다. 그리고 그 지옥을 스스로 만족하게 여길 수 없

고 작물 등을 황폐화시켰다. 해발 2000m가 넘는 곳에 위치한 이곳 광산은 일제시대 강제 징용당한 조선인이 74명이나 사망한 곳이기도 하다.

7 ジル・ドゥーズ+フェリックス・ガタリ, 宇野邦一ほか訳『千のプラトー資本主義と分裂症』(河出文庫, 2020) 특히 하권 참조.

8 역자 주－구마모토현(熊本県) 남서부의 내해(内海). 야쓰시로카이(八代海, やつしろかい)로도 불린다.

는 한 <전쟁 기계>의 해체를 기대하는 것은 유토피아이다. 「44호 환자」(『고해 정토』제1부)에서 소개되는 태아 때부터인 환자 '야마나카山中九平'와 누나 '사츠키'의 어머니는 토로한다.

> 무서워. 떠올리고 싶지 않아. 인간 같지 않은 방식으로 죽었어. 사쓰키는.
>
> 침대 위에 사쓰키가 있습니다. 아슬아슬하게 춤을 추고 있습니다.
>
> 침대 위에서 손과 발로 허공을 잡고 등으로 춤을 추고 있습니다. 이것이 내가 낳은 딸인가 생각했지요. 개나 고양이가 죽어가는 것 같아요. 아아 벌써 죽어서 지금 세 명 모두 지옥에 있는 것이구나 하고 생각했습니다.
>
> 언제 죽었지? 여기는 이미 지옥이야.[9]

군신으로서의 <전쟁 기계>인 짓소 미나마타 공장, 메틸 수은이라는 '본원적 축적'은 가차 없이 인간을 괴롭힐 수 있다.

그렇지만 환자들은 자신들이 싸우고 있는 상대의 정체는 무엇이며 그것에 의해 침해당한 자신들이 도대체 어떻게 생성 변화했는지를 알려고 하는 기대는 늘 저지당했다. 우선 과학적 언설이 그 역할을 다했다. 미나마타병 역사의 시작에서 전염병적 접근, 유전학적 접근, 차별적인 식습관론에 의거한 사회병리학적 접근 등이 (후안무치하게도) 거론되었다. 어떤 경우라도 신일본질소新日本窒素肥料株式会社—짓소에 대한 유추가 미치지 않도록 하는 힘이 작용하고 있

9 『全集』, p.2, 35.

었다. 그러나 그 원인이 짓소 미나마타공장의 배수에 의한 유기수은 오염인 것이 판명된 오늘날에도 과학적 언설은 왜 환자가 존재하는 것이냐는 물음에 답하려고 하지 않는다.

다음은 미나마타병 때문에 시라누이카이를 떠나 미나마타 출신인 것도 숨겨온 환자들이 1982년에 제소한 미나마타병 관서소송의 제1판결(1994).

> 이제는 증상이 심한 환자는 거의 없기 때문에 미나마타병인지의 감별진단은 곤란해졌다. 그 경우 경계선을 그어버리면 구제를 받는 사람과 그렇지 않은 사람으로 나뉘어 버리기 때문에 유기수은 폭로 이력을 가진 자의 증상이 미나마타병일 가능성은 0%에서 100%까지 연속적으로 분포하고 있다는 사고방식을 취하기로 한다. 따라서 원고 환자들이 미나마타병일 가능성은 15%에서 40%이기 때문에 그에 따라 위자료는 300만 엔에서 800만 엔으로 했다.[10]

미나마타병 환자의 인정기준은 미나마타병인지 아닌지 밖에 없다. 그것이 지역성과 식습관에서 분리된 유기수은의 보유량으로 환원되어버리면 미나마타병의 개별 특성은 무화하고 만다. 실제로 관서소송을 전하는 홈페이지에서는 다음과 같이 반증하고 있다.

"판결이 왜 원고 환자가 미나마타병일 가능성이 15%에서 40%로 한 것인지 그 근거는 전혀 보여주지 않습니다. 원래 미나마타병을 퍼센트로 나타내는 것 자체가 틀린 것입니다. 미나마타병인지

10 http://www1.odn.ne.jp/-aah07310/hanketsu1.htm, 2019.4.10

아닌지 어느 쪽밖에 없습니다. 시라누이카이 연안에 살며 오염된 어패류를 많이 먹고 미나마타병 특유의 건강상 장애를 가지고 있는 사람, 즉 원고 환자 전원이 미나마타병 환자입니다." 미나마타 출신지의 유기수은 오염 데이터를 일반적인 유기수은 함유 분포 수치로 치환하여 거기에서 '리스크가 높은' 부분만을 통계학적으로 추출하는 것으로 미나마타병일 가능성은 15%에서 40% 등이라고 주장하는 논리 모델에서는 개체차를 고려해 나타나는 개별 증상을 해명할 수 없다. 개인의 식食·주住의 이력과 병의 상태에 입각해서 판단하면 되는 것이다. 판결에서는 그것에 대한 반론이 명확히 하고 있듯이 배상금액의 상한을 암묵적인 전제로 한 자의적인 해석이 통계학을 가장하여 도입되고 있다.

환자를 인정하는 폭을 좁히고 리스크 '높은' 부분만을 추출하는 것으로 책임소재를 피안으로 쫓아버리는 논리는 다음에 나올 타당한 판결에 대한 주의를 부정하는 것이기도 했다. 구마모토 미나마타병 제1차 소송에서 짓소는 '특정 원인 물질의 생성은 예견할 수 없었다'라며 과실 없음을 주장했지만 구마모토 지방법원 판결에서는 그러한 주장은 시라누이카이의 사람들을 '인체실험' 한 것과 같다고 지탄했다.(1973년 3월) 게다가 1987년 3월의 구마모토 미나마타병 국가배상소송 제1진의 구마모토 지방법원 판결은 국가·구마모토현의 배상책임을 명기했다.

이와 같은 일은 후쿠시마 제1 원전사고에 의한 저선량 피폭의 리스크 측정에서도 예상된다. 고선량 피폭 모델을 기준으로 하는 현 상태에서는 통계학적 언설과 배상금액을 전제로 한 오염 범위와 책임 범위의 축소, 개개 사례의 조건의 일반화와 그에 따라 나타나는 증상의 자의적 해석이 반복될 것이다.[11] 프로메테우스적 과학의 언설에 의해 생生이 결정되는 것이다.

## 3. 〈가면〉의 작법

그러면 과학적인 언설에 의해 결정되는 삶의 모습은 어떠한 투쟁으로 반전되는가. 그 작법은 과학적 언설의 외부에 있는 것이 아니다. 거꾸로 과학적 언설과 인접하나 그것이 제외하는 부조리한 모습을 자신의 세계에 받아들이는 노력을 하는 것이다. 그리고 그것에 의해 부조리한 생의 의미를 열어가는 것이다. 적어도 이시무레 미치코에게 있어서는. 그러한 고도의 정치적인 기법은 어떻게 가능할까. 실은 그 작법은 노・교겐能狂言과 가구라神樂 등 고전 예능 용어인 '어릿광대(모도키, 일본의 각종 연예에서 주역을 조롱하거나 흉내 내는 어릿광대)'와 닮았다. 「사기死旗」(『고해 정토』 제1부)에서 환자들을 묘사하는 대목을 참조해 보자.

경증 청각장애 환자에게 의사는 '콘스탄티노플이라고 말해 보세요'라는 검사를 실시한다.

> 의식도 정감도 지성도 보통사람 이상으로 매우 선명한데도 오체가 절대로 슬로 템포로밖에 움직일 수 없게 된 한 청년의 표정에 확 붉은 기운이 지나가고 그는 답답하고 우울한 굴욕에 얼굴을 일그러뜨린다.

11 調麻佐志『低線量被ばくによるがんリスク』,「論文解題」http://smc-japan.org/?p=2026 (2019.4.10.)

> 그러나 그는 뒤이어 고장난 녹음기처럼
>
> —콘 · 스 · 탄트 · 노바 · 로—
>
> 라고 답하는 것이다. <길게 잡아당기는 듯한, 어리광부리는 목소리>로. (…)
>
> '선생님'이 묻고 그가 대답하는, 두 호흡 정도의 시간이 그에게 얼마나 집약된 전 생활의 양인가. 청년은 그 청년기의—그것은 전 생활적으로 미나마타병을 짊어져 온 시간의 압축인 청년기의—모든 것을 순간적으로 부정하거나 긍정하려 그의 표정은 순식간에 바뀌고 그것을 견디려 하며 이윽고 그의 말은 부서져서 발성, 발어發語되는 것이다.[12]

이러한 주고받기에서는 의사와 환자들 사이의 '합의'도 생겨난다. 환자들의 <길게 잡아끄는 듯한 어리광 부리는 듯한 말투>, 혹은 오체가 부자유스러운 몸짓을 통해서 그것은 환자들이 '멀리에서 온 손님'을 대접하는, 미나마타 지역에 옛날부터 있는 방식이라고 작자는 말한다. 그렇지만 의사가 '새로운 논문을 쓰기 위한 관심만'으로 검사를 한다면 환자들의 성대는 '막대나 벽처럼 팽팽해지며, (…) 양쪽 사이는 금세 거리감이 생기고 만다.'[13] 그러나 환자 중에는 '센스케노인仙助老人'같은 인물도 있다. 그는 러일전쟁에 참전한 경험이 있고, 매일 3합의 소주를 딱 오후 4시 반에 사러 가며, 파상풍으로 5년간 병상에 있는 처를 죽을 때까지 간병했다. 까맣게 빛나는 정강이를 가진 '센스케노인'은 진찰할 때에도 '침착하고 당

12 『全集』, p.2, pp.42-43

13 위의 책, p.44

황하지 않으며 움직이지 않는다'. 그 순간, 이시무레 미치코는 그녀가 '알아들은' '센스케노인'의 <독백>을 받아 가상의 <대화>를 쓰기 시작한다.

> 할아버지, 당신 백 살까지 살 것 같은 몸을 하고. 돌도 없는 데서 철퍼덕 넘어지다니 그거 분명히 미나마타병이에요.(…)
>
> 뭐라는 거야, 미나마타병? 그런 병은 선조 대대로 들은 적도 없어. 내 몸은 지금 군대 가도 될 정도야, 군대에서 뽑혀 가서 선행공로상도 받아온 몸이야. 의사한테 질소냐?[14]

마치 왕에 대한 도게道化[15], 혹은 교겐의 시테[16]와 아도[17] 같은 주고받음을 통해서 의사 앞에서 '침착하고 당황하지 않으며 움직이지 않는' 삶은 우왕좌왕하는 사이에 닮은 모습으로 만들어져간다. 부조리하고 오체가 부자유스러운 환자들의 모습은, 성자, 은자, 숨은 왕, 숨은 철학자로 간주 된다. 이리하여 이시무레 미치코는 이해가능한 것, 부조리한 것으로 대답하도록 문맥을 부여한다.

아니 오히려 나는 여기에서 이렇게 말하고 싶어진다. 이시무레 미치코는 미나마타병 환자들이 자유자재로 <가면>을 쓰거나 벗는 행동을 보고 있는 것이라고. '야마나카山中九平'와 그 누나 '사쓰키', 의사의 검사에 굴욕으로 얼굴을 찡그리는 청년, '유키온나 이야기

14 위의 책, pp. 50-51

15 역자 주－도게道化는 익살스러운 말이나 동작, 또는 익살꾼, 어릿광대.

16 역자 주－シテ. (能楽나 狂言에서) 주인공역이 되는 배우

17 역자 주－アド. (能狂言에서) 주인공의 상대역.

ゆき女きき書'의 '유키온나', '센스케노인'. 물론 그 시작에는 광녀였던 할머니 · '오모카 사마おもか様'가 있을 것이다. 그들 · 그녀들은 가면을 쓰거나 벗는 것으로 세상의 악의와 싸운다. 숨은 왕이고 숨은 철학자인 이 사람들은 단순한 성자가 아니다. 환자들에게 있어서는 '세상'인 의사들과 합의도 하지만 그 악의를 알아차리면 가면을 쓰고 의사를 조소하고 혹은 가면의 배후에 숨어서 침묵한다. <가면>의 소재는 무엇이든지 괜찮다. 그리고 <가면>은 악의의 세계로부터 몸을 지키기 위한 가리막도 된다. '가마쓰루 마쓰옹釜鶴松翁'의 경우는 만화책이었다.

> 그는 실로 훌륭한 어부의 얼굴을 하고 있었다. 콧날이 높고 광대뼈가 탄탄한, 실로 날카로운, 가늘고 긴 눈초리를 하고 있었다. 때때로 씰룩 씰룩 경련하는 그의 뺨 근육에는 아직 건강함이 조금 남아 있었다. 그러나 그의 양어깨와 다리는 마치 격랑에 깎여서 육지에 올려진 한 뿌리 유목과 같은 상태가 되어 있었다.(…)
>
> 그의 병실의 반쯤 열린 문 앞을 지나려 할 때 나는 무언가 까만, 살아있는 생물의 숨 같은 것이, 발밑 전체로 훅하고 불어온 듯한 느낌이 들어 문득 그 자리에 못 박히고 만 것이다.
>
> 거기는 개별실로 반쯤 열려 있는 문이 있고, 가까운 병상 위에서 반짝반짝 덤벼들 것처럼 빛나는 두 눈이 우선 나를 사로잡았다. 다음에 퀭하니 풀 죽어있는 그의 늑골 위에 가리막처럼 놓여 있는 만화책이 보였다.[18]

---

18 위의 책, pp.103-105.

'가마쓰루 마쓰옹'의 늑골에 놓인 만화책은 '자유를 제외한 일체의 건강 세계'에 대한 혐오의 표명이며 '차단참호'이며 그것으로 '아직 죽지 않고 있는 한 남아 있는 생명의 본능을 총동원'해서 침입자와 마주하기 위한 '범주帆柱', '존엄'이었다.[19]

이시무레 미치코가 표현한 미나마타병 환자들의 작법을 <가면>의 소산과 겹쳐 생각할 때 나는 피차별 예능과 가면 연구에 생애를 바쳐 온 이누이타 게토시乾武俊의 <검은 할아버지黒い爺>론—이누이타의 민간 가면론—을 염두에 둔다. 오리구치 시노부折口信夫의 예능론, 그리고 피차별 예능을 대표하는 '사도佐渡의 하루고마春駒[20]'의 문구를 참조하면서, '어릿광대 가면'인 '우소후키 가면嘘吹き面'[21]을 둘러싸고, 이누이타는 다음과 같이 서술한다.

> '우소후키'라고 하는 말이나 가면에는 사타히코(사타루히토의 오리구치折口에 의한 훈) 이후 각 시대 민중의 제각각 복잡한 심경이 중층되어 있다. '우소후쿠'는 입을 오므려 숨을 쉬는 것이지만 동시에 '거짓말을 부는 것'이기도 하다. 고대의 도카踏歌[22]에서는 '고토부키言吹'가 천황 앞에 나가 '축하의 말을 하고 작곡을 연주했다'(모리스에 요시아키森末義彰 「민간예능의 문제民間芸能の問題」, 『国語と国文学』 366호).

19 위의 책, p.106.

20 역자 주－예전, 정초에 말머리 모양을 한 것을 들고 노래하거나 춤추며 집집을 다니던 걸립꾼이나 그 노래.

21 역자 주－교겐(狂言) 가면의 하나. 휘파람을 부는 듯이 입을 오므린 형태의 가면.

22 역자 주－발을 구르면서 노래하고 추는 춤이나 헤이안(平安) 시대 궁중에서 행했던 행사.

> 이 '고토부키'가 '우소후키'가 된다. '거짓말'을 하는 것이 저항이며 스스로의 존재증명이기도 했다. 후에는 '생계'의 수단도 되었다. 오리구치折口의 표현을 빌려 말하자면 '언어의 표면 그대로의 의의로 생각되어, 사실은 그 반대의 효과가 나타나도록 사용되었던' 말. 동료들은 알고 상대는 모르는 말. 모르지만 상대를 찌르는 말. 그 말로 상대의 '축복'을 말하는 것이 이 나라 예능의 발생이었다.[23]

민간예능의 가면에는 동료 사이의 암묵적인 이해와 그것인지는 몰라도 왕을 조롱하는 말을 동시에 발하는 행위가 중층 되어 있다. 따라서 가면은 권력으로부터 자신들을 지키는 갑옷이기도 하다. 그렇지만 여기에서 중요한 것은 '동료들은 알고, 상대는 모르는 말' ' 모르지만 상대를 찌르고 있는 말'에 의해서 '상대의 <축복>'을 말한다는 점이다. 즉 저주와 동시에 세계와의 관계성의 긍정과 균형이 도모되는 것이다.

<가면>의 이러한 효과는 세계의 진리를 설파하면서 세계의 관계성을 다시 결합시키는 작법에 대한 우리의 이해를 심화시켜주는 실마리가 된다. 고통을 받아 일그러진 겉면은 미나마타병의 모습과 같고, 가면=병의 형상病像 그 자체가 세계의 모습이다. 그리고 동시에 이 수치스러운 옮은 인공 피막을 몸에 대는 것은 생이 전개하

23 乾武俊『黒い翁民間仮面のフォークロア』, 解放出版社, 1999, p.138.『黒い翁』라는 사상적 형상에 대해서는 졸저『戦後部落解放運動史 永続革命の行方』(河出書房新社, 2012) 제4장 참조. 여기에서 이시무레 미치코의 문학과 가면론의 접합을 구상하기에 있어서는 이하의 장에서 乾武俊씨에 의한 시사와 격려에 의한다. 「和歌浦・仮面フォーラム 芸能と仮面のむこうがわへ」(乾武俊・山本ひろ子 및 成城寺子屋의 기획 프로듀스, 멤버 및 小笠原匡, 清水谷善圭, 槻宅聡, 友常勉, 大河内智之 들의 협력에 의한다). 和歌山県和歌山市新和歌浦・木村屋, 2013년 3월 2일・3일. 또한 成城寺子屋 멤버에 의한 졸고의 비판 및 山本ひろ子씨에게도 큰 시사를 받았다. 함께 감사드리고 싶다.

는 세계와의 싸움을 의미한다. 병원 검진에 데리고 가기 위해 온 시청위생과 공무원 '요모기 씨蓬氏'에게 등을 돌리고 '야마나카山中九平' 소년이 라디오에서 하시 유키오랑 거인전의 중계를 들을 때. '가마쓰루마쓰 옹釜鶴松翁'이 그 늑골 위에 만화책을 가림막처럼 세울 때, 그리고 물론 '콘·츠·탄쓰·노바·로'라고 발어할 때조차도 환자들은 진짜 세계의 모습을 폭로한다. 그러나 동시에, 그 싸움의 소용돌이에서 환자들은 '멀리에서 온 손님'을 대접하듯이 세계=의사와의 관계성을 다시 맺고 있는 것이다(짓소 동경 본사 앞에 앉아서 시위할 때 사원들과의 사이에서조차 그러한 동향의식을 확대한 것이다). 그렇기 때문에야말로 이렇게 말할 수 있을 것이다. 미나마타병 환자들의 삶이라는 것은 세계의 관계성을 바꾸고, 다시 맺기 위한 근원적인 싸움으로 계속되어왔다고.

## 4. 소들

이리하여 미나마타병 투쟁의 중요한 국면을 그린 『고해 정토』 3부작은 말할 것도 없이, 이시무레 미치코의 문학은 오늘날 우리에게 사상적인 무기일 수밖에 없다. 생을 거절하는 세계를 긍정하는 작법을 배우고, 세계를 복원하기 위한 것이다.

2013년 2월 10일 우리는 후쿠시마현 후타바군双葉郡 나미에마치浪江町의 '희망의 목장·후쿠시마'에 있었다. 차를 내리자 방사능측정기는 매시간 2.9마이크로시버트[24]를 기록했다. 장소에 따라서는 20마이크로시버트에 달한다고 한다.

후쿠시마 제1 원전 사고 후 경계구역 내에 있던 소 약 3,500마리, 돼지 약 3만 마리, 닭 약 44만 마리 중, 과반수는 아사했다고 하며 살아남은 가축에게는 국가의 통달에 따라 살처분을 지시했다. 그러나 약 20건의 농가가 살처분에 동의하지 않고 피폭 소 약 천마리를 사육하고 있다. '희망의 목장'에도 현재 소가 약 300마리 있다. '희망의 목장' 대표 요시사와吉沢正巳씨는 사고 후 도쿄에서 항의 행동을 전개하는 한편, 3일에 한 번은 나미에에 돌아와 경관에게 제지당하면서도 경계구역 안에서 먹이를 계속 주어 왔다. 그리고 2011년 6월에 미나미소마시南相馬市에서 출입 허가증을 발행해주어 라이프 라인을 복구하고 라이브카메라로 찍은 목장의 모습을 전송하며 정보 발신과 전국의 지지를 얻어내면서 목장경영을 실현하고 있다.[25] 요시사와씨에 의하면 피폭당한 소들은 원전사고의 살아있는 증인이다. 그것은 금후 방사능 재해 예방을 위한 귀중한 과학데이터 집적이 될 것이라고 한다. 지진재해와 원전사고의 참사 속에 살아남은 소들은 도축될 일도 살처분 당할 일도 없이 약 20년이라는 그 수명을 "완수한다". 여기에서 소는 우리의 거울이다. 아사하고 살처분 대상이 된 소들의 운명과 도쿄전력과 일본국가에 의해 우롱당해 기민 상태에 있는 피해 지역주민의 운명이 겹쳐진다. 그렇기 때문에 역으로, 소가 욕망하는 것은 이 땅에서 우리가 욕망하고 있는 것과 같아진다. 이 부조리한, 이해 불가능한 운명 속에서

24 역자 주－마이크로시버트(microsievert), 인체가 방사선에 노출되었을 때 받는 영향의 정도를 나타내는 단위인 시버트의 하나(기호 μSv).

25 「希望の牧場・ふくしま」 작성 리플릿 「警戒区域からの声なきSOS 見捨てられた命があることを知っていますか?」로부터.

추구되는 동물적인 생을 긍정하는 것이다. 이리하여 경계구역의 <생>은 3 · 11 이후 우리의 사상적 형상이 되고 있다. 이 목장의 소들을 계속 살리는 것은 즉 그 동물성을 배우고 무위한 죽음을 되풀이하지 않을 것을 맹세하는 우리의 사명이다. 그것은 한 번은 절망한 세계와의 관계를 다시 맺는 것이기 때문이다. 그 회복을 기대하는 일은 이 고선량 지역의 복원을 즉시 요구하는 것이 아니다. 오히려 더욱 단순한 것이다. 이 목장에 있는 소들의 생을 잊지 않고 그 동물적 존재를 항상 우리 자신과 관계 맺도록 하는 것이다.[26]

즉, 이시무레 미치코가 그러했듯이 상대가 '당황하지 않고 침착하며 움직이지 않는' 경우라도 그 발화를 연기하고 그 독백과의 대화를 계속해 나가는 것이다. 그렇지만 타자의 생을 허구假構하기 위해서는 우리 자신의 내력을 다시 더듬어 그 의미를 해독해야 한다. 타자의 생 사이에 가교를 놓는다는 것은 그러한 끊임 없는 노력을 필요로 한다.

**그것에 의해서, 우리를 대량살육으로 내모는, 국가와 자본과 결합한 전문가들의 <전쟁 기계>에 예속하는 우리 삶의 양상을 바꾸는 것이다. 전쟁 신 마르스에 대한 사랑의 여신 비너스의 승리를 위해서.**

---

26 동물성의 긍정에 의한 자기자신의 긍정에 대한 논의는ミシェル・フーコー, 慎改康之訳『真理の勇気—コレージュ・ド・フランス講義一九八三—一九八四年度』, 筑摩書房, 2012, p.225 참조.

# 키니코스Kynikos의 승리
## — 오시마 나기사大島渚

### 1. 〈저항〉의 발견

오시마 나기사의 『감각의 제국愛のコリーダ』(1976), 『사랑의 망령』(1978)에서는 배타적 성애의 감정에 몸을 맡기는 남녀의 사랑의 형태가 철저하게 그려진다. 2·26 사건과 청일전쟁이라는 사회성과 정치성은 그 표현의 뒤에 눈에 띄지 않게 배치 된다.

『감각의 제국』에서는 사다定의 욕망에 모든 것을 맡기는 기치조吉蔵, 『사랑의 망령』에서는 그 역할을 거꾸로 해서 이번에는 오세키가 도요하루의 요구에 모든 것을 버리고 응한다. 타인을 배제하는 사랑의 형태에 대한 철저함은 『막스·몬·아무르』(1987)에서도 중심에 배치된다. 침팬지 막스와의 성애를 지키려는 처 마가렛의 행동에 권력과 폭력을 독점하고 있던 남편 피터도 휘말려 우선은 비극적인 말로는 피하는 우화로 그려진다. 『법도御法度』(1999)의 경우에는 이러한 배타적인 성애는 압도적인 조직 속에서 어두운 전이를 가져온다. 오시마는 마지막 작품에서 <조직>이라는 일찍이 고집했던 주제로 회귀했는데, 1970년대 후반 오시마가 추구하던 것은 사적인 관계 속의 배타적인 욕망의 운동을 마지막까지 지켜

보고 이것을 찬미하는 것이었다. <조직>과 감정이라는 논점에 대해서는 다음에 검토하자.

욕망의 배타적인 실현의 바닥에 흐르는 감정에 대해서『소년』(1969)의 공개 시 붙인 문장에서 오시마는 그것을 <저항>이라고 불렀다.[1] 짐승 같은 양친의 돈벌이 수단으로 고의로 교통사고를 일으켜 손해배상을 청구하는 일을 되풀이하던 '소년'은 부모가 체포되고 보호된 후 묵비권을 계속 행사했다. 이 묵비의 무거움을 추체험하기 위한 영화이다. 부모와의 논쟁과 추모, 그리고 어린 남동생에 대한 기특한 헌신이 "안드로메다 성운에서 온 우주인"의 독백과 함께 서정적으로 그려진다. 그러나 소녀의 죽음이라는 현실로 그것은 무참하게 거절된다. 서정은 긍정되고 거절당한다. '아이를 죽인다'(사고사 한다)는 사건이 소년의 벽을 붕괴시키고 그 <저항>에는 주체성조차도 부여된다. 오시마의 표현으로 소년의 묵비에 대한 완전한 해답이 얻어졌다고는 말할 수 없다. 이 주제가 여전히 유효한 것은 부모의 죄를 감싸고 어린 형제를 지키려는 소년을 조형한 고레에다 히로카즈是枝裕和『아무도 모른다誰も知らない』(2004)에서 명확히 보인다. 사회와 대치는 하지만 적으로 돌리는 것이 아니고 언어를 통해서 자기 조직화하는 것도 아닌, 그러나 강인한 <저항>은, 영화표현과 시대를 결합시켜 그 심화를 촉구해 왔다. 게다가 <저항>은 많은 경우, 잘 못 된 적을 향해 표출된다. 혹은 언어화했을 때에 항상 이미 시대에 뒤처진 것이 된다.『소년』에서 상이군인 아버지가 일본도와 위패를 나란히 놓고 소년 앞에서 자신의 빚을 전가하고, 갑자

1 DVD『少年』ポニーキャニオン 첨부「監督解説」로부터 인용.

기 협박 조로 외치듯이, 전쟁이 초래한 부모세대의 부채에 기초한 저항은 잘못 표출될 수밖에 없다. <저항>의 근거를 일의적으로 전쟁에서 구하는 도식을, 일본의 시대 1960년대는 붕괴시킨 것이다.

이하, 이 글에서는 이 '<저항>의 발견'을 시초로, 나아가 <감정>과 <조직>, <키니코스 주의>라는 논점에서 오시마의 영화를 시간적 변화에 따른 전개를 의식하면서 풀어가기로 한다. 그런데 부모세대의 부채와 대비 해 그려지는 <저항>의 계보에는 『여름의 여동생夏の妹』(1972)의 '소나오코素直子'도 포함된다. 그녀는 오키나와 반환을 계기로 분출한 오키나와의 분노와는 관계없이 "오키나와 따위는 일본으로 반환되지 않는 것이 좋았었어"라고 가메를 향해 근거 없는 짜증을 표현하고 오키나와의 <오빠>을 '가짜'라고 말하고 현실과 화해를 계속 거부한다. 시대가 주장하는 진리는 반드시 정치적 현실과의 대치를 통해 얻을 수 있는 것은 아니다. 그것은 분명히 성과 폭력에 기대어 표출된다. 그러나 『소년』이 보여주듯이 반드시 늘 거기에 있는 것도 아니다. 오히려 그러한 도식적인 영역의 외부에서 주체가 만들어내는 <저항>에 공명하려는 작법은 여기에서 확실히 오시마 표현의 핵심이 되고 있다. 그것이 자각된 것은 역설적이게도 <정치의 계절>의 예감 한가운데에서였다.

『일본춘가고日本春歌考』(1967)속 '나카무라中村'(아라키 이치로荒木一郎)는 은사의 죽음조차 방치한다. 허무적인 타자와의 관련은 명백히 『소년』에 이르는 <저항>의 발견 과정에 있다. 그러나 '나카무라'의 어두운 감정은 '히토츠데타호이노一つ出たほいの'[2]라고 하는 춘가春歌와 재일

2 역자 주－춘가(春歌)의 대표 중 하나로 언급되며, 그 이후 특히 젊은이들에게 주목을 받게 되었다. '춘가'라는 말이 정착한 것은 이 영화 이후라고 한다.

조선인・가네다金田(요시다 히데코吉田日出子)가 부르는 '비가 부슬부슬 내리는 밤에'라는 일본군 '위안부'에 의해 전해진 '만테츠滿鉄 가요小唄', 즉 피억압 민족의 <목소리>와의 사이에서 찢긴 균열 안에 놓여 있다. 양쪽 다 민중의 <목소리>이지만 식민지 제국주의 일본 민중의 목소리와 조선 민족의 목소리는 서로 겹치지 않는다. 그 두 <목소리>의 어느 쪽에도 의거할 수 없는 감정이 이때 형성된 것이다. 이 감정은 이윽고 '근거 없는 충동'으로 형태를 취하기 시작한다. 그리고 와카마쓰若松孝二가 주제로 다루기 시작했던 이 감정=충동이 시대를 지배하는 예감에 의해 『일본춘가고日本春歌考』는 끝난다. 나카무라들이 상상 속에서 강간한 수험번호 469번 여학생을 다시 강간한 후 나카무라는 '진실이네'라고 말을 흘리는 그녀를 교살한다. 여기에서는 다음에 오는 1968년 문화혁명이 죽음이 무의미하다는 인식을 동반하는 것이라는 사실이 예기되어 있다.[3] 거꾸로 말하면 그 자각에 의해서 오시마는 전쟁 세대의 트라우마를 상대화할 수 있었던 것이고 또한 1968년 혁명에 안주할 수도 없는 자신을 발견한 것이다. <저항>의 발견이라는 것은 이러한 의미에서 시대와의 긴장에서 나온 산물이었다.

## 2. 감정이라는 곤란함

패전 제국주의국 일본의 전쟁 책임을 묻는 일로부터 자립한 개

3 '죽음의 의미와 무의미'라는 단어는 오시마 나기사가 東松照明『さくら桜サクラ一二〇』(ブレーンセンター, 1990)에 헌사로 쓴 문장 「東松の写真よ, 永遠なれ」에서 인용. 같은 책, pp.130-131.

별 발걸음을 시작한 오시마들에게 있어서 적은 언제나 손이 닿는 곳에 있는 자명한 것은 아니었다. 오시마는 『일본의 밤과 안개日本の夜と霧』(1960)에서 전후 혁명운동에서부터 안보투쟁까지의 경험을 도스토예프스키가 혁명운동의 좌절로부터 세계문학의 수준을 열어간 것처럼 세계적인 사상의 유산으로 승화하는 것에 성공했다. 혁명운동과 영상표현은 이 괴로운 경험을 양식으로 해서 미국・일본의 자본주의 투쟁으로 출격해갈 터였다. 더구나 그 투쟁은 『일본춘가고日本春歌考』가 시도했듯이 침략과 식민지주의에 대한 일본 민중의 전쟁 책임과 혁명화되지 않고 있는 민중적 토양까지 확실히 응시하여 이루어질 터였다.

그렇지만 적을 눈앞에 둔 분노는 항상 잘못된 대상에게 고착한다. 그리고 적의 모습은 금세 피안으로 멀어졌다. 『사육』(1961)은 토속적인 민중 세계가 안고 있는 이기주의와 전쟁 책임을 묻고 있는데, 천황과 국가라는 적에 이르지 않고 사람들은 흑인 병사—면사무소—본가라는 대리 표상으로 고집과 분노에 우롱당하고 있었다. 그러기는커녕 촌락공동체라는 <조직>은 대리 표상을 고집하는 악순환을 끊지 못하고 거꾸로 광기를 증폭시켜간다. 아이들조차 도망간 병사의 행방을 묻기 위해 곳쿠리상[4]에게 의지하나. 이것은 노동력이 상품화되어 화폐—자본으로 전화하여 잉여가치를 산출해가는 가치형태가 상품・화폐의 자기운동으로 보이는 픽션과 같다. 실제로 오시마는 『자본론』과 같은 영화를 찍고 싶다고 말한

4 역자 주 - こっくりさん(狐狗狸さん) 3개의 대나무나 젓가락의 중간을 묶어서 사이를 벌리어 만든 삼각가(三角架) 위에 쟁반을 놓고 2, 3명이 눌러서 그 움직임을 보고 점치는 일.

적이 있는데 그것은 이러한 사회의식의 메커니즘과 자본의 운동과의 유사성을 가리키고 있다.

그렇지만 오시마는 감정의 고착을 추적하는 일이 매우 힘들더라도 거기에서 벗어나서는 안된다고 생각했다. 넓고 큰 시야에서 교조주의적인 공식으로 대상을 재단해서는 안된다. 그 다음에 전쟁책임에 대해서 공동체의 광기에 대해서 비판적으로 마주하는 것이다. 따라서 영화에서는 잘못된 대상을 고집하는 감정의 자기 순환적인 회로의 외부에 나가는 것이 필요해진다. 『사육』의 마지막 장면에서 마을 회관 앞에서 불태워지는 다비茶毘의 불을 거울로 비추듯이, 마을을 내려다보는 위치의 소년과 사자에게 보내는 불은 이 감정 회로를 외부로부터 상대화하기 위한 행위이다. 그러나 이것은 영화작가가 대상에 대해 비판적으로 개입하는 것이고 내재적인 <저항>은 아니다. 『백주의 괴한白昼の通り魔』(1966)에서는 그 광기의 근거가 전근대적인 일본의 공동체에서 발견된다는 점에서 『사육』과 비슷하다. 그러나 거기에서는 외재적인 비판적 개입이 아니라, 공동체 그 자체가 내재적으로 산출한 '괴한'=에이스케英助의 광기를 해결하지 못한 채 끝이 난다는 점에서 『사육』이 안고 있는 문제를 돌파하고 있다.

광기에 대한 감정 회로가 있는 <조직>이라는 주제는 『아마쿠사시로 도키사다天草四郎時貞』(1962)에서도 해결 불가능한 채 방치되어 있었다. 시로가 민중의 감정 앞에서 지도력을 완전히 발휘할 수 없는 것은 그가 감정의 회로를 공유하지 않는 한 <조직>=공동체에 대한 관여는 외재적이 된다. 시로는 요시모토吉本隆明가 「마태복음시론マチウ書詩論」을 통해서 석출한 스스로가 태어난 공동체에서 무

력한 구세주의 갈등을 안고 있다. 그것은 가장 가까운 공동체를 조직할 수 없는, 사상의 빈곤함을 고발당한 전위당의 모습이다. 그리고 언어에 지배당한 싸움은 항상 자의적으로 해석된 언어에 고민한다. 신도들 사이에서 싸움과 무질서를 선동한 예수의 말은 평화를 추구하는 예수의 말에 의해 서로 죽음을 당한다. 소위 내재적인 감정과 외재적인 혁명의 말이라는 괴리를 떠안고 있는 것이다.

이러한 과제를 안은『아마쿠사 시로 도키사다天草四郎時貞』이후 3년의 공백을 거쳐 만들어진『백주의 괴한白昼の通り魔』『열락悦楽』(1965)에서 오시마가 제시한 것은 감정과 그 안에 존재하는 해방을 긍정하는 것이었다. 그것은 <저항>의 발견을 위해서 필요한 것이었지만 그러나 대리 표상을 전이하면서 광기에 이르는 <조직>의 감정이라는 문제는 여전히 남는다. 훨씬 후에 이 문제의 해결은『법도』에서 다시 시도된다.

살인집단 신센구미에 자기를 내맡기며 어두운 기쁨('용기와는 다른' '마魔')을 발견한 가노 소자부로加納惣三郎(마쓰다 류헤이松田龍平)는 스스로의 감정에 충실하게 행동한다. 그것은 슈도衆道=남색男色과 결합한 폭력이다. 그것이 신셍구미 <조직>에 가져온 혼란을 없애기 위해 오키타沖田(다케다武田真治)는 소사부로를 말살한다. 그리고 동시에 막일꾼(비토 다케시)은 벚꽃 나무를 베어버리는 것으로 스스로의 마음속에도 깃든 망설임을 수습한다. <조직>을 침해하는 마인드 게임에 대해서 '마魔를 매장한다'는 해결책이 여기에서 제시되는 것이다. 여기에서 오시마가 만든 영상이 흥미 깊은 것은『일본의 밤과 안개』—『사육』—『아마쿠사 시로 도키사다天草四郎時貞』—『백주의 괴한白昼の通り魔』에서 다뤄온 <조직>의 성격을 <전쟁 기

계>로 환원하고 있어서이다. 국가 외부에서 생겨 때로 국가에게 수유당하지만 본질적으로 '감정의 체제'인 <전쟁 기계>[5]. 기술자 집단, 수도사, 관료, 물론 병사집단과 경찰집단, 게다가 크고 작은 사단도 포함해서 국가와 시민 사회의 외부에 때로 그 유대하는 위치에 존재하는 <전쟁 기계>는 사회편제의 성격을 푸는 열쇠이다. 그것은 혁명의 가장 요긴한 부분으로서 그 성패를 쥐고 있다. 국가는 신생구미의 성립이 그러했던 것처럼 그것을 육성하는 조건을 갖추는 것은 가능하지만 스스로 이러한 감정에서 결합한 선두집단을 형성하기는 불가능하다. 그러나 국가가 소유하며 신생구미는 전쟁을 목적으로 한 <기계>가 되었다. 그리고 그 이외의 것에 대한 감정의 전철転轍과 변신의 가능성은 빼앗겼다. 오시마의 사고실험이 보여준 것은 그렇게 변신의 가능성을 빼앗긴 <기계>=<조직>이 아직도 감정의 반란에 괴로워하고 있는 사태이다. 그 반란은 명실공히 감정을 끊어내는 것으로만 진정된다. 『법도』가 보여준 이 해결책은 '감정 체제'로서의 <기계>=<조직>을 변용시키기 위한 만전의 방도가 아니다. 그렇지만 이 영화의 해결책은 결코 타협이 아니다. 오히려 여기에는 전후 일본 사회를 비판해온 오시마의 정치성과 표현철학이 강하게 표출되어 있다.

마의 감정 회로를 끊어내는 역할이 비트 다케시인 것은 『전장의 메리크리스마스戦場のメリクリスマス』(1983)에서도 마찬가지였다. 일본군 광기의 중심에 있었던 하라(비트 다케시)는 전후에 전범으로 처형당하며 광기의 연쇄를 끝낸다. 여기에서 하라—벚꽃을 베는 일꾼

5 ドゥーズ+ガタリ『千のプラトー資本主義と分裂症』下, 宇野邦一他訳, 河出文庫, 2010, p.107

계보는 천황의 대리 표상이다. 따라서 일본의 전쟁 책임과 전후 책임이라는 감정회로의 중심에 있는 천황을 영상 속에서 처형하는 것이 그 의도이다. 이 경우의 대리 표상 처리는 지극히 효과적이고 적절하다. <조직>에서 차지하는 천황의 상징성과 대리 표상이 갖는 상징성은 겹쳐져 있기 때문이다. 즉 현실의 천황 그 자체가 아니어도 그 대리 표상을 저격하는 것으로 영상은 영상 자신의 적과 대치하고 있기 때문이다. 『법도』에서 실제로 소사부로의 처형을 수행하는 오키타沖田는 영상의 적과 대치하는 것이 아니다. 따라서 여기에서는 음성뿐이며 오키타의 처형 장면에는 영상이 없다. 벚꽃나무를 베는 일꾼이야말로 그 역할을 짊어지는 것이다. 이러한 의미에서 『아마쿠사 시로 도키사다天草四郎時貞』가 주박 당하고 있던 언어의 장애로부터 『전장의 메리크리스마스戦場のメリクリスマス』와 『법도』는 해방되고 있다. 바꿔 말하면 감정 회로를 끊어내는 것이 가능하고 또한 그것이 허용되고 있다는 점에 고유한 영상의 역할이 있다.

영상을 공격하기 위해서는 영상을 대치시킬 수밖에 없다. 이 명제는 오시마가 '동지'라고 부른 사진가・히가시마쓰東松照明의 사진집 『사쿠라 사쿠라 사쿠라さくら桜サクラ』(1990)에 붙인 오시마의 말로 뒷받침된다. 오시마는 네크로필리아(necrophilia, 사체 애호증)와 '생 속의 사'와 대결해온 히가시마쓰의 작업과 그 용기에 힘을 얻어왔다고 한다.[6] 실제 히가시마쓰의 벚꽃은 아주 독해서 죽음의 향기가 피어오른다. 오시마는 <벚꽃>을 베고 히가시마쓰는 그것을 <죽음>으로 등치 시켜 핀으로 고정한다. 두 사람 모두 천황제 국가

6 앞의 책, 「東松の写真よ, 永遠なれ」

를 공격하기 위한 영상・사진을 계속 찍어온 것이다.

더욱이 이 표현자들의 과감한 투쟁을 통해 일본의 <조직>=<전쟁 기계>의 성립과 그 과정에서 천황의 존재를 결코 무시해서는 안 된다는 사실도 깨닫게 된다. 그것은 일본 사회에서 항상 감정의 중심에 있다. 그런 까닭에 『일본춘가고』 마지막에 선동당하는 '기마민족설'에 의해서, 또한 『교사형絞死刑』(1968)의 국가에 의한 강제적 죽음을 거부하는 R에 의해서 감정과 천황과의 결합을 끊는 노력을 오시마는 계속해서 반복해왔다.

<목을 조른다>라는 오시마 영화에서 작가의 서명처럼 반복되는 동작은, 그 쾌감을 천황을 중심으로 한 감정 회로로부터 해방시키기 위한 절차라고 생각해도 될 것이다. 여기에서도 그것은 목에 대한 페티시즘이 되는데 이 페티시즘은 목을 조르는 행위만큼 육감적이지도 않고 약하지도 않다(『전장의 메리크리스마스戦場のメリクリスマス』에서 목만 내밀고 묻히는 데이비드 보위, 『돌아온 술주정뱅이帰ってきたヨッパライ』의 담배 가게 사람으로 분한 도노야마殿山泰治의 업, 『법도』에서 소사부로=마쓰다가 잘라 떨어뜨리는 목). 오시마는 일관되게 천황과 이어지는 감정의 체제에 목을 조른다고 하는 육감을 동반한 살인과 스스로 죽는 쾌감을 대치시키고 있다. 즉, <죽음>은 성행위와 마찬가지로 쾌감을 동반하는 사적인 행위여야 한다는 것이다. 『사육』에서부터 항간 보이기 시작하는 이 동작을 오시마는 계속 고집하고 『감각의 제국』에서는 영화의 클라이막스로서 핵심적인 대치로까지 고양시킨다.

## 3. 키니코스주의에 의한 혁명

자신의 작품에 사적인 쾌락을 각인하는 작가성의 견지는 오시마 사상의 윤곽으로 잘 나타난다. 그것은 자기규율과 쾌락의 원리를 세상을 고발하는 근거로 바꾸는 키니코스주의 스타일이다. 고대 그리스의 키니코스주의(견유파犬儒派)는 지팡이를 들고 두타 주머니頭陀袋[7]를 등에 지고 더러운 옷을 두르고 개처럼 짖고 자진해서 목숨을 위험에 처하게 하고 가족을 갖지 않으며, 제도, 사람들의 약함, 혼자만의 의견을 고발하는 급격한 <개個>였다. 미셸 푸코는 '진실의 용기'를 추구하는 키니코스주의의 계보를 19세기 예술로부터 20세기 비트닉[8] 작가 윌리엄 바브로즈로, 혁명적인 문학·문화운동으로까지 연장했다.[9] 우리는 이 계보를 더욱 연장하여 실정법實定法적인 방법론으로 이론 무장하여 자신의 작품을 다음 작품에서 더 파괴적으로 바꾸어간 키니코스주의자로서 오시마를 위치 지을 근거가 있다. 현대의 키니코스주의는 포퓰리스트임과 동시에 아방가르드이고 사고의 나태함과 상식을 고발하여 악을 찬미한다. 지나가는 괴한·에이스케부터 가게마루, 재일조선인 R, <소년>, 사쿠라다桜田가의 사람들, 그리고 아베 사다安部定같은 오시마 영화의 주

7 역자 주 - 두타는 의식주에 관한 탐욕을 제거하기 위한 수행이나 수행을 위한 행각(行脚), 또는 행각승. 두타 주머니는 두타하는 스님이 경문·보시(布施ふせ) 등을 넣어서 목에 거는 주머니.

8 역자 주 - beatnik, 1950년대 후반 미국에 나타난 기성 사회·문화에 반발한 젊은이.

9 ミシュエル・フーコー, 慎改康之訳『真理の勇気―コレージュ・ド・フランス講義一九八三―一九八四年度』, 筑摩書房, 2012, pp.236-238

여들은 <개個>에 집차하는 <저항자>일 뿐만 아니라 <이상자異常者>이며 살인자이고 파시스트였다.

게다가 오시마가 래디컬했던 것은 카메라와 현실의 관계역전도 가능하다고 주장한 점이다. 카메라가 비추는 것은 사건 이후의 풍경이다. 그것만이 진실이다. 논리적으로는 거기에서 촬영된 사후 영상에 대해서 우리가 이미 일어난 사건을 기억하고 있지 않을 뿐, 카메라만이 기억하고 있다고 주장하는 것은 가능하다. 이리하여 『소년』에서 소년의 성장을 동시적으로 그린 다음 해, 오시마는 『도쿄전쟁전후비화東京战争戦後秘話』(1970)를 촬영하며 영상 속의 피사체와 현실의 일방적이고 차별적인 관계를 역전시켜버린다. 고쿠가쿠인國學院 대학 영화연구회의 필름압수사건과 '영화를 유서로 만든 남자 이야기'에 착상을 얻은 이 작품에서 오시마는 <도쿄 전쟁> 이후 풍경을 촬영했다. 영상 속에서는 카메라를 돌리고 있던 모토키元木와 야스코泰子는 이미 죽어 있다. 이때 영화를 보고 있는 우리는 영상과 우리 어느 쪽이 진실인지 알 수 없어진다. 그것을 증명할 방법은 없다. 찍힌 측이 촬영한 쪽을 고발하고 지신들의 권리를 주장하는 것은 원리적으로 불가능하다는, 표현에서의 근원적인 불평등이 여기에서 고발되고 있다. 동시에, 필름 압수와 상영 중단 같은 영상에 대한 물리적인 탄압에 의해서도 <혁명>을 상상할 자유, <혁명 후>를 영상화할 자유는 침범당하지 않는다는 것을 주장한 것이다. 이미 『일본춘가고』에서 상상력에 의한 현실의 선취가 전략적인 권리로서 그려지지만 여기에서는 그것이 표현자의 권리로 주장되고 있다. 키니코스주의자는 혁명과 혁명 후를 상상할 뿐만이 아니다. 그것을 영상에 의해 공공화하는 것이다. 오시마의 영상은 이리하여 정치적 사회적인 제약뿐만 아니라, 시간의 제약까지 뛰어넘어 무한히 연장되어가는 틀을 우리에게 제공하고 있다. 그것은 수학에서 말하는, 실수實數를 부負의 팩터로 연장해가는 허수의 효과와 닮았다. 오시마 영화 24편을 하나로 종합해서 경험하는 것은, 거기에는 결코 절망이 없다는 행복만이 아니라, 영상과 관련된 모든 가능성의 시도가 허용되는 해방감을 경험하는 것이다. 그리하여 배태된 상상력은 <오시마 나기사>라는 서명을 뛰어넘은 해방의 출구를 추구하고 있는 것처럼 나에게는 생각된다.

## 4. 허수의 혁명 커뮤니티

나는 지금까지 오시마의 작품을 그 논점과 시간적 흐름에 따라 교차로 견주면서 논을 진행해왔는데, 마지막으로 조금 일탈해보고 싶다. 우리는 오시마 영화를 지금부터 어디에서 · 누구와 · 어떻게 볼 것인지 생각해보자.

2013년 3월 말. 나는 로스엔젤레스의 여인숙 거리(skid row, 스키드 · 로)를 친구 매뉴엘 · 양과 방문했다. 만 명에 달하는 홈 리스 · 노숙자가 사는 이 지구에서 전직 변호사이며 연극 활동을 계속하고 있는 케빈 · 마이클 · 키를 만나, 여인숙 거리의 커뮤니티 활동 안내를 받기 위해서였다. 1985년에 창설된 로스엔젤레스 빈곤국Los Angeles Poverty Deparment의 스텝인 케빈은 뉴욕에서 10년 전에 이곳으로 이주했다. 노상에 많은 친구가 있는 케빈에게 길을 안내받으면서 우리는 여기에서 예술 활동을 하는 LAMp아트 · 프로젝트를 방문했다. 이 프로그램은 여인숙 거리를 중심으로 예술과 음악 스튜디오, 식당을 갖춘 커뮤니티 센터를 두고 알콜 중독환자와 정신 장애를 앓는 주민들을 만난다. 창조적인 자기표현, 아트 세라피, 엠파워먼트empowerment[10], 그리고 아트를 생계수단으로 하기 위해 기술강습을 겸한 활동을 진행하고 있다. 회화제작 스튜디오에서 흥미 깊은 회화를 소개받았다. 케빈과 거의 같은 나이, 아마 노년에 접어들고 있는, 여인숙 거리에 사는 일본인 여성의 작품이다. Y・E 라고 서명한 작품은 큐비즘 회화처럼 분해되어 기하학적으로 재구성된 그림 두 점과 그날 아침 와서 썼다는 일본어・영어의 시였다. 그 언어는, 정확하지 않은 한자가 섞인 일본어과 영어로 이렇게 쓰여있었다. "그대에게는 그대의 꿈이 있고, 나에게는 나의 꿈이 있다". 그리고 그 아래에는 영문으로 "그녀는 나의 소녀였다. 그는 나의 소년이었다"라고. 우리가 떠난 다음날 Y・E는 다시 LAMp에 왔다고 케빈은 연락을 주었다. 조금 아쉬운 스침이었다.

오시마는 『태양의 묘지太陽の墓場』(1961)에서 인력시장의 불량배와 호적매매 악당들의 생태를 그렸는데, 당시의 가마가사키釜ヶ崎[11]를 필름에 담았다. 나아가 『백주의 괴한』『사육』『사랑의 망령』의 무대가 된 농촌공동체, <정치 혁명>의 예감에 넘치는 신주쿠, <소년>이 종단한 일본열도에서조차도, 오시마가 찍은 장소는 오시마가 할당한 상상력에 의해, 규칙을 지키려고 해도 거기에서 일탈하

10 역자 주－문제 해결의 방법으로서 자기 내부에 힘을 길러 적극적인 자신을 창출하는 일.

11 역자 주－아이린(あいりん) 지구(地區)의 옛 호칭. 오사카시 니시나리(西成)구 북동부에 있는 간이 숙박업소 밀집 지역.

고 마는 변칙적인 군중이 위험을 잉태하고 존재하는 공간이 되었다. 이번에는 오시마에 의해 촬영된 것들이 오시마의 영화에 자유로운 상상력을 할당할 차례이다. 그리고 다양한 꿈을 그릴 차례이다. Y · E가 여인숙 거리 일각의 스튜디오를 그처럼 상상력과 꿈을 키우는 장소로 하고 있듯이 Y · E의 회화와 시는 그녀가 실수實數의 세계를 넘어서 이끈 허수의 세계이다. 그리고 그 허수의 선은 현실 세계를 부식시키고 있다. 그 선은 오시마 영화까지 횡단할 것이다.

오시마 나기사가 확립한 키니코스주의 작법이라는 것은 변칙적인 군중과 <이상자異常者>를 긍정하고 <이상자異常者>에 의해 <정상>의 세계를 영토화한 것뿐만이 아니다. 그 영토화라는 것은 영상의 고유 역할이라는 사실을 확립했다는 점에 있다. 그렇지만 이 키니코스주의는 여전히 한 줌의 <오시마 나기사>, 혹은 키니코스 왕들의 서명 아래에만 놓여 있다. 이 서명에서 키니코스주의를 해방해야 한다. 그것은 표현이라는 무기를 손에 든 무수한 키니코스주의자를 만들어내는 것이다.

여인숙 거리에서 나는 Y · E랑 케빈, 그리고 여인숙 거리의 주민과 함께 오시마의 영화 24 편 보기를 꿈꾸었다. 그리고 그들 · 그녀들이 수많은 키니코스주의자가 되어 그 상상력을 길위에 해방시키기를 꿈꾸었다. 나는 그리 하여 오시마 영화를 <오시마 나기사>로부터 해방하고 싶다. 우리의 커뮤니티를 위해서.

## 〈미치광이〉라는 서벌턴 계급의 시대
### — 유메노 규사쿠夢野久作 『도구라ドグラ · 마구라マグラ』

금치산자 취급을 받은 스기야마 아오키杉山直樹는 방랑 생활에 나서 1915년에 득도하는데 집안을 물려받게 되어 후쿠오카에 1917년 귀환했다.[1] 스기야마=유메노 규사쿠가 1935년에 『도구라 · 마구라ドグラ · マグラ』[2]를 발표하기까지 '금치산자'시기를 기점으로 헤아리면 거의 20년이 된다. 1936년에 유메노는 급사하지만 생전 유메노가 『도구라 · 마구라』가 '20년 걸린 작품' '10년 생각하고 그 후 10년 동안 쓰고 고쳤다'고 했다는 증언으로 볼 때 이 작품의 구상이 금치산자로서 가족 · 친족으로부터 방치된 경험에 기초한 것은 분명하다.[3] 기억을 잃어버려 쇠창살 방에서 눈을 뜬 '나'가 '규슈 제국대학'의 법의학 교수 '와카바야시若林'와 '마사키正木'에 의해 주어지는 정보에 기초하여 자신의 정체를 찾아간다. 동시에 어머니를 죽이고 약혼자를 죽인 '조카 하마浜의 새신부 살인사건'의 용의자 · '구레 이치로呉一郎'로 동화해가는 탐정소설의 체재를 취한 『도구

1 杉山龍丸「夢野久作の生涯」, 西原和海編著, 『夢野久作の世界』, 沖積舎, 1991.

2 역자 주 – 유메노 규사쿠(夢野久作)의 장편 환상소설. 1935년 간행. 기억을 잃어버리고 정신병동에서 눈을 뜬 주인공의 독백형식으로 그려지는 실험적인 부조리소설.

3 西原和海「解題」, 『夢野久作全集9ドグラ · マグラ』, ちくま文庫, 1992, p.654

라 · 마구라』는, '금치산자'가 근대정신의학을 고발하는 이야기이기도 하다. 실제로 작품 속에서 '마사키正木敬之'가 독자적인 정신병 치료법인 '전대미문의 해방치료 대 실험'을 '20년이라는 긴 시간 동안 거듭 준비해'왔다고 '와카바야시'가 말하는 것도 스기야마 나오키로부터 유메노 규사쿠로의 '20년'이라는 세월에 의미가 있었던 것을 방증하고 있다.[4] 이미 이러한 것이 근대일본사에서 정치적—정신분석적 새로운 기원을 이루는 시기에 대응하고 있다는 점에 주목하고 싶다. 다만 스기야마 나오키=유메노 규사쿠의 응답은 어디까지나 문학 텍스트의 가능성을 추구하는 것에 의해서였다. 본고에서는 이 점에도 주의하고 싶다.

## 1. 정치적·정신분석적 경험의 1920년대

'마사키正木敬之'의 근대정신의학비판의 골자는 '마사키'의 학위논문 인터뷰 기사 「절대 탐정소설 뇌수는 사물을 생각하는 곳이 아니다絶対探偵小説 脳髄は物を考える処に非ず」에 나타난다. 그것은 일본 근대정신학의 주역이었던 구레 슈고呉秀三가 『정신병학집요精神病学集要』 등에서 주장한 당시 학계의 권위적 학설에 대한 투쟁이다. 구레는 정신병과 정신병적 현상의 설명을 정신 능력에서 찾는 것이 아니라 '정신 기전機轉의 좌절'에서 찾았다.[5] 이에 대해서 마사키는 이렇

4 위의 책, p.128

5 呉秀三『精神病学集要』初版前編, 叶鳳堂書店, 1894, 第一巻,「緒論」, p.2.3

게 반박한다.

> (…) 우리가 언제나 부단히 의식하고 있는바 모든 욕망, 감정, 의지, 기억, 판단, 신념 등과 같은 것은 남김없이 우리의 전신 세포 30조 하나하나마다 절대적으로 평등하게 깃들어있다. 그리하여 뇌수는 그 전신 세포 하나하나의 의식 내용을 전신 세포 하나하나마다 누락 되지 않고 반사 교감하는 중개 기능만을 받아들이고 있는 세포에 지나지 않는다.
>
> 코뮤니스트는 그 당원 한 사람 한 사람을 세포라 부른다. 그것과 마찬가지로 세포 하나하나를 인간 한 사람 한 사람으로 보고 인간의 전신을 한 대도시로 비유하면 뇌수는 그 중심에 있는 전화 교환국에 해당하게 된다.[6]

이미 나카조中条省平가 보여주었듯이 이 대목에는 베르그송『물질과 기억』의 '뇌는 일종의 중앙전화국'이라는 기술이 참조되고 있다.[7] 조금 덧붙이자면 베르그송은 심적 사상心的事象의 작용을 실체화한 기관과 자아에 투영하는 결정론에서 해방되어, 색채의 농도가 변화해가는 듯한 '내적인 지속'이라는 원리로 설명하려 했다. 이 논의를 유메노는 '세포 하나하나의 의식'으로 치환하여 신체로부터 도시, 당조직, 나아가 인간의 유적類的 기억에까지 확장하고 있다. 단순화하면 구레 슈고=근대정신의학의 뇌수론에 대한 베르

6 앞의 책,『ドグラ・マグラ』, p.197

7 中条省平『反=近代文學史』, 中公文庫, 2007, pp.176-177.

그송 철학의 '전화교환국'의 대치이다. 그러나 이 대치는 유메노에게는 정치적인 대결을 의미하고 있었다. '마사키'는 범죄행위와 이상심리의 원인을 개인이 전생에서부터 가지고 있는 기억의 누적으로 '심리유전' '세포의 기억력 대작용'에서 찾는다. 그것은 『도구라・마구라』전체를 관통하는 '태아의 꿈'이라는 모티브 내용이기도 하다. 그리고 이 '심리유전'='세포의 기억력'='태아의 꿈'이라는 착상에는 오모토교大本教의 경험이 참조된다.

> (…) 남녀를 막론하고 인간은 자신의 조상이 일찍이 그런 기분, 정신상태가 된 장면, 물건, 계절, 날씨 같은 소위 암시에 부딪히면 지금의 목수나 미장이와 마찬가지로 옛날 심리상태로 돌아간다.(…) 우리의 일생을 지배하는 '우시토라곤진艮の金神'이라는 것은 실로 이 '심리유전'의 원칙이다. 조만간 굉장한 증거를 내보일 것이다…….
>
> 아하하하하하. 오모토교의 신의 계시와 착각하면 안 된다. 우리가 일상에서 경험하는 지극히 평범한 사실이다.[8]

무학문맹의 늙은 여자였던 데구치 나오出口なお가 '우시토라곤진艮の金神'의 신내림으로 단숨에 쓴 '신의 계시筆先'가 데구치 오니 사부로出口王仁三郎라는 직업적 종교인의 힘을 얻어 체계화하고 오모토 그 자체도 교단으로서 체재를 갖추고 기관지 『시키시마 신보敷島新報』를 발행하는 것이 1914년(후에 『신령회神霊会』로 개제). 기관지를 통해 성스러운 말='신의 계시筆先'로 해독되는데 그것은 예언의 말

8 위의 책, 『ドグラ・マグラ』, p.275.

로 주목을 모으고 해군기관학교 교관으로 영문학자였던 아사노浅野和三郎 등 많은 지식인의 전도를 가져왔다. '세계의 재건'을 외치고 천황의 폐위까지 언급한 데구치 나오와 오모토교가 그 영향력 때문에 불경죄와 신문지법 위반으로 탄압(제1차 탄압)받은 것이 1921년이다. 오모토교에 대한 종교탄압은 1918년 쌀 소동부터 1922년 일본 공산당 결성 · 전국 수평사 결성 등 정치과정의 정치적=정신분석적 깊이를 보여주는 숨겨진 역사이다. 그리고 그 이면사에는 정신의학 언설에 의한 <미치광이>들에 대한 탄압도 포함된다. 효토兵藤晶子가 논증하고 있듯이 1917년에 나카무라中村古峡가 창간한 일본 정신의학회 기관지 『변태 심리』는 오모토교 특히 데구치 오니사부로가 선전했던 신 내림법인 진혼 귀신법을 '졸렬한 최면술'이라 규정하고 제1차 오모토교 탄압 때까지 앞장서서 비판했다.[9] 진혼귀신법이란 늙은 여우나 너구리 등 사신邪神을 피해 사니와審神者[10]에 의해 올바른 수호신에 이르기 위한 행법인데 당시에는 민간요법과 근대성을 두른 심령 붐 같은 조류가 퍼져 있었다. 『변태 심리』의 오모토 비판은 그러한 심령 붐이 대상으로 하는 심적 현상을 '파라노이아'[11]와 '망상성 치매' 같은 '변태 심리'로 묶음으로써 그 심적 현상에 관련되는 개개인을 '이상異常'이라고 일방적으로 단정했다. 제

9 兵藤晶子 『「大正期の『精神』概念—精神『変態心理』の相克を通して」, 『宗教研究』七九巻一号(2005), p.97. 兵藤晶子 『精神病の日本近代憑く心身から病む心身へ』(青弓社, 2008) 수록

10 역자 주－사니와(さにわ)란 고대 신도(일본 민족 고유의 전통적인 신앙)의 제사에 의해 신의 계시를 받아, 신의 뜻을 해석해 전하는 사람을 말한다. 이후에는 제사 때 거문고를 연주하는 사람을 가리키게 되기도 하였다.

11 역자 주－paranoia, 편집증. 정신병의 주요 메커니즘으로, 체계적이고 지속적으로 특정한 망상을 가지는 병적 상태. 망상증 · 편집병 · 편집광이라고도 한다.

1차 오모토교 탄압은 진혼귀신법 신자를 '정신병자'로 단속하는 것을 포함하고 있었다. 효토에 의하면 이 '이상자' 적발은 불경죄 대상의 확장으로 이어져간다. 바꾸어 말하면 천황제 국가의 강권적 탄압이 <미치광이>를 구성하고 배제해가는 획기적인 기회를 제1차 오모토교 탄압이 만들어낸 것이다.

'정신병'에 대한 국가폭력은 1970년대에 산야山谷・가마가사키釜ヶ崎의 하층 노동운동 활동가였던 후나모토舟本洲治와 그 동지가 '정신병'자 집단 조직화에 관련되어, 1976년에 오사카 구치소에서 콘트노민(신경정신안정제)을 대량으로 투여 당해 살해되는 스즈키鈴木国男의 투쟁에서도 반복된다.[12] 그 주제는 나아가 현대 정신병동과 수감자 처우를 통해 전개되어야 한다. 그렇지만 여기에서는 '정신'을 관리하고 '이상'을 배제하려 하는 1920년대 사회 권력의 대두 소용돌이에서 스기야마 나오키의 경험이 있었다는 것을 먼저 확인해 두고 싶다. <미치광이>라는 존재는 사회적 권력에 의해 구성된다. 이 사회 구성적인 관점이 사람들의 특정 양상과 행동, 신앙을 '파라노이어'와 '망상성 치매' 같은 '변태 심리'로 차이를 만들고 실체화한다. 그리고 스기야마 나오키의 경우는 국가권력과 학계의 특권적 언설을 배경으로 외부에서 만들어진 이 차이화에 대한 저항이 어디까지나 문학의 형식을 통해서 실현되었다. 오모토 제1차 탄압 다음 해인 1922년에 스기야마杉山萌圓의 이름으로 출판

12 船本洲治 「すべての精神「異常」者ならびに「犯罪」者は、S闘争支援共闘会議に結集せよ！」, 『黙って野たれ死ぬな！—船本洲治遺稿集』, れんが書房新社, 1985, pp.20-41. 鼠研究会「暴動論のための一二章」, 『Hapax Vol.1』, 夜光社, 2013, pp.122-127.

된 장편 동화 「백발 소승白髮小僧」를 살펴보자

## 2. 백발 소승白髮小僧

「백발 소승白髮小僧」의 첫 부분, '어린 벙어리 승려'이며 '거지'인 '백발소승'은 어느 왕도王都에서 강에 뛰어든 아가씨를 구해준다. 자기에게 거듭 감사 인사를 하는 아가씨의 부모와 하인들을 앞에 두고 단지 '싱글싱글 웃고 있을 뿐'인 백발소승의 이유에 대해서 아가씨는 이미 백발소승의 행동이 어느 '서책'에 기록되어있기 때문에 즉 예정되어있던 일이기 때문에 감사 인사를 받을 리는 없을 거라고 한다.

> 이 서책에 쓰여 있는 것을 읽어보면 백발소승님은 지금까지 이 나라 사람들이 본 적도 들은 적도 없는 불가사의한 나라의 왕이기 때문이옵니다. 그 때문에 이 세상에서 아무리 귀한 물건을 드려도 아무리 재미있는 물건을 보여드려도 기뻐하시지는 않으시겠지요. 그리고 그뿐만 아니라 백발소승님이 제 목숨을 구해주신다는 것은 훨씬 이전부터 정해져 있던 일이며 그 증거로 이 서책에는 제가 물에 빠지고 나서 구해주시기까지의 일이 분명히 쓰여 있사옵니다.[13]

그리고 이 '검은 표지가 달린 서책 한 권'의 세계를 우리도 또한

13 「白髮小僧」, 『夢野久作全集1』 ちくま文庫, 1992, 第一巻, p.14

읽기 시작하는데, 아가씨=미루메美留女姫와 백발소승의 신상 이야기부터 시작하는데 그다음은 페이지가 공백이다. 어느샌가 '아이마루국藍丸国' 안에 존재했던 두 사람은 이야기를 찾아 만들어간다. 백발소승은 아이마루코쿠로 되어 있었지만 아이마루왕의 모습은 네 명의 마물魔物에 의해 도둑맞는다. 한편, 미루메는 미루사쿠라 공작美留桜公爵의 딸이었던 것에서 고키紅木 공작의 3녀 · 미쿠美紅姫로 되어있다. 어부의 딸 '미루모美留藻'(이것은 '마루메'라고 읽는 것도 가능하다)에게 악마가 들러붙어서 미쿠美紅姫로 바뀐다. 즉 여왕이 된 미쿠美紅姫도 또한 악마에 의해 그 모습을 도둑맞게 되고 가짜 아이마루왕 모두 아이마루국의 왕권을 뺏는 것으로 나라의 파멸을 가져온다. 그러나 이 기담은 원래 처음의 백발소승과 미루메 가문 이야기='검은 표지의 서책'='석비石碑의 문'이라는 비밀을 읽은 것으로 시작되고 이야기는 여러 번 그 단서로 돌아간다.

이 나라의 법도는 '사람의 목소리를 훔치는 자, 다른 모습을 훔치는 자, 다른 생혈을 훔치는 자, 이 세 가지는 악마이다'로 되어있는데, 원래 이야기의 등장인물들이 그 계율을 깨고 끊임없이 타자를 대신하면서 진행된다. 이 무한연쇄의 시작은 '싱글싱글' 웃고 있을 뿐인 '벙어리'로 공백의 텍스트로서 소설 첫머리에 소개되는 '백발소승'이지만 그 '백발소승'도 목소리도 도둑맞고 모습도 도둑맞는 계기를 제공한다. 게다가 악마들은 뱀을 이용하여 인간의 생혈을 빨아 홍옥(루비)으로 바꿔 '생혈을 훔친다'. 공백의 텍스트이기 때문에 '백발소승'은 악마에 의해 사람의 목소리 · 모습 · 생혈을 훔치는 자로 전화轉化도 하는 것이다. 당연히 '백발소승'의 이미지에 '금치산자'를 투영하고 싶어지는데, 이야기의 무한연쇄 구조 속에서는 희생자와 가해자의 구별이 아직 분명하지 않고 거기에 작품의 중요한 의장도 있다.

등장인물의 주객, 원인과 결과가 바뀌고 꿈과 현실, 허구와 사실이 무한 연쇄 되는 이 실험적인 구조는『도구라 · 마구라』로 통한다. 모든 기억을 잃고 쇠창살 방에서 눈을 뜬 '나'는 '조카 하마의 새신부 살인사건'의 용의자 · '구레 이치로'로 동화해가는 것으로 그 목소리와 모습이 타자에게 전이해간다. 또한 '구레 이치로'는 구레가의 기이한 인연에 이끌려 구레가의 비밀의 서인「두루마리 그림絵巻物」에 약혼자의 사체를 사간하듯 활사活寫하며 '생혈을 훔친다'. 그렇지만 '백발소승'에 비해『도구라 · 마구라』의 경우는 목소리 · 모습 · 생혈은 타자에게 '도둑맞는'다기보다도 이야기의 진전 속에서 타자에게 전이해 간다고 하는 편이 어울린다.『도구라 · 마구라』에서는 등장인물들의 운명을 지배하는 <악마>는 등장인물로부터 자립해서는 존재하고 있지 않다. 여기에 스기야마杉山萌薗로부터 유메노 규사쿠로의 표현상 기교의 전환이 있다.

### 3. 신경조직화하는 텍스트, 텍스트의 신체적 집단화

게다가 스기야마=유메노의 등장인물들은 그 구조적인 이야기와는 별도로 표현이 가져오는 신경조직에 수렴하고 있다. 목소리 · 모습 · 생혈의 찬탈은 금세 다른 목소리 · 모습을 써넣는 것이며 처음 공백의 상태로는 되돌아갈 수 없다. 오히려 방자한 타자에의 우의를 되풀이하면서 계속 표출해가는 것이다.

‘백발소승’의 시기를 거치고 1926년 ‘아야카시의 북あやかしの鼓’을 거쳐 직업적인 작가 생활에 들어간 유메노가 만들어낸 <미치광이>들은 ‘백발소승’과는 달라서 예외 없이 다변이 된다. 그것은 일인칭과 서간체 형식의 작품이 태반을 차지하기 때문이기도 하지만 스기야마=유메노가 이른 단계에서부터 표현이 만들어내는 신경조직 구축에 대해서 의식적이었기 때문이기도 하다. 이미 하스미 시게히코蓮實重彦가 지적하듯이 픽션을 시동하기 위해서 특정 소설은 <적赤>이라는 색채에 의한 ‘이례성에 의한 일상과는 다른 시간성의 도입’을 수행하고 있다.[14]

<적赤>은 픽션이 허구 안에 획득하는 비일상적인 리얼리티의 창출을 가져오는 차이이다. 그 비—시간성은, 현상세계의 시간과도 허구의 시간과도 달라서 우리의 신체감각에 전율을 가져오는 사건이다. ‘백발소승’의 등장인물들 · 소도구는 어떨까. 그것들은 육 · 해 · 산 등의 신화적으로 유형화된 세계의 구조에 안정적으로 위치하지만 동시에 모든 색채를 할당받고 있다. 즉, ‘백발소승’ ‘검은 표지’ ‘붉은 앵무새’ ‘ 아이마루국왕藍丸国’ ‘푸른 눈의 노인青眼爺’ ‘미쿠美紅’ ‘고키紅木’ ‘고이구레나이濃紅’. 원색 이름 붙이기는 소설의 무한연쇄 구조에 있으면서 표상이 단순한 허구로 해소되지 않고 사건의 리얼리티를 각인한다.

하스미蓮實가 예로 드는 <적赤>에 의한 차이화가 이야기를 수행한다는 소설 군에는 다니자키 준이치로谷崎潤一郎「백주귀어白晝鬼語」(1920), 대실 · 해미트[15]『피의 수확血の収穫』(1929), 가와바타 야스나

14 蓮實重彦『「赤」の誘惑—フィクション論序説』, 新潮社, 2007, p.107.

리川端康成 「아사쿠사 홍단浅草紅団」(1930) 등이 있다. 이 리스트에 스기야마 나오키의 1920년대 전반의 초기작품을 더해보자. 그러면 픽션에서 리얼리티 창출을 위해 색채라는 표현을 쓰는 법을 스기야마=유메노가 거의 동시대적으로 의식하고 있었다는 것을 알 수 있을 것이다.

소설이 가능하게 하는 이 비—시간적인 리얼리티는 유메노 규사쿠라는 이름의 작품군에서는 훨씬 두드러진다. 원색의 다용은 에도가와 란포江戸川乱歩들 외의 범죄소설 정도로 조금 적어진다. 그 대신에 1인칭・서간체라는 제약된 형식이 빈번히 나타난다. 그것은 기타류喜多流[16] 요쿄쿠謡曲 교수로서 요쿄쿠의 구조에 익숙한 유메노의 경험이 작용하고 있을 것이다. 시테・와키의 독백이 번갈아 등장하고 이윽고 혼효해가는 요쿄쿠의 전기傳奇적인 구조와 목소리의 신체성 재현에 대한 고집은 그 전기적인 주제 선택과 함께, 유메노의 방법론에 적지 않은 영향을 주고 있다. 동시에 근대소설의 작법으로 말해도 1인칭과 서간체는 가령 과거형의 시제를 써도 3인칭 평서문의 과거형 시제와는 전혀 다른 시간성을 만들어내고 있다. 게다가 그것이 과잉이다.

이 비—시간성을 창출하려 하는 과잉의 극한은 오노마토페・의태어의 다용이고 부사・간투사間投詞와 방언의 가나표기이다. 『도구라・마구라』의 「미치광이 지옥외도제문地獄外道祭文—한 명, 광인

15 역자 주－Hammett, Samuel Dashiell 미국의 추리 작가. 하드 보일드라고 불리는 작풍의 제1인자. 대표작으로 '피의 수확' 등이 있음.

16 역자 주－노(能)의 시테(シテ)쪽 유파의 하나. 기타(喜多七大夫)가 부흥시킨 것으로 에도 초기 무렵에 막부에 인정받은 신흥 유파.

의 암흑시대」로부터 인용해보자.

> ▶아아 아—아아—아아아. 우와 좌의 분들께. 남편 신조님, 신사와 숙녀분들, 노인분들 젊은 분들. 와주신 분들 모든 제군들. 오랫동안 격조했네요. 수수께끼라면 깜짝 놀라신다. 놀라실거야 3천 세계가. 생기기 전부터 상당히 격조했네요. ……스카라카, 챠카포코. 챠카포코챠카포코……[17]

간닌보우즈願人坊主[18]의 아보타라교阿保陀羅教에 실어서 데구치 나오의 '신의 계시' 언어도 상기시키면서 '미치광이 중'의 농담으로 이 제문은 읊어진다. 이 제문의 작가명 '멘쿠로만지面黒楼万児'는 최대의 영험한 능력을 가진 검은 노인의 가면=黑武尉과 卍의 조합이라고 읽을 수 있을 것이다. 내용은 명쾌하다. 즉, "▶아—아. 이 얼마나 무서운 미치광이 지옥인가. 참으로 무서운 정신병원' '사람의 병을 치유하는 것이 소임이 아닌가. 의사일 중에서도. 미치광이 신체를 고친다. 외과와 내과 치료방법과. 사람의 미치광이 마음을 고친다. 정신병원의 처치 방식과. 다른 곳을 비교해봅니다' '사람의 마음은 진찰할 수 없다' '진찰 치료가 불가능한 덕분에. 의사가 보란 듯이 돈을 버는 이야기가 아닌가'". 이런 구절 10절로 이루어진 제문은 과학적 언설로 신체적 국소에서 원인을 찾는 근대정신의학의 치료법과 '유물과학'을 비판하고 그 치료가 자의적인 '정신병'

17 앞의 책, 『도구라 · 마구라』

18 역자 주－에도 시대 도에이잔(東叡山) 아래에서 승적(僧籍)에 들기를 원하던 거지 중. 집집이 돌아다니면서 남을 대신하여 발원(發願) · 참배 따위를 맡아서 함.

자의 날조와 재산상속사건에 얽힌 가족이 연관된 불법감금으로 이어지는 것을 고발한다. 그리고 약물투여와 수술, 구금을 하지 않는 '해방치료' 방침을 선전하고 그를 위한 기부를 모금하기 위해 이 제문을 쓴 팜플릿을 확산시켜 주었으면 한다고 호소한다.

아보타라교阿保陀羅教의 리듬은, 노래하고 연기하는 퍼포먼스를 모방하는 문체를 만들어내기 위해 쓰이고 있다. 그것은 틀에 박힌 세상 비판의 체재를 취하면서 아카데미아의 기계적인 언설에서 말해지는 내용을, 계층이 다른 개개인이 각각 다양한 동기부여를 가능하게 하는 듯한 공간으로 열어 간다.[19] 그 까닭에 다음과 같이 설교 구절과 근대과학비판, 그리고 '정신병'자들의 지옥을 비약해서 결합하는 것이 가능해진다.

▸아—아. 양손을 모으는 천만 무량이여. 오랜 전설은 연희의 옛날에. 세미마루蟬丸, 사카가미逆髮님이. 무슨 인과인지 두 사람이나 모여. 맹인과 광녀의 터무니 없는 모습이야. 아버지에게 버림 받아. (…) 궁지에 몰린 비밀의 처분은. 동서고금을 따지지 않는다. (…)

▸아—아. 시비와 도리 말 못 하는 법이야. 그런 사정으로 산야의 끝에. 헤매는 가련한 환자 중에서도. 조금 제정신이 있는 자라면. 다른 곳의 쓰레기 터 찾아다녀 보거나. 구걸해 또 목숨을 연장하지. 조만간 제정신으로 돌아온다 해도. 거기에서 이 세상의 슬픔과 괴로움이. 애절하게 몸에 스미어든다. 또는 내 몸이 창피해서. 남은 가족을 위해라고 생각해. 사람을 체념하는 세상을 체념하고. 흐르는 눈물이 거지 모습이

19 여기에서는 川田順三『口頭伝承論 上』, 平凡社ライブラリー, 2001, p.28

> 야. (…) 더구나 그런 비참한 모습은. 모두 이러한 지옥의 모습을. 모르는 얼굴 하는 국가와 사회가. 차라리 죽겠다고 말하지 않을 뿐. 차가운 처사에 사라져가는 숫자의. 천인지 만인지 중에 한두 사람이면…….[20]

아카데미아 언설 비판부터 셋교부시説経節[21]를 개재시켜 가족·친족으로부터 배제당하고 산지옥에 사는 '정신병'자의 존재로 구절을 옮겨간다. 그것은 셋교부시와 쇼묘声明[22] 등 기성 속요俗謡·속언俗言·속담俚諺을 이어붙인 언설로 구성되는, 습관적이고 신체적인 집단적인 신경을 자극한다. 그 자극을 작품 속에 만들어내는 것이다. 병원 내 사건으로 일관하는 이 작품은 이리하여 병원 외로 배제되어 버려진 사람들의 신체를 작품 안으로 넣는다. 그것은 결국 '태아의 꿈'으로 집약되어간다고 해도 차이화한 비—시간성에 의해 붙잡힌 신체이다. 이리하여 문학적으로 고도의 방법 의식으로 타자에게 목소리·모습·생혈을 수탈당하고 그 잔영 안에서밖에 스스로를 표상할 수 없는 <미치광이>가 차이를 보이며 창출된다. 이리하여 <미치광이>라는 서벌턴 계급이 앞에 나타난다.

## 4. 맺음말— 이누가미 하카세犬神博士

유메 규사쿠가 이론 무장한 '정신병'자라는 서벌턴 계급의 신경

20 앞 책, 『도구라·마구라』, pp.149-150

21 역자 주－셋교부시(説経節)는 일본 근세 초기의 이야기물(語り物) 문예.

22 역자 주－고대 인도의 음운·문법·주석의 학문.

조직 안에 모은 존재는 빈민, 룸펜·프롤레타리아트, 그리고 신분제적이고 직능적인 주변성을 가진 피차별 예능민이다. 하층사회에서 제재를 얻은 그러한 작품군 안에 '이누가미 하카세犬神博士'[23] (1931~32)가 있다. 게이샤 놀이 중에서도 특히 야비하고 외설적인 내용을 모방해 거리에서 하는 공연 '아네산마치마치'를 특기로 하는 '치이 소년' 퍼포먼스가 '풍기문란'을 불러오고 지방정치가, 경찰 권력, 좌익 겐요샤玄洋社들의 신경을 자극한다. 그리하여 석탄 광산의 경영을 둘러싼 항쟁을 상승시켜 가는 이 작품에서도 이야기를 수행해가는 것은 과잉으로 비—시간성적인 언어의 홍수이다.

> 내가 다다미 반 장의 무대에서 자주 마력을 걸어 작은 엉덩이를 보기 좋게 흔든다. 구경꾼이 우르르 몰려온다. 이제 곧 구멍 없는 돈이 내려올 듯 한 모습이 된 데로 군중을 헤치고 40이나 50 정도의 아저씨가 나온다. 그 녀석이 구역장이든가 촌장이든가 하는 인간으로 거리 연예인에게 듣자니 역시 짐승의 일종이다. "이봐. 이 마을에서 그런 춤을 추는 게(…) 서너 살 아이가 엉덩이를 흔드는 게 뭐 그리 재미있나? 짬이 있으면 논의 만새기라도 끌어. 돌아가 돌아가" 이런 짐승을 만나면 뭐든지 다 망친다. 영업방해건 뭐건. 빨리 돗자리를 걷고 도망쳐야 한다고.[24]

1917년 쌀 소동과 제1차 오모토교 탄압 이전에 이러한 거리 공

23 역자 주－개귀신. 사람에게 귀신이 씌어 해코지를 한다고 믿었음. 주로, 서남부 일본에 전해지는 미신으로, 일종의 정신병.

24 「犬神博士」, 『夢野久作全集5』, ちくま文庫, 1991, p.26

연이 사람들의 생활을 다채롭게 했었는데, 당시 분위기를 기적적으로 남은 1917년의 영상으로 볼 수 있다. 벤자민 브로스키사가 일본의 제국철도원의 협력을 얻어 해외로 일본을 소개하기 위해 작성된 "Beautiful Japan"(1918)에 '치이 소년'과 거의 같은 나이의 소녀('소년'일지도 모른다)가 길에서 게이샤춤을 추며 큰 인기를 얻고 있는 모습이 찍혀있다. 엑조티즘을 기대하는 브로스키의 기이한 시선에 노출되어도 그 퍼포먼스는 충분히 차이적이다.

'금치산자' 경험이 금세 피차별 예능민과 정치적인 결합을 가능하게 하는 것은 아니다. 유메노의 작품 「해골의 깜부기骸骨の黒穂」(1934) 속 '유대인' '에타'[25] 혹은 '산카'[26] 관련 기술에 대해서 규슈수평사가 그것을 규탄해야 할 정당성을 말했다. 유메노 표현의 차별성에 대해서는 친아들인 미토마 데쓰지三苫鐵児 씨의 「해설」 이상으로 부가할 것은 없다.[27]

유메노가 언급했던 실제 '치이 소년'들의 세계와 그것을 마주한 유메노의 방식에 대해서 나는 '이누가미 하카세'를 통해서 밖에 알 수 없지만 그것이 유일한 긍정적인 방식이었다고는 전혀 생각하지 않는다. '치이 소년'이 성장해서 '이누카미 하카세'가 된다는 의장 그 자체가 다소 근대의 피차별 예능민의 습속과 처세, 직업의식을 알고 있는 내 입장에서 보면 전혀 다른 배경을 갖는 인적 형상의 결합이 나의 상상을 훨씬 뛰어넘는다. 그리하여 연장된 상상력에는

25 역자 주－穢多 일본의 중세이전부터 나타난 천민 신분 중 하나. '더러움이 많은'이라는 의미를 가지며, 가죽가공업자가 이에 속한다.

26 역자 주－산사람((산속이나 강변 같은 데서 자연인처럼 생활하던 주소 부정의 특수 사회 사람들, 죽세공 · 수렵을 업으로 함)). (=さんわ)

27 三苫鐵児「解説『迷宮』の父」,『夢野久作全集4』, ちくま文庫, 1992. pp.419-424

오히려 큰 과오와 편견이 포함되어 있을 것이다. 그렇지만 무수한 '치이 소년'들의 퍼포먼스를 '소나무 벌판의 더러운 집에 살고 있다' '개와 고양이를 너저분하게 기르고 머리카락을 제멋대로 길러 방치 하고 사계절 같은 이중 망토를 입고 후쿠오카 시내를 어슬렁 어슬렁 걸어다니며 쓰레기장이나 쓰레기통을 훑으며 다니는' '미치광이'와 겹쳐질 수 있는 것은 지극히 한정된 능력의 소유자 뿐이다.[28] 그 구상력이야말로 우리가 찾는 것이다. 유메노를 규탄한 규슈 수평사가 획득해야 했던 것이다. <유메노 규사쿠>라는 문학의 혁명성과 지성이 거기에 있다.

28 앞의 책, 『犬神博士』, p.9

# 『신 카라마조프의 형제들』의 메타 · 크리티크

## 1. 〈아버지 죽이기〉의 욕망·본능

『신 카라마조프의 형제들』 작가가 오리지널 『카라마조프의 형제들』에서 읽어낸 주제 중 하나는 <아버지 죽이기>였다. 그런데 첫째, 아버지 죽이기라는 것은 아들들이 아버지로부터 어머니를 빼앗으려고 하는 살인이다. 그리고 남자들=남편과 아들들의 욕망에 동화하는 어머니와 여자들이 가담하는 남편 죽이기이다. 우선, 이 <아버지 죽이기>를 통해 이야기의 메타 정신분석적 구조를 파악해두자.

본 고의 무대가 되는 구로키 가문의 아버지 구로키 효고黒木兵午의 후처 구로키 소노코黒木園子는 감수성이 높고 영적 능력까지 가졌다고들 한다. '소노코의 성격에서 제일 먼저 들 수 있는 것은 그 정신상의 특이함이다.'(상 : 55)[1] 그러나 그 특이성이 묘사되는 것은 3남이며 본편의 주인공인 구로키 료에 대한 태도에 있어서이다. '내일은 1일, 밖에 나가면 절대로 안돼, (…) 너에게 만일 무슨 일이 생기면 엄마는 못 살아 (…) 엄마는 말이야, 너무 괴로워, 그러니 적어도

1 이하 亀山郁夫『新カラマーゾフの兄弟』上 · 下(河出書房新社, 2015) 인용은 (상 : 쪽번호)처럼 문장 안에 표기한다.

료 정도는 엄마 말 좀 잘 들어. 그렇지 않으면 엄마는 살 수 없으니까, 착한 아이니까 도와줘……'(상:55-56). 료의 죽음을 두려워하는 소노코의 이 말은 그녀가 아들과의 동화를 바라고 있다는 것을 나타내고 있다. 남편=남자가 욕망하는 처녀성과 정절을 지킬 수 없다는 것을 아는 어머니는 늘 남편에게 거부당하고 배신당하는 것을 두려워하고 있다. 그렇기 때문에 아들에게 도움을 요청한다. 그렇지만 아들에게 계속 어머니일 수 있을지 불안에 견딜 수 없다.(실제로 소노코에게는 '요코야마'라는 남자와 소문이 떠돌고 있다). 이리하여 남자들의 욕망과 동화의 픽션과 그 불가능성에 괴로워한 어머니는 자살을 선택하지 않을 수 없다.

구로키 가문의 3형제, 미쓰루, 이사무, 료는 누구나 어머니=여자들에 대한 욕망과 거기에 연유하는 처녀성과 정절에 대한 근원적인 불안을 안고 있다. 미쓰루와 약혼자 요시모토吉本瑠佳의 관계, 이사무와 처 가나香奈와의 관계가 그렇다. 구세주라는 것을 미리 약속받은 료에게 있어서도 마찬가지이다. 료가 소년기에 브론테 『폭풍의 언덕』의 히스크리프와 동화의 욕망을 경험한 것은, 캐서린의 배신에 떠는 그 심정에 대한 동화이며 다음으로 『햄릿』의 오필리아를 동경하는 것은 그 처녀성과 정절에 대한 동경 때문이다.

여자들도 또한 남자의 욕망에 동화하려는 존재로 그려진다. 가나는 과거에 미쓰루와 관계가 있었지만 미쓰루에게 돈을 빌린 것으로 애정과 신의를 잃고 버려진 경험이 있다. 요시모토吉本瑠佳는 어머니에게서 남근의 결여를 트라우마가 될 정도로 들으며 자랐다. 생전의 구로키黒木兵午와 관계가 있어서 그 배신으로 약혼자이지만 미쓰루를 피하게 되고 구로키 가문의 법요에 결석한다. 그 루카에게는 다음과 같은 어머니의 말이 울린다. “《너는 혼자서는 부족해. 언제나 그래. 어렸을 때부터. 그런 네가 졌어. 너는 결코 이길 수 없는 아이야. 그것은 내가 나쁜 것이 아냐. 네가 나쁜 거야》”(상: 148) 루카는 새겨진 그 결여 때문에 일찍이 구로키黒木兵午의 환심을 ‘도구와 사진’으로 사려 한 적이 있고 그것은 구로키 가문 3형제와 가나 에게 파문을 가져 온다.

동경외국어대학교 러시아어과 교원이며 작자의 분신으로 생각되는 K의 경우는 버스정류장에서 본 쇼펜하우어의 『의지와 표상으로서의 세계』를 읽고 있는 ‘하얀 원피스의 여성’에게 마음을 빼앗긴다. 그가 나가노구中野区 노가타野方의 ‘호메오 메디’ 진료소에 들어서면서 이야기가 준비한 음모에 휩쓸려 가게 된다. 이 ‘하얀 원피스의 여성’은 처녀성과 지성(그리고 영성도)도 갖추었다. 이상적 여성이라는 판타지 대상이다. K의 처 후미나文奈는 들고양이 ‘노라’를 데리고 오며 늘 K의 이야기를 듣는 역할에 투철하다. 그녀는 입센의 <노라> 에 견주어도 부족하지 않을 정도로 K의 주체성을 담보한다. K는 또한 친어머니와 관계하는 꿈을 꾼 적이 3번 있다. 더욱이 ‘호메오 메디’ 및 신종교 단체 ‘천일천인교天日天人教’의 해외전략과 관계있는 ‘붉은 액체’를 입수해 그것을 어머니와 함께 마시는 꿈을 꾼다. 그것은 ‘아버지 죽이기’의 욕망이라고 정신분석의는 진단하는데, 꿈에서는 어머니도 그 ‘붉은 액체’를 마시고 있어 K의 아버지 죽이기가 어머니와 아들의 공모로 몽상 된다는 점도 시사한다. K에게는 대학 은사이며 러시아 문학자로서 영원한 라이벌인 X에 대한 <아버지 죽이기>의 욕망도 또한 투영되어 쓰이고 있다.

『신 카라마조프의 형제들』의 남자들과 여자들은 이리하여 <아

버지 죽이기>의 뷰유와 그 본능을 통해서 이야기와 결합되어 있다.

그런데 오리지널 『카라마조프의 형제들』과 마찬가지로 본편에서도 무대가 되는 구로키 가문 아버지의 이상한 죽음이 이야기의 날실이 된다. 구로키의 사인도 타살이고 그 실행범은 구로키 3형제와는 친형제처럼 키워진 스마須磨幸司였다. 그는 이야기 종반에서 모든 죄를 미쓰루에게 덮어씌우고 산중호수에서 자살한다. 그 공작은 금세 분명해지는데 그 행위에는 배반의 이중적 의미가 부여되어 있다. 즉, 죽음을 걸고 위장 공작을 시도한 바닥을 알 수 없는 악의의 존재와 그 악의가 당사자가 죽는 것으로는 속죄받을 수 없다는 것이다. 그러나 또한 <아버지 죽이기>의 실행범은 응분의 속죄(=죽음)를 해야 한다는 윤리적인 명제이다. 『신 카라마조프의 형제들』이 무한히 연쇄하는 <아버지 죽이기>—'묵과'와 '사주'를 통한—의 주제를 전개하면서 이야기의 카타르시스를 보증하고 있는 것은 실행범에게는 죽음을 준비하며, 본능의 연쇄와 하나로 이어지고 있다. 그 이외의 등장인물들=공범자들에게는 상응하는 행복을 준비하고 있기 때문이다. 그렇지만 속죄할 수 없는 악의가 계속 존재한다는 차분한 악을 이 이야기는 계속 유지한다.

<아버지 죽이기> 본능의 연쇄가 확장되어갈 때 질문할 것은 누가 어디까지 얼마만큼 책임을 져야 하는가이다. 본능과 하나로 이어지는 전원에게 책임이 있다는 것은 아무도 책임을 지지 않는 것과 마찬가지이다. 그렇지만 소위 이 무책임의 체계는 본편에서는 글로벌리제이션 시대의 특징이라고 여겨진다. '대심문관'의 장에서 여기에서도 오리지널과 마찬가지로 대심문관이 구세주 예수 그리스도를 필요로 하지 않는 것의 문제성이 이사무와 료 사이의 회

화에서 나타난다. 이사무의 말 “글로벌리제이션은 위대한 아버지 죽이기이기 때문에 말이야. 정신적으로 높은 가치 따위 필요 없어. 거기에서는 이미 모든 것이 허용되고 있는 세계가 현출하게 되지”에 대해서 료는 반론한다. “형 그건 아버지 죽이기가 아니에요(… 진짜는 확실히 죽여야 하는데……”“인간이 살아있는 한 아버지 죽이기는 피할 수 없어요. 그건 절대 숨겨서는 안된다고 말하고 싶을 뿐이에요. 아버지 죽이기를 숨기고 결국 그것을 불가능하게 만들어버리는 것이 글로벌리제이션이에요?”(상:605)

<아버지 죽이기>의 상징성은 프레이저『금지편金枝編』의 네미의 왕의 가미와자 신기 神事 및 그것을 모티브로 한 오에 겐자부로의『익사』등 왕권의 교대 이야기로 논하여져 왔다. 다만 여기에서 문제시하는 것은 <아버지 죽이기>의 본능과 욕망의 연쇄로 하나로 이어지면서 그 윤리적 책임을 애매하게 하고 그것을 숨기는 일의 타락에 대해서이다. 게다가 이 <아버지 죽이기>라는 것은 신을 죽이는 <원아버지 죽이기>를 의미하기도 한다. 실제로 프로이트의『모세와 일신교』에 따르면, 이집트인 모세의 출신이 망각되면서 유대교는 ‘화석화’하고 유대 민족에게 수난이 찾아와 후세에 나타난 기독교로 대신하게 되었다. 그러나 기독교의 경우라도 그리스도의 살해는 ‘원죄’라는 관념을 남겼지만 살인행위의 기억은 억압되었다. ‘신을 죽였다고 하는 고백은 온갖 왜곡이 더해지고 있음에도 진보를 내포하고 있다.’[2] 그것은 높은 정신성과 감수성・감각성의 본능 단념 없이 <생>의 발전을 의미하기 때문이다.

2 ジークムント・フロイト, 渡辺哲夫訳『モーセと一神教』, ちくま学芸文庫, 2003, p.228

다만 여기에서 '대심문관'에 있어서 미쓰루와 류의 이야기루부터 이어져야 할 것은 <아버지 죽이기>를 숨기지 않는다는 것은, 용서를 구하는 것과 그 영겁의 불가능성에 계속 직면하는 것에 대한 윤리성이다. 이것을 글로벌리제이션이라고 하는 자본의 지배로 보자면 그것은 선악의 기준을 없애고 악에 가담하는 우리로부터 죄의식을 제거해버린다. <아버지 죽이기>를 묻는 것의 의의는 용서를 구하는 것과 세트로 말해야 하는 것이다.

## 2. 용서를 구하는 것

그렇지만 이 지점에서 『신 카라마조프의 형제들』 독자로서 나는 멈출 필요가 있다. <아버지 죽이기>에 대해서 용서를 구하는 것과 그 불가능성, 이 이야기는 언어 수행적으로 얼마만큼 어울리는 것일까 하며. 나는 오리지널 이야기가 반복되어 쓰인 『신 카라마조프의 형제들』이 불가피하게 직면하고 있는 이 곤란함에 대해서 생각해야 한다.

용서의 불가능성과 관련해서 데리다는 용서라는 것은 위증을 전제로 쓰이고 있다고 주장한다. 용서를 얻는다는 것의 불가능성을 알면서 용서를 구하기 때문이다. 거기에는 올바름을 추구하는 부정不正이 전제가 되고 있다.[3] 게다가 데리다의 어법에 의거해 말하자면 용서를 구하는 것을 언어 활동으로 반복하는 것은 그 이코노

3 ジャック・デリダ, 守中高明訳『赦すこと—赦し得ぬものと時候にかかり得ぬもの』, 未來社, 2015

미에 의해 악 그 자체를 망각하고 무화시켜버린다.[4] 또한 용서할 수 없는 악은 시효가 없는 점도 지적할 필요가 있다.[5] 인도人道에 대한 죄에는 시효가 없다. 일본에서는 2010년 개정 형사 소송법에 의해 '흉악범죄사건'의 공소시효는 무시효가 되었다. 여기서 '시효가 없다'는 것은 그러한 법 시간의 이코노미와는 이질적인 문제라고 하는 것이다. 왜냐 하면 악은 어떻게 해도 용서할 수 없기 때문이다. 아시아태평양전쟁에서 일본제국주의 군대의 통수권 전권을 갖고 있었던 쇼와 천황의 전쟁 책임은 시효 유무와는 관계가 없다. 오히려 용서할 수 없는 것은 형사소송법상의 시효가 없는 것이고 시효 그 자체와 관련이 없는 것을 의미한다. 따라서 언어의 이코노미와 법 시간의 이코노미에 악과 용서의 문제계를 들추는 것은 리스크를 동반하는 것이다. 그것은 다음과 같은 경우이다.

표도르 카라마조프 살인의 실행범 스메르쟈코의 악의 본능에 한 번은 접한 소년 일료샤의 장례에서, 일료샤의 죽음에 바치는 행위 수행적 발화를 통해서 악으로부터 구제를 기원하는 알료샤의 아도레스로 끝나는 것이 도스토예프스키 『카라마조프의 형제들』의 결말이다. 이것은『신 카라마조프의 형제들』에서는 구세주라는 초월적인 권위 아래 '공감력'을 강조하는 구로키 료의 천일천인교 2대 교단장 취임 인사로 바뀌어 재언어화한다. 물론 알료샤의 언어도 위증도 피할 수 없을 것이다. 어디까지나 일료샤에게 성실하려고 하지만 일료샤는 이미 죽었고 그 언어를 보증하는 자는 없기 때문

4 위의 책, p.77

5 위의 책, p.18

이다. 그렇지만 그런 까닭에 알료샤의 말은 시효와는 관계없는 무한 책임을 떠맡는 것이기도 하다. 그 의미에서 언어 수행적인 것이다. 그렇지만 『신 카라마조프의 형제들』에서 료의 아도레스는 신자들을 직접 대상으로 하고 있다고는 하지만 흡사 불특정다수의 현대인을 향해 발해지는 언어이고 불가피한 위증이다. 그것은 불성실한 행위에 이를 위험을 수반하고 있다. 일회성의 윤리적인 절박성을 갖는 용서라는 문제는 언어 수행성을 벗어난 보편적인 아도레스로 다시 말해지고 마는 것이다. 그러면 『신 카라마조프의 형제들』이 지고 있는 이 리스크를 검토하는 것은 우리에게 어떠한 의미가 있을까.

### 3. 구세주의 언설

『신 카라마조프의 형제들』에서 본능의 무한연쇄는 '묵과'와 '사주' 메커니즘의 기술을 통해서 수행되고 있다. 그것은 예를 들면 다음과 같은 회화이다. 미쓰루가 로스엔젤레스에서 매입 일로 어시스턴트를 부탁한 루카와의 두 번째 데이트 장면이다.

> "루카씨 지금부터 당신을 아파트까지 데려다 줄게요. 이미 늦었으니"
> 루카는 그대로 움직이지 않았다.
> (…)
> "데려다 주시지 않아도 돼요"
> 루카는 그렇게 말하고 엷게 미소지었다.

> "아니, 데려다 줄게"라고 미쓰루가 말하자 루카는 일순 오른손을 굳게 쥐고 간절히 바라는 듯한 슬픈 듯한 표정을 보였다. 미쓰루는 그 때의 표정을 그 후에도 오래 잊을 수 없었다. (상 :199)

이후 방에 돌아온 미쓰루는 루카의 꿈을 꾼다. 꿈속에서 루카는 "미쓰루씨 당신 내가 당신을 좋아한다고 생각하겠지요?"라고 하며 미쓰루를 당돌하게 찌른다. 쓰러져가는 미쓰루는, 들여다본 루카의 얼굴에서 소노코의 얼굴을 본다. 그리고 잠에서 깬다. 구세주가 되는 것을 약속받은 료를 둘러싼 이야기가 원아버지 죽이기와 연관되어 있는 것과 달리『신 카라마조프의 형제들』의 두 형제와 관련된 이야기는 남자의 욕망에 동화하는 여자들과, 그러나 동화하는 것에 대한 불안과, 여자들의 욕망에 동화하는 남자들의 이야기이다. 당연하다면 당연하지만 이러한 설정은 현대일본을 이야기의 무대로 했기 때문이다. 작가에게 부과된 것은 현대일본의 힌트 중 기독교사회의 원죄와 이슬람 사회의 심판의 죄에 필적하는 죄와 그에 대한 용서라는 문제계를 구축하는 것이다. 그런 까닭에 미쓰루의 꿈에 등장하는 소노코는 그 인물 조형과는 별도로 영성이 희박하기 때문에 근친 상간 판타지의 대상 이상의 의미는 없다. 즉,『신 카라마조프의 형제들』은 발신하려는 메시지와 이야기의 무대와 짜임새, 그리고 그것들의 균형 때문에 나타나는 곤란함을 안고 있다.

그렇지만 또 하나 다른 시각에서 그러나 근본적인 문제를 지적해두고 싶다. 그것은 종교사상을 말하는 문체의 문제이다. 천일천인교 2대 교단장으로서 료의 인사는 제목을 도입하는 계조사 '은/는' 혹은 주어를 제시하는 격조사 '이/가'가 잘 들어간 단정한 일본어이고 판단문이다.

> "나는 취임 인사를 어떻게 해야 할지 이 한 달간 사고에 사고를 거듭해왔습니다."
> "나는 어릴 때부터 죄의 감각에 지배당하며 살아왔습니다."
> "인간은, 죄가 깊은 존재이며 누구나가 죄를 범하고 있습니다."
> "천일의 사상은 은총의 사상입니다."
> "인생은 마음먹기에 따라서 어떻게든 됩니다."
> "내 신념은 슬픔 속에서 행복을 추구하는 것입니다."
> "내 인생에 있어서 결정적인 전기를 가져온 것이 올해 1월 한신아와지 대지진이었습니다,"(하 : 744-752)

'은/는' '이/가'에 의해 제목과 주어가 제시되어 술어와 대응하는 이러한 구문과는 달리 최초 제목 제시 후에는 '은/는' '이/가' 구는 생략되는 구문이 끼어든다. 미카미 아키라三上章가 '마침표를 넘어'라고 부른 이 구문의 구조는 문 말까지 기세를 보다 강하게 만든다. 잘 알려진 미카미의 문장 예문은 '나는 고양이이다. 이름은 아직 없다./어디에서 태어났는지 전혀 짐작할 수 없다'이다. '나 고양이는'은 두 번째 문장부터 생략되어있다.

미카미의 논증을 인용하면서 아사토시浅利誠는 '마침표를 넘어'에 보이는 격조사 · 계조사의 기능과 그 생략에서 존재론적인 작용을 찾아내고 있다. 그것은 논문 「역사의식의 오랜 층歴史意識の古層」에서 마루야마 마사오가 제시한 '잇달아 되어가는 기세'의 재해석을 촉구하는 일본 사상과 일본어와의 내재적인 관계 파악이다. 아사토시의 말을 참조해보자.

> 일본어에서는 문 두에 오는 것(詞)과 문 말에 오는 것(조사 또는 용언의 활용어미 또는 零기호), 이 두 가지는 어떻게 이어지고 있는(통합되어 있는)가. 인도=유럽어(굴절어)에서는 가라타니가 말하듯이 '주어와 술어를 분할 하면서 잇는 繫辞로서의 be'에 의해서이다. 일본어(교착어)에서는 미카미가 말하듯이 술어 하나로 세워진 구문론적 구조가 문제이기 때문에 인도=유럽어 중에서 산출된 존재론, 존재론적 판단론에서 문제가 되는 용어로서의 번사(코플러)는 전통적인 판단론의 문 형태로서 비교한 경우에는 거의 일본어의 은/는이 그에 해당한다고 보아도 될 듯하다. 그러나 그것은 아까 보았듯이 서양의 문자를 기준으로 해서 생각한 경우에라는 한정을 하지 않으면 의미가 없다.
>
> 나는 (…) '마침표를 넘어'가 있는 때에는 늘 일본어에 있어서 번사(그것이 있다고 해서)에 상당하는 것이 작용하고 있다(직능을 발휘하고 있다)고 생각하고 싶다. 즉, 구체적인 형태로 명시할 수 있는 조사(辭)의 직능이라고 하기보다도 개념으로 환원할 수 없는 '작용'으로서 느껴지고 있는 무엇인가가 아닐까 생각한다.[6]

아사토시는 마침표를 넘어 잘 나타나는 구문과 그것이 만들어내

6 浅利誠『日本語と日本思想—本居宣長・西田幾多郎・三上章・柄谷行人』, 藤原書店, 2008, p.302

는 리듬에 일본 사상의 문체적인 사유양식을 발견하고 있다. 게다가 그것은 행위수행성과 같은 효과를 만들어낸다. 여기에서 마침표를 넘은 종교적 언설을 제시해보자. 오모토교의 교조 데구치 나오의 '신의 계시'이다.

> ① 우시토라노곤진은 작은 일에는 관여하지 않으시는 분이다. 큰 일을 하시는 신이신 거다. 세상이 바뀔 때인지라 세계 수호는 모두 이 신께서 맡고 계신다. 이 신은 병을 고쳐 주는 그런 신이 아니시다. 이 세계를 수호하는 신이시다. 인민이 모르고 있는 바이다.[7] (신의 계시 1897. 7.18)

> ② 우시토라노곤진은 자기 자아로 인하여 늘 손해를 보시는 신이지만, 대망의 큰일에서는 자기 자아가 있는 이런 신이 아니면 대망을 이룰 수가 없다. 그렇다고 자기 자아만 내세워서는 이 세상을 다스릴 수가 없다. 앞날을 대비하여 몸과 마음을 잘 준비하게 하면서 고생도 시키신다. 앞날에 대비하여 나대지 않는 몸과 마음으로 준비하게끔 말이다. 그렇게 삼가면서 계시는 걸 알 수 있을지어다.[8](신의 계시 1901. 2.24)

오모토교의 교조 데구치 나오의 '신의 계시'는 나오가 신의 계시를 받을 상태가 되었을 때에 들린 신의 목소리의 기록이다. 이들

7 安丸良夫『出口なお』, 朝日新聞社, 1987, p.129

8 위의 책, p.131

'신의 계시'는 데구치 오니사부로의 정리와 교정을 거치고 있다. 그러나 행동을 함께 한 나오와 오니사부로의 초기 오모토교 공동체 언어를 전하는 사료이고 그것은 나오의 언어 리듬과 호흡을 남긴 텍스트로서 읽을 수 있다. ①, ② 모두 '우시도라노곤진艮の金神'은 두 개째 문장 이후는 생략 되어 있다.

데구치 나오의 '신의 계시'는 분명히 마쓰가타 디플레이션 시기松方デフレ期[9]의 본원적 축적을 경험한 근대일본의 최하층으로부터 나타난 래디컬한 근대비판 산업사회비판이라는 시대적 제약을 가지고 있다. 그렇지만 일회성의 절박한 경험이 행위 수행적인 발화가 되고 그것이 언설적 실천이 되는 것에 있어서 시대적 제약은 그다지 관계가 없다. 언제 어디에서나 그것은 생긴다. 그리고 그 절박성에 의해 일본어 구문의 특성에 따라 표현되는 사유양식이 단적으로 보이고 있다.

'신의 계시'의 절박성은 악에 대한 용서를 구하지만 절박성이 아니다. 신이라고 하는 초월적인 존재로부터의 발화인 이상 용서를 구할 필요가 없기 때문이다. 다만 또한 보편적인 권능을 발휘하고 있지도 않다. 이 발화는 구체적인 개인으로서의 데구치 나오의 어휘와 신체성에 입각하고 있다는 의미에서 더욱 신의 발화라고 하는 이유에서 보편적인 번역=공약 가능성을 미리 거절하면서 발해지고 있는 것이다. 나오는 구세주이다. 그러나 본래 구세주의 언설

9 역자 주－마쓰가타 데후레(松方デフレ)는 사이난 전쟁(西南戦争)으로 인한 전쟁비용 조달로 생긴 인플레이션을 해소하려고 마쓰가타 마사요시(松方正義)가 1881년부터 행한 디플레이션 유도의 재정정책을 말한다. 마쓰가타 재정(松方財政)이라고도 한다.

은 치환 불가능한 신의 발어인 이상, 판단문 같은 형식을 취하지 않는다.

이러한 언설을 적절하게 다룰 수 있을지는 구제와 구제 사상을 그 개념에 의해서가 아니라 그 행위 수행성의 의미에서 얼마만큼 이해할 수 있는가에 달려 있다. 『신 카라마조프의 형제들』이 개척한 언설 상의 실험은 금세 그러한 문제를 불러들이는 것이다. 이것은 도스토예프스키의 『카라마조프의 형제들』이 문학이면서 종교적 계시이기도 한 의미를 역으로 조사照射하고도 있다.

# 사적 단가론 노트
## — 요시모토 다카아키吉本隆明『초기 가요론初期歌謡論』에 비유하여

### 1. 내일도 또 새벽급수를 위해 줄을 서야 한다. 작은 개를 안고 잠을 잔다.(요미우리 단가歌壇 2011년 4월 18일)

방대한 양의 지진 재해 단가 중에서 이 노래를 들고나온 것은 이 작가의 개인사를 조금 알기 때문이다. 작자는 1933년 12월 23일에 관동関東지방의 농촌에서 태어난 여성이다. 생년월일은 아키히토明仁(헤이세이 천황)와 같다. 따라서 아시아태평양 전쟁을 치렀으며 전후 일본 점령기와 전후 개혁을 알고 있다. 10살 위의 형은 1945년에 버마의 양곤에서 전사하였다. 중학교 교사와 결혼하여 보모로서 보육원에서 근무하였고 두 명의 자식을 두었다. 고전와카 · 단카를 애호하여 신문에 단카 투고를 즐겼다.

노래 내용에 대해서는 많이 이야기할 필요가 없을 것이다. 하구下句[1]의 '안고 잠드는' 에『만엽집萬葉集』이나 작자가 애독하는『쇼와 만엽집』의 울림을 감지하여 하나의 유형적인 정서적 세계를 읽는 것도 가능하다. 또 동시에 그녀의 개인사를 근거로 한 심오한 해석

1 역자 주 – 단카는 5·7·5의 17자로 이뤄진 상구(上句)와 7·7의 14자인 하구(下句)로 이뤄진 정형시다.

도 가능하다. 전쟁의 세기를 살아온 세대로서 삶에 대한 자신감과 의사는 '줄 서야 한다'로 표현되고 그러나 잠자리에 든 고독한 시간에 '작은 개'는 마지막 혓된 온기일지도 모른다.

단가로서의 단정한 형식을 지킴으로써 표현되는 서정과 보편적이지만 개인적인 시간이 응축되어 있는 순간이 여기에 있을 것이다. 경험을 언어로 재구성하는 법을 아는 이 노래를 하나의 <민중>의 목소리라고 해도 좋을 것이다. 정형시는 유형화된 서정과 개인적이고 실존적인 시간의 결정화結晶化이다. 그것을 통해 인간의 경험의 수 만큼 존재해 온 저마다 축적해 온 시간의 의미에 대해 생각해 볼 수 있다. 1970년대 이후 요시모토 다카아키의 시적 언어와 소비사회에 대한 많은 논고는 그러한 경험에 의미를 부여하려는 시도였다고 생각한다. 그러한 전망에서 이 글에서는『초기가요론初期歌謠論』을 다루어 보고 싶다.

## 2.『초기가요론初期歌謠論』

요시모토 다카아키의『초기가요론』은「분케이文藝」1941년 10월호부터 1975년 4월호에 연재되어 가와데서방河出書房에서 간행되었다. 이 책은 고대가요의 성립부터 정형 운율시로서의 와카의 성립까지 오리구치 노부오折口信夫의 고대문학론을 실마리로 기기記紀[2]와 축사祝詞[3], 팔대집八代集을 논한 역작이다. 장의 구성은 '가요의 발생'

2 역자 주－ '일본서기'와 '고사기' 두 책을 합쳐 부르는 말.

'가요의 원형' '침사론枕詞論' '속침사론續枕詞論'으로 구성되어 있으며 고대적 주술적 요소를 남긴 『만엽집』으로부터 내재적 정형구조를 이루는 『고금집古今集』, 그리고 시적 가구의 세계를 구축한 『신고금집』이라는 상식적이고 시계열적인 문학사에서 벗어나지 않고 쓰여져 있다. 요시모토는 글 중에서, 표현사는 문자의 역사와 달리 시계열적으로 진행되는 것이 아니며 비약이나 퇴행이 일어난다고 말하고는 있지만, 그것은 요시모토가 생각하는 표현사에 있어서 본질적인 상태는 아니다. 이 저작에서는 『언어에 있어서 아름다움이란 무엇인가』(이하 『언어미』라고 표기)의 지시표출 · 자기표출이라는 개념은 이용되지 않지만, 서경敍景과 서심敍心의 추이에는 『언어미』의 논의가 고려되어 있다. 또한 침사론이나 축사론의 분석에서는 공동환상적인 기층의 기억이 자주 적용되어 『공동환상론』을 근거로 하고 있는 것이 분명하다. 그런 의미에서 1960년대 작업의 응용이며 연장선상에 있다. 다만, 이 『초기가요론』이 오늘날의 시점에서 흥미를 끄는 것은, 그것이 1980년대의 <하이 이미지론>[4] (1985~88년)을 준비하는 예비 작업이었다는 점이다. 고도자본주의 소비사회의 인공적인 정경을 감성적인 자연화로 인식하여 그 심적인 리얼리티를 전개해 나가기에 앞서 정형시의 정형된 이유의 양적 분석이 이루어진 것이다. 『초기가요론』 이란, 정형의 성립을 심적 리얼리티의 확립을 통해 내재적으로 논증하면서, 거기에 표현사의 시계열적인 전개를 중복시키려는 시도였다. 이를

3 역자 주 - 공동체의 제사나 종교의식에서 사용.

4 역자 주 - 전후 일본문화 비평가인 요시모토 다카아키의 저서이자 사상.

통해 요시모토는 인공물이 감성적으로 자연화되는 조건과 그것이 경험의 합일성으로 이해되는 조건을 확인하고 싶었던 것이다. 게다가 『초기가요론』의 연재종료 때는, 후에 요시모토가 절찬한 아라카와 요지荒川洋治의 『스이에키水駅』 간행과 겹친다.(1975년) 즉 아라카와 요지의 출현에 호응하듯 요시모토는 새로운 시적 감성의 도래를 기대하였다. 그 과정에 있어서 표현사에 있어서 정형시 세계의 검토는 불가결했던 것이다.

이 시기 정형시 검토는 요시모토 혼자만의 과제가 아니라 바로 문화적 상황이 요청한 논점이었다. 오노 토자부로小野十三郎의 '노예의 운율' 론에서 오에 겐자부로大江健三郎, 우스이 요시미薄井吉見, 가라키 준조唐木純三까지의 단가비판을 참조하고 나아가 스스로 단가형식을 엄격하게 자기비판한 후, 그것을 재긍정하는 사사키 유키쓰나佐木幸綱의 『만엽에萬葉へ』(세이도샤青土社)의 간행이 1975년, 그리고 1976년에는 쓰카모토 구니오塚本邦雄가 데라야마슈지寺山修司와의 대담에서 '단가형식에 대한 불신은 현재 거의 사라졌다. 이것은 황금시형이라고 생각한다' '단가형식에 완전히 반해버렸다고도 할 수 있다'라고 마치 전세의 업(宿業)을 받아들이듯이 정형 찬미를 행했다[5]. 츠카모토는 또한 이렇게 서술한다.

> 예를 들어 꽃꽂이가 하나 있다. 어설프게 꽃을 꽂는 것보다 그 그릇만 남겨두는 것이 훨씬 아름답다. 그러한 그릇 본연의 자세, 형식을 두는 방법도 있을 수 있다. 그런 의미에서 저는 형식을 사랑하기도 하

5 塚本邦雄・寺山修司「言語と非言語」,『国文学解釈と教材の研究』, 1976年1月号.

고요

형식에 유혹되어 타성적으로 정동情動을 형성하는 5・7・5・7・7의 형식성에 대한 애착이다. 오리구치 노부오는 이 정동에 몸을 맡기는 것이 고대적인 수가秀歌[6]의 조건이라고까지 말한다(후술). '노예의 운율'에 태도를 바꾼 츠카모토의 발언을 직접 염두에 두었는지는 분명치 않지만, 이 당시 김시종은 이러한 생화를 사례로 한 형식의 긍정을 엄격하게 지탄하고 있다.

> (…) 일본인은 '있는 그대로'의 자연관을 존중하는 것 치고는 사실 '있는 그대로'를 단정한 형태로 밖에 요구하지 않습니다. 조선사람인 저로서는 이 '단정함'이 일본인에 대한 나의 두려움의 주요한 요인입니다.
>
> 예를 들어, 차나 꽃꽂이를 봐도 알 수 있어요. 있는 그대로의 상태를 산다는 것은 매우 강한 정신질서라고는 생각하지만, 그것의 반전되는 스프링 같은 것이 자연을 보다 단정하게 본따 산다는 형태를 만들어 내는군요. (…) 그로 인해 정점은 절대불가침의 '권위'가 되고, 그 '권위'는 반드시라고 해도 좋을 만큼 순수한 결벽함을 발휘하는 것에 '천황'이 있다는 생각이 듭니다. 이 정립된 단정함이 두렵습니다. 왜 무섭냐면 일본인이 좋아하는 아름다움은 언제나 단정하게 정리되어 있고 추함을 용인할 여지가 전혀 없기 때문입니다[7].

6 역자 주－秀歌.

7 金時鐘・野間宏・安岡章太郎「差別の醜さと解放への道」, 野間宏・安岡章太郎『差別・その根源を問う』下, 朝日新聞社, 1977, p.31.

시인・가인들이 단가형시을 둘러싼 논쟁이 결론은 정형성을 부정에까지 이르지는 않았다. 『고금집』 『신고금집』에서 확립된 시적 픽션 세계의 내적인 확립을 확인함으로써 정형성은 항상 긍정되기 때문이다. 다만 가인들의 논의가 정형성의 긍정이기는 해도 그것이 곧 단가적 서정의 긍정은 아니라는 점을 유의할 필요가 있습니다. 이하에서 보듯이 예를 들어 사사키 유키쓰나佐佐木幸綱는 어디까지나 노래가 만들어지는 순간의 실존성에 주목하고 있으며 그것은 통속적인 서정에 보편화될 수 있는 것이 아니다. 츠카모토 쿠니오塚本邦雄나 오카이 다카시도岡井隆도 그 서정에 저항하는 차별화의 시적 실험을 반복해 왔습니다. 이 대극적인 입장과 그 사이를 이어가듯 존재하는 차별화의 시적 실험의 의미는 크다. 이를 의식하면서 한편으로는 정형성의 긍정이 있고 다른 한편으로는 오노 도자부로小野十三郎와 김시종 등 현대시 시인들의 정형운율 부정이 있다는 배치를 이해해야 한다. 그런데 요시모토는 시적 언어를 둘러싼 이러한 배치를 충분히 자각하고 있었을 것이다. 그러한 시인과 가인들의 대항적인 배치 아래 『초기가요론』은 어떠한 시도였을까? 이에 대해 『초기가요론』이 동반된 하나의 결점을 중심으로 논해 보기로 하자.

### 3. 사사키 유키쓰나의 가키노모토노 히토마로柿本人麻呂 론

『초기가요론』의 결점은 사사키 유키쓰나와의 대담에서 밝혀진다. 요시모토는 사사키 유키쓰나의 히가시우타론東歌論이나 가키노모토노 히토마로론을 거론하며 시형식의 변천을 쫓는다는 자신의 방법론이 한계를 가지고 있었음을 고백하고 있다.

> 형식적인 변천이 어떻게 되어 갈 것인가를 생각해 왔기 때문에 어떤 의미에서는 전혀 구체성이 결여되고 노래의 이미지에서 멀어져 버린 느낌이 들어 어쩔 수 없다. 하지만 사사키 씨의 고찰은 이쪽으로 이미지를 끌어오는 작용이 있어 매우 리얼하게 노래의 모습이 떠올랐던 것 같습니다.[8]

요시모토의 사사키 유키쓰나에 대한 평가는 다음과 같은 히토마로의 와카和歌 해석을 가리킨다. 히토마로의 노래 '가을 산의 단풍 숲을 헤매는 부인을 찾아 헤매였지만 산길을 알수 없어'에 대해서

> 온통 단풍이 쌓인 산, 주변의 나무도 낙엽이 빽빽이 깔린 땅도 모두 황색 일색. 그 속에서 죽은 아내를 찾아 헤매고 다니는 남자. 히토마로는 갑작스런 아내의 죽음에 대한 자신의 마음 상태를 이렇게 표현하였. 자신은 지금 스스로 어떻게 하면 좋을지 몰라서 고민하고 있다. 아내의 행방도 보이지 않고 손이 닿지 않는 이 황색 일색의 세계 어딘가에서 헤매고 있는 것이 틀림없는데.
>
> 나는 '부인을 찾아 모르는 산길도'라는 표현에 시간을 느낀다. (…) 히토마로의 노래에서는 죽은 자는 시간적으로 죽은 자이면서도 공간적으로는 행방불명자로 표현되고 있다는 점에 주목해야 한다. 히토

8 佐佐木幸綱『佐佐木幸綱の世界3 同時代歌人論1』, 河出書房新社, 1998, p.230.

마로는 다카이치高市와 달리 죽은 자의 활동에 감응하고 있는 것이라 고 할 수 있을 것 같다[9].

이러한 해석을 통해 사사키 유키쓰나는 히토마로와 그 세대의 감각을 실존적으로 규정한다.

(…) 궁정宮廷 가인으로서 히토마로, <세대世代의 가인>으로서의 히토마로는 고대 부활 신앙을 믿었던 측의 사람이 아니라 살아 있는 사람 측의 이유에서 부활 신앙을 조명한 가인이었음을 알 수 있다. 부활 신앙이 쇠퇴하여 드디어 산 자의 이유가 증대해 갈 때 빈궁殯宮[10]도, 그곳에 바쳐지는 추도사도 형해화해 간다. (…) 그는 지통천황 및 지통후궁 사람들의 요청에 의해 형해화하기 시작한 추도사의 형식에 산사람의 감정을 이입한다. 현실주의 입장에서 전통을 바꿔 파악한 것이다. 그는 현재의 시점에서 입으로 전승되는 문구를 다시 검토하여 나아가 그것을 재구성한다. 이것이 히토마로에 있어서 시의 발견이다. (…) 히토마로의 시의 발견의 배후에 지통 및 그 후궁들 즉 독특한 시간에 대한 민감성을 공유하는 임신의 난[11] 세대가 있었음은 반복해서 기술한 그대로다[12].

---

9 佐佐木幸綱「時代の詩 人麻呂ノート二」『佐佐木幸綱の世界12 古典篇2』, 河出書房新社, 1999, pp.50-51.

10 역자 주－빈궁(殯宮) 상여가 나갈 때 왕세자나 왕세자빈의 관을 두던 곳.

11 역자 주－672년 일본에서 왕위 계승을 둘러싸고 일어난 내전.

12 佐佐木幸綱, p.64.

가인이자 국문학자인 사사키 유키쓰나의 역량이 잘 드러나 있다고 말해 버리면 그만이지만 사사키 유키쓰나는 작품에 대한 내재적 해석을 통해 히토마로의 시간 감각이나 그 감성의 역사적 성격을 정교하게 파악하고 있다. 더구나 히토마로의 실존적인 시적 경험의 시간에서 비로소 이질적인 세계가 접합한 것이지 그 이전에 그러한 결합이 존재했던 것은 아니다. 이것은 히토마로의 다음 노래 '동쪽 하늘에는 새벽 태양이 비추기 시작하는 것이 보이고 뒤돌아 서쪽을 보면 달이 서쪽 하늘로 지려고 한다[13]' 에 대한, 특히 '뒤돌아보다' 의 뛰어난 해석에서도 말할 수 있다.

> (…) 히토마로는 동방의 서광을 바라보면서 사실 '시간'을 본 것이 아닐까? (…)
>
> 새벽의 겨울 하늘은 금속적인 감촉으로 맑고 투명하다. 히토마로가 바라보는 것은 톱니 모양으로 불꽃이 이는 동쪽 하늘의 서광이다. 그리고 그가 보고 있는 것은 밤을 밀어올리듯이 다가오는 아침, 긴장된 현재의 시간이다.
>
> 히토마로의 노래는 아침이 밤에 침입하기 직전의 긴장감이다. (…) 히토마로는 이 긴장 속에서 '뒤돌아 본'것이다. (…) 히토마로는 그가 서광 속에서 본 시간의 충실 때문에 불길한 기색으로 되돌아본 것이다[14]

'달'과 고 쿠사카베 황자草壁皇子를 중첩시키는 종래의 해석을 배

13 원문: "東の野に炎の立つ見えてかへり見すれば月かたぶきぬ" 『만엽집』 권1-48
14 佐佐木幸綱, pp.40-41.

제하면서 여기에서 히토마로는 '가공의 영원永遠'을 보았다고 사사키 유키쓰나는 단정한다.

이러한 실존적인 가공의 시간을 알아낸 해석에 대해 요시모토의 경우는 어떠했을까? 히토마로의 '이와미石見[15]의 다카쓰노야마高角山의 나무들 사이로 내가 소매을 흔들고 있는 것을 부인이 모았을까?[16]' '가을산에 떨어져 흩어지는 단풍이여 잠시만 멈춰다오. 부인의 집 근처를 보고싶다[17].' '아침에 흩어진 머리를 나는 빗으로 정리하려고 하지 않는다. 그리운 그 분의 손길이 닿았던 머리이기에[18]' '산과 산 사이의 계곡이 보이지 않습니다. 그저께도 어제도 오늘도 눈이 계속 내리기 때문에[19]'에 대해서 요시모토는 다음과 같이 서술한다.

> 모두 뛰어난 노래로 한 수 흔들림 없는 구축성을 가지고 있다. (…) 각 구는 무리하지도 않고 느슨하지도 않고 굵은 직선적인 흐름으로 끝까지 조여져 있습니다. 아마도 노래해야 할 <일>과 그것에 향해져야 하는 <마음>과의 깊은 관계성이 아직 자연 발생적으로 작자에 믿음을 주고 있는 것이다.(『초기가요론』, pp.447-448)

요시모토는 히토마로를 소박실감주의素朴實感主義로밖에 파악할

15 역자 주－율령시대의 이와미국. 현재의 시마네현 서부.

16 원문 "石見なる高間の山の木の間より我が振る袖を妹見けむかも" 『만엽집』 권2-134.

17 원문 "秋山に散る紅葉の暫くも散りな亂れそ妹があたり見む" 『만엽집』 권10-2201.

18 원문 "朝寢髪われはけづらじ美しき人の手枕ふれてしものを" 『만엽집』 권11-2578.

19 원문 "山の峽そことも見えず白樫の枝にも葉にも雪のふれれば" 『만엽집』 권17-3924.

수 없었다. 요시모토 자신이 방법의 좌절을 표명하고 있는 것처럼 사사키 유키쓰나 쪽의 해석에 무게가 실린다. 대상으로부터의 압력에 민감한 시인이 반드시 자연적인 감성의 소유자라고만은 할 수 없다. 유키쓰나의 말을 빌리자면 전통적 시의 문구詞章를 재구성하는 경우도 있는 것이기 때문이다. 그런 의미에서 히토마로는 이미 의고적이고 인공적인 감성의 세계를 구축하고 있는 것이다. 이러한 해석의 차이는 작품을 내재적으로 완전히 해석해 낼 수 있는지에 달려 있다. 요시모토는 형식의 추이에 시선을 빼앗기고 있다. 동시에, 작위가 없는 자연스러운 마음의 움직임, 즉 자연과 마음의 합일성의 감각을 평가의 기축으로 끝내고 있다. 요시모토의 이런 평가축에는 오리구치 노부오折口信夫의 고대 가요론이 영향을 주었다. 오리구치는 뛰어난 단가가 만들어지는 과정에 대해 다음과 같이 서술하였다.

> 고대의 단순 소박한 명가名歌라고 불리우는 것의 좋은 점은 모두 생각하는 것은 먼저 만들어 가고 있기 때문에 마지막 단계에 가서 갑자기 정리하는—그런 방식으로 한 것이 많은 것은 사실입니다. (…) 메이지 구파의 사람들도 그렇고 모든 것을 마지막 행으로 수습해서 논리에 맞는 모습으로 만드는 것입니다[20].

정형에 따르는 정동이 노래를 만든다. 마지막 구절로 마무리할 때까지 그 타성에 맡겨 마지막에 작위를 덧붙인다. 다음과 같은 작

20 折口信夫「女流の歌を閉塞したもの」『折口信夫全集』第二七巻(評論篇一), 中央公論社, p.470.

품 평가를 전개할 때 요시모토가 염두에 둔 것은 이 오리구치의 타성적인 작가론이었을 것이다. '가스가신사 들판에 눈이 녹으면 돋아나는 새싹과 같이 감신히 모습이 보인 당신이여'(충잠집忠岑集)[21], '산벚꽃이 안개속에서 어렴풋이 보이듯이 어렴풋이 모습을 본 사람이 그립다'(貫之集)[22]에 대하여

> 각별히 의식해서 그렇게 된가라고는 생각하지 않는다. 경물景物을 표현하는 가운데 작은 미풍이 일어나 자연스럽게 이끌려 <마음>에 이른다. 나중에 이론을 붙이면 경물의 세계는 실제의 경치로부터도 병풍에 그려진 그림으로부터도 그리고 단순한 개념으로부터도 만들어 낼 수 있을 때까지 <노래>는 자유로운 표현이 되는 것이다. 경물 표현의 이면에는 항상 <마음>을 끌어당겨 붙일 수 있기 때문에 문득 반전을 시도하면 <마음>의 서술이 가능했던 것입니다.(『初期歌謡論』, pp.458-459)

고대 세계에서 한어의 영향에서 벗어나 자립적인 시적 세계가 생겨나고 자유로운 표현이 가능하게 된다. 그 속에서 표현되는 시에서 경물은 저절로 <마음>에 이르게 된다. 여기서 주관과 객관, 경물과 마음・단어의 합일 경험이 생겨난다. 요시모토는 이러한 <합일>이라는 자연화된 경험을 만들어 내고 싶었던 것이다. 그리고 『고금집』『신고금집』이라는 인공적인 감성세계의 확립을 확인

21 원문 "春日野の雪間をわけて生ひ出くる草のはつかに見えし君かも" 『고금화가집』 권11 戀歌1 478.

22 원문 "山櫻霞の間よりほのかにも見しばかりにや戀しかるらむ"

하는 것으로 그 반복으로서의 고도소비사회에서의 언어적 감성의 세계에서의 <합일合一>의 경험을 파악하기 위한 교두보로 삼았던 것입니다. 그러나 <합일>의 경험 파악과 정형시의 형식성을 역사적 발전 가운데에서 파악하는 방법론은 일치하지 않는다.

이 방법론의 과오가 사사키 유키쓰나의 히토마로론을 통해 자각되었다고는 말할 수 없을까?

『하이 이미지론』에서는 정형적인 형식 대신에 대립을 동일 평면의 차이로 묘사하여 시간과 공간을 허구적으로 구성하는 시선이나 단어, 혹은 이들이 만들어낸 미지의 형식이 분석의 중심에 놓여진다. 그래서 요시모토는 정형적 형식에서 접근하는 방식을 수정한 것이다. 그러한 시행착오를 포함한 구성주의적 입장으로의 이행이라는 문제의식의 도상에서 『초기 가요론』이 자리매김 된다고 해도 좋을 것이다. 다만 요시모토의 시행착오가 헛된 것이 아니라 『초기 가요론』과 『하이 이미지론』을 이어서 생각함으로써 정형시 또한 그러한 시선이나 단어가 미지의 형식을 만들어내는 하나의 형태로서 이해할 수 있게 된다. 그것은 우리가 정형 단가를 표현사상表現史上의 숙업宿業이나 아류, 귀자鬼子로 취급하는 것이 아니라 정당하게 자리매김하기 위한 조건이다. 요시모토가 남긴 단어를 시대의 문화 상황에 다시 적용시키면서 정형, 비정형의 표현사를 다시 쓰는 과제가 부상할 것이다. 다만, 그렇게 표현사를 다시 씀에 따라 미지의 형식이 발견된다고 해도 고도소비사회가 만들어 내는 인공물과 시의 단어가 만들어내는 인공물이 항상 겹친다고는 할 수 없다. 사사키 유키쓰나가 집착하듯이 시의 단어가 실존적이고 국지적인 성격을 완전히 벗어나지 못하기 때문이다. 또한 요시모토는 표현사

서술에 있어서 시간적인 운동을 포기하지 않았지만 시적 언어에서는 종교적 언어와 같은 <휴지休止>의 순간이 있기 때문이다[23].

그런데 모두에서 언급한 노래의 작자는 내 어머니이다. 그 노래에 대해 제가 세세한 부분까지 객관적으로는 논할 수 없는 갈등이 있다. 그러나 여기에서 제시된 단가는 어머니이긴 하지만 한 사람의 타자가 경험했던 극도로 긴장된 시간을 이해하기 위한 유일무이한 단서이다. 미지의 시간은 이렇게 우리에게 전해진다. 그게 제겐 행운이다. 그 시간의 지각에서 어떤 경험을 구성할 것인가는—혹은 어떻게 이야기화할 것인가는—제가 하기 나름이다. 또 이 시간의 지각知覚은 <합일>적인 경험이라기보다는 내성을 더욱 강요하는 감정적 작용이다. 작은 가족의 시간과 일본 근현대사가 교차

23 이전 요시모토 다카아키의 『論注と喩』(言叢社, 1978)에 대해 썼을 때 저는 하나의 아폴리아를 내팽개친채로 마무리를 하였다(「『論注と喩』 反転=革命の弁証法」 『脱構成的叛乱』, 以文社, 2010년) 동서에서 요시모토는 신란(親鸞)의 『浄土論註』(曇鸞)에 대한 주석과 『マルコ伝』에 대한 주석을 통해 <일체의 불가능한 것의 현실화>라는 방향이 다른 두 계통의 현세 반전=혁명의 논리를 제시하였다. 저는 이 반전=혁명의 논리에 대해서 죽은 자를 되살리는 것, 그러나 죽은 자의 소생이라고 하는 기대의 일체를 기대하지 않는 것으로 부연했다. 『マルコ伝』의 예수의 언동에 근거하자면 우리는 어떠한 불가능한 것이라도 말로 표현하는 것・표출하는 것이 가능하다는 점에서 근원적으로 평등한 권리를 가지고 있다.입니다. 그러나 신란에 따르면, '천한 범부(下根の凡夫)'인 우리들은 불가능한 일을 성취할 수 있다는 일체의 기대를 품을 자격이 없다. 아감벤(Giorgio Agamben 이탈리아 철학자)을 원용하여 이 두 종교적 실천은 시간의 중지라고 하는 긴장 속에서 섞이지 않고 공존하고 있다라고 저는 서술하였다. 하지만 지금 이 전망은 좀 수정할 필요가 있다. 두 개의 반전=혁명은 분명히 연대순의 시간의 정지라는 급박한 사태를 나타내고 있다. 그러나, 시간의 정지를 말하는 것은 요시모토의 사상이 아니다. 요시모토가 선택한 것은 시간의 정지가 아니라 그 인공적인 구성이었다. 바로 그러한 시간의 재구성이자 결정화였던 정형단가의 고찰이 같은 시기에 선택된 것은 우연이 아니었던 것이다.

하고 있는 이 정동은 현재 보편화될 수 없다. 그러나 그러한 국소적인 경험을 긍정하고 예수, 신란과도 다른 미래의 형식 속에서 이 여성의 시간을 자리매김할 수 있을지 어떨지 모르겠다. 그것이 요시모토 이후 <혁명>을 말하기 위한 절대적인 조건이 된다는 것은 의심할 여지가 없다고 생각한다.

# 〈현재〉와 시적언어
## ― 요시모토 다카아키吉本隆明 · 오카이 다카시岡井隆 · 다이도지 마사시大道寺将司

### 0. 들어가는 말

1957년에 정형 단가를 둘러싸고 요시모토 다카아키와 오카이 다카시의 논쟁이 있었다. 요시모토는 '가인이 현실사회의 질서에 위화감을 갖지 않을 뿐만 아니라 사회의 역사적 발전과정에 대해 의식적인 비판의식을 갖지 않는다면 그는 일본 시가詩歌의 원시율인 5 · 7율의 틀 속에서 게다가 현실 질서와 같은 감성의 질서로 단가를 만들 것이다'라고 단가의 정형定型과 음률은 보수적인 사회 질서나 계급성과 대응한다고 논하였다. 그리고 '현재 사회의 질서에 반항하며 사회의 역사적 단계를 의식하는 가인은 당연히 일본 시가詩歌의 원시율 5 · 7조와 거기에 표현되는 감성의 질서에 대해 변혁의 의식을 가질 것이라는 주장이 성립될 것'이라고 단가실효론短歌失効論을 전개하였다[1]. 이에 대해 오카이 다카시는 다음과 같은 몇 가지에 대해서 요시모토에 대해 반론하였다. 요시모토가 산문

1 吉本隆明「定型と非定型」,『吉本隆明全著作集5』, 勁草書房, 1969, p.225.

의 논리를 가지고 단가의 정형성을 비판하고 있는 것, 5・7률이라고 말하지만 단가는 31음으로 이루어진 것이며 애초에 5・7율로 표현되는 감성의 질서가 왜 사회의 질서와 대응 관계에 있는 것인가?[2] 논쟁에서는 요시모토의 단가 실효론이 피상적이었다는 것이 밝혀진 것 같지만 그것은 요시모토의 단가 이해를 촉진시키면서[3], 나아가 요시모토의 『초기가요론初期歌謠論』으로까지 이어졌다[4]. 한편, 오카이는 요시모토의 언어표현론을 소화하면서 가네코 도타金子兜太의 공저 『단시형문학론』을 통해 그 주장을 발전시켜 단가에 있어서 조바꿈転調의 존재와 모음율母音律의 작용을 논증하였다[5]. 또한 훗날 가키노모토노 히토마로를 둘러싼 사사키 유키쓰나와의 대담에서도 가인의 단가론에서 요시모토는 배울 점이 많았음을 추측할 수 있다[6].

여기에서 요시모토・오카이 논쟁을 참조한 것은 시적 언어의 현실사회와의 대응・종속관계라는 파악과 그 대응・종속관계로부터 시적 언어 자체의 실효로 비약하는 발상이 요시모토의 『전후시사론戦後詩史論』(1978년)에서의 「수사적인 현재修辞的な現在」와 매우 많

2 岡井隆「定型という生きもの」「二十日鼠と野良犬—再び吉本隆明に応える」, 『岡井隆コレクション 1 初期短歌論集成』, 思潮社, 1995.

3 吉本隆明「岡井隆歌集『土地よ、痛みを負え』を読んで」吉本, 前掲書, p.30.

4 岡井隆(聞き手・小高賢)『私の戦後短歌史』, 角川書店 2009, p87.

5 岡井隆・金子兜太「短詩型文学論 短歌論—韻律論をめぐる諸問題」, 『岡井隆コレクション2 短詩型文学論集成』, 思潮社,1995.

6 佐佐木幸綱「時代の詩人麻呂ノート」, 『佐佐木幸綱の世界1 古典篇2』(河出書房新社, 1999)의 영향 등. 佐佐木幸綱와의 대담은 1983년에 있었다. 佐佐木幸綱・吉本隆明対談「歌の祖形ということ」, 『吉本隆明全対談集』 第八巻(青土社, 1988) 또한 본서의 「私的短歌論ノート—『初期歌謡論』によせて」도 참조.

이 닮았기 때문이다. 물론 시대는 다르지만 어느 경우에도 일상성이나 생활의 변화에 전율하고 절박하게 그 변화를 파악하고자 하는 요시모토가 있다. 「수사적인 현재」에 서술된 것은 일본 전후시가 상실한 '절실함'이다[7]. 여기서 '절심함'의 상실이라는 키워드를 던짐으로써 요시모토는 '현재'의 모습이 크게 변화한 것을 우리에게 알려주고 있다. 우리의 의식은 당연히 '현재'의 모습을 향해 나아갈 것이다. 그리고 실제로 요시모토는 1990년대 이후, 시적 언어에 있어서 <현재>와의 격투 성과를 자신의 논의에 포함시키는 대신 『매스 이미지론』 『하이 이미지론』에 의해 시적 언어에 그치지 않고, 서브 컬처subculture나 란드사트land satellite[8]의 영상 등 다양한 매개를 통해 <현재> 그 자체의 근본적 서술에 힘쓰고 있다.

저는 여기서 요시모토가 이미지론 속에서 서술한 <현재>의 모습 자체에 대해 논하고자 하는 것은 아니다. 그 대신 이 글에서 논의하고 싶은 문제는 요시모토의 <현재>가 잭 라캉Jacques-Marie-Émile Lacan[9]이 말하는 근원적인 결락을 본질로 하는 타자로서의 현실계現実界를 많이 닮았다는 사실이다. 특히 1970년대 전반의 라캉은 쾌락원칙에 따라 자본주의적 지식과 과학의 언설이 타자와의 거리를 메워나가는 것='현실계의 과학화'를 지적하고 있어 요시모토의 접근법은 그와 아주 비슷하다[10]. 그러나 당연히 자본주의적 생산 아

7 吉本隆明『戦後詩史論 新版』, 思潮社, 2002年(원저는 大和書房, 1978).

8 역자 주－land satellite 미국의 지구자원 탐사 위성의 약칭.

9 역자 주－Jacques-Marie-Émile Lacan 프랑스의 철학자, 정신과의, 정신분석가.

10 여기서는 특히 세미나 XX를 참조
Jacque Lacan, edit. Jacques-Alain Miller, trans., Bruce Fink, *On Feminine Sexuality, The Limits of Love and Knowledge, 1972~1973, Encore: The*

래 집적된 지식과 표상에 의해 <타자>와의 만남이 가능해지는 것은 아니다. 그것과의 만남은 절대적으로 불가능하기 때문이다. 오히려 라캉이 이야기하는 의미로서의 현실계의 결락에—그 표출로서의 대상 a에—접하기 위한 결정적인 수단이 바로 시적 언어이다.

만남이 불가능한 <타자>의 지각과 시적 언어와의 불가분의 관계는 김시종의 『이가이노시집猪飼野詩集』『광주시편光州詩片』을 대치함으로써 요시모토의 '수사적 현재'를 비판한 호소미 가즈유키細見和之의 함의이기도 할 것이다[11]. 호소미는 『전후시사론戦後詩史論』에서 이미지론으로의 즉 70년대부터 80년대까지의 요시모토의 '수사적인 현재'의 '현재'에서는 김시종의 '現在'는 탈락되었다고 논한다(덧붙여 호소미의 말을 빌리자면 요시모토의 '현재' 에서는 단가의 '현재'도 탈락하게 되는 것이다—후술)[12].

---

*Seminar of Jacques Lacan* (New York: Norton & Company, 1988), 또한 edit., Suzanne Barnard and Bruce Fink, *Reading Seminar XX: Lacan's Major Work on Love, Knowledge, and Feminine Sexuality* (New York: Sate University of New York Press, 2002)도 참조.

11 細見和之『ディアスポラを生きる詩人金時鐘』(岩波書店, 2011) 특히 第五章「吉本隆明と金時鐘—来たるべき「戦後」の到来のために」를 참조.

12 호소미는 다음과 같이 요시모토와 김시종의 '현재'를 대치시킨다. '요시모토의 『전후시사론』에서 『매스 이미지론』에 이르는 흐름 가운데 김시종의 『이가이노시집』부터 『광주시편』으로 라는 결정적인 전개는 수습할 수가 없다'. '내적 예감이 충만하고 원시적으로 지향의 극(劇)을 품은 김시종의 일본어시는 어디로 향할 것인가? 일본 현재 시에서 어디로 흘릴 것인가'라는 이전의 구라하시 겐이치(倉橋健一)의 통절한 물음은 여기에서 더욱 증폭될 수밖에 없다. / 요시모토는 『매스 이미지론』에서 종래의 「문학」은 물론 포크 송, 만화 등의 서브 컬처도 언급하여 「'현재'라는 작자」 상을 파악하려고 했다. 그러나 그 '현재'는 어딘가 관념적으로 실체화되어 있다는 인상을 저는 부정할 수 없다. 김시종의 『광주시편』은 요시모토의 '현재'에 속해 있어도 그것을 적극적으로 평가하려는 사람은 그러는 사이에 '현재'로부터 탈락하고 있을까? 이와 같은 물음은 구라하시 겐이치에 의해서도 다른 누구에 의해서도 문제제기되지 않고 있다고 생각

요시모토의 주장에 있어 김시종의 <현재>가 탈락하는 이유를 말하자면 시적 언어가 원래 <현재>를 잘못 파악하고 있다는 것에 요시모토가 견딜 수 없었기 때문이라고 생각한다. 만날 수 없는 <타자>의 현재를 회피했다고 해도 좋다. 그것은 뒤에서 서술하겠지만 요시모토의 언어 표현론의 이론적 전제에도 기인하고 있다. 만날 수 없는 절대적인 누락・상실로서의 <타자>의 지각은 일상적으로 일어나고 있다. 다만 시적 언어에서 만남의 실패는 <타자>를 지각하기 위해서는 필수적인 실패다. 즉 만남이 언제나 상실이라는 경험이야말로 시적 언어의 핵심을 구성하고 있을 것이다. <타자>로서의 현재란 불가능한 만남이기도 합니다.

따라서 이 글에서 나의 관심은 지금까지도 누누이 논의한 <타자>를 둘러싼 논의로 이어지지만 그것을 반복하는 것 이외에는 <현재>의 리얼리티를 되찾을 수 없다는 것을 재확인하는 것이기도 하다. 본 글에서는 이러한 문제의식에 기초하여 시적 언어의 현실사회와의 대응・ 종속관계로부터 시적 언어 자체의 실효로 비약하는 요시모토의 논리를 검토하고자 한다. 그리고 이를 통해 시적 언어와 <현재>와의 관계를 논하고자 한다.

## 1. '수사적인 현재'와 '초월적인 관계의 구성'

주지의 논의이긴 하지만 『전후시사론』 가운데 '수사적인 현재'

---

된다.(방점은 인용자 / 細見 위의 책, pp.213-214)

에서 본 글에 필요한 부분을 인용해 보고자 한다.

> 전후시는 현재 시에 대해서도 시인에 대해서도 정통적인 관심과는 거리가 멀어져 버렸다. (…) 전후 시의 수사적인 현재는 경향이나 유파로서 있는 것이 아니라 말하자면 전체의 존재로서 있다고 말해도 좋다. 굳이 경향을 특정하려고 하면 <유파流派>적인 경향이라기보다 <세대>적인 경향이라고 하면 다소 그 진상에 가깝다. 하지만 사실은 대규모이지만 엄밀한 의미에서는 <세대>적 조차도 아니다. 시적인 수사가 모든 절실함에서 등거리로 멀어지고 있기 때문이다. (吉本『戦後詩史論』, p.162, 이하 '전후시'로 표기)

절실함을 잃어버린 것은 시적 언어에 기인할까? 아니면 '현재'의 변화에 기인하는 것일까? 요시모토는 이러한 '수사적인 현재'가 도래한 이유는 생활의 터전에서 전후시가 의미를 잃어버렸기 때문이라고 한다. 그리고 전후 현대시를 대표하는 요시오카 미노루吉岡実「승려」「노인송老人頌」을 참조하고자 한다. 여기서 참조하는 두 시를 인용하면 다음과 같다.

> '四人の僧侶／井戸のまわりにかがむ／洗濯物は山羊の陰嚢／洗いきれぬ月経帯／三人がかりでしぼりだす／気球の大きさのシーツ／死んだ一人がかついで干しにゆく／雨のなかの塔の上に'(「僧侶」)
>
> 'さびしい裸の幼児とペリカンを／老人が連れている／病人の王者として死ぬ時のため／肉の特性と心の孤立化を確認する／森の木の全体を鋸で輓き／出来るだけゆっくり／幽霊船を組立てる／それが寝巻の下から見えた／積込

よれたのは欠けた歯ばかり／痔と肺患の故国より／老人は出てゆく'(「老人頌」)

이 시구를 요시모토는 '다음 단어를 뽑아낼 수 없게 될지도 모르는' '불안감'에 의해 연결되어 있다고 평하였다.

> 언제 다음 단어를 뽑아내지 못하게 될지도 모른다. 그 불안을 간신히 <불협화不協和>적인 음색을 발하는 형상으로 연결해가는 고독함이 배어 있다. 시인의 고독함을 그 이상의 의미로 말하기엔 형상과 형상과의 중첩의 임의성이 너무 크다.(전후시, p.172)

요시오카 미노루를 참조하여 생활의 터전에 근거를 두지 못하게 된 전후시는 <개념의 개념>(전후시, p.174)이라고까지 불리운다. 일상성과 생활은 끊임없이 섬뜩한 것으로 변화하고 있는 영역이다. 그 변화를 시는 파악한다. 그러나 그때 변화해 버린 일상성을 모방하고 반복하는 것으로 일관해서는 안 된다는 것이다. 여기서 5・7의 음률이 사회의 보수적인 계급성의 반영이라고 하는 단가형식의 비판에서 나타난 논리도 상기할 수 있을 것이다.

> 생활이란 속속들이 꿰뚫고 있는 일의 반복에서 시작하여 어느덧 섬뜩한 사물과 마음의 배치로 변해 버리는 영역이 아닐까? 누구도 눈치채지 못하는 사이에 알고 있던 것들이 이해할 수 없는 것으로 변해 버릴지도 모른다. 이러한 마술과 같은 의미는 결코 역사의 표층에 떠오르지 않는다 하더라도 역사는 그것으로부터 강렬한 영향을 받는다.(전후시, pp.191~192)

이러한 일상성과의 사이의 상이나 불화, 거절이 시적 언어여야 한다. 그 거절을 통해 '의미'나 '이미지'가 만들어질 필요가 있다.

> 단어가 현실과의 관계를 의도적으로 거부하거나 어긋나게 하거나 불협화음을 만들어 냈기 때문에 단어와 단어, 어휘와 어휘, 문절과 문절 사이에 별개의 관계를 <의미>로 또는 <이미지>로 만들어 내야 한다. 또한 만들어 내는 것 자체가 시다. (…) 그리고 그 시대적인 계기가 되는 것은 하나의 단어 구성법의 정형이 그 내부에서 현실과의 제반 대응을 점차 잃어버려 단어와 단어의 초월적인 관계를 구성하지 않을 수 없게 된 과정에서 인정할 수 있을 것이다.(전후사 p.209)

이러한 초월적 관계 구성의 성립은 『古今集』이 효시다. (同前) 여기서 시적 언어는, 괘사 연어掛詞縁語[13]에 의해서 사회적 현실로부터 자립한 허구의 시간을 정형으로 만들었다. 그래서 시적 언어의 수사는 사회의 반영이 아니라 초월적 관계의 구성이어야 한다. 그 반면 교사로서 아마자와 다이지로天沢退二郎의 「재건 패트롤世直しパトロール」의 다음 시구를 예로 들 수 있다. '멋진 스모그 스타일에서 /우리들은 출발하였다. 멋진/스모그 레스토랑에서'[14]. 여기서 각 구의 サ행에 걸린 '연어괘사'는 '개성이라는 개념이 시의 표현에서 없어져 버렸음을 표상하는데 이보다 더 훌륭한 표현방법을 사용하고 있는' 실례는 없다.(전후시, pp.200~201) 『고금집』과 유사한 수사적

13 역자 주－괘사연어(掛詞縁語).

14 원문 "すてきなスモッグのスタイルで／ぼくたちは出発したすてきな／スモッグのレストランから"

방법론을 현대에 반복하면 그 시는 평범해진다. 그런 일은 피해야 한다.

전후시가 이런 평범한 수사에 빠진 것은 시적 감성의 상실이며 동시에 '시적 감성의 대중화와 풍속화를 배경으로 한' 현상이다. 앞으로 다가올 시대를 예시하는 것이 아니라 사회의 대중화와 풍속화가 전후시의 감성을 추월해 버린 것이다. 그리고 1950년대에 쓰여진 타니가와 간谷川雁이 「도쿄로 가지마東京へゆくな」를 참조하여 1970년대 중반의 전후시가 보여주는 격차를 확인할 수 있다.

> 시적 언어 또한 하나의 사이클을 완료해 가고 있다. 지금으로부터 2, 30년쯤 전에는 시에서의 단어는 직접적으로 현실을 할퀴는 감각에 의해 지탱되었다. 단어는 현실 그 자체를 훼손하고 현실 그 자체로부터 상처를 입는 것이 실제로 믿어질 정도였다. 현재에는 시의 언어는 단어의 <의미>를 할퀴거나 훼손하거나 변형시키고 있을 뿐이다.(전후시, p.212)

상처를 입고 현실을 할퀴는 것으로 일찌기 전후시는 <현실> 그 자체의 상처를 건드렸다. 그것은 근대 일본의 후진성과 교섭하고 갈등하는 것이기도 했다.

> 희귀한 재능과 사상의 개성의 형태로 정합된 단어의 노력을 현재, 시는 어디로 갔을까? 또한 도시와 농촌의 대립이라는 <고전적> 도식은 어떻게 변질되어 어디로 흩어져 버렸을까? (전후시, p.240)

전후시의 감성이 쇠퇴하는 한편으로, 그러나 풍속의 현실 속에서 <절실한 현재>의 단편은 넘쳐흐르고 있는 것이다. 문제는 그러한 <현재>와 시의 방법의 괴리에 있다. '풍속의 현실은 혼란스러운 현대적 예각의 조각들이 무질서하게 넘쳐흐르는 것을 가리키고 있는데, 그 감성은 고풍스럽고 우아하며 가련함이라고 하는 것으로 수렴되어 간다.'(전후시, p.228) 따라서 요시모토는 전후 시의 감성을 극복해 나간 풍속에 대해 그러나 풍속 이상의 방법을 찾아내는 것에서 시적 해방의 돌파구를 찾고 있다. '시는 사상의 씨앗을 담고 있는데 해방이 어디로 향해야 할지 감이 잡히지 않는다.'(전후시, p.247)

일련의 전후시에서의 상황 판단의 단어는 시적 감성의 리얼리티 상실을 한탄하고 있지만 방법으로서 전후시의 포기는 아닌 것이 중요하다. 또한 요시모토는 같은 시기에 『초기가요론』의 집필을 진행함으로써 『고금집古今集』 『신고금집新古今集』에서 초월적 관계 구성으로서의 정형 창출을 확인하였다. 따라서 『전후시사론』의 시점에서는 시적 언어 · 방법의 재창조 가능성을 버리지 않았다.

그런데 여기서 대중화 · 풍속화를 뛰어넘는 초월적 방법의 원형으로서 참조되고 있는 것은 우선 『고금집』 『신고금집』 『언어에 있어서 미美란 무엇인가』에서 논해진 단가 · 와카였다는 점에 유의하자.

『언어에 있어서 미란 무엇인가』에서 단가적 표현은 운율 · 선택 · 전환 · 유喩 등의 언어 표현의 기초적 개념 도입을 위해서 선택되었다. 예를 들어 '噴水は疾風にたふれ噴きゐたり々たりきらめける冬の浪費よ'(葛原妙子) '暗渠の渦に花揉まれをり識らざればつねに冷えびえと鮮しモスクワ'(塚本邦雄) '言ひつのる時ぬれぬれと口腔見え指令といへ

ど服し難しも'(岡井隆) 'マッチ擦るつかのま海に霧ふかし身捨つるほどの祖国はありや'(寺山修司)에 대해서. 요시모토는 이 노래들을 종합하여 '上句'(5·7·5)를 '단가적인 원형이라고도 할 수 있는 사물을 객관의 표출체로 서술한 것' '下句' (7·7)를 '작자의 주관체에 관철되어 있다'로 분석하였다[15]. 이 분류는 토키에다 모토키時枝誠記—스즈키 아키라鈴木朖의 사詞·사辭론과 보자기형風呂敷型—사辭에 의한 글 전체 격납格納—의 응용이다. 즉, [객관적 표현+주관적 표현(+공백)]이라는 구성과, 5·7의 음수율이 지시 표출을 담당하고 마지막 구를 체언으로 마치는 것이나 이나 단락에 의해 공백 부분에 해당하는 의지가 구의 전체를 정리한다. 여기서 공백이란 사辭가 담당하는 의지가 작용하는 부분이다. 이 정형 속에서 요시모토는 현실의 관계에서 초월해 자립하는 시적 언어의 전형을 보았다. 나아가 객客→주主라는 전환이 극적 시의 구성을 만들어 내는 열쇠임을 간파하였다.

이 극적 구성에 성공한다면 시는(단가)는 범용화凡庸化되지 않는다. 범용화되지 않는다는 것은 요시모토의 말을 빌리자면 대중화, 풍속화하는 관계성을 초월하는 것이다. 그래서 이러한 극적 구성의 요건을 좀 더 분석할 필요가 있을 것이다. 그러나 요시모토는 『언어에 있어서 미란 무엇인가』 의 단가론에서 바로 여기부터 즉 음률이나 박자의 분석을 필요로 하는 시점에서 탐구를 그만두고 말았다. 그것은 무엇 때문일까? 요시모토는 결국 시적 언어의 성패를 판단할 때 의지의 작용을 확인하는 것으로 충분하다고 생각하

15 吉本隆明『定本 言語にとって美とはなにか』I, 角川文庫, 2003, p.143.

였기 때문이다. 앞에서 서술한 '수사적인 현재'에서 말한 것은 '단어가 현실과의 관계를 의도적으로 거부하거나 늦추거나, 불협화음을 만들어 내거나 했기 때문에 단어와 단어, 어휘와 어휘, 문절과 문절 사이에 별개의 관계를 <의미> 또는 <이미지>로 만들어 내지 않으면 안 된다'라고 하는 것이었다. 이것에 이론은 없다. 하지만 '의미' 나 '이미지'가 만들어지는 데 있어서는, 소기所記로서의 의미뿐만이 아니라 능기能記와 그 단어 · 문자 · 음이 담당하는 메타언어적인 요소가 결정적인 역할을 담당한다. 그러나 요시모토는 단어의 작용을 의지로 환원해 버렸다. 객관 · 주관이라고 하는 분류가 원래 의지의 차원에서 밖에 있을 수 없다.

하지만 오카이 다카시가 '단시형 문학론'에서 지적했듯이 (후술), 앞의 구즈하라 다에코葛原妙子부터 데라야마 슈지寺山修司까지, 네 노래는 상구하구 모두 주관적으로 선택된 단어이기 때문에 애초에 객 · 주와 같은 분류는 불가능한 것이다. 따라서 요시모토의 표현론은 그 전제에 있어서 미비한 점이 존재했다. 객 · 주의 분류라고 하는 방법론은 의지 차원의 운동이며 그것과는 별도로 작용하는 메타언어의 타성적인 정동의 차원을 자립적으로 취급할 필요가 있었다.

물론 요시모토가 메타언어적인 요소의 작용을 무시하였다고 하는 것은 아니다. 그것에 대해 나는 이전에 전前—표출적表出的인 것의 작용으로서 논하였다[16]. 요시모토는 이러한 전—표출적인 타성적인 정동情動에 대해 항상 지적인 작용이 관여한다고 덧붙였다. 타성적인 정동은 습속이나 유제遺制로서 바꾸어 말할 수 있지만 그것

16 友常勉「表出と抵抗」『脱構成的假乱—吉本隆明, 中上健次, ジャ・ジャンク』, 以文社, 2010, pp.38-43.

은 부채로서 가치 전환되어야 했나. 이러한 정동과 그에 대한 지적인 저항은 근대 일본의 후진성에 규정된 언어표현을 완전하게 논하기 위해 요시모토에게 있어서는 불가결한 계기였다. 이른바 시적 언어의 분석에 있어서, 메타언어를 자립적으로 취급할 필요가 있을 때 요시모토의 경우 근대 일본의 후진성에 규정된 관계성을 전환하기 위한 저항의 의지가 반드시 개입되야 한다. 그것은 저항론으로써는 훌륭하지만 표현론으로써는 하자가 된다. 결국 요시모토의 시론은 그 전제에 한계가 있었다고 할 수 있다.

한편, 요시모토가 진행하지 않았던 영역 즉 메타언어적 요소를 적절히 취급한 언어 표현론은 오카이 다카시의 단시형 문학론에 의해서 전개되었다.

## 2. 오카이 다카시 '단가형 문학론'

오카이 다카시는 요시모토 비판을 바탕으로 모음률론을 핵으로 하여 단시형 문학론을 확립하였다. 그 논증을 촉구한 직관에 대해 다음과 같이 말하고 있다.

> 시는 그 의미에서는 원래 일상어의 세계에 우거진 화초가 양적으로 증가하는 것 만으로는 도달 할 수 없는 세계다. 예를 들어 화초가 돌이 되는 것 같은 질적 변모가 필요하다. 시는 반자연적이며 반인간적이기까지 하다.
>
> (…) 예를 들면 노래는 31박拍, 시간으로 해서 10초도 안 돼 읽을

> 수 있다. 우리는 평소 10초 만에 무언가를 말할 수 있으리라고는 생각도 못한다. (…) 그런데 노래에서는 그것이 정상이고 그것이 약속이다. 그리고 이것은 노래뿐만 아니라 자유시를 포함한 단편시 모두에 적용될 수 있다.(岡井隆・金子兜太「短詩型文学論 短歌論―韻律論をめぐる諸問題」, pp.22-23. 이하 岡井, 쪽수로표기)

이 전망에 따라 오카이가 논증한 것은 모음 순열에서 율의 경향을 이끌어내는 것이었다. ①「幻のごとくに病みてありふればここの夜空を雁がかえりゆく」 ②「かりがねも既にわたらずあまの原かぎりも知らに雪ふりみだる」 ③「死に近き母に添寝のしんしんと遠田のかわず天に聞ゆる」(모두 사이토 모키치斎藤茂吉) 방선부는 모음 조사로 인해 조바꿈이 일어나는 구절이다. 오카이의 방법론을 답습하여 ① 노래의 모음열을 표기하면[aooio oouiaie aiuea oooooao aaaeiuu]가 된다. 여기에서는 i음이 박자 맞추기의 모음(조율모음調べ母音) 으로서 율동하고 방선부의 구에서 조바꿈転調이 일어난다(①은 4구에서 o가 단번에 연속되어 뚜렷한 조바꿈을 가져온다). 이와 같은 음운 조사에 의해 수가秀歌에서는 제4구에서 조바꿈이 일어난다는 것을 밝혀냈다.(岡井, p.66). 모음이 다섯개뿐인 일본어에서는 서양 언어와 같은 복잡한 두운頭韻이나 각운脚韻의 효과는 기대할 수 없다(앞의 아마자와 타이지로天沢退二郎의 시의 진부화를 참조). 이에 비해 i음과 o음에 의한 모음률이 효과를 거둔다. 그것은 5・7의 율수나 자음에 의한 괘사연어와는 별도로 작용하는 효과이다. 따라서 오카이가 다음과 같이 결론짓는 것은 옳다. '제가 여기서 모음률의 개념을 도입해서 생각해 본 목적은 종래의 율 개념 이외의 리듬이 일본 운문의 근저에

깔려있다는 것을 증명했기 때문이다'(岡井 p.75.)

이 모음률을 따른다면 요시오카 미노루의 「승려」에서도 '불규칙하면서 모음 리듬과 비슷한 리듬이 깔려 있는' 것을 볼 수 있다(岡井 p.82). 예를 들어보면 다음과 같다.

'四人の僧侶／井戸のまわりにかがむ／洗濯物は山羊の陰嚢／洗いきれぬ月経帯／三人がかりでしぼりだす／気球の大きさのシーツ／死んだ一人がかついで干しにゆく／雨のなかの塔の上に'의 모음률은 [oioouo iooaaiiaau eauooaaioiou aaiieueueiai aiaaieioiau iuuoooiaoiau iaioiaauieoiiuu aeoaaoouoouei]이 된다. '四人の僧侶'라는 o음의 특이한 연속을 포함한 음렬로 시작하여 박자를 맞추기 위해 a→i, i→a의 율동이 민첩하게 작용하고, 미세한 조바꿈을 반복할 때에는 ('気球の大きさのシャツ' '雨のなかの塔の上に'), o음의 연속을 볼 수 있다. 게다가 a→i, i→a의 율동은 다음 모음 순열과 조바꿈의 시점을 준비하고 있다. 그리고 사詞는 모음률의 리듬에 규정되어, 나아가 일상 생활속에서 신변에 존재하는 사물에서 선택되었다.

이렇게 모음률의 리듬은 일상적인 단어의 지평에 전율조차 도입해서 다음 구에 대한 기대를 가져온다. 모음률로 보았을 때 이 시에서 '언제 다음 단어를 뽑아낼 수 없게 될지도 모른다'고 논평하고, 단어의 도출이 불안정하여 시인의 불안과 고독을 환기시킨다고 했던 요시모토와는 정반대의 결론이 도출될 것이다. 이것은 일상의 이면에 있는 또 다른 이상한 일상의 광경이다.

오카이의 단시형 문학론을 정리하자면 다음과 같다. 모음률을 가진 단가가 단가 고유의 구성을 취하는 것은 단가정형의 근간을 이루는 '약속성'과 '간결함'이라고 하는 결정적인 조건이 있기 때문이라고 결론지을 수 있다.

> 비유적으로 말하면, 단가와 같은 단시형의 경우 '기대와 그 충족' 이라는 설명을 굳이 적용시키려 한다면 31음 전체가 1음절에 상응하는 형태로 거기에는 먼저 공백이 있고 그 공백이 순식간에 메워지는 것이다. (…) 단가에 있어서의 정형의식은 단가 밖에 있다. 혹은 앞에 있다.(岡井, pp.85~86, 방점은 원문에 표기대로)

단가의 율수에 의한 약속은 기껏해야 10초 정도 사이에 다음 구절을 기대하게 한다. 그것은 서구시의 한 음절에 해당하지만 단가의 정형의식을 구성하는 약속이다.

이렇게 해서 오카이는 가인으로서의 실감한 통해 얻은 전망을 논증하였다. 이로써 논쟁에서 '노예의 운율론' 이나 '단가실효론' 과 같았던 요시모토의 비판을 뒤집게 되었다. 단가의 질서는 5・7률만으로 환원되지 않는다는 것, 오히려 모음률이 중요하다는 것, 그리고 모음률은 비정형의 현대시를 규정하고 있다는 것이 논증되었기 때문이다. 나아가 오카이는 이 정형시가 내포한 구조를 하나의 사상으로 전개하였다. 단가 혹은 정형시란 정형을 고르는 '개개의 결단'을 전제로 한 '계약의 사상'이라고 하는 것이다.

> 우리는, 현대 사회에서 정형의 사상에 지배되어 살고 있다라고까지 말할 수 있을 것이다.우리가 가지고 있는 자유의 관념은 아마 여기서 생겨난다. 정형에 부딪히는 순간 방전되는 사상이다.
>
> 정형시의 쇠약은 현대인이 가지고 있는 '자유의 관념'이 '정형의

사상'과 맞지 않는 것에 기인한다고 나는 생각한다. '표현의 자유'가 그대로 '표현형식의 자유도'로 등치된다고 착각하고 있는 것이다. (岡井 p.117)

'계약의 사상'으로 정리된 정형시의 구조에서 약속이 초래한 기대는 때때로 생각을 공중에 뜨게하여 만남과 상실의 드라마를 출현시킨다. 그것은 의식적으로 <타자>의 현실現前과 부재를 경험하는 수련이기조차 하다. 더욱이 오카이가 말하는 '계약의 사상'은 정형시뿐만 아니라 비정형시에서도 존재 한다. 요시모토가 전후시에서 '수사적인 현재'를 확인하면서 그것에서 멀어져 '현재' 그 자체에 대한 근본적인 서술祖述로 비약한 이유는 요시모토의 언어표현론 자체가 가지고 있었던 하자가 관련되어 있다. 시적인 수사라고는 하지만 실제로는 의지 차원에서 사상적인 절실함을 추구했기 때문에 전후시의 의지가 '현재'에 매몰되었다는 사실만이 강조되었다. 하지만 모음률의 수준에서 볼 때 과연 시적 언어는 절실함을 잃었다고 할 수 있을까? 전후시 그 자체가 시적 감성의 후퇴를 초래했다면, 그것은 시적 언어의 내적 기준인 '계약의 사상'—모음률에 의한 규정—의 판별을 할 수 없게 된 데 있었기 때문은 아닐까? '계약의 사상'의 수준에서 시적 언어는 끊임없이 만남과 상실이라는 절실함을 경험하고 있지는 않을까? 따라서 '수사적인 현재'가 보여준 시적 감성의 후퇴란 정형시와 비정형시 사이의 거리가 불러온 것일 수도 있다. 그로 인해 얄궂게도 정형시측에서는 시적 언어의 대중화가 진행되어 부단히 '계약의 사상'이 실천된다. 한편, 비정형측에서는 대중화를 외면해 간다. 그것은 시적 해방으로부터의 후퇴가 아니었을까? 하지만 이는 추측일 뿐이다.

### 3. 맺음말—다이도지 마사시大道寺将司 전구집全句集에 부쳐

지금까지 살펴본 것처럼 모음률의 율동에 몸을 맡기는 것이 일본어로 쓰여진 시의 기본적인 조건을 구성한다. 거기에는 모음률이라고 하는 '계약의 사상'이 작용하고 있을 것이다. 그러나 그 정동의 타성 속에서 조바꿈을 만들어내고 이화異和나 불화不和를 표현하는 단어를 선택하기 위해서는 메타언어적인 정동에 몸을 맡기는 주체와 거기에 이화를 가지는 또 하나의 주체가 필요하게 된다. 그런 의미에서는 일본의 후진성에 규정된 관계성에 저항하는 계기를 언어표현론으로 끌어들인 요시모토의 기본전략은 틀린 것이 아니다. 그러나 관계성에 대한 저항은 관계성에 대해 무관한 관계를 만듦으로써도 수행된다. 거기서는 읽는 사람으로서의 우리가 시적 언어의 공동성의 공유를 거절당한다. 관계성에의 이화가 시 혹은 시인 그 자체가 이화로 변하는 지점에까지 철저하게 될 가능성. 바꾸어 말하면, 스스로의 이화가 어디까지 가능한가 하는 점에 시적 감성이 賭けられる같은 수준. 물론 여기서는 『이카이노 시집』에서 『광주시편』에 이르는 김시종의 1970년대 시작이 상기된다. 김시종의 시작詩作은 애당초 일본사회의 전후를 누려온 일본인이 만나려 하지 않는 <현실>의 현전現前과 부재를 표현하는 것으로서 시적 감성을 이화의 철저하게 수행하는 것이었기 때문이다. 동시에 그러한 자기이화가 있을 수 있다는 실감을 제가 가지는 것은 다이도지 마사시에 의해 전후 70년 이 지나 전후 사회 그 자체루부터의 이화가 옥중에서 명실공히 고독하게 수행되고 있었음을 재차 통감한 데에도 기인한다[17]. 다이도지 마사시 전구집의 표제이기도 한 '棺一基四顧茫々と霞みけり'는 '顧茫々と'에 있어서 작용하는 모음률이 기복을 주고 있지만 사용되는 단어에 있어서 모음의 가락은 매끄러운 것은 아니다. 그런 의미에서 음악적 요소가 약하다. 관념이 강하고 타인의 감상을 의식한 것과 거리가 멀다. 대화도 없이 관념적으로 추구하여 취해진 단어이다. 하지만 이 심상 풍경은 자기를 '관棺'으로 경물화하고 있다는 점에서 돋보인다. 의식적으로 이루어진 관계성에 대한 저항에서도 무관한 관계의 선택도 아니고 제한된 환경하에서 내성에 의해 거기에 이른 자기이화다. 만남이 상실이고 현전이 부재인것 같은 <현실>. 그 사이는 과학적 지식에 의해서도 전자화에 의해서도 메워지지 않는다. 거기에 남는 것은 엄청나게 쓰여진 글자의 흔적이기도 하고 그러나 일체의 글자가 사라져버리는 공백이기도 하다. 그 공백으로 인해서 <현실>의 리얼리티가 우리의 가슴을 파고든다.

요시모토 다카아키의 언어표현론의 비판적 검토를 축으로 하는 것으로 이 글에서는 시적 언어의 메타언어적 분석 가능성을 강조하였지만 문제는 다시 의지의 차원으로 회귀하고 있는 것 같다. 의지에 저항하는 의지가 요시모토의 신란론이나 예수론의 핵심이었으나, 그 수행은 생각지도 못한 곳에서 그러나 역시 요시모토가 가장 고집한 시적 언어 중에서 실천되고 있다고 할 수 있다.

17 大道寺将司『棺一基』, 太田出版, 2012.

# 통증의 '호칭称'

## — 마사오카 시키正岡子規의 역사주의와 '사생'

이 글은 마사오카 시키의 『먹물 한 방울墨汁一滴』『병상 여섯 척病牀六尺』을 지탱하고 있는 국민주의적 역사주의를 나타냄과 동시에 이들 텍스트 안에서 <통증>의 경험을 통해서 시키가 전개하고 있던 언어 표현상의 도전에 주목하였다. <통증>을 인칭화하는 표현은 일본어의 언어 표현 전통에 기인하면서 사생의 방법론을 잘 전하는 실천이라고 생각한다.

### 0. 들어가는 말

19세기의 제국주의와 국민주의적 공동성에 대해 대조적인 접근을 한 시키와 소세키의 문학 실천은 역사 연구의 관점에서 볼 때 매우 흥미롭다. 더욱이 시키의 경우에는 그 국민주의적 성격에 수반하면서 문학에서 동시대의 최첨단을 여는 언어 실천을 전개했다. 그것은 제1차 세계대전 후 서양에 출현한 귀환병들의 부상이나 트라우마를 둘러싼 문학실천에 관철되고  있다. 한편, 시키의 정치적 입장인 국민주의는 얼마 안 있어 총력전 시기의 '풀뿌리 파시즘'을 준비하게 된다. 여기에는 문학과 역사, 정치와 표현이 만들어내는 뒤엉킴이 있었다. 이러한 두 측면을 세심하게 그려내는 일은 앞으로의 과제로서 하고 여기에서는 그 논점에 대해 소묘해보고자 한다.

이러한 목적을 바탕으로 이 글에서는 신문『일본』에 연재된 마사오카 시키의 두 가지 텍스트『먹물 한 방울』『병상 6척』을 통해 시키가—실제로는 이러한 텍스트는 키요시高浜虚子에 의해 구술 필기되고 있었다고는 하지만—기술하려고 한 병고의 '통증'과 '사생'의 방법론을 검토하고 그것이 일본 중근세문학을 곁에 두면서 일본어의 문법구조를 바탕으로 한 서술의 실천이었던 것을 서술하고자 한다. 하이쿠俳句가 그렇듯이 시가詩歌의 문법에 있어서는 작자의 주관은 확실히 존재하며 끝맺음의 조사・조동사에 따라, 즉 도키에다 모토키가 말하는 '제로기호'에 있어서 작자의 주관은 각각의 시가작품을 뒷받침하고 있다[1]. 그러나 시가에서 작자 자신이 작품 표면에 드러나는 경우는 거의 없다. 시가 작품에서는 대부분의 경우 주제뿐 아니라 주격이 자연물로 인간이 아닌 것은 드문 일이 아니다. 그것은 시키가 실천한 '사생'이라는 방법론의 출발점이기도 하였다. '사생'은 19세기 서양 모더니즘 문학의 사실주의에 동시대성을 가지고는 있었지만—그것을 시키도 지적하고 있지만—일본어의 문법 구조에 유래하면서 무한히 대상을 의인칭화(=personified, 또한 '칭'은 여기에서는 name, title의 의미로 사용)하는 서술법敍法이었다. 더구나 그것은 국민주의적 역사주의를 담보하면서 그것이

1 時枝誠記『国語学史』(岩波書店, 1940)의「ゼロ人称」의 이러한 이해에 대해서는 藤井貞和『文法的詩学』(笠間書院, 2012) 특히「二十章 語り手人称、自然称」의 논의에 따름. 또한 이에 대해서는 후술함.

보장하는 공동성에서 벗어난 문학 엘리트 남성들의 동질적인 독자 공동체를 부단히 결합하면서 전개되었다. '통증'에 주목하면서 이 글에서 서술하고자 하는 것은 연구連句의 자리를 둘러쌈으로써 형성되는 공동성과 유사한 '호칭'을 통해 형성되는 공동성의 특이성이다.

## 1. 시키의 국민주의적 역사주의

먼저 시키의 문학혁명이란 국민주의적 역사주의라는 이데올로기 없이는 성립할 수 없었다는 것을 말해두고자 한다. 헤이든 화이트는 19세기에 창출된 '문학'이 국민주의적 역사주의를 이데올로기의 배경으로 하여 선행하고 있었던 문학표현을 뒷받침하던 줄거리를 해체하고 '사실주의'가 그랬듯이 새로운 형식과 내용을 만들어 낸 것을 다음과 같이 서술하였다.

> 그러나—아우엘바흐나 다른 사람들이 보여 준 것처럼—19세기에 세련되어 간 '문학'이라는 개념은 새로운 '형식'뿐만 아니라 새로운 '내용'도 받아들이게 되었다. 그 내용은 '사실주의'의 교설에 정식화되어 있듯이 '역사적인 현실'로 불리게 되는 것에 지나지 않았다—게다가 이제 그것은 '과거'에조차 한정되지 않고 '현재'에까지 확장되어 갔다. 아우엘바흐가 옳다고 한다면 시간을 초월한 가치나 기준에 의해 과거를 일반화하거나 판단하는 충동이 전혀 없고 과거의 모든 측면을 《그 자체의 관점에서》 《그 자체를 위해》 보도록 주장한 것

> 이 '역사주의'이다. 이 역사주의적 태도야말로 문학적 사실주의라는 이데올로기를 형성하고 만들어냈다. 또한 프랑스와 미국에서의 혁명의 발발, 자본주의의 도래, 위대한 유럽제국의 시작하던 시대에 등장하기 시작한 새로운 사회계층에 대해서 (사실주의적인) 소설이 제공 가능하다고 생각되었던 특수한 종류의 지식의 기초를 구성하였다는 것이다[2].

19세기 역사주의는 민화와 우화, 서사적인 이야기라는 지금까지의 문학적 줄거리를 파괴하고 그 대신 '발견'된 근대적 주체가 경험하는 시간의 다층성을 문학적 영양분으로 삼았다[3]. 게다가 역사주의의 관점은《그 자체의 관점에서》《그 자체를 위해》라는 점에 있으며—여기서 가라타니 고진柄谷行人『일본근대문학의 기원』(특히「내면内面의 발견」)을 참조해도 좋다—문학사나 문화사의 다양한 경험을 그 관점하에 통괄해 볼 수 있게 한 것이다. 시키 또한 '사생'이라는 방법론을 대치하기 위하여 '월병月並'=(月次) 이라는 미학적 기준에서 중근세 문학의 줄거리에 의거한 수사나 장식 기법을 과감히 취사 선택하였다. 그것은 시키가 행한 문학혁명의 파괴와 창조를 잘 나타내고 있다.

시키 시대의 문학가에게 있어서 이러한 역사주의란 근대 일본의 국민주의 이데올로기와 불가분의 관계였다. 국민주의적 역사주의를 배경으로 진보와 계몽이 기준적 관점으로 기능하고 그것이 일

2 ヘイドン・ホワイト, 上村忠男監訳『実用的な過去』, 岩波書店, 2017, pp,15-16. 방점은 원문.

3 앞의 책, p.126.

상적인 신체 문제에서 사회적인 논점으로 확장될 수 있게 한 것이다. 통증의 기술에서 시작하여 병자의 개호 방식을 논하고, 이것이 여성 교육으로 연결시키는 논의(『병상6척』 65절 · 66절환)나 투병을 '전투'에 비유하는 기사(69절)은 좋은 예다. 여기서는 역사적 진보주의가 문화적 문학적 혁명으로 부연되어 가는 논의(37절)을 참조하고자 한다.

○메이지 유신의 개혁을 성취한 자는 20세 전후의 시골 청년이었지 막부의 노인은 아니었다. 일본 의료계를 쇄신한 자도 후진의 소년으로 한방의는 이에 해당되지 않는다. 일본 한시계를 뒤흔든이도 역시 후진의 청년이지 노시인은 아니다. 하이쿠계가 개량된 것도 역시 후진 청년의 힘으로 옛날풍의 종장宗匠은 오히려 그 진보를 방해하려고 한 적은 있었지만 조금도 이에 힘을 실어준 적은 없다. 무슨 일이든 혁명 또는 개량이라는 것은 반드시 새로 세상에 나온 청년의 일이며 종래 세상에 있던 곳의 노인이 중도에 설을 번복했기 때문에 혁명이나 개량이 행해졌다는 것은 거의 그 예가 없다[4].

문화적 문학적 혁명의 정통성은 메이지 유신과 메이지 시대 국민국가의 건설이라고 하는 정치 혁명에 의해서 그 근거가 부여되었다. 국민주의와 동반적 관계를 형성한 이 역사주의가 시키가 구축하고자 했던 '사생'이라는 관점에 확고한 기반을 마련해 주었다.

4 正岡子規『病牀六尺』, 『正岡子規全集 11』, 講談社, 1975, pp.281-282. 이하 전집에서의 인용은 全集 11로 표기.

## 2. 통증으로의 동화

'사생'에 의한 혁명은 병상의 신세를 이어가는 『먹물 한 방울』에서 『병상 6척』에 이르는 수필 줄거리의 변화에서도 전통에 대한 파괴로 진행되었음을 알 수 있다. 먼저 『먹물 한 방울』에서 전통적인 수필 양식에 따라 표명되는 '통증'이다.

> 나이든 괴로움과 국부의 아픔 외에 왼쪽 옆구리의 아픔이 작년보다 강해져서 지금은 붓을 들고 글을 쓸 능력이 없을 정도니 생각한 것이 마음에 쌓여 마음조차 괴로워진다. 이렇게는 사는 의미도 없다. 과연 어떻게 해서 병상의 지루함을 달랠 수 있을까? 생각할수록 문득 떠오르는 것이 마침내 먹물 한 방울이라는 것을 썼으면 한다[5]. (…) (1월 24일)

'메이지 34년 1월 24일'의 날짜가 있는 일용日用의 '지루함'을 기술하는 수필체의 서술법 속에서 표출되는 이 '통증'이라 경험의 묘사는 아직 부족하다. 이에 반해 같은 해 4월 19일에는 이미 '통증'의 내용 자체에 접근하려는 관점에서 기술되었다.

> 이상하면 웃는다. 슬프면 운다. 그러나 통증이 심할때는 방법이 없기 때문에 신음을 하거나 소리를 지른거나 울거나 또는 묵묵히 참거나 한다. 그 가운데 묵묵히 참는 것이 제일 괴롭다. 맹렬히 흐느끼고

5 全集 11, p.96.

맹렬히 소리치고 맹렬히 울면 조금은 통증이 줄어든다[6]. (4월 19일)

또한 거동이나 필기가 곤란하다는 표현의 내용은 '1월 24일' 기술과 같더라도 다음에 나타난『병상 6척』38 · 39절에서는 '병'과 '통증' 그 자체의 관점에서 기술하는 것으로 전환되었다. 우선 그것은 화자가 '병자'의 관점에 동화하는 것으로 기술된다.

38

○병자이다. 몸의 통증 또한 약화되어 몸의 움직임은 거의 불가능하다. 머리는 혼란스럽기 쉽고 눈은 핑글핑글 동아 서적, 신문 등 읽을 수가 없다. 더구나 붓을 잡는다 해도 쓰는 것은 도저히 불가능하다. 그런데 옆에 간호인도 없고 대화상대도 없다. 어떻게해서 나날을 보낼것인가? 어떻게 해서 나날을 보낼것인가?[7]

39

○병상에 누워서 움직임이 가능할 때는 억지로 병을 괴롭다고 생각하지 않고 태연히 뒹굴거리고 있었지만 요즘과 같이 움직임이 불가능하게 되어서는 정신의 번뇌를 일으켜 거의 매일 미칠 것 같은 괴로움을 겪는다. 이 괴로움을 받아들이려고 생각하여 여러가지로 궁리하거나 움직이지 않는 몸을 무리하게 움직여 본다. 癒〻煩悶する. 머릿속이 엉망진창이다. 더 이상 참을 수가 없어 참고 참았던 주머니의 끈이 끊어

6 앞의 책, p.166.

7 앞의 책, p.282.

> 져 드디어 폭발한다. 이제 이렇게 되면 끝이다. 절규. 통곡. 더욱더 절규하고 더욱더 통곡한다 (…) 만약 죽는 것이 가능하다면 그것은 무엇보다도 바라는 바이다. 그러나 죽는 것이 불가능하다면 죽여줄 사람도 없다. (…) 누군가 이 고통을 도와 줄이는 없는가? 누군가 이 고통을 도와 줄이는 없는가?[8] (6월 20일)

38절과 39절을 통해서 '무료함'의 양식에 따른 서술법은 완전히 해체되고, 글쓴이는 '절규.통곡'이라는 <목소리> 자체로 도약한다. 38절에서는 자기 언급적인 외침과 '병자'를 기술하는 화자의 관점이 동화된다. 그리고 '어떻게 하루를 살아야 할까? 어떻게 하루를 살아야 할까?' 고민하는 자기 언급적인 그러나 불특정한 타자에게도 향한 호소가 된다. 이어지는 39절에서는 '병자'는 이미 고통의 의해 지배된다. 그리고 이 관점에서 단번에 구원을 요청하는 '누군가'에의 호소가 된다. 원래 '누군가 이 고통을 도와줄 사람은 없을까'에서의 '누군가'는 국민적 공동성과는 다른 공동성에 대한 호소이다. 여기서 표출되고 있는 것은 '병'과 고통 그 자체의 관점에 기초한 내용과 형식의 문체이다. 게다가 그것은 공동성의 형성과 동시에 행해지고 있다.

## 3. 통증의 칭화

전술한 6월 20일 기사(39절) 뒤에 시키는 '고향의 모씨'로부터

8 앞의 책, p.283, 방점은 원문.

편지를 받는다. 시키의 '번민'에 대해 종교적 구제를 설명하지만 다시 그 불가능성과 절망을 공유하면서 마음의 평안을 촉구하는 편지였지만 이번에는 이러한 응답을 주고받는 관계성 속에서 대화가 이루어진다. 여기서 먼저 질문을 받은 '누군가'는 여기에서는 글쓴이와 읽는이라고 하는 독자 공동체의 관계성 속에서 침착성을 찾아낸다. 이러한 독자와의 편지 교환을 화자의 심경은 '결국 자신과 자신 주변 조화를 이루는 것이 매우 어려워지게 되는'(40절) 것에 눈을 돌리게 된다. 이 심리를 보다 자세하게 묘사된다[9].

> 42
>
> (…) 여유가 있으면 정신의 번뇌도 생사에 큰 문제는 아니고 병이 자신을 쇠약하게 했지만 척수계를 앓고 있기 때문일까? 어쨌든 생리적으로 정신의 번뇌를 가져온 것이고 공통스러울때는 그 무엇도 그 누구도 어쩔 수 없는 일이다. 그러나 생리적으로 번민하더라도 그 번민을 면할 수 있는 방법은 본래『현 상황의 진행에 맡기는』것밖에는 없는 것이다. 절규하고 번민하며 죽음에 이를 수밖에 없다. <u>비록 타인의 고통이 8할이로 자신의 고통이 10할이라고 해도 타인도 자신도 한결같이 단념하는 수밖에 달리 단념할 수 있는 방법은 없다. 이 10할의 고통이 더욱 진행되어 12할의 고통을 받게 되었다 해도 역시 포기할 수밖에 없는 것이다.</u>[10]

9 앞의 책, p.284.

10 앞의 책, p.286-287, 밑줄은 원문.

작자의 '10할'의 번민이 독자에게 '8할'의 고통을 초래하고 그로 인해 독자나 주변이 불편이나 피해를 입었다 하더라도 그것은 사태의 '진행에 맡길' 수밖에 없다. 가해와 피해 모두에게 득이 있다고 생각해도 어쩔 수 없다. 화자는 '고통'으로 전환한 관점에 존재하고 있어 독자나 주위에 그 관점을 공유할 것을 요구하고 있다. 작자의 이야기는 아픔 그 자체에 몰입할 것을 강요한다. 그것이 불가능하다 하더라도 아픔 그 자체가 단어를 통해 말하도록 하고 있습니다. 다시 말하면 통증 그 자체가 통증의 <칭화>를 필사적으로 요구하고 있다. 통증의 감각과는 별도로 통증의 칭화를 강요당하는 것은 피해도 폐도 아니고 통증이 촉진하는, 그렇게 하지 않을 수 없는 표출 기능이라고 할 수 밖에 없다. 통증은 신체 내부에서 비롯되지만 외부에서 주관에 작용하는 무언가가 있다. 외부의 대상이 자신의 말로 이야기할 때 언어 표현은 의인칭이 된다. 그리고 이 의인칭화는 하이쿠의 혁명에서 시키가 확립하고자 했던 '사생'의 방법론과 겹쳐져 있다.

## 4. '사생寫生'

45

○사생이라는 것은 그림을 그릴때도 기사문을 쓸때도 매우 필요한 것으로 이 수단에 의하지 않고서는 그림도 기사문도 전혀 불가능하다고 해도 좋을 정도이다. 이것은 일찍부터 서양에서는 이용되었던 수단이었다. 그러나 옛날의 사생은 불완전한 사생이었기 때문에, 이 무렵

> 에는 점차 진보하여 한층 정밀한 수단을 취하게 되었다. 하지만 일본에서는 예로부터 사생이라는 것을 매우 소홀히 보아왔기 때문에 그림의 발달을 방해하거나 또는 문장이나 노래도 모두 진보하지 않았던 것이다. (…) 사생이라는 것은 천연을 베끼는 것이므로 천연의 취미가 변화하고 있는 만큼 그만큼 사생문 사생화의 취미도 변화할 수 있는 것이다[11].

여명이 얼마 안남아 병상에 누워 있으면서도 시키의 하이쿠 및 선구選句는 예를 들어 토미타 못포富田木歩나 무라카미 기조村上鬼城처럼 자신의 장애나 곤란, 곤궁을 주제로 하는 일은 없었다. 통증이나 병은 오히려 일기 풍으로 연재어 문장 가운데 격렬하게 표기되었다. 하지만 그것은, 문장이 주관을 담당하고 하이쿠 · 단가 작품이 객관을 담당했다고 하는 것은 아니다. 문장에서 질병과 통증의 기술로 '사생'의 조건에 대한 이론적 고찰과 그 실천은 충분히 추구되었다. 그리고 당연히도 시키는 '천연에 대한 취미가 변화하고 있는 그만큼 사생문, 사생화의 취미도 변화될 수 있는 것이다'와 같이 천연의 대상, 즉 무정無情한 것도 유정有情한 것도 그에 맞는 사생이 있을 수 있다고 주장한다.

여기서 '사생'의 이러한 방법론이 시가 작품의 대상을 무한히 '칭'화해 나가는 전개를 수반하는 것임을 후지이 사다카즈藤井貞和의 인칭론을 참조하는 것으로 확인해 두고자 한다.

11 앞의 책, pp.289-290. 밑줄은 원문.

기노 쓰라유키紀貫之의 병풍가屛風歌

그리움을 이기지 못하고 사랑스러운 여인을 찾아갔더니, 겨울밤의 강바람이 추워서 물떼새 우는 소리가 들린다[12].

'강바람이 춥다'고 하는 것은 어떤 '인칭'일까? 아니 이것이 인칭일까? 여기서 비인칭이라고 하는 것은 본말이 전도된 것이다. 비인칭은 person이 아닌 사항인데 인칭 the person을 전제로 해서만 성립시키는 말투이기 때문에 좀 피하고 싶다. 기존의 인칭 개념에 대비시킨다면 자연칭 the nature 등이라 해야 할 것이다. 이와 마찬가지로 물떼새가 우는 것은 '조칭鳥称'이며 혹은 의인칭 personified이다. (···)

[It rains.] 식式으로 서구적 문법학설의 인간주의는 인칭을 전제로 한다. 자연이나 생물, 무생물을 '비인칭' impersonal이라고 칭하는 것은 자연에 매료되는 '칭'에 대해 보고 싶다고 문득 생각된다[13].

후지이는 서구의 문법용어인 '비인칭'이라고 하는 규정이 일본어의 표현에는 익숙하지 않는 것에 주의를 촉구하면서 명사의 위치를 정하는 '격'을 가지는 대상물 각각이 '칭'으로서 나타나는 것을 지적하였다. 이경우에 '인칭'이 항상 주격이나 주어가 된다고하는 선입견을 버려야 한다. '사생'에 대해서 말하자면 그것이 천연의 대상에 맞추어 무한한 형용을 가능하게 한다면 후지이가 논하

12 원문은 "思ひかね、妹がり行けば、冬の夜の、河風寒み、千鳥鳴くなり"

13 藤井貞和『文法的詩学』, 笠間書房, 2012, pp.340-341.

는 의미에서 무한히 '칭'이 전개해 가는 것을 의미한다. '칭' '인칭'이 상대성인 것에 대해서 시키가 자각적이었음은 익살스러운 이야기로 제작된 14절 기사(8월 24일)에 잘 나타나 있다. '당신을 뵙고 싶은'이라고 해서 시키를 찾아와서 숙박까지 하고 간 시키의 '이상'을 갖춘 '와타나베 아가씨'의 정체가 마지막으로 '남악초화권南岳草花画巻'임이 밝혀진다. '아가씨'라는 여성의 3인칭 대명사를 사용하여 작문된 데에 이 에세이의 묘미가 있다.

## 5. 맺음말을 대신하여

통증에 관점을 설정하여 기술하는 시도는 『병상육척』의 끝까지 계속되었다. 결핵성 척추염으로 인해 부어오른 다리에 대해 잘 알려진 기술은 죽기 5일 전 '9월 14일'이다.

> ○발이 있지만 인왕仁王의 발 같다. 발이 있지만 남의 발 같다. 발이 있지만 반석과 같다. 겨우 손가락 끝으로 이 다리를 만지면 천지가 진동하고 초목이 절규하며 여와씨는 아직도 이 다리를 제거해 가서 오색 돌을 만들지 않았다[14].(9월 14일)

통증에 '칭'을 부여하고자 했던 시도는 여기에서 간결한 표현에 그치고 있다. 3개월 전에 '여기에 병자 있다'라고 기록된 관점은

14 全集 11, p.379.

'발'로 이동하였다. 이것은 발이 말하고자 하는 바의 '발－칭'이다. 이렇게 하여 이미 지적한 바와 같이 시키의 마지막 며칠간은 그 문학혁명의 집대성이기도 했다.

같은 함의에서 『병상 6척』 연재의 마지막 127절에서는 연재를 읽고 시키의 안부를 걱정하는 호히 산진芳菲山人=니시마쓰 지로西松二郎에게서 온 글을 소개하고 산진의 단가 '폐병(결핵)에 걸려 두견새의 고문을 누가 걸었는가[15]'를 게재하며 끝나는 것에도 유의하고자 한다. '폐병' 에 걸린 '배병俳病' '꿈' '두견새' 그리고 '고문' 등의 주제는 각각 연재에서 시키가 언급한 토픽이며 시키의 대명사가 된 단어이다. 다소 염치없이 시키의 생애를 총괄하고 있는 이 노래에는 신문 『일본』에 연재된 시키의 사상・사안이 독자와의 공동성 아래 형성된 누적이 간략하고 동시에 응축되어 이야기되었다. 또한 연구連句에서 출발한 하이쿠가 구회적句会的인 공동성을 갖는다는 특성을 잘 보여주고 있다. 그것은 여성을 배제한 문학 엘리트들의 남성공동성이지만 동시에 국민주의와는 구별되는 열린 공동성이 존재했음을 증명하고 있다.

또한 9월 18일에 쓴 절필 3구 중 첫 1구 '약이 되는 수세미가 피었지만 염증이 심해져 죽을 몸에는 늦을 것이다[16]' 또한 '천연의 취미'를 살리는 '사생'이 '칭'에 대해 상응하는 위치를 부여하는 작법임을 잘 보여준다. '수세미가 피고糸瓜咲て' '염증이 심해져 죽을 몸痰のつまりし佛' 은 각각 의인칭화 한 '칭'으로서의 위치에 있다. 게다가

15 역자 주－원문은 "俳病の夢みるならんほとゝぎす拷問などに誰がかけたか"

16 원문은 "糸瓜咲て痰のつまりし佛かな"

각각의 연결고리에는 통합이나 서열이 없다. 그리고 'かな'라는 제로 기호에 의해서 주관의 감정 또한 강하게 자기주장을 하지 않고 전체를 끝맺는다. 이를 시키 문학혁명의 집대성으로 보는 평가에 과장은 없다고 본다.

이 글에서는 국민주의로부터 제공된 표현의 욕망을 시대의 최첨단을 개척한 문학실천으로 승화시킨 시키의 언어 표현을 중심으로 논하였다. 그것이 첫머리에 기술한 것처럼 제1차 세계대전 후의 귀환병들의 부상이나 트라우마를 둘러싼 문학실천에 어떻게 중첩될 수 있는가는 향후의 과제로 해 두고 싶다. 그리고 이 또한 첫머리에 서술했듯이 이 과제는 동시에 그러한 실천이 문학에 있어서의 국민주의와 총력전 시기의 '풀뿌리 파시즘'과 어떻게 관련되어 가는가 하는 논점을 내포하고 있다. 문학과 역사, 정치와 표현의 얽히고설킨 관계가 가져오는 혁명성과 반혁명성이라는 주지의 과제가 여기에 걸쳐져 있음을 다시 한 번 확인해 두고자 한다.

# 후기

이 책에 수록된 텍스트는 2012년부터 올해(2019년) 사이에 작성되었다. 기발표 논문은, 기본적으로 명백한 오, 탈자를 정정한 것 이외에는 원본과 같다. 다만 '광기의 수출, 침묵의 연대' '부락 해방운동의 현재와 앞으로'와 같이 상당히 가필 수정을 가한 것도 있다. 어떻든 간에 이 책을 결정판으로 하고 싶다.

2012년에 가와데쇼보신사河出書房新社로부터 『전후 부락해방운동사 영속혁명의 행방』을 출판했을 때, 마지막 장에서 나는 다음과 같은 내용을 썼다. 자본제 사회를 상대화하기 위해서 다양한 마이너리티와 저변 노동자와의 만남을 우리가 만들 필요가 있다고. 그때 염두에 있었던 것이 나루터의 노동운동이고 언더클래스의 투쟁이었다. 본서에 수록한 텍스트의 테마는 각각 다르지만 그 중에서 내가 추구해 온 것은 상기의 것뿐이다.

본서와 관련되는 일체의 책임은 나에게 돌아가지만 그런데도 많은 분들의 원조나 어드바이스가 없었다면 각각의 논고는 존재하지 않았다. 여기에 이름을 적어 사의를 표하고 싶다.

먼저 가와데서방신사 아베하루마사阿部晴政 씨. 다양한 표현자들에 대한 논고는 아베씨가 기회를 주심으로써 가능하게 되었다. 아베씨와의 공동 작업은 아직 계속중이다. 마찬가지로 부두현장 자료의 조사와 토의로 신세를 진 여러분—류 씨, 가미야마 준지上山純二 씨, 이케우치 분페이池内文平 씨, 하라구치 츠요시原口剛 씨, 오미노 아키라小美濃彰 씨.

게다가 부락사의 공동연구자인 히로오카 기요노부廣岡浄進 씨, 『역사평론』에서 논문 집필때 도움을 주신 도나베 히데아키戸邉秀明 씨, 항상 많은 시사를 받고 있는 마뉴엘 양, 히라노 요시코平野良子 씨, 그리고 오타 마사쿠니太田昌国 씨. 또한 영문 체크를 항상 부탁하고 있는 이리스 하우캄프, 부르키치 술래이만. 『현대사상』의 논문 게재시에 상당히 억지스러운 내 말들을 들었주신 오시카와 준押川淳 씨.

각각의 주제로 이루어진 본서에 하나의 방향성을 부여하는 데에는 이노우에 야스시, 사키야마 마사타케 『마르크스와 상품어』는 이론적인 근거가 되었다. 이 책을 둘러싸고 2018년 6월에 도쿄외국어대학에서 개최한 심포지엄에 참가하신 저자 두 분과 보고자를 부탁한 아사카와 마사미, 마시마 이치로, 오하시 완타로, 나카무라 가쓰미 등 여러분.

또 하나의 지침은 토지 문제와 글로벌 자본 비판을 주제로 2018년 1월에 도쿄 외국어 대학에서 개최된 국제 심포지엄 「일본-아프리카 관계를 통한 글로벌 자본주의의 비판적 검토—토지, 공간, 근대성」(도쿄 외국어 대학 대학원 국제 일본학 연구원, 현대 아프리카 지역 연구 센터 공동 개최)에서 오간 논의였다.(보고서는 동 대학 홈페이지에서 볼 수 있음) 기조 보고를 하신 다케우치 신이치 선생님, 캐롤・그래크 선생님을 시작으로 하는 분들과는 다시없는 논의를 공유할 수 있었다. 거기서의 논점은 런던 대학 골드 스미스・칼리지에서의 올림픽의 심포지엄 참가를 계기로 하여 본서의 권두 논문으로 연결되었다. 심포지엄의 주최자이며 논문의 집필을 권유해 주신 다마리 토모코 씨이다. 또, 현대사를 직시하기 위한 관점으로서 JAL 123편 추락 사고를 아카데미아의 심사 문화와 아울러 생각할 기회를 주신 아오야마 도코 씨. 아오야마 씨는 오스타카산 투어에도 동행하였다.

또한 나쓰메 소세키와 마사오카 시키에 관한 심포지엄에서 시키에 대해 생각할 기회를 주신 시바타 쇼지 선생님. 시키는 다이도지 마사시가 자주 언급한 하이쿠 가인(역자 주–하이징俳人) 중 한 명이다. 그리고 곤란한 출판 상황 속에서 본서의 간행을 맡아 주신 고시사航思社의 오무라 사토시 씨에게 진심으로 감사드리고 싶다. 진지하고 타협하는 일이 없는 편집자가 편집을 맡아 주셔서 매우 든든했다.

마지막으로 많은 원고의 첫 독자인 파트너 야마모토 나오미에게 진심으로 감사의 인사를. 그리고 葦月와 葉日, 두 아들에게는 그들과 지내온 시간의, 이것도 하나의 증거라고 하는 말을 보내 두고 싶다.

2019년 5월

도모쓰네 쓰토무友常 勉

## 〔초출일람〕

### はじめに

ヘテロな空間をつくりだせ …… "Making Heterogeneous Space: Land Development and the Proletarianization of Urban Underclass in Post War Japan," *International Journal of Japanese Sociology,* 28(1), 1-16, 2019 を訳出して加筆

<補論>アンダークラスと獄中者組合 ………………………………………… 書下ろし

### 流動的下層労働者

流動的－下層－労働者 ……………………………………… 『Hapax』2号, 2014年

山谷暴動の研究 …… 未発表論文, 2016年(もともとは発刊されずに終わった『ヒドラ 批評と運動』第2号のために執筆された)

狂気の輸出, 沈黙の連帯 ……………………………… 『現代思想』2015年 8月号

商品の反ラプソディックな実在論とラプソディックな革命論 …………… 書下ろし

### 東アジア反日武装戦線

武器を取れ ……………………………………………………… 『Hapax』 7号, 2017年

解説『パルチザン伝説』…… 桐山襲『パルチザン伝説』, 河出書房新社, 2017年

六朝美文とゲリラ …… 『高橋和巳　世界とたたかった文学』, 河出書房新社, 2017年

ギギギ ………………………… 『「はだしのゲン」を読む』, 河出書房新社, 2014年

### サバルタンと部落史

サバルタンと宗教 ……………………………………… 『現代宗教二〇一八』 2018年

<矢田教育差別事件>再考 ………………………… 『歴史評論』 2017年 1月号

部落解放運動の現在とこれから ……………………… 『社会運動』 2015年 5月号

党と部落問題 ………………… 『大西巨人 抒情と革命』, 河出書房新社, 2014年

## アイヌ民族

新谷行『アイヌ民族抵抗史』を読むために …… 新谷行『アイヌ民族抵抗史』(復刻), 河出書房新社, 2015年

日本が滅びたあとで …… 岡和田晃/マーク・ウィンチェスター編『アイヌ民族否定論に抗する』, 河出書房新社, 2015年

## 表現と革命

国家の暗黒と審査文化 …… "Examining Darkness of Audit/Policy/Ethics in Investigations of the Incidents," *JSN Journal,* vol.7. no.2, 1-12, 2018 を訳出して加筆

マルスとヴィーナス ……『石牟礼道子 魂の言葉, いのちの海』, 河出書房新社, 2013年

キュニコスの勝利 ……………………『文藝別冊 大島渚』, 河出書房新社, 2013年

<キチガイ>というサバルタン階級の時代 ……『文藝別冊 夢野久作』, 河出書房新社, 2014年

『新カラマーゾフの兄弟』のメタ・クリティーク ……『ドストエフスキー カラマーゾフの預言』, 河出書房新社, 2016年

私的短歌論ノート ……『文藝別冊 さよなら吉本隆明』, 河出書房新社, 2012年

<現在>と私的言語 …………………………『現代思想』2012年7月 臨時増刊号

痛みの「称」 ………………………………………『アジア遊学』221号(2018年 7月)

## 저 자 약 력

**도모쓰네 쓰토무**(友常 勉)

도쿄외국어대학(東京外国語大学) 대학원 국제일본학연구원(国際日本学研究院) 교수(지역연구, 사상사 전공). 주요 저서에 『戦後部落解放運動史』(河出書房新社, 2012) 『脱構成的叛乱』(以文社, 2010), 『始原と反復』(三元社, 2007) 등이 있다.

## 옮긴이 약 력

**이권희** 단국대학교 자유교양대학 초빙교수
**김미진** 울산대학교 일본어 · 일본학과 조교수
**노병호** 한국외국어대학교 일본연구소 연구원
**김경희** 한국외국어대학교 미네르바 교양대학 조교수
**오성숙** 한국외국어대학교 일본연구소 전임연구원
**김영주** 한국외국어대학교 강사
**금영진** 한국외국어대학교 일본언어문화학부 강의중심교수
**김경옥** 한국외국어대학교 학술연구교수
**강소영** 한국외국어대학교 일본연구소 전임연구원
**양익모** 한국외국어대학교 학술연구교수

이 저서는 2019년 대한민국 교육부와 한국연구재단의 지원을 받아 수행된 연구임.(NRF-2019S1A5C2A02081178)

**꿈과 폭탄**

서벌턴의 표현과 투쟁

초판인쇄 2024년 01월 23일
초판발행 2024년 01월 29일

저　　자 도모쓰네 쓰토무
옮 긴 이 이권희 · 김미진 · 노병호 · 김경희 · 오성숙 · 김영주 · 금영진 · 김경옥 · 강소영 · 양익모
발 행 인 윤석현
발 행 처 제이앤씨
책임편집 최인노
등록번호 제7-220호

우편주소 서울시 도봉구 우이천로 353 성주빌딩
대표전화 02) 992 / 3253
전　　송 02) 991 / 1285
홈페이지 http://jncbms.co.kr
전자우편 jncbook@hanmail.net



ISBN 979-11-5917-241-0 93300 정가 30,000원